F1 레이스카의 공기역학

그랑프리 블랙북 I

F1 레이스카의 공기역학

F1 No.1 해설가 윤재수가 말하는 공기역학을 알면 F1이 보인다

초판 1쇄 발행 2023년 11월 1일
초판 2쇄 발행 2024년 8월 1일
지은이 윤재수
펴낸이 최현우   **기획·편집** 윤재수   **감수** 김효원
표지 디자인 Nuːn   **내지 디자인·편집 디자인·일러스트** 윤재수
펴낸곳 골든래빗(주)
등록 2020년 7월 7일 제 2020-000183호
주소 서울특별시 마포구 양화로 186 5층 514호
전화 0505-398-0505 · **팩스** 0505-537-0505
이메일 ask@goldenrabbit.co.kr
SNS facebook.com/goldenrabbit2020
홈페이지 goldenrabbit.co.kr

ISBN 979-11-91905-41-0   03000 (소프트커버)
ISBN 979-11-91905-47-2   03000 (하드커버)

* 파본은 구입한 서점에서 바꿔드립니다.

우리는 가치가 성장하는 시간을 만듭니다.
골든래빗은 가치가 성장하는 도서를 함께 만드실 저자님을 찾고 있습니다.
내가 할 수 있을까 망설이는 대신, 용기 내어 골든래빗의 문을 두드려보세요.
apply@goldenrabbit.co.kr

Written for

woojoo and sunny

그 랑 프 리 블 랙 북 1

F1 레이스카의 공기역학

AERODYNAMICS OF F1 RACE CAR

윤재수 지음, 김효원 감수

CONTENTS

들어가는 말

왜 "공기역학"인가?

그랑프리 블랙북 시리즈의 첫 번째 책으로 "F1 레이스카의 공기역학"을 선택한 것에 대해 많은 분이 의문을 가질만합니다.

F1을 접한 지 오래되지 않은 분이라면 공기역학이라는 단어 자체가 생소하게 느껴질 수 있고, 오랫동안 F1 팬이셨더라도 공기역학이라는 개념이 난해하고 부담스럽게 느껴질 수 있습니다. 거부감이 들만한 너무 어려운 주제를 먼저 다루는 대신, 많은 사람에게 F1을 소개하는 개론 성격의 책을 먼저 내는 것이 어떤가 하는 의견도 자주 들었습니다.

그런데도 공기역학을 첫 번째 주제로 선택한 것은, F1에 대해 알아가기 시작한 많은 분께 가장 큰 걸림돌이 되는 것이 공기역학이라고 생각했기 때문입니다. 어느 정도 개념을 정리하면서 공기역학의 큰 틀을 이해한다면, F1 챔피언십의 흐름을 따라가고 더 재미있게 즐기는 데에도 도움을 줄 수 있다고 생각했습니다. 최근에도 F1에서 공기역학의 비중은 날로 커지고 있으며, 레이스카의 공기역학적인 성능과 각 그랑프리 결과에 영향을 주는 공기역학 관련 요소들이 F1 챔피언십에서의 성적을 좌우하고 있기 때문입니다.

"공기역학은 엔진을 만들지 못하는 이들을 위한 것이다."

페라리의 창립자 엔초 페라리가 했던 말처럼, F1 챔피언십 출범 직후만 해도 공기역학은 F1에서 가장 중요한 요소라고 할 수 없었습니다.

그러나, 이후 수십 년의 시간이 흐르는 동안 공기역학은 F1에서 빼놓을 수 없는 중요한 존재로 성장했고, 2020년대 F1 팀이 엔진을 만들 수 있든 없든 공기역학은 모두에게 꼭 필요한 요소로 굳건하게 자리 잡았습니다. 70년이 넘는 역사 속에서 공기역학은 F1의 거의 모든 부분과 깊은 인연을 맺어왔고, 이제 공기역학은 F1 팀과 엔지니어만을 위한 것이 아니라 F1을 즐기는 모든 이들을 위한 것으로 성장했습니다.

이런 배경 속에 그랑프리 블랙북 시리즈의 첫 번째 책으로 "F1 레이스카의 공기역학"을 선택했습니다. 2015년 개인 출판 형식으로 그랑프리 블랙북 시리즈를 처음 선보였을 때도 가장 먼저 선택한 주제는 공기역학이었습니다. 그로부터 8년이 지나 정식 출판을 통해 완전히 새로운 그랑프리 블랙북으로 재출발하는 지금도, 공기역학을 출발점으로 삼는 것이 자연스럽다고 생각합니다.

물론, 공기역학 관련 과목을 전공하지도 않은 사람이 공기역학을 핵심 주제로 다루는 책을 쓰는 것은 부담스러운 일입니다. 공기역학과 직접 관련된 업무를 맡았던 경력도 없고, 직접 모터스포츠 무대에서 경쟁해본 경험도 없는 만큼 공기역학을 깊게 설명하는 데 분명한 한계가 있을 수밖에 없습니다. 다행히 10여 년 동안 F1 해설가라는 과분한 역할을 수행하면서 전보다 조금은 더 많은 것을 알게 되었고, 여전히 부족하다고 느껴지는 부분은 충분한 지식과 경력을 갖춘 전문가 여러분으로부터 여러 차례 가르침과 도움을 받았기에 감히 책을 쓸 용기를 낼 수 있었습니다.

"F1 레이스카의 공기역학"은 전공 서적처럼 깊은 영역까지 탐구하지 않습니다.

이 책을 읽게 될 독자 여러분이 반드시 전공자나 모터스포츠 분야에서 공기역학과 관련된 업무를 맡는 현업 종사자인 것은 아니라고 전제하며 책을 쓰기 시작했습니다. 이런 이유로 F1 레이스카의 공기역학은 전문 학술 서적을 추구하기보다는, 적당한 수준까지 다양한 지식과 개념을 간단하게 설명하는 교양서를 목표로 썼습니다. 이와 같은 집필 방향은 앞으로 그랑프리 블랙북 시리즈의 이름으로 출판될 열 권의 책에 똑같이 적용될 예정입니다.

그랑프리 블랙북 시리즈는 F1을 전혀 모르는 사람을 주 독자층으로 생각하지 않습니다.

개념을 간단하게 설명하는 교양서를 추구하기는 하지만, 그랑프리 블랙북은 마냥 쉽고 단순하기만 한 F1 입문서가 아닙니다. F1을 전혀 모르는 분들에게 F1을 처음 소개하는 책도 아니고, 흥미 위주의 간단한 이야깃거리만 담는 책도 아닙니다. 개념 정리를 중심으로 하지만, 누군가에게는 부담스러울 수 있는 수식과 물리 공식은 등장할 수 있습니다. 이 때문에 독자에 따라서는 여전히 설명이 너무 어렵다고 느껴질지 모릅니다. 이런 전제 조건을 이해하고 약간의 어려움은 감수하겠다고 마음먹은 분들의 입맛에 맞는 내용을 담아내는 것이 그랑프리 블랙북 시리즈의 목표입니다.

이 책의 본문은 모두 13장으로 구성되어 있고, 이들은 크게 세 묶음으로 나뉘어집니다.

그랑프리 블랙북의 출발점이 될 "F1 레이스카의 공기역학"은 먼저 공기역학이 무엇인지 알아보는 것으로 시작합니다. F1 공기역학의 기본 개념을 정리한 뒤에는, 드래그와 다운포스 등 핵심 개념과 관련된 몇 가지 내용도 간단하게 정리합니다. 책의 전반부는 공기역학의 큰 틀을 이해하고, F1 공기역학의 핵심 요소들을 대략 파악할 수 있도록 하는 것을 목표로 합니다.

중반부에서는 F1 공기역학의 역사를 중점적으로 다룹니다. 1950년 출범 이후 F1 챔피언십이 발전하는 동안 F1 공기역학이 어떻게 함께 성장하며 변화했는지 살펴봅니다. 이 과정에서 F1 공기역학의 전환점이 됐던 주요 레이스카들의 특징과, 큰 변화를 불러온 규정 변경에 관해서도 설명합니다. 공기역학이 F1의 핵심 요소로 성장하게 된 역사적 배경을 살펴보며 F1 전체를 보는 거시적인 시각을 갖게 되는 것은 물론, 어째서 현대적인 F1 레이스카가 지금과 같은 모습을 갖게 되었는지 확인할 수 있을 것입니다.

책 후반부로 넘어가면 현대적인 F1 레이스카를 구성하는 공기역학 요소를 하나씩 정리한 뒤, F1 레이스카의 성능을 결정하는 공기역학적 요소들과 실전 공기역학 셋업에 대해 간단하게 다룹니다. 21세기 F1 레이스카 개발 과정의 핵심으로 성장한 윈드 터널과 CFD에 대한 내용도 정리한 뒤, 마지막 장에서는 F1 팀에서 활동하는 엔지니어와 공기역학자 등 인력 구성에 대해 간단히 알아보며 현대적인 F1의 기술 부문에서 공기역학이 얼마나 중요하게 자리 잡았는지 확인합니다. 마지막 장 뒤쪽에는 독자 여러분이 필요할 때 특정 단어나 개념을 찾아보는 데 도움이 되도록 "찾아보기"도 준비했습니다.

지금까지 설명한 그랑프리 블랙북 시리즈의 배경과 "F1 레이스카의 공기역학"의 구성을 염두에 두고 책을 읽으신다면, F1 공기역학에 대한 기초 지식을 쌓는 것은 물론 현대적인 F1 챔피언십의 전체적인 흐름을 파악하는 데도 큰 도움이 될 것입니다. 이 책은 F1 입문서가 아니지만, "F1 입문서 다음으로 읽을 책"이 되는 것을 목표로 하고 있습니다. 어떤 이유로든 F1에 대해 흥미를 갖기 시작한 팬 여러분과 오랫동안 F1을 즐겨온 분들에게, F1과 공기역학에 대해 더 많은 것을 알고 싶다는 생각을 심어드렸다면 "F1 레이스카의 공기역학"은 소정의 목적을 달성한 셈입니다.

이 책이 나오기까지 크고 작은 도움을 주신 분들을 포함해 고마운 마음을 전하고 싶은 분들이 많습니다.

2020년 봄부터 준비를 시작해 책이 완성될 때까지 3년이 넘는 제법 긴 시간이 흘렀습니다. 이렇게 긴 시간 동안 다른 일에도 조금 소홀해진 면이 있었지만, 무엇보다 가족과 함께 보내는 시간이 턱없이 부족했던 것을 안타깝게 생각합니다. 그동안 여러모로 부족한 아빠에게 항상 힘내라고 격려해주고 집을 나설 때마다 늘 일 잘하고 오라며 응원해 주었던 아들 우주에게 미안한 마음과 함께 한없이 고맙다는 말을 전합니다. 또한, 오랫동안 이런저런 일들로 집중력이 흐트러지지 않도록 부단히 신경 써주었고, 언제나 빈 자리를 채우면서 큰 도움을 주기까지 했던 우리 집의 가장 써니에게도 이 자리를 빌려 감사의 마음을 전하고 싶습니다.

수년 동안 함께 해주신 유튜브 스트리밍 시청자 여러분들께도 감사드립니다. 직접 금전적인 후원으로 힘을 주셨던 슈퍼챗 후원자 여러분과 든든한 뒷배가 되어주셨던 멤버십 가입자 여러분께도 깊은 감사의 말씀을 드립니다. 특히, 언제나 응원해주시고 힘이 되어주셨던 F1 심화학습 수강자 여러분께도 정말 고맙다는 말씀을 전하고 싶습니다. 그랑프리 블랙북 개인 출판 당시, 크라우드 펀딩으로 후원해 주셨던 여러분들과 그 이후 책을 구입해주신 모든 분께도 감사드립니다.

이번 "F1 레이스카의 공기역학"을 처음으로 정식 출판할 수 있도록 기회를 주신 출판사 골든래빗과 최현우 대표이사님께도 감사의 말씀을 전합니다. 과거 개인 출판 때부터 그랑프리 블랙북 시리즈 전반에 많은 조언과 도움을 주셨던 박종훈 PD님과 바쁘신 와중에 이 책의 감수까지 맡아주신 윌리엄스 F1 팀의 김효원 박사님께도 정말 감사하다고 말씀드리고 싶습니다. 이전까지 부족했던 제 책을 읽어주셨던 많은 독자 여러분들은 물론 앞으로 독자가 되어주실 F1 그랑프리 중계방송의 시청자 여러분과 F1 팬 여러분들께도 감사 말씀을 드립니다.

이전에 제가 썼던 다른 책과 마찬가지로, 이 책에서 사용하는 외래어의 한글 설명과 표기는 표준 로마자 표기법 및 외래어 표기법을 따르지 않습니다. 그 대신 이미 많은 사람에게 알려지고 사용되면서 익숙해진 관용적 표현을 따르거나, 제가 방송과 글을 통해 기존에 자주 사용했던 방법대로 표기하는 쪽을 택했습니다. 유튜브 스트리밍과 F1 중계방송 시청자 또는 관련된 글을 찾아보게 될 분들을 위한 책이라는 취지에 맞도록 이런 표기 방법을 택한 점 너그럽게 양해해주시면 감사하겠습니다.

일부 설명 과정에서 정확한 개념 정의를 다소 벗어난 표현이나 표기, 설명도 포함되어 있습니다. 비유나 축약 설명 과정에서 어쩔 수 없이 오류나 오해의 소지가 생기는 것을 감수한 경우도 있고, 완벽하게 정확한 내용과 함께 양을 줄여 간단히 설명하기에는 제 능력이 부족해 어쩔 수 없었던 경우도 있습니다. 전문적인 지식을 가지신 분이라면 조금 불편하실 수 있는 내용도 있고, 하나하나 검토한다면 지적할만한 내용이 많겠지만 이런 점들 모두 너그럽게 이해해 주시기 바랍니다.

무엇보다 이 책을 끝까지 읽으신 모든 분이 앞으로 F1을 더 알차고 재미있게 즐기실 수 있기를 바랍니다.

I.

공기역학
AERODYNAMICS

공기역학은 역학의 한 분야다. 역학으로서 공기역학은 여러 방식으로 "공기의 흐름"과 관련된 대상을 다룬다. "공기"의 흐름과 관련된 "역학"이기 때문에, 자연스럽게 한자어로 표기했을 때의 이름 **"공기역학(空氣力學)"**이 그대로 학문 분야를 가리키는 명칭으로 사용되기도 한다.

공기역학과 같은 의미를 담은 영문 명칭의 경우도 마찬가지다. 그리스어에 뿌리를 둔 단어 **"에어로다이내믹스(aerodynamics)"**는 공기, 바람, 공간 등을 가리키는 **"aero(άήρ)"**와 움직임, 동역학, 내재된 힘 등을 의미하는 **"dynamics(δυναμική)"**가 더해진 합성어로 볼 수 있다.

AERODYNAMICS = AERO + DYNAMICS
άήρδυναμική   άήρ   δυναμική

공기역학   **공기, 바람**   **움직임, 동역학**

물론 한자어 표기 공기역학의 첫 글자 "空"은 다소 오해의 소지가 있다. "空"이라는 한자는 얼핏 "비어있다."는 느낌을 줄 수 있지만, "空氣"는 아무 물질도 존재하지 않는 비어있는 공간을 의미하지 않는다. 공기 속에는 매우 많은 수의 작은 입자들이 있고, 그 입자들이 존재하기 때문에 공기역학적 효과들이 발생할 수 있다.

중국어[1]에서는 동역학이라는 의미를 강조해서 **"공기동역학(空氣動力學)"**이라는 표현을 사용하는데, "공기의 흐름"이 중심이라는 점을 생각하면 공기역학보다 공기동역학이라는 표현이 오해의 소지가 적을 수 있다.

이처럼 명칭과 어원에 대한 몇 가지 내용을 살펴보는 것만으로도 공기역학이 "공기"와 "공기의 움직임"을 다루는 "역학"의 한 분야라는 것을 확인할 수 있다. 같은 내용을 조금 더 풀어 설명한다면 공기역학은 **"물체 주위를 지나는 공기 흐름의 특성 또는 물체와 공기 흐름 사이의 상호 작용을 분석하고 연구하는 학문"**이라는 정의가 가능하다.

---

[1] 번체로는 空氣動力學, 간체로는 空气动力学로 표기한다.

과학의 분류에서 공기역학

Aerodynamics in the Branches of Science

공기역학은 과학의 분류에서 자연과학의 일부로 분류되며, 더 작게는 차례로 물리학 또는 공학, 역학, 동역학, 유체역학에 속하는 학문 분야로 볼 수 있다.

"**역학(mechanics)**"은 큰 틀에서 "물체의 움직임과 그 특성을 분석하고 연구하는 학문"이다. 역학은 자연과학에서 물리학의 한 분야로 여겨지기도 하지만, 다른 관점에서 공학의 한 분유로 분류하기도 한다. 역학은 고전 물리학 중 "**고전역학(classical mechanics)**"과 현대 물리학의 핵심 분야 중 하나인 "양자역학(quantum mechanics)"으로 나눌 수 있는데, 공기역학과 유체역학을 포함한 동역학은 보통 고전역학에 속하는 것으로 분류한다.

간혹 "분석역학(analytical dynamics)"이라고도 불리는 "**동역학(dynamics)**"은 물체에 작용하는 힘과 물체의 질량 및 관성 모멘트의 관계 등을 통해 "물체의 운동과 그 원인을 분석하고 연구하는 학문"이다. 동역학은 "정역학(statics)", "천체역학(celestial mechanics)" 등과 함께 고전 역학에서 가장 중요한 연구 분야 중 하나로 여겨지기도 한다.

동역학은 다시 "입자역학(particle dynamics)", "강체역학(rigid body dynamics)", "**유체역학(fluid dynamics)**", "변형역학(deformation dynamics)" 등으로 나눠진다. 공기 역시 유체로 볼 수 있기 때문에 공기역학은 기본적으로 유체역학에 속하지만, 여러 가지 면에서 다양한 방법으로 다른 동역학 분야와 밀접하게 연관되어 있다.

지금까지 설명한 내용에 따라 과학의 분류에서 공기역학의 위치를 그림으로 간단하게 정리하면 다음과 같다.

과학의 분류에서 공기역학의 위치

항공기 공기역학의 네 가지 힘
The Four Forces of Aircraft Aerodynamics

항공기 공기역학에서는 "추진력", "무게", "드래그"와 "양력" 등 네 가지 힘을 중요한 요소로 다룬다.

비행기가 하늘을 날 수 있는 것은 양력 덕분이다. 하늘을 날 수 있게 하는 **양력**과 비행에 좋지 않은 영향을 주는 **드래그**의 두 요소가 항공기 공기역학의 핵심 개념이라고 할 수 있으며, 보통 양력과 드래그와 함께 **추진력**과 **무게**를 더해 **"비행기에 작용하는 네 가지 힘"**의 개념이 다뤄진다.

추진력(thrust)
추진력은 **"물체를 앞으로 움직이게 하는 힘"**이다. 앞으로 나아가는 방향으로 작용하는 추진력은 양력 발생에 직접적으로 큰 도움을 준다. 항공기 종류에 따라 프로펠러 엔진이나 제트 엔진 등 다양한 방식으로 만든 추진력을 활용해 오랫동안 양력을 얻을 수 있지만, 자체 추진력이 없는 글라이더라면 점차 속도가 느려져 일정 수준 이하로 느려지기 전까지만 하늘을 날 수 있다.

무게(weight)
무게는 **"중력의 작용으로 물체를 아래로 잡아당기는 힘"**이다. 지구에 존재하는 모든 물질은 무게가 있으며, 비행기의 무게가 얼마나 무거운가에 따라 하늘을 날기 위한 양력과 양력 발생을 위해 필요한 추진력의 크기가 달라진다. 가벼운 연을 날린다면 적은 양력으로도 충분하지만, 크고 무거운 비행기가 하늘을 날기 위해선 상대적으로 큰 양력과 그만큼 더 강한 추진력이 필요하다.

드래그(drag)
때에 따라 "항력(抗力)"으로도 불리는 드래그는 **"물체의 이동 속도를 늦추는 힘"**이다. 반대 방향으로 작용하는 드래그가 크면 원하는 진행 방향으로 움직이기 어려워지고, 그만큼 더 큰 추진력이 필요해진다. 물체가 더 쉽게 앞으로 움직일 수 있는 날렵한 형태나 반대로 불리한 형태가 있는 것이나, 물속보다 일반 대기 속에서 더 움직이기 쉬운 것 역시 드래그의 차이로 설명할 수 있다.

양력(lift)
양력은 **"위쪽으로 작용해 물체가 하늘로 떠오르게 하는 힘"**이다. 비행기 날개의 형태와 날개 아래위로 움직이는 공기의 흐름에 따라, 상대적으로 날개 위쪽 압력이 아래쪽보다 낮아지면 양력이 발생한다. 양력은 비행기 날개와 헬리콥터의 로터 블레이드 등 항공기의 비행을 가능하게 하는 원리이며, 물 위를 떠다니는 요트의 움직임을 설명할 때도 양력의 원리를 이용한다.

비행기에 서로 다른 방향으로 작용하는 추진력, 무게, 드래그, 양력의 네 가지 힘을 그림으로 표현하면 다음과 같다.

비행기에 작용하는 네 가지 힘

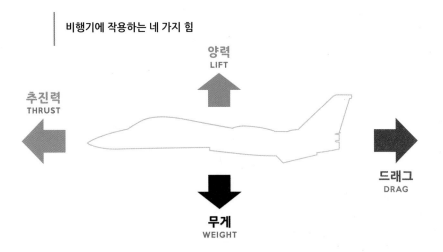

같은 방법으로 비행기가 하늘을 나는 데 가장 중요한 역할을 하는 "날개"에 작용하는 네 가지 힘 역시 아래 그림처럼 나타낼 수 있다.

비행기 날개에 작용하는 네 가지 힘

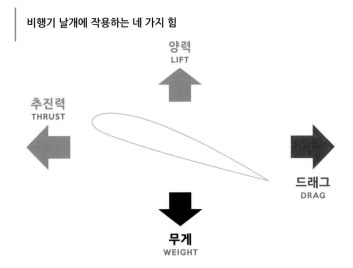

자동차 공기역학과 항공기 공기역학
Automotive Aerodynamics and Aircraft Aerodynamics

형태와 속도, 주변 상황 등의 차이 때문에 자동차 공기역학과 항공기 공기역학 사이에는 몇 가지 중요한 차이점이 생긴다.

자동차 공기역학과 항공기 공기역학은 모두 공기역학이라는 하나의 큰 틀에 포함된다. 두 공기역학 분야의 개념 대부분이 공통으로 쓰이고, 많은 경우 같은 원리와 공식이 사용된다. 그러나, 자동차 공기역학과 항공기 공기역학 사이에는 무시할 수 없는 몇 가지 중요한 차이점이 있다.

형태
자동차의 외형은 **비행기에 비해 상대적으로 "유선형과 거리가 먼 형태"**로 디자인되며, 형태의 차이 때문에 드래그의 영향을 훨씬 더 많이 받는다.

속도
일반적으로 최대 속도나 순항 속도 면에서 모두 자동차의 **속도가 비행기보다 느리다.** 이 때문에 속도의 영향을 받는 공기역학적 효과 역시 상대적으로 자동차 쪽에 더 적게 작용한다.

지면에 근접한 상황
비행 중의 항공기는 지면의 영향을 거의 받지 않는 높은 고도에서 움직이는 경우가 많다. 그러나, 자동차는 특수한 상황을 제외하면 늘 **지면과 근접한 위치에서 움직인다.**

공기역학적 효과의 영향력
앞서 언급한 속도의 차이 때문에 공기역학적 효과가 비행기의 움직임에 절대적인 영향력을 발휘하는 것과 달리, **자동차에 작용하는 공기역학적 효과의 비중은 상대적으로 적다.**

공기역학적 효과가 충분하지 않을 때
비행기는 공기역학적 효과가 충분하지 않다면 하늘을 날 수 없으며, 비행 중 양력이 부족해진다면 바로 실속과 추락 등 큰 위험에 노출된다. 그러나, 자동차는 발생하는 공기역학적 효과가 거의 없더라도 속도가 느릴 때는 단순하게 주행하는 데 전혀 문제가 없으며, 저속 주행 중에는 항공기의 실속이나 추락 등과 같은 극단적 문제나 사고가 발생하는 경우가 많지 않다.

자동차 공기역학의 다섯 가지 힘
The Five Forces of Automotive Aerodynamics

자동차 공기역학에서는 "추진력", "무게", "드래그", "양력"과 함께 "다운포스"까지 다섯 가지 힘을 중요한 요소로 다룬다.

자동차 공기역학에서도 항공기 공기역학과 마찬가지로 추진력, 무게, 드래그와 양력까지 네 가지 힘의 개념이 등장하지만, 여기에 더해 "다운포스"가 매우 중요한 요소로 함께 다뤄진다.

추진력
자동차는 동력원이 **바퀴를 회전시키고, 바퀴와 지면이 마찰을 일으킬 때 추진력을 얻는다.** 비행기와 달리 자동차의 동력원은 직접 추진력을 만들지 않고, 기계적 그립과 다운포스가 만든 공기역학적 그립이 더해져 충분한 마찰력을 확보해야만 일정 수준의 추진력을 기대할 수 있다.

무게
일반적으로 무게는 자동차의 움직임에 부정적인 영향을 준다. 그러나, 타이어가 노면에 바짝 닿아 있도록 도와 기계적 그립을 높이는 등 상황에 따라 약간의 긍정적 효과도 기대할 수 있다.

드래그
진행 방향 반대쪽으로 작용하는 드래그는 공기역학적으로 부정적 효과를 불러오는 경우가 많다.

양력
항공기 공기역학과 달리 자동차 공기역학에서 양력은 보통 부정적 효과를 일으킨다.

다운포스(downforce)
다운포스는 **"물체의 아래쪽으로 작용하는 공기역학적 힘"**으로 자동차 공기역학에서 가장 중요한 요소 중 하나다. 위에서 아래쪽으로 누르듯 작용하는 다운포스는 타이어의 **"공기역학적 그립(aerodynamic grip)"**으로 이어진다. 강력한 다운포스가 발생하면 공기역학적 그립을 높여 휠스핀이 줄고, 방향을 바꾸며 움직이는 코너 공략 과정에서 더 높은 속도를 유지할 수 있다.

그러나, **작용 방향만 반대일 뿐 다운포스와 양력은 사실상 같은 개념이므로, 자동차 공기역학에서는 네 가지(추진력, 무게, 드래그, 다운포스) 힘을 다룬다**고도 얘기할 수 있다.

추진력, 무게, 드래그, 양력과 다운포스까지 자동차에 작용하는 다섯 가지 힘을 그림으로 간단하게 표현하면 다음과 같다.

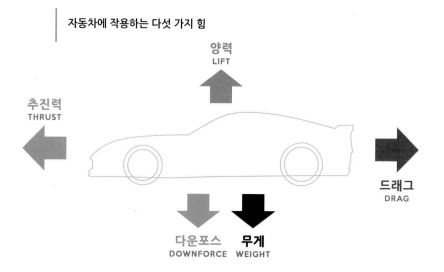

자동차에 작용하는 다섯 가지 힘

자동차에는 다운포스를 얻기 위해 비행기 날개를 뒤집은 것과 같은 형태의 **"윙[2](wing)"**을 장착하기도 하는데, 이런 윙에 작용하는 다섯 가지 힘 역시 다음 그림과 같이 나타낼 수 있다.

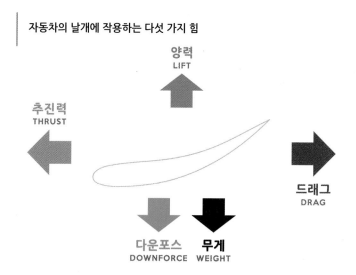

자동차의 날개에 작용하는 다섯 가지 힘

---

[2] wing의 직역으로 담긴 의미 역시 그대로 "날개"를 뜻하지만, 이 책에서는 비행기 날개와 명확하게 구분하기 위해 "윙"으로 부른다.

F1 공기역학이 추구하는 것
Aims of Formula 1 Aerodynamics

현대적인 F1 공기역학은 드래그 최소화, 차량 성능의 균형과 효율적인 배치, 다운포스 생성량 최대화, 조종성 향상 등의 목표를 추구한다.

21세기의 자동차 디자인 과정에는 보통 공기역학 성능과 관련된 연구 개발이 포함되어 있고, 자동차 산업 전반에서 공기역학 관련 연구 역시 활발하게 진행되고 있다. 모터스포츠에서 공기역학의 비중은 더 크고, 그중에서도 F1은 가장 적극적으로 공기역학을 활용하고 있다. F1 팀들이 막대한 비용을 들여 관련 기술과 설비, 인력에 투자를 아끼지 않고 있는 것은, 공기역학을 잘 활용했을 때 레이스카의 성능을 비약적으로 끌어올려 경쟁에서 승리할 수 있기 때문이다.

이처럼 자동차 산업 분야, 특히 모터스포츠와 F1에서 공기역학이 핵심 기술 요소로 자리 잡은 것은 지난 100여년간 F1과 자동차 산업과 함께 발전해 온 공기역학의 역사와 깊은 관련이 있다.

드래그 최소화

1950년 F1 챔피언십이 출범하기 전에도 드래그 최소화는 오랫동안 자동차 디자인에서 중요한 과제로 여겨지고 있었다. 그랑프리 레이싱이 본격적으로 흥행하기 전이었던 1922년, 폴 야라이[3]가 "유선형(streamlined shape)"을 기반으로 한 자동차 디자인의 특허를 획득했다. 이후 빠르게 자동차의 최고 속도가 높아지면서 드래그가 큰 문제로 부각되기 시작했고, 레이스카를 필두로 자동차 디자인 분야에서 "눈물방울 모양(teardrop)" 디자인이 유행하기 시작했다.

세계 최고 속도 기록 경쟁에서는 1930년대에 이미 300km/h를 돌파한 뒤, 일부에서 400km/h 이상의 속도까지 기록할 수 있었던 것도 드래그를 최소화하는 "유선형" 디자인을 따른 덕분이었다. 제2차 세계대전 이전까지 황금기를 누리던 그랑프리 레이싱에서도, 완전한 유선형까지는 아니지만 어느 정도 드래그를 줄이도록 절충한 유선형 디자인이 널리 보급되어 있었다.

1950년대 들어 레이스카의 속도는 다시 비약적으로 빨라지기 시작했고, 그와 함께 드래그 감소에 대한 관심도 높아졌다. F1과 스포츠카 레이싱에 출전하는 레이스카들은 종종 300km/h를 넘는 속도를 기록했고, 높은 속도에서의 극심한 드래그가 큰 문제로 부각됐다. 이후에도 기술 발전과 함께 F1과 다른 모터스포츠의 레이스카 속도는 더 빨라졌고, 드래그 최소화는 1950년대 중반 이후 F1 공기역학 연구 개발의 가장 중요한 과제 중 하나로 확실하게 자리를 잡기 시작했다. 21세기의 현대적인 F1 공기역학에서도 드래그 최소화는 여전히 중요한 과제로 남아있다.

---

[3] Paul Jaray (1889 ~ 1974) : 헝가리 출신 엔지니어. 비행선, 자동차 공기역학에 많은 공헌을 했다.

차량 성능의 균형과 효율적인 배치

드래그 감소가 자동차 디자인에서 매우 중요한 이슈로 부각된 이후에도 "완벽한 눈물방울 모양"을 따르는 자동차는 그다지 자주 등장하지 않았다. 접시를 뒤집어 놓은 듯한 형태나 날개 형태의 자동차를 상상하고 컨셉카를 만들 수는 있었지만, 실제로 도로에서 달리게 될 자동차에 극단적인 형태를 그대로 적용하는 것은 무리였다.

물론, 1930년대 중반 "스트림라이너(streamliner[4])"라는 이름을 단 레이스카들이 최고 속도 도전이나 극단적으로 드래그 부담이 큰 써킷에서의 레이스 등 일부 특수한 상황에서 활약한 것은 사실이다. 그러나, 같은 섀시를 기반으로 한 그랑프리 레이스카 대부분은 여전히 눈물방울 모양을 완벽하게 따른 것과는 거리가 먼 형태를 유지했다.

스트림라이너의 디자인을 포기하고 차량 뒤쪽에 발생하는 웨이크와 그에 따른 드래그를 감수한 디자인을 택한 이유는 차량 성능의 균형을 맞추기 위해서였다. 스트림라이너 디자인에서 차체가 뒤쪽으로 가늘고 길게 늘어난 부분은 무게 배분을 엉망으로 만들고, 전체적인 조종 안정성을 떨어뜨리는 등 차량 성능에 여러 가지 악영향을 줄 수 있었다. 게다가 내부 공간을 아낌없이 활용하고 모든 부품을 최대한 빈 공간 없이 촘촘하게 배치해야 하는 그랑프리 레이싱카라면, 불필요하게 차체가 커지는 디자인의 단점을 감수하는 것이 더 어려웠다.

1930년대 부니발트 캄[5]에 의해 시도된 이후 빠르게 보급된 "캄백(Kammback)"과 같은 형태가 스트림라이너에 비해 널리 사용된 것 역시, 드래그 문제에 크게 취약해지지 않으면서도 차량 공간의 효율적인 배치와 무게 배분 등에서 유리했기 때문이었다.

다운포스 생성량 최대화

현대적인 F1 공기역학의 가장 큰 목표는 다운포스 생성량을 최대화하는 것이다. 많은 경우 다운포스 생성량이 늘어나면 동시에 드래그 역시 증가한다. 그러나, 드래그 때문에 생기는 손실을 상쇄하고도 남는 강력한 다운포스를 만들어낼 수 있다면 레이스카의 종합적인 공기역학 성능 향상을 기대할 수 있다. 1960년대 말 레이스카에 "윙"을 부착하기 시작했을 무렵 "윙"으로 잃는 것보다 얻는 것이 더 크다는 것이 확인된 이후, 모든 F1 레이스카에 윙이 장착될 때까지 많은 시간이 필요하지 않았던 것도 같은 이유에서였다.

공기역학적 힘을 극대화할 수 있는 강력한 추진력의 근원이기도 한 엔진의 발전, F1 엔지니어들의 공기역학에 대한 노하우 축적, 1970년대 말부터 널리 보급된 그라운드 이펙트 등의 이슈를 통해 다운포스는 빠르게 F1 레이스카 디자인의 핵심 요소로 자리 잡았다. F1 공기역학의 발전과 더불어 1990년대 이후로는, "같은 드래그를 발생시키는 상황에서 더 많은 다운포스를 만들어낼 수 있는 공기역학적 성능"이 F1 레이스카의 종합적인 성능을 가늠하는 알기 쉬운 지표로 자리 잡기 시작했다.

---

[4] 아우토 우니온과 메르세데스-벤츠 등의 유선형 차량은 독일어로 같은 의미를 가진 "stromlinie"라는 명칭을 사용했다.

[5] Wunibald Kamm (1893 ~ 1966) : 독일 출신의 엔지니어. 레이스카의 공기역학 발전에 크게 공헌해 모터스포츠 명예의 전당에 헌액되었다.

조종성 향상

드래그를 줄이려는 노력이 공기역학의 거의 전부였던 시절에도 조종성 향상은 레이스카 디자인에서 가장 중요한 목표 중 하나였다.

모터스포츠가 태동하던 시기부터 조종성은 레이스카의 성능에서 가장 중요한 요소 중 하나였다. 일단 빠른 차가 레이스에서의 승리를 가져올 수 있다는 것을 모두가 알고 있었지만, 조종성이 나쁘면 빠른 속도가 의미 없다는 것을 깨닫는 데까지는 많은 시간이 필요하지 않았다. "윙"의 보급과 공기역학의 본격적인 발전이 이뤄진 이후에도 상황은 많이 달라지지 않았다.

과거에 비해 훨씬 많은 양의 다운포스를 만들 수 있게 된 2020년대의 F1 레이스카라 하더라도, 조종성이 나쁘다면 여전히 좋은 성적을 기대할 수 없다. 그런데, 느린 속도에서는 공기역학적 효과가 상대적으로 작고 속도가 빠를 때 공기역학적 효과가 강력해지기 때문에, 속도와 관계없이 균형 잡힌 성능을 발휘하도록 레이스카를 디자인하는 것이 쉽지 않다는 문제도 꽤 오래전부터 엔지니어들의 관심사로 떠올랐다.

1970년대 말부터 1980년대 초까지 F1을 휩쓸었던 그라운드 이펙트는 다운포스 생성량을 폭발적으로 증가시켰다. 그라운드 이펙트와 함께 F1 레이스카의 코너 공략 속도가 비약적으로 빨라졌고, 랩 타임도 이전과 비교할 수 없을 정도로 단축됐다. 그러나, 그라운드 이펙트 레이스카는 뛰어난 성능에도 불구하고 조종성에 심각한 문제가 있었고, 특정 상황에서 그라운드 이펙트가 급감했을 때 위험한 사고로 이어지기도 했다. 드래그 감소와 다운포스 생성량 증가만으로는 해결할 수 없는 문제가 큰 이슈로 떠오르자, 결국 1983시즌부터 FIA는 규정 변경을 통해 F1에서 그라운드 이펙트를 금지했다.

1980년대 중반 이후 F1 공기역학은 단순히 양적으로 드래그 감소와 다운포스 생성량 최대화를 노리던 상황에서, **"조종성을 향상하고, 드라이버가 원하는 대로 움직일 수 있는 차를 만드는 것"**을 목표로 하는 쪽으로 방향을 조금 바꾸며 발전을 계속했다. 현대적인 F1 레이스카에서도 단순히 많은 다운포스를 만드는 것은 어렵지 않게 되었지만, 다른 공기역학적 효과와 전체적인 성능을 희생하지 않고 동시에 조종성 높은 차를 만드는 문제는 여전히 엔지니어들의 핵심 도전 과제로 남아있다.

이런 조종성 향상 이슈는 내 차의 문제를 넘어, 주변에서 함께 달리는 다른 차량에 주는 영향에 대한 문제로도 확장됐다. 2000년대 이후 자신의 레이스카에 도움을 주는 공기역학적 효과가 뒤따르는 다른 레이스카의 성능을 떨어뜨리고 조종성도 나쁘게 만드는 것이 점점 큰 문제로 부각됐다. 이 때문에 10여년 동안 FIA와 각 F1 팀의 엔지니어들 사이에 치열한 신경전과 기술적인 대립 구도가 만들어지기도 했다. 이런 흐름 속에 FIA는 뒤따르는 차에 방해가 되는 공기역학적 효과를 최소화하기 위해, F1 역사상 가장 큰 규모의 규정 변경 중 하나였던 2022년 규정 대혁신을 단행하기도 했다.

지금까지 살펴본 내용처럼 F1 공기역학이 추구하는 목표는 크고 작은 시행착오를 거치며 조금씩 변화를 거듭했다. 현대적인 "F1 공기역학이 추구하는 것"이 무엇인지 지금까지 설명을 바탕으로 간단한 다이어그램을 그려 정리하면 다음과 같다.

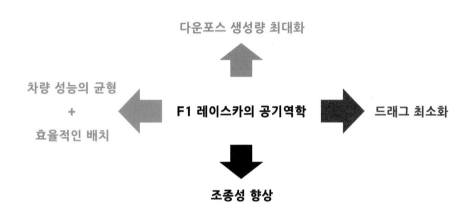

현대적인 F1 공기역학은 기본적으로 드래그 감소와 다운포스 생성량의 극대화라는 가장 중요한 두 과제의 해결을 목표로 한다. 많은 경우 사람들이 얘기하는 "공기역학적 성능"은 다운포스를 많이 만들면서 동시에 드래그 발생량은 최소화할 수 있는 능력을 가리킨다.

그러나, 아무리 강력한 다운포스를 충분히 만들 수 있고 드래그 부담은 크지 않다고 하더라도 드라이버가 원하는 대로 차를 움직이기 위한 조종성이 나쁘다면 큰 의미가 없어진다. 이와 함께 전체적인 차량 성능이 균형을 이뤄야 하므로, 무작정 다른 성능을 희생하면서 일부 공기역학적 성능 강화만을 추구할 수 없다는 것 역시 분명하다. 가상 세계가 아닌 현실 세계에서 움직이는 레이스카라면 물리적으로 균형 잡힌 디자인과 각 부품의 효율적인 배치 역시 무시할 수 없다.

이처럼 F1 레이스카의 공기역학은 많은 이슈가 서로 복잡하게 얽혀있어 쉽게 정답을 찾기 어려운 문제다. 이와 같은 난제를 해결하기 위해 수십 년 동안 많은 엔지니어의 도전이 이어졌고, 실패와 성공을 반복하는 가운데 F1 공기역학의 역사 역시 발전을 거듭했다.

II.

공기역학의 기초 개념들
BASIC CONCEPTS
OF AERODYNAMICS

공기
Air

공기는 "지구를 감싸고 있는 지표면 가까이 존재하는 기체"다.

공기는 지구를 감싸고 있는 기체다. 좀 더 자세하게 "공기는 지구의 지표면 가까이 또는 대기의 아랫부분(하층)을 구성하는, 일반적으로 무색투명한 기체다."라고 설명할 수도 있다. 종종 공기 와 **"대기(atmosphere)"**를 혼용하는 경우도 있지만, 보통 대기라는 표현은 가까이에서 천체(이 설명에서는 지구)를 둘러싼 기체의 층을 가리키는 제한적 의미로 사용된다.

지구의 대기 중 지표면 가까이 존재하는 공기는 대략 **78%의 질소(N_2)와 21%의 산소(O_2)로** 구성되어 있다. (질소와 산소만으로 공기의 약 99%를 구성한다.) 그 외 1%의 아르곤(Ar)과 0.04%의 이산화탄소(CO_2)까지 네 종류 물질이 공기의 대부분을 구성하고 있으며, 다양한 물질들이 공기의 나머지 작은 비율을 채우고 있다.

공기의 평균 분자량을 대략 계산하면, 78%의 질소(분자량 28 : 14 × 2)와 21%의 산소(분자 량 32 : 16 × 2)로 가정해 **0.78 × 28 + 0.21 × 32 = 28.56의** 값을 얻을 수 있다. 다른 여러 요 소를 고려한 **대기의 평균 분자량은 28.966g/mol로** 앞선 대략적 계산과 크게 다르지 않다.

이와 같은 공기의 성질에 관해 얘기할 때(특히 "공기"를 중점적으로 다루는 공기역학에서라면 더욱) 다음과 같은 몇 가지 핵심 개념을 기억해둘 필요가 있다.

공기는 입자로 구성된다.
공기는 모든 공간을 가득 채우고 있는 물질을 뜻하는 개념이 아니다. 공기는 넓은 공간에 작은 입 자들이 듬성듬성 흩어져 있고, 입자들보다 훨씬 큰 부피를 빈 공간이 메꾸고 있다.

공기를 구성하는 입자는 항상 움직이고 있다.
특별한 상황을 제외하면 공기를 구성하는 작은 입자들은 가만히 멈춰있지 않고, 각 입자가 나름 의 속도와 방향으로 항상 움직이고 있다.

공기를 구성하는 입자들은 서로 영향을 준다.
공기를 구성하는 입자들은 개별적으로 또는 무리 지어 움직이면서 서로에게 영향을 준다. 이들 입자의 움직임과 서로 주고받는 영향력은 물리학의 운동 법칙 안에서 설명할 수 있다.

압력
Pressure

압력은 "물체 표면의 일정 면적에 수직으로 작용하는 힘"이다.

F1 레이스카의 공기역학을 설명할 때 등장하는 "힘"의 개념들은 대부분 압력을 가리키거나 압력과 어느 정도 관계를 가지고 있는 것들이다. 앞서 현대적인 자동차 공기역학에서 가장 중요하게 여겨진다고 언급했던 다운포스와 드래그 역시 모두 압력과 직접적으로 연관된 개념들이다. 그렇기 때문에 F1 레이스카의 공기역학에 등장하는 기본 개념 설명은 먼저 압력 개념을 정리하는 것으로 시작할 필요가 있다.

"압력(pressure)"은 "단위 면적에 작용하는 힘"이다.

압력의 정의를 식으로 표현하면 다음과 같다.

$$p = \frac{F}{A}$$

위 식에서 "p"는 압력, "F"는 힘, "A"는 면적을 뜻한다. 위 정의는 어떤 대상에 작용하는 힘을 그 힘이 작용하는 면적으로 나눈 값이 곧 압력이라는 의미를 담고 있다. 결국 **압력**은 작용하는 **힘에 비례**하고 힘이 작용하는 **면적의 크기에 반비례**한다고 풀어 설명할 수 있다.

SI(국제단위계) 기준으로 압력은 **파스칼(Pa)**, 힘은 **뉴턴(N)**, 면적은 제곱미터(m²) 단위를 사용한다. 이런 기준에 따라 가장 기본적인 압력의 단위 파스칼은 1Pa = 1N/m²의 식으로 정의할 수 있다.

영미권에서는 압력을 나타낼 때 "psi"라는 단위를 자주 사용한다. **psi**는 "제곱인치 단위의 면적에 파운드 단위의 힘이 가해지는 압력", 즉 **"제곱인치 당 파운드"**로 표현할 수 있다. F1에서도 타이어 압력을 지정하기 위한 공식 문서 등에서 압력을 표기할 때 psi 단위를 사용하는 경우가 많다.

압력은 힘을 면적으로 나눈 값이므로, **압력과 힘은 비례**한다. 같은 면적에 더 강한 힘이 작용하면 압력이 높아지고, 상대적으로 더 약한 힘이 가해질 때 압력은 낮아진다.

> **같은 면적에 서로 다른 크기의 힘이 작용했을 때 압력의 차이**

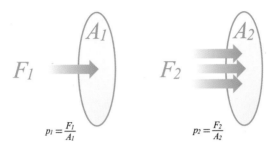

A_1과 A_2의 면적이 같을 때 A_1에 작용하는 힘 F_1보다 A_2에 작용하는 힘 F_2가 크다면($F_1 < F_2$), 각각 힘을 면적으로 나눠 계산한 압력은 p_1보다 p_2가 더 높다는 것을 알 수 있다.

한편, **면적은 압력에 반비례**한다. 아래 그림처럼 같은 힘이 작용하더라도 면적이 넓은 쪽의 압력이 더 낮고, 상대적으로 면적이 좁다면 압력이 더 높다는 의미다.

> **서로 다른 면적에 같은 크기의 힘이 작용했을 때 압력의 차이**

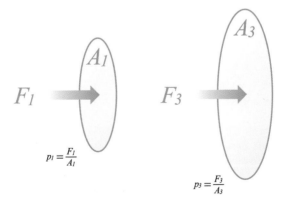

A_1에 작용하는 힘 F_1과 A_3에 작용하는 힘 F_3가 같을 때 A_1보다 A_3의 면적이 넓다면($A_1 < A_3$), 공식에 따라 계산된 p_1의 압력이 p_3보다 높다는 결론을 얻을 수 있다.

기압
Atmospheric Pressure

기압은 "지구 대기권을 구성하는 공기의 압력"이다.

기압은 **공기의 압력**을 가리킨다. 조금 더 정교한 **"대기압(atmospheric pressure)"**이라는 표현을 사용한다면, 기압이 곧 "대기(atmosphere)"의 "압력(pressure)"을 뜻한다는 것을 쉽게 알수 있다. 일반적으로 대기압은 "지구 주변에 존재하는 많은 양의 공기가 중력에 의해 지구 중심쪽으로(아래로) 당겨질 때, 공기의 무게 때문에 발생하는 압력"을 가리킨다.

기압의 단위 **"atm"**은 "대기"를 뜻하는 영문 **"atmosphere"**의 첫 세 글자로 만들어졌으며, 고전적인 기압의 단위 **"mmHg[1]"**와 비교하면 **1atm = 760mmHg**의 식이 성립한다. mmHg는 대기압의 존재를 실험으로 규명했던 에반젤리스타 토리첼리[2]의 이름을 딴 단위 **"토르(Torr)"**와 같은값이며, 이를 식으로 표현하면 **1mmHg = 1Torr**에 해당한다.

SI 기준에서 기압의 단위로는 압력의 기준 단위와 마찬가지로 **파스칼(Pa)**이 사용된다. 그러나, **1atm = 101,325Pa**에 해당해 Pa를 기준으로 하면 많은 경우 10만이 넘는 큰 숫자가 필요하므로, 보통 **100Pa**에 해당하는 **"헥토파스칼(hPa)"** 단위가 사용된다. 헥토파스칼 이전에는 "밀리바(mbar)"라는 단위가 자주 사용되기도 했다. "밀리바"는 "바(bar)"의 1,000분의 1에 해당하는 단위로, 1m[2] 면적에 100N의 힘이 작용할 때의 압력을 나타내는 개념 **밀리바는 헥토파스칼과 같은 값**을 갖는다.

대기압은 공기역학을 설명하는 과정에서 두 가지 다른 개념으로 사용될 수 있어 약간의 주의가필요하다. 먼저 일반적으로 지구상에서 해수면과 같은 높이의 평지에서 측정한 평균 기압을 뜻하는 **"표준 대기압(standard atmospheric pressure)"** 또는 "표준 압력(standard pressure)"의개념이 있다. 예를 들어 양력 발생의 원리를 다룰 때 대기압이 일정하다고 가정하는 것은 큰 틀에서 표준 대기압의 개념을 이용하는 경우 중 하나다.

한편, 어떤 위치에서의 기상 상태와 고도 변화 등 다양한 조건에 따라 달라지는 **"국소 대기압(local atmospheric pressure 또는 local variation of atmospheric pressure)"** 개념도 있는데, 일기 예보 등에서 사용하는 고기압이나 저기압 등은 모두 국소 대기압에 따른 개념들이다. 국소대기압은 F1 레이스카에 작용하는 공기역학적 효과에 직접 영향을 주는 요소이며, 경기 중 트랙상황을 파악해야 하는 엔지니어와 관계자들에게 유용한 정보를 제공해줄 수 있다.

---

[1] 17세기 토리첼리가 한쪽이 막힌 유리관에 수은(원소기호 Hg)을 채우고 수은이 담긴 수조에 뒤집어 세웠을 때, 수은이 760mm까지 높이를 유지하고 그 위쪽은 진공에 가까운 공간이 형성되는 것을 확인하는 실험으로 대기압의 존재를 규명했다.

[2] Evangelista Torricelli (1608 ~ 1647) : 이탈리아 출신의 수학자이자 물리학자.

파스칼의 원리
Pascal's Law

압축되지 않는 유체가 밀폐된 공간 내부를 채우고 있을 때, 유체의 한 부분에 작용하는 압력 변화는 유체의 다른 부분에 그대로 전달된다.

블레즈 파스칼[3]이 발견한 "파스칼의 원리(Pascal's law)"는 압력의 정의로부터 자연스럽게 도출되는 개념으로, 다음 그림을 통해 기본적인 개념을 설명할 수 있다.

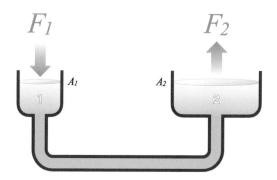

위 그림처럼 밀폐 공간에 압축되지 않는(밀도가 변하지 않는) 유체가 채워져 있다고 가정했을 때, 파스칼의 원리에 따르면 한쪽의 압력 변화는 그대로 유체의 다른 부분에 전달된다. 따라서 왼쪽 위치 1의 압력 p_1이 Δp만큼 변한다면, 오른쪽 2 위치에서도 압력 p_2가 Δp만큼 변하도록 압력 변화가 그대로 전달된다.

앞서 설명했던 압력의 정의에 따라 힘 F를 면적 A로 나눈 값이 곧 압력이 된다. 이때 면적이 더 좁은 A_1에 F_1의 힘이 가해진다면, 더 넓은 면적의 A_2에 작용하는 힘 F_2 역시 더 커져 양쪽의 압력 변화량이 같은 값을 갖게 된다. 바꿔 말하면 F_1/A_1의 값이 변한만큼 F_2/A_2의 값이 변한다는 뜻이다. 예를 들어 만약 A_2의 면적이 A_1의 4배라면, 1에 작용한 힘 F_1보다 2에 작용한 힘 F_2가 4배만큼 더 크다는 의미다.

---

[3] Blaise Pascal (1623 ~ 1662) : 프랑스 출신의 수학자이자 물리학자. 파스칼의 정리(수학), 파스칼의 원리(물리학) 등 수많은 연구 업적을 남겼다.

파스칼의 원리에 따라 압력의 변화가 전해진다는 개념은, 비교적 작은 힘으로 자동차를 들어 올릴 수 있는 **"유압 시스템(hydraulic system)"**의 원리를 설명할 때도 활용될 수 있다.

> **파스칼의 원리와 작은 힘으로 자동차를 들어올리는 유압 시스템**

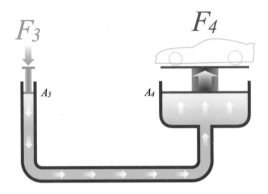

위 그림에서 오른쪽 위치 4의 면적 A_4는 왼쪽 위치 3의 면적 A_3보다 월등히 넓다. 이 때문에 압력 변화 Δp가 그대로 전달된다는 파스칼의 원리에 따라, 3에 작용하는 힘 F_3보다 4에 작용하는 힘 F_4가 훨씬 커진다. 이 때문에 3의 면적 A_3보다 4의 면적 A_4가 월등히 넓어지도록 유압 시스템을 만든다면, 위치 3에 아주 작은 힘을 주는 것만으로 위치 4에 올려진 무거운 물체를 들어 올릴 수 있게 된다.

이와 같은 파스칼의 원리를 수식으로 표현하면 다음과 같다.

$$\Delta p = \rho g \cdot \Delta h$$

위 식에서 ρ는 유체의 밀도, g는 중력가속도, Δh는 측정 기준으로부터 유체의 높이다. 이 식은 기본적으로 **압축되지 않는 유체가 밀폐된 공간에 채워져 있을 때는 Δp가 일정하다**는 의미를 담고 있다. 밀폐 공간을 기준으로 하는 위와 같은 식을 열린 공간에서 모든 상황이 벌어지는 F1 레이스카의 공기역학에 바로 적용할 수는 없겠지만, 유체역학의 기초 개념으로서 파스칼의 원리가 이후 다루게 될 다양한 공기역학 개념에 직간접적으로 많은 영향을 주는 더없이 중요한 기본 원리라는 점만큼은 분명하다.

베르누이의 정리
Bernoulli's Principle

유체의 흐름이 빠를수록 압력은 낮아지고, 흐름이 느릴수록 압력은 높아진다.

다니엘 베르누이[4]가 발견하고 정리한 베르누이의 정리는 **"움직이는 유체에서** 운동 에너지와 압력이 서로 교환**된다"**는 내용을 담고 있다. 베르누이의 정리는 일반인들에게도 널리 알려져 자주 언급되지만, 제법 많은 전제 조건이 필요해 아무 상황에나 쉽게 대입할 수 없기 때문에 사용에 주의가 필요하다. 일단 베르누이 정리의 기본 개념을 간단한 수식으로 정리하면 다음과 같다.

$$\frac{v^2}{2} + gh + \frac{p}{\rho} = constant$$

위 식의 양변에 ρ를 곱하면, 다음과 같은 식을 유도할 수 있다.

$$\frac{1}{2}\rho v^2 + \rho gh + p = constant$$

위의 두 식에서 ρ는 유체의 밀도, v는 유체의 속도, g는 중력가속도, h는 측정 기준으로부터 유체의 높이(앞서 파스칼의 원리를 설명할 때 등장했던 Δh와 같은 개념이다.)를 나타내며, p는 선택된 지점의 압력에 해당한다.

베르누이의 정리는 다양한 분야에서 여러 가지 방식으로 활용될 수 있고, 조건에 따라 응용할 수 있는 범위도 넓은 편이다. 특히, 일반인에게 F1 레이스카의 공기역학을 쉽게 설명하려고 할 때(정확한 설명을 위한 여러 전제 조건은 일단 고려하지 않기로 하고, 필요한 부분만 원하는 대로 가정해 활용했을 때) 위 두 번째 식에 포함된 ρgh 값이 무시할 수 있을 만큼 작다고 가정하면 이후 상당히 중요하게 작용하는 **속도(v)의 제곱과 압력(p)의 관계**를 어느 정도 설명할 수 있다.

---

4 Daniel Bernoulli (1700 ~ 1782) : 스위스 출신(태어난 곳은 네덜란드지만 스위스 국적이다.)의 수학자이자 물리학자.

먼저 앞서 정리한 베르누이의 정리 두 번째 식에서 압력 p를 제외한 나머지 항을 모두 우변으로 옮기면 다음과 같은 식을 얻을 수 있다.

$$p = constant - \frac{1}{2}\rho v^2 - \rho gh$$

여기서 눈여겨볼 부분은 좌변의 압력 p와 우변의 속도 v다.

$$p = constant - \frac{1}{2}\rho v^2 - \rho gh$$

위 식에서 선형적 관계를 가진 압력과 속도의 제곱 외에 나머지 변수를 묶어(아래 식의 a와 b) 따로 떼놓고 생각한다면 다음과 같은 식으로 정리할 수 있다.

$$p = -v^2 \times a + b$$

이 식은 결국 두 지점 1과 2를 지나는 유체의 흐름을 가정했을 때, 각 지점에서 압력과 속도의 압력 관계가 다음 식과 같이 드러난다.

$$p_1 + v_1^2 \times a = p_2 + v_2^2 \times a$$

위 식에서 1의 압력 p_1이 2의 압력 p_2보다 낮다면, 1의 속도 v_1이 2의 속도 v_2보다 빨라진다. 반대로 속도를 먼저 생각했을 때 v_1이 v_2보다 빠르다면, p_1은 p_2보다 훨씬(속도의 제곱으로 등식이 만들어져있으므로) 낮아지게 된다.

이처럼 베르누이의 정리는 **"어떤 유체의 흐름에서 속도가 빠를수록 압력은 낮아지고, 속도가 느릴수록 압력은 높아진다."**는 의미를 가진다. 또한, 이와 같은 **압력 변화**는 기하급수적이라는 표현이 딱 들어맞을 정도로 속도 변화에 매우 큰 영향을 받는다는 사실도 알 수 있다.

벤츄리 효과
Venturi Effect

밀폐된 관을 지나는 유체가 관의 굵기가 가는 부분을 지날 때 압력이 낮아진다.

앞서 베르누이의 정리를 통해 몇 가지 전제 조건을 만족할 때, "유체의 흐름에서 속도가 증가하면 압력이 낮아지고 속도가 줄면 압력이 높아진다."는 것을 설명했다. 이와 같은 베르누이의 정리를 응용하는 다양한 상황 중 가장 대표적인 것이 **"벤츄리 효과(Venturi effect)"**다.

벤츄리 효과는 굵기가 변하는 **"벤츄리 관(Venturi tube)"**을 통해 쉽게 설명할 수 있다.

아래 그림처럼 왼쪽이 굵고 가운데 부분에서 굵기가 변해 오른쪽은 굵기가 가늘어지는 관을 준비한 뒤, 아래쪽에 굵기가 더 가는 관을 배치해 양쪽을 연결하면 전형적인 벤츄리 관 구조를 만들수 있다. 이렇게 만든 벤츄리 관 아래쪽에 배치한 굵기가 매우 가는 통로에 일정량의 액체를 채우면, 벤츄리 관 속에서 공기가 이동할 때 나타나는 공기역학적 효과를 쉽게 확인할 수 있다.

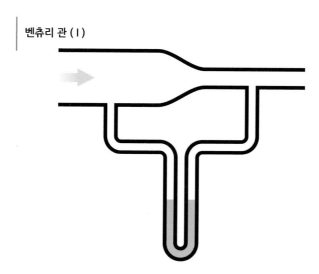

벤츄리 관 (I)

위 그림과 같은 전형적인 형태의 벤츄리 관을 준비한 뒤, 왼쪽으로부터 오른쪽으로 공기가 지나가도록 하면 다음과 같은 변화를 확인할 수 있다.

벤츄리 효과

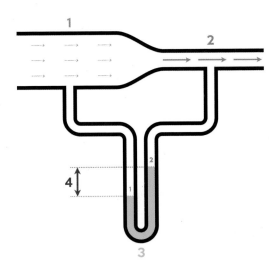

위 그림과 같은 벤츄리 관에서는 굵은 곳(1)보다 가는 곳(2)을 지날 때의 속도가 더 빠르고, 베르누이의 정리에 따라 속도가 빠른 2의 압력이 더 낮아진다. 1보다 2의 압력이 낮아지면 3에 담긴 액체에서 각각 1과 2로 이어지는 부분에도 압력 차이가 생기고, 압력 차이에 따라 좌우 액체의 높이도 달라진다. 결국 1과 2의 속도 차이가 만든 압력 차이는 4의 높이 차이로 이어진다.

벤츄리 관 (Ⅱ)

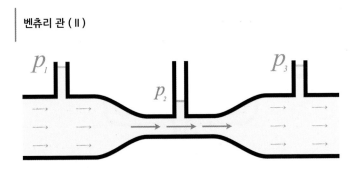

위 그림은 벤츄리 효과를 설명할 때 자주 등장하는 벤츄리 관의 형태 중 하나다. 왼쪽(1)과 오른쪽(3) 굵기가 굵고 가운데(2) 굵기가 가는 형태의 관 속으로 유체가 이동하면, 베르누이의 정리에 따라 흐름의 속도가 빠른 가운데 부분의 압력 p_2가 낮아진다. 가운데 부분의 압력이 낮아지는 동안 좌우 양쪽의 압력은 높아지고, 위 그림처럼 세 지점에 압력 측정을 위해 배치한 굵기가 가는 관 속의 유체 높이 역시 가운데는 낮아지고 좌우 양쪽에서 높아진다.

이런 벤츄리 효과는 1970년대 몇 가지 신기술의 등장과 함께 여러 상황을 설명하는 데 활용되면서, 점차 F1 레이스카의 공기역학에서 가장 중요한 이론 중 하나로 여겨지기 시작했다.

유체의 흐름과 스트림라인

Flow and Streamline

움직임이 없는 공기의 흐름 속에서 자동차가 움직이는 상황을, 멈춰 있는 차량 주변으로 공기의 흐름이 여러 개의 선을 그리며 지나가듯 묘사하는 경우가 많다.

공기역학은 직접적으로든 간접적으로든 유체의 **"흐름(flow)"**과 관련되어 있다. F1 레이스카의 공기역학 역시 레이스카 주변을 지나는 유체의 흐름, 즉 **"공기의 흐름(air flow)"**을 다룬다. 공기의 흐름은 특수한 상황이 아니라면 사람의 눈으로 직접 관찰할 수 없지만, 이해를 돕기 위해 화살표 등을 이용해 아래 그림처럼 간단하게 묘사하는 방법이 자주 사용된다.

상대적인 공기 흐름의 묘사

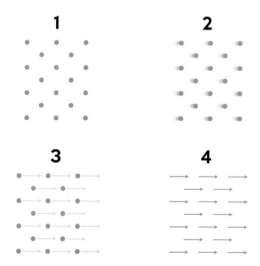

공기는 그림 1처럼 작은 입자들이 서로 불규칙한 간격(위 그림은 설명 편의상 규칙적인 것처럼 묘사했다.)을 두고 분포한 상태로 존재하며, 덩어리진 하나의 물체와는 전혀 다른 물리적 성격을 갖는다. 그림 1의 입자들은 각각 나름의 방향과 속도로 움직일 수 있는데, 그림 3은 그림 1의 입자들이 같은 속도를 유지하며 일정한 방향으로 움직이는 상황을 묘사한 것이다. 그림 4는 그림 3에서 입자를 나타내는 동그라미를 제거한 뒤 화살표만 남긴 것으로, 공기역학에서는 자주 그림 4처럼 화살표만을 이용해 공기의 흐름을 표현하는 방법을 사용하곤 한다.

이런 방법으로 F1 레이스카의 공기역학에서 자동차가 움직이는 상황을 묘사할 때 주의할 점은, 그림만 보면 마치 공기를 구성하는 입자들이 움직이고 차는 멈춰 서 있는 것처럼 표현했더라도 **"실제로 움직이는 것은 자동차"**라는 점이다.

물론 바람이 불 때처럼 자동차의 움직임과 관계없는 공기의 흐름도 충분히 생각할 수 있고, 차의 움직임에 영향을 받아 차량 주변에 다양한 공기의 흐름이 발생할 수도 있다. 이 책에서도 움직이는 차량 주변에서 발생하는 공기의 흐름이나 공기 흐름의 변화와 관련된 내용을 여러 차례 다룬다. 다만 공기의 흐름이 다양한 형태로 발생한다고 하더라도, 공기 입자들보다 훨씬 큰 자동차의 움직임이 주는 영향력이 압도적으로 강하다는 사실에는 변함이 없다.

공기역학에서 일반적인 움직이는 자동차 주변 공기 흐름의 표현

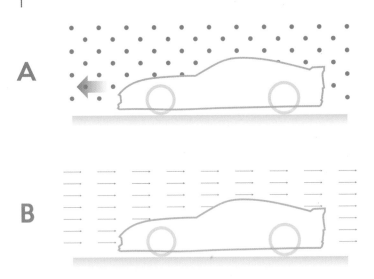

많은 경우 움직이는 자동차 주변 공기의 흐름을 위 그림처럼 묘사한다. 위 그림 A처럼 멈춰 있거나 상대적으로 움직임이 적은 공기 입자들 사이로 자동차가 움직일 때, 그림 B처럼 차량이 멈춰 있고 차의 속도만큼 상대적으로 움직이는 공기 흐름이 존재하는 것처럼 표현하는 방식이다. 여기서 **물체 주위로 움직이는 공기의 흐름을 형상화한 선** 또는 **선과 화살표 등으로 공기 흐름을 묘사하는 방식**을 "유선(流線)" 또는 **"스트림라인(streamline)"**이라고 부른다.

엄밀히 말하면 그림 A와 그림 B의 상황, 즉 멈춰 서 있는 공기 입자들 사이로 자동차가 움직이는 경우와 멈춰 선 자동차 주변으로 공기 흐름이 지나가는 경우를 "완전히 같은 상황"이라고 말할 수는 없다. 다만 가능한 한 쉬운 표현을 사용해 간단하고 단순하게 설명해야 하는 상황이라면, A와 B의 차이를 무시하고 A의 상황을 다루면서 B의 방식으로 "스트림라인"이라는 직관적인 방식으로 표현할 수 있다.

층류와 난류

Laminar Flow and Turbulence

유체의 흐름은 크게 층류와 난류 두 가지로 나눌 수 있다.

공기와 같은 유체의 흐름은 비교적 일정하게 움직이는 "층류"와 상대적으로 움직임이 무질서하고 불규칙한 "난류" 두 가지로 나누어 생각할 수 있다.

층류

유체가 마치 "층(laminae : layer)"을 이룬 것처럼 비교적 일정하게 한 방향으로 흐르듯 움직이는 경우, 이런 유체의 흐름을 **"층류(laminar flow)"**라고 부른다.

유체는 어느 정도 점성, 즉 서로 떨어지지 않고 끈적하게 함께 움직이거나 멈춰있으려는 성질을 가지고 있다. 이런 점성이 유지되는 동안, 서로 가까운 거리를 유지하며 함께 움직이려는 입자들은 비교적 일정한 방향으로 마치 층을 이룬 듯한 모습으로 덩어리를 유지하며 함께 이동한다. 이를 스트림라인으로 묘사하면 다음 그림과 같은 모습을 떠올릴 수 있다.

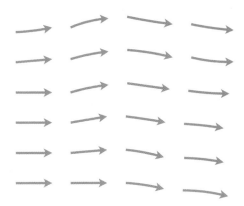

보통 **관성에 의한 힘보다 "점성에 의한 힘의 영향을 더 많이 받을 경우"** 층류가 유지된다. 이 때문에 층류는 난류보다 계산이나 예측이 쉬운 편이다. 그러나, 계산과 예측이 쉬운 층류라도 공기역학적으로 반드시 유리한 효과만을 준다고 단정할 수는 없으며, 유량의 증가나 다양한 상황 변화에 따라 층류가 난류로 변하는 상황도 발생할 수 있다.

난류(터뷸런스)

일정한 형태를 유지하면서 어느 정도 예측할 수 있는 방향으로 무리 지어 움직이는 층류와 달리, 불규칙적으로 무질서하게 움직이는 유체의 흐름을 **"난류(turbulent flow)"** 또는 **"터뷸런스(turbulence)"**라고 부른다.

유량 증가 등 여러 가지 원인에 의해 불안정해진 유체의 입자들이 일정한 패턴 없이 불규칙하게 움직일 때, 이런 유체의 흐름을 난류로 분류할 수 있다. 층류와 달리 난류를 형성한 유체의 입자들 사이에는 점성이 잘 유지되지 않고, 각 입자가 각각 다른 속도로 서로 다른 방향을 향해 개별적으로 움직인다. 이때 난류의 속도는 몇 가지 특별한 경우를 제외하면 층류보다 느리고, 층류가 가진 에너지보다 난류가 가진 에너지가 훨씬 적다.

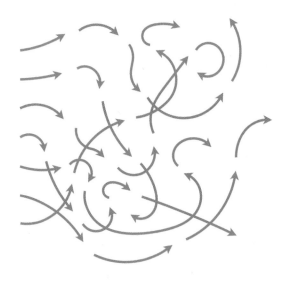

점성에 의한 힘보다 **"관성에 의한 힘의 영향을 더 많이 받을 때"** 난류가 발생하기 쉽고, (조건만 갖춰진다면 층류가 쉽게 난류로 변하는 것과 달리) 일단 난류가 발생하면 빠르게 층류로 바뀌거나 안정되기 어렵다. 속도가 과도하게 빠른 유체의 흐름은 난류로 바뀌기 쉽고, 안정적인 상태를 잘 유지하던 층류도 너무 먼 거리를 이동할 경우 난류로 변할 가능성이 있다.

유체에 작용하는 관성에 의한 힘과 점성에 의한 힘의 비율은 **"레이놀즈 수(Reynolds number)"**라고 부른다. 단순하게 접근하면 레이놀즈 수가 작을 때 층류, 클 때 난류가 발생할 가능성이 높다고 할 수 있다. 유체의 점도가 높거나 이동 속도가 느린 흐름이라면 레이놀즈 수가 작은 경우가 많고, 상대적으로 난류로 바뀌지 않고 층류 상태를 유지할 가능성이 높다.

쉽게 예측하기 힘든 난류의 복잡한 움직임은 해석하기도 어렵고, 유체 흐름의 영향을 파악하려고 할 때는 복잡한 계산이 필요하다. 또한 F1 레이스카 주변에 의도치 않은 난류가 발생한다면 부정적인 효과가 증폭되어 종합적인 성능이 나빠지게 된다. 이 때문에 불필요한 난류 발생을 줄이고 난류가 발생할 때 성능 저하를 최소화하는 것이 현대적인 F1 레이스카 디자인에서 해결해야 할 중요한 과제 중 하나로 여겨지고 있다.

보텍스
Vortex

"움직이는 중심축을 기준으로 나선을 그리며 회전하는 난류"를 보텍스라 부른다.

난류는 부정적인 효과를 주는 경우가 많다. 비행기 / 자동차 공기역학에서는 보통 난류를 반기지 않으며, F1 레이스카의 공기역학에서도 가능하다면 난류 발생을 억제하려고 노력한다.

난류의 형태 중 하나인 보텍스 역시 마찬가지다. **"보텍스(vortex)"**는 **"직선이나 곡선으로 움직이는 중심축을 기준으로, 나선을 그리며 회전하는 난류의 한 형태"**를 가리키는데, 작은 소용돌이를 이루며 한 방향으로 빠르게 움직이는 보텍스는 비행기 날개 끝[5]에서 목격되기도 한다. 습도가 높은 날 F1 레이스카의 날카로운 부품 끝부분에서도 종종 맨눈으로 보텍스를 확인할 수 있다.

그런데, 이런 보텍스는 일반적인 난류와 달리 많은 에너지를 포함하고 있는 데다가 어느 정도 형태를 유지하면서 움직인다는 중요한 특징을 가지고 있다. 이 때문에 의도적으로 보텍스를 유도해 보이지 않는 공기의 벽을 만들거나, 유체의 진행 방향을 바꿀 수 있는 가능성이 생긴다. 현대적인 F1 레이스카의 공기역학에서는 의도적으로 보텍스를 발생시켜 공기 흐름의 분리를 억제하는 등 특별한 효과를 얻기 위해 다양한 시도가 이뤄지곤 한다.

> 비행기 날개 끝에서 발생하는 윙 팁 보텍스(wing tip vortex)

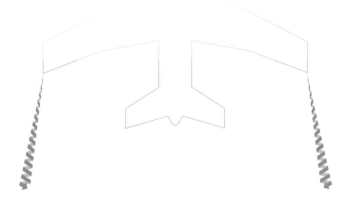

---

[5] 날개 끝에서 발생하는 보텍스라는 의미를 담아 "윙 팁 보텍스(wing tip vortex)"라는 표현이 사용된다.

웨이크

Aerodynamic Wake

웨이크는 "물체 뒤쪽에 만들어진, 공기 흐름의 속도가 흐트러지고 느려진 영역"이다.

많은 경우 공기의 흐름이 물체와 만나는 상황은, 아래 그림이 묘사하는 것과 반대로 공기 입자들 사이로 물체가 밀고 들어오는 상황이라고 볼 수 있다. 공기 입자들은 밀고 들어오는 물체 때문에 압박을 받게 되고, 압박을 받은 공기 입자들 사이 간격이 좁혀지는 동안 여유 있는 쪽으로 피할 길을 찾게 된다. 이때 공기의 흐름과 물체가 만나는 물체 앞쪽 부분에서 공기의 압력이 증가한다.

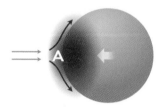

위 그림은 완전한 구 형태의 물체가 오른쪽에서 왼쪽으로 움직이는 상황을 나타낸 것이다. 상대적으로 공기의 흐름은 왼쪽에서 오른쪽으로 구 형태의 물체를 향해 이동한다고 생각할 수도 있다. 이런 상황에서는 구 형태 물체가 접근하는 동안 먼저 영향을 받는 A 위치에서 공기 입자들이 받는 압력이 증가하고, A 지점을 지난 공기 흐름은 물체의 표면을 따라 뒤쪽으로 이동하게 된다.

그런데, 물체 주위에는 공기의 입자들이 정체된 경계층이 존재한다. 물체 형태에 따라 물체 주위로 이동하는 공기의 흐름은 이런 경계층의 공기 입자들과 영향을 주고받게 된다.

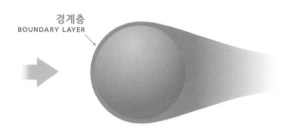

경계층
BOUNDARY LAYER

경계층을 이루고 있던 공기의 입자들은 물체 뒤쪽으로 이동하는 공기 입자들과 영향을 주고받는 과정에서 물체 표면으로부터 멀어지는데, 이런 현상을 공기 흐름의 분리 또는 흐름의 분리라고 부른다. 이처럼 공기 흐름의 분리가 일어나게 되면 물체 뒤쪽으로 표면에서 뜯겨 나오는 것처럼 속도가 느린 공기 흐름의 영역이 형성되는데, 이 공간을 가리켜 **"웨이크(wake)"** 또는 **"공기역학적 웨이크(aerodynamic wake)"**라고 부른다.

물체 뒤쪽에 형성된 웨이크 영역은 압력이 낮은 영역이기도 하다. 비어있는 공간을 채우듯 이동하는 공기의 입자들은 상대적으로 압박을 많이 받지 않으며 움직이기 때문에 자연스럽게 기압이 낮아지게 된다. 그런데, 앞서 확인했던 것처럼 공기의 흐름과 만나는 물체 앞쪽에서 압력이 높아지기 때문에, 결과적으로 물체의 앞쪽과 뒤쪽 공간 사이에는 압력 차이가 발생한다.

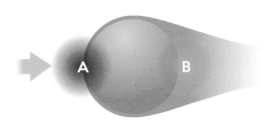

이처럼 물체의 앞쪽 A 위치와 뒤쪽 B 위치 사이에 압력 차이가 생기면, 압력이 높은 A 쪽에서 압력이 낮은 B 쪽으로 작용하는 힘이 발생한다. 물체의 앞뒤에 압력 차이가 발생한 만큼 물체의 진행 방향과 반대 방향으로 힘이 작용한다는 의미다. 결국 웨이크는 진행 방향과 반대 방향으로 작용하는 드래그를 발생시키는 셈이다.

일반적으로 영향을 미치는 다른 특별한 요소가 전혀 없더라도, 공기 속에서 물체가 단순하게 이동하는 것만으로도 움직이는 물체의 형태에 따른 나름의 웨이크가 발생한다. 웨이크가 공기역학적으로 부정적인 효과인 드래그를 증가시키기 때문에, 웨이크를 다스려 드래그를 감소시키는 것은 공기역학의 가장 중요한 목표 중 하나로 이어진다. F1 레이스카의 공기역학에서도 늘 웨이크를 감소시키려는 노력이 계속되고 있고, 웨이크 발생을 막을 수 없는 경우 다른 방법을 동원해 드래그 발생량을 최소화하려는 다양한 방법이 연구되고 있다.

웨이크는 앞서 살펴보았던 보텍스와 마찬가지로 크게 봤을 때 난류에 포함되는 개념이다. 그러나, 미리 계산하고 설계 단계부터 어느 정도 의도한 보텍스의 경우 공기역학적으로 긍정적인 효과를 유도할 여지가 있는 것과 달리, 대부분의 웨이크는 공기역학적으로 긍정적인 효과를 기대하기 어렵다. 또한, 웨이크 안쪽의 공기 흐름은 에너지가 작은 난류인 경우가 많은데, 이런 난류가 뒤쪽으로 계속 이어진다면 자기 자신은 물론 뒤따르는 다른 대상의 공기역학적 효과까지 감소시키는 부작용을 낳을 수 있다.

III.
드래그
DRAG

드래그
Drag

드래그는 "유체의 흐름 속에서 움직이는 물체의 속도를 늦추는 공기역학적 힘"이다.

공기와 같은 유체의 흐름 속에서 이동하는 물체에는 항상 진행 방향 반대쪽으로 작용하는 힘이 존재한다. 이처럼 물체의 진행 방향 반대쪽으로 작용하며 속도를 늦추는 힘을 가리켜 **"드래그(drag)"** 또는 **"공기역학적 드래그(aerodynamic drag)"**라고 부른다. 드래그는 양력, 다운포스와 함께 공기역학에서 가장 중요하게 다뤄지는 요소 중 하나다.

드래그는 일상에서 많이 사용하는 "공기 저항"과 같은 개념이라고 이해해도 큰 문제는 없다. 물론 "저항"이라는 단어는 물체 앞쪽의 어떤 물체가 가로막거나 방해한다는 의미를 담고 있어, 이런 뉘앙스를 생각한다면 물체 앞쪽은 물론 물체 뒤쪽이나 제3의 위치에서도 작용할 수 있는 드래그와 공기 "저항"을 완전히 같은 뜻이라고 보기는 어렵다.

그러나, 어떤 물체가 다른 물체 앞에서 "저항"한다는 뉘앙스를 빼고 생각하면, "공기 저항"은 "공기 속을 움직일 때 진행 방향의 반대쪽으로 작용하는 힘"의 의미로 사용될 수도 있다. 이런 관점에서라면 공기 저항과 드래그는 같은 의미를 담고 있는 셈이니 혼용하는 데 무리가 없다.

공기역학적 드래그는 움직이는 자동차의 속도를 늦추는 힘이기 때문에, 자동차가 널리 보급되고 모터스포츠가 성장하기 시작한 20세기 초중반부터 자동차 디자인에서 가장 중요한 요소 중 하나로 여겨져 왔다. 20세기 초중반 자동차의 경우 속도는 그리 빠르지 않았지만, 엔진 출력도 매우 약했기 때문에 조금이라도 부담을 주지 않기 위해 드래그를 줄일 필요가 있었다. 20세기 중반에는 그랑프리 레이싱이 인기를 끌기 시작한 가운데 레이스카의 최고 속도가 급격히 빨라졌고, 최고 속도 향상보다 더 빠르게 증가하는 드래그를 최소화할 수 있는 디자인의 중요성이 높아졌다.

공기역학에서 드래그 발생량은 보통 다음과 같은 식으로 나타낸다.

$$Drag = \frac{1}{2} C_d A \rho v^2$$

위 드래그 공식에서 C_d는 드래그 계수, A는 유체가 흐르는 방향에 대한 **"전면 참조 영역(frontal area)"**의 면적, ρ는 유체의 밀도, v는 유체의 속도를 가리킨다.

드래그 공식에는 공기역학에 익숙하지 않은 사람에게 생소할 수 있는 자동차의 **"전면 참조 영역"** 이라는 개념이 등장한다. 전면 참조 영역은 표면적이 아니라 정면에서 본 단면적을 가리키는데, 예를 들어 둥근 **구 형태의 물체**라면, 표면적 $4\pi r^2$이 아닌 정면에서 본 **단면적 πr^2이 전면 참조 영역** 값이 된다. 자동차의 경우 다음 그림과 함께 전면 참조 영역을 설명할 수 있다.

│ 정면도로 본 레이스카 전면 참조 영역의 예

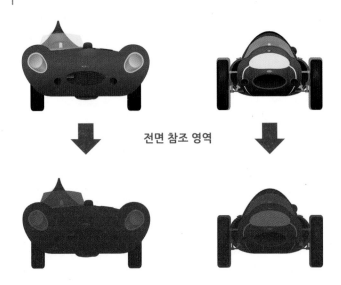

전면 참조 영역

앞서 정리했던 드래그 공식에 의하면, 드래그 값은 전면 참조 영역의 크기에 비례한다. 정면에서 봤을 때 면적이 좁다면 그만큼 드래그가 작아지고, 정면에서 본 면적이 넓으면 드래그는 커진다고 볼 수 있다. 그러나, 자동차는 반드시 엔진과 동력 계통의 필수 부품을 내장해야 하고, 이 때문에 전면 참조 영역을 줄이는 데에는 분명한 한계가 존재할 수밖에 없다. 예를 들어 강한 출력을 얻기 위해 큰 엔진을 장착했다면, 엔진의 단면적보다 클 수밖에 없는 자동차 전체의 전면 참조 영역은 더 커진다.

드래그 공식에 포함된 요소 중 유체의 밀도나 자동차의 속도에 따라 결정되는 유체의 상대 속도는 차량 설계를 통해 조절할 수 있는 부분이 아니다. 또한, 방금 살펴본 것처럼 전면 참조 영역 역시 그 면적을 줄이는 데 어느 정도 한계가 있다. 그렇다면 디자인 과정에서 드래그 공식으로 산출되는 드래그 발생량을 조절할 수 있는 방법 중 남는 것은 드래그 계수 값을 낮추는 것뿐이다.

같은 밀도의 유체 속에서 같은 속도로 움직일 때, 전면 참조 영역이 완전히 동일하더라도 드래그 계수가 다르면 발생하는 드래그의 양은 달라진다. 이런 이유로 자동차 공기역학에서는 드래그 계수가 작은 형태로 차량을 디자인하기 위한 연구가 활발하게 진행되고 있다.

드래그 계수
Drag Coefficient

드래그 계수는 "물체의 형태와 유체의 흐름 등 다양한 조건이 드래그에 미치는 복잡한 영향력을 하나의 간단한 값으로 나타낸 것"이다.

물체의 형태와 물체 주위를 지나는 공기의 흐름 등 다양한 조건에 영향을 받는 드래그를 정확히 계산하는 것은 매우 어렵다. 상황에 따라 그때그때 복잡한 계산으로 정확한 값을 얻는 것이 어려운 만큼, 물체의 형태에 따른 드래그 값을 미리 계산해 일종의 모델로 만든다면 그 활용이 조금 수월해질 수 있다. 이처럼 필요할 때 쉽게 활용할 수 있도록 물체의 형태와 유체의 흐름 등 다양한 조건이 드래그에 미치는 복잡한 영향력을 종합해 하나의 간단한 수치로 나타낸 것이 바로 **"드래그 계수(drag coefficient)"**다.

드래그 계수를 계산하는 일반적인 공식은 앞서 드래그 공식에서 드래그 계수만 좌변으로, 나머지 변수는 모두 우변으로 옮기는 방법으로 다음과 같이 유도할 수 있다.

$$C_d = \frac{2D}{\rho A v^2}$$

위 식에서 좌변의 C_d는 드래그 계수, 우변의 D는 드래그, ρ는 유체의 밀도, v는 유체의 속도를 각각 가리키며, 분모의 A는 전면 참조 영역(frontal area)의 면적을 가리킨다. 여기서 유의해야 하는 부분은 드래그 계수와 드래그, 전면 참조 영역 사이의 관계다.

$$C_d = \frac{2D}{\rho A v^2}$$

유체의 밀도와 속도를 고려하지 않는다면, "전면 참조 영역의 면적에 비해 드래그가 얼마나 많이 발생하는가"에 따라 드래그 계수가 결정된다. 우변 분모의 A를 좌변으로 넘기면 전면 참조 영역 면적과 드래그가 비례한다는 결론을 유도할 수도 있다. 이 때문에 전면 참조 영역의 면적에 비해 드래그 발생량이 많다면, 결과적으로 C_d, 즉 드래그 계수가 커지게 된다. 마찬가지로 두 물체의 전면 참조 영역 면적이 같더라도 드래그 발생량이 작은 쪽의 C_d 값이 더 작다는 것도 알 수 있다.

몇 가지 대표적인 형태의 드래그 계수를 알아보는 과정에서 좀 더 직관적인 드래그 계수의 의미를 파악할 수 있다. 이런 시도에서는 앞서 드래그 계수의 일반적인 공식에서 살펴봤던 것처럼 "**형태가 일정하더라도 유체 흐름의 밀도나 속도에 따라 드래그 계수는 달라진다**"는 점을 유의해야 하므로, "**일정한 밀도와 속도, 레이놀즈 수를 가정**"하고 드래그 계수를 계산하는 경우가 많다.

│ 유체가 흐르는 방향과 평행하게 놓인 평평한 판자 형태의 드래그 계수

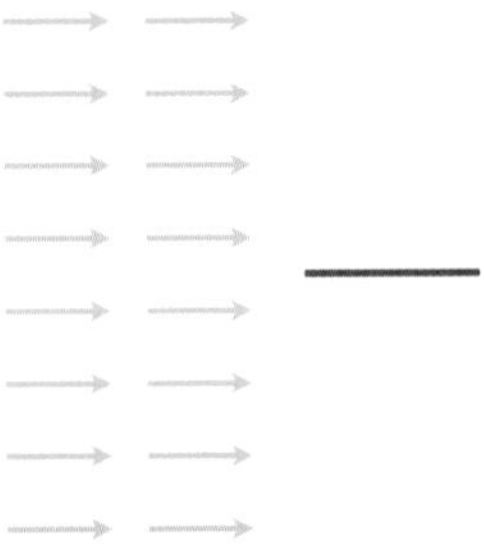

$$C_d \simeq 0.001 \,_{(Re < 10^6)}$$
$$C_d \simeq 0.005 \,_{(Re > 10^6)}$$

먼저 두께가 없는 이상적인 **평평한 판자 형태**의 물체가 위 그림처럼 층류 속에서 유체의 흐름과 평행하게 놓여있다면, 직관적으로 드래그가 적게 발생할 것이라고 짐작할 수 있다. 실제로 **레이놀즈 수가 10^6보다 작은 층류** 속에서 드래그 계수 C_d는 0.001 전후의 매우 작은 값을 갖는다. 그러나, 같은 형태라도 층류가 아닌 **레이놀즈 수가 10^6보다 큰** 난류 속에 있다면 드래그 계수는 0.005 전후로 조금 커진다.

│ 유체가 흐르는 방향과 수직으로 세워진 평평한 판자 형태의 드래그 계수

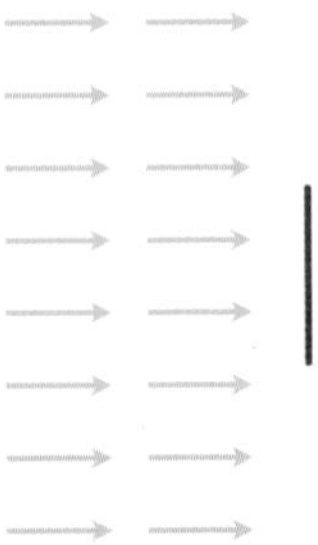

$$C_d \simeq 1.28$$

만약 평평한 판자 형태의 물체가 위 그림처럼 유체가 흐르는 방향에 수직으로 세워져 있다면 얘기가 달라진다. NASA에서 음속 이하의 느린 속도와 일정한 레이놀즈 수 등 몇 가지 조건 속에 테스트한 결과(이하 "**NASA 드래그 계수 테스트**"[1])에 따르면, 위 그림처럼 세워진 판자 형태 물체의 드래그 계수 C_d는 1.28로 유체의 흐름과 나란하게 놓인 경우보다 훨씬 큰 값을 갖는다.

---

[1] NASA 홈페이지의 "**Re-Living The Wright Way**" 중 "**Effects of Shape on Drag**"에서 확인할 수 있다.

유체의 흐름과 처음 만나는 면이 유체가 흐르는 방향과 수직으로 세워진 평평한 판자 형태와 같은 평면이라고 해도, 전체적으로 프리즘 형태를 가진 물체라면 드래그 계수의 값이 달라진다.

프리즘 형태의 드래그 계수

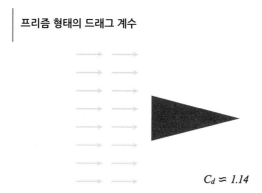

$$C_d \approx 1.14$$

NASA 드래그 계수 테스트 결과를 참고했을 때 유체의 흐름과 수직인 평평한 판자 형태의 C_d가 1.28 전후였지만, 같은 조건에서 위 그림처럼 프리즘 형태 물체의 드래그 계수 **C_d는 1.14 전후**로 좀 더 작은 값을 갖는다.

완전한 구체의 드래구 계수

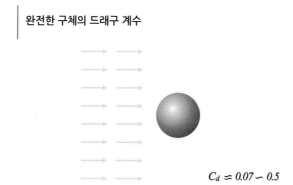

$$C_d \approx 0.07 \sim 0.5$$

만약 위 그림처럼 완전한 공 모양 물체라면 드래그 계수가 현격히 작아진다. NASA 드래그 계수 테스트에서 완전한 구체의 드래그 계수 C_d는 일반적인 상황에서 대략 **0.07 ~ 0.5 수준**에 불과하다. 이 값은 유체의 방향에 수직으로 세워진 판자 형태 물체나 프리즘 형태의 물체보다 절반 수준에도 미치지 않는 작은 값이다.

공 모양의 물체는 조건에 따라 폭넓은 드래그 계수 값을 가질 수 있는데, 레이놀즈 수에 따른 드래그 계수의 변화는 대략 다음 그래프와 같이 나타난다.

구체에서 레이놀즈 수(R_e)의 변화에 따른 드래그 계수(C_d)의 변화

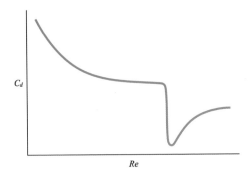

구체적인 드래그 계수 값은 레이놀즈 수 외에도 다른 조건의 영향으로 달라질 수 있다. 그래프의 형태 역시 상황에 따라 조금씩 달라질 수 있지만, 그래프의 전체적인 형태는 대략 위 그림과 비슷하게 나타난다. 위 그래프에서는 일정 수준까지 레이놀즈 수가 증가하는 동안 드래그 계수가 점점 작아지지만, 일정한 값을 넘은 뒤에는 레이놀즈 수와 드래그 계수가 함께 증가한다.

깊은 개념까지 이해하고 정확한 계산을 직접 수행해야 하는 전문가가 아니라면, 구체의 레이놀즈 수에 따른 드래그 계수 그래프에 대해서는 **"물체의 형태가 드래그에 큰 영향을 주고, 드래그 계수는 조건에 따라 복잡하게 변할 수 있다."**는 정도까지만 기억해도 충분하다.

한편, 날개 형태 물체의 드래그 계수는 다른 형태에 비해 매우 작은 편이다.

아래 위 대칭인 날개 형태의 드래그 계수

$$C_d ≒ 0.045$$

NASA 드래그 계수 테스트에 따르면, 위 그림처럼 상하 대칭인 날개 형태의 C_d는 **0.045 전후**다. 이 값은 적절한 조건에서 비교적 작은 드래그 계수 값을 갖는 구체보다도 훨씬 작은 수치다. 바꿔 말하면 구체보다 날개 형태가 드래그를 적게 발생시킨다고 할 수 있다. 드래그 계수를 통해 "공기역학적으로 유리한 형태"가 어떤 것인지 약간이나마 짐작할 수 있는 대목이다.

유선형
Streamliner

단면적 변화가 적은 매끄러운 외형의 유선형은 드래그 발생을 크게 줄인다.

정확한 드래그 계산은 공기역학에서도 상당히 까다로운 문제 중 하나다. 유체의 밀도와 속도, 물체 표면 재질 등에 따라 발생하는 드래그의 양은 크게 달라질 수 있다. 흐름의 분리처럼 물체 표면을 지나던 층류가 어느 순간 갑자기 난류로 바뀌어 드래그를 만들기도 하고, 물체와 공기 흐름의 입체적인 움직임이나 상황 변화 등 드래그 계산을 어렵게 만드는 요소는 많다.

드래그 계수는 다양한 조건에 따라 계산 결과가 크게 달라질 수 있기 때문에, 전공자가 아니라면 구체적인 공식과 계산 방법을 알 필요는 없다. 전문가가 아닌 일반인에겐 어떤 형태의 물체가 어느 정도 드래그를 발생시키는지 대략 살펴보고 비교해보는 것만으로도 충분할 수 있다. NASA 드래그 계수 테스트에 따라 몇 가지 기본적인 형태의 드래그 계수 값을 정리하면 다음과 같다.

물체 형태에 따른 드래그 계수 비교

물체의 형태	드래그 계수
	1.28
	1.14
	0.5
	0.295
	0.045
	0.001

물체의 형태에 따른 드래그 계수 값을 비교한 표를 통해 공기역학적으로 유리한 형태가 어떤 것인지 알 수 있다. 공 모양의 구체가 프리즘 형태보다 공기역학적으로 유리하지만, 구체보다 날개 형태가 공기역학적으로 더 유리하다. 총알과 같은 형태는 구체보다 드래그 계수가 작지만, 날개 형태보다는 큰 드래그 계수를 갖고 있다. 이 때문에 총알 형태는 공기역학적으로 구체보다 유리하지만, 날개 형태보다는 불리하다고 할 수 있다.

드래그 발생을 최소화할 수 있는 물체의 형태를 다룰 때 자주 언급되는 것이 바로 유선형이다. **"유선형(streamlined shape)"은 "유체 흐름의 방향에 대한 단면적 변화가 적고, 요철이 없는 매끄러운 형태"**를 가리킨다. 유선형 물체는 층류 속에서 드래그 발생량이 매우 적고, 다른 형태에 비해 난류도 많이 만들지 않는다. 물체 뒤쪽에 만들어지는 웨이크의 영역 역시 상대적으로 작게 형성되는 등, 유선형은 여러 면에서 공기역학적으로 유리한 특성을 갖고 있다.

날개의 단면에서 확인할 수 있는 유선형의 특징

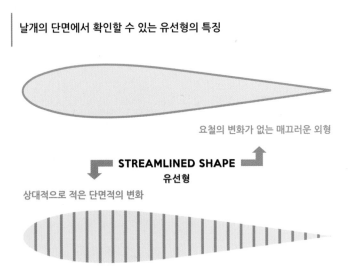

요철의 변화가 없는 매끄러운 외형

STREAMLINED SHAPE
유선형

상대적으로 적은 단면적의 변화

물속에서 헤엄치거나 하늘을 날 때 드래그를 최소화할 수 있도록 진화한 물고기나 새의 몸통은 자연에서 발견할 수 있는 유선형의 대표적인 예다. 사람이 만든 물체 중에는 비행기 날개의 단면이나 유선형이라는 뜻이 담긴 이름을 가진 고속 열차 "스트림라이너(streamliner)" 등이 모두 유선형에 해당한다. F1 레이스카에 장착되는 표준 카메라 케이스를 옆에서 바라봤을 때의 단면은, F1 팬들이 쉽게 발견할 수 있는 전형적인 날개 형태의 유선형이라고 할 수 있다.

19세기 말, 20세기 초 내연기관 엔진을 장착했던 초창기 자동차는 마차에 엔진만 얹어놓은 듯한 형태로 만들어졌기 때문에, 유선형과 거리가 먼 외형을 갖고 있었다. 그러나, 자동차 산업이 발전하면서 여러 가지 이유와 다양한 목적을 위해 유선형에 가까운 형태로 디자인된 자동차가 하나둘 등장하기 시작했고, 이런 발전은 훗날 F1 레이스카의 공기역학적 디자인으로까지 이어졌다. 역사를 자세히 돌아본다면 자동차와 모터스포츠의 태동기부터 드래그를 줄이기 위한 노력이 계속되었다는 것을 알 수 있고, 유선형 자동차 디자인이 유행하기 시작한 이후 점차 공기역학과 자동차 디자인이 더 깊은 인연을 맺게 됐다는 사실을 알게 된다.

드래그 감소를 위한 노력
Effort to Reduce Drag

자동차와 모터스포츠의 태동기부터 드래그 감소를 위한 노력이 시작됐다.

1922년 폴 야라이는 **"눈물방울 형태(teardrop shape)"**로 드래그를 최소화하는 유선형 자동차 디자인 특허를 획득했다. 비슷한 시기, 부가티 등의 자동차 제조사에서는 유선형으로 디자인된 자동차 생산에 나서기도 했다. 이 시기의 눈물방울 형태 자동차 디자인은 새나 물고기 몸통과 비슷한 형태를 만드는 것에서 출발했다. 차체 외부의 모든 부품을 가능하면 유선형으로 디자인했고, 아웃라인은 뒤로 가면서 완만하게 아래로 내려가도록 디자인해 드래그 발생을 줄이려 했다.

폴 야라이의 눈물방울 형태 자동차 디자인 스케치 (1927)

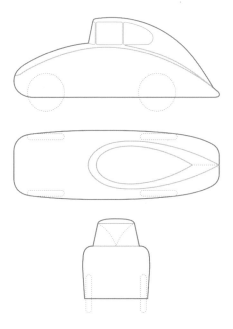

위와 같은 디자인은 접시를 뒤집어 놓은 듯한 형태의 스트림라이너나 1920년대 야라이 자신이 디자인했던 비행선에 비해 드래그 계수가 컸다. 그러나, 사람이 탑승하고 필수 부품이 들어가야 하는 자동차의 특성을 생각하면 유선형 디자인의 현실적인 타협점이라고 볼 수도 있었다.

유선형 디자인이 널리 보급되기 시작하던 시기, 그랑프리 레이스카의 공기역학 입장에서 큰 호재가 생겼다. 1920년대까지 의무적이었던 투-시터, 즉 2인승으로 차를 디자인해야 하는 의무가 사라지면서, 싱글-시터 레이스카가 그랑프리 레이싱에 투입되기 시작했다. 두 시트를 나란히 배치할 필요가 없는 만큼, 그랑프리 레이스카를 디자인할 때 전면 참조 영역을 줄이기 쉬워졌다.

1930년대 초반 최고의 레이스카 중 하나였던 **"알파로메오 P3(Alfa Romeo P3)"**에는 유선형을 고려하고 전면 참조 영역을 줄이려 했던 그랑프리 황금기의 디자인 특징이 잘 반영되어 있다.

알파로메오 P3의 측면도

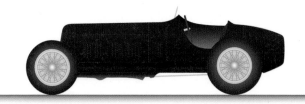

1920년대와 1930년대에 유행했던 그랑프리 레이싱카 디자인은 기본적으로 차체를 길쭉한 직육면체나 원통형으로 만드는 것이었다. 처음에는 가장 중요한 핵심 부품이 들어가는 엔진 룸을 알차게 채우는 직육면체 디자인이 보편적이었지만, 점차 부드러운 원통형으로 차체를 디자인하려는 시도가 늘어났다. 그랑프리 레이싱 초창기 최고의 디자이너 중 한 명이었던 비토리오 야노[2]가 설계한 알파로메오 P3의 측면도에서도 이런 디자인의 흐름을 확인할 수 있다.

알파로메오 P3는 부피가 큰 직렬 8기통 슈퍼차저 엔진을 앞쪽에 장착했고, 라디에이터가 차의 맨 앞부분을 차지했기 때문에 다소 둔탁한 외형을 가질 수밖에 없었다. 그러나, 측면도에서 아웃라인만 살펴보면 나름 유선형에 가까운 형태를 발견할 수 있다. 물론, 냉정하게 얘기하면 충분한 유선형 디자인도 아니었고, 드래그를 최소화하는 공기역학적 디자인이라고 보기에도 턱없이 부족했다. P3의 디자인은 유선형을 약간이나마 고려한 것에 작은 의미를 둘 수 있는 정도였다.

알파로메오 P3의 측면도에서 확인할 수 있는 유선형의 특징

---

[2] Vittorio Jano (1891 ~ 1965) : 이탈리아/헝가리 출신의 자동차 디자이너. 알파로메오 P3, 란치아 D50 등의 레이스카와 페라리의 디노 V6 엔진, 야노 V12 엔진 등을 디자인한 엔지니어로 40년 가까이 그랑프리 레이싱과 F1 무대에서 활약했다.

그러나, 1930년대 중후반 그랑프리 레이싱에서 맹활약한 "**아우토우니온 타입 D(Auto Union Typ D)**"의 옆모습을 살펴보면, 알파로메오 P3보다 눈에 띄게 발전한 공기역학적 디자인과 좀 더 뚜렷한 유선형 차체의 특징을 확인할 수 있다.

아우토우니온 타입 D의 측면도

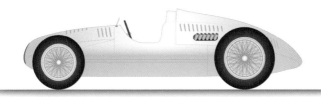

페르디난트 포르셰[3]가 디자인한 아우토우니온 타입 D는 콕핏 뒤쪽에 엔진을 배치한 것을 제외하면, 큰 틀에서 1930년대 그랑프리 레이싱카 디자인의 주류에서 크게 벗어나지 않는 차체 외형을 가지고 있다. 길쭉한 원통형 차체와 오픈-휠 레이아웃 등은 그다지 특별하지 않았지만, 앞서 살펴봤던 알파로메오 P3와 측면도를 비교해 보면 아우토우니온 타입 D의 디자인이 훨씬 더 유선형의 특징을 잘 갖추고 있는 것을 알 수 있다. 특히 타입 D는 엔진을 뒤쪽에 배치하는 "리어-엔진" 레이아웃을 택한 덕분에 전형적인 유선형의 형태에 좀 더 가까워질 수 있었다.

측면도를 기준으로 차체 아웃라인을 따로 그려보면, 상대적으로 둔탁했던 알파로메오 P3와 달리 아우토우니온 타입 D에서 훨씬 매끄러운 곡선이 그려진다. 아래 그림과 같은 아우토우니온 타입 D의 아웃라인은 21세기의 전형적인 스포츠카의 아웃라인과 비교해도 큰 차이가 없을 정도로 유려한 곡선을 그리고 있다. 직관적으로 부드럽게 느껴지는 아웃라인 속에는 앞서 살펴봤던 유선형의 특징이 잘 담겨있다고 볼 수 있다.

아우토우니온 타입 D의 측면도에서 확인할 수 있는 유선형의 특징

---

[3] Ferdinand Porsche (1875 ~ 1951) : 보헤미아/독일 출신의 엔지니어. 메르세데스-벤츠 SS/SSK, 아우토 우니온 레이스카 다수, 폭스바겐 비틀 등을 디자인했으며, 포르셰 AG를 창립했다.

아우토우니온 타입 D만 해도 유선형 디자인의 장점을 제법 잘 담을 수 있었지만, 엔지니어들은 필요에 따라 공기역학적으로 더 극단적인 시도를 하기도 했다. 단순한 레이아웃에 긴 직선 주로가 배치된 써킷에서의 경기나 최고 속도 기록 도전 등 특별한 목적이 있을 때, 더 매끈한 유선형 디자인으로 드래그를 최소화한 유선형 디자인의 "스트림라이너"들이 종종 투입됐다.

최고 속도 기록 도전에서 400km/h 돌파를 목표로 했던 **"아우토우니온 타입 C 스트림라이너(Auto Union Typ C Stromlinien Wagen)"** 역시 그런 극단적인 시도 중 하나였다.

| 아우토우니온 타입 C 스트림라이너의 측면도

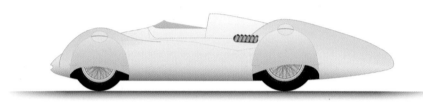

타입 C 스트림라이너는 타입 D의 전신으로 역시 유선형에 가까운 아웃라인을 가졌던 타입 C의 외형을 조정해 드래그를 최소화한 레이스카였다. 공기역학적으로 오픈 휠의 가장 큰 단점 중 하나인 "바퀴에서 발생하는 웨이크"를 차단하기 위해 바퀴를 차체 안쪽에 배치했고, 바퀴 옆면 역시 커버로 덮어 "요철의 변화가 없는 매끄러운 외형"의 유선형 디자인을 강화했다.

타입 D와 비교하면 형태가 더 입체적이거나 복잡해 보이기도 하지만, 스트림라이너의 측면도에서 아웃라인을 그려보면 접시를 뒤집어 놓은 듯한 본체의 아웃라인을 확인할 수 있다. 앞뒤 바퀴를 지나는 양 측면의 아웃라인도 물 흐르듯 유려한 곡선을 그리도록 디자인되었다.

| 아우토우니온 타입 C 스트림라이너에서 확인할 수 있는 유선형의 특징

UFO를 연상시키는 뒤집힌 접시 모양 아웃라인은 드래그 계수를 크게 낮출 수 있는 디자인이었고, 윙과 에어로파츠만 추가하면 21세기 프로토타입 스포츠카에 가까워질 수 있는 외형이 만들어졌다. 덕분에 이런 1930년대 레이스카는 1950년대 수준의 최고 속도를 기록할 수 있었다.

아우토우니온 타입 C 스트림라이너와 각진 형태 승용차의 웨이크 영역

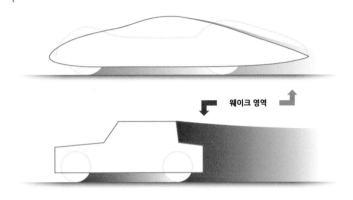

위 그림처럼 스트림라이너 형태는 웨이크를 조금만 발생시키지만, 각진 박스 형태의 외형을 가진 자동차는 매우 많은 웨이크를 유발할 수 있다. 그러나, 실제로 대량 생산되는 승용차는 물론 모터 스포츠에 투입되는 레이스카에서도 스트림라이너처럼 극단적인 형태는 쉽게 찾아보기 어렵다.

극단적인 스트림라이너 형태가 특별한 목적을 가진 프로토타입 차량을 제외하고 실전에서 외면 받는 것은, 차량의 무게 배분이나 공간 활용을 엉망으로 만들기 때문이다.

아우토우니온 타입 C 스트림라이너 앞뒤의 잉여 공간

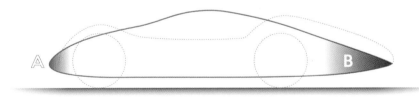

위 그림과 같은 UFO 형태라면 차량 앞뒤에 사용하기 곤란한 잉여 공간이 발생한다. 앞쪽 A 부분은 어떻게든 활용 방법을 찾을 수 있어 그다지 부담스러운 형태는 아니라고 할 수 있지만, 웨이크를 줄여 드래그 감소에 중요한 역할을 하는 뒤쪽 B 부분은 어쩔 수 없는 잉여 공간으로 남는다. 눈물방울 형태의 이득을 극대화하려면 B 부분을 뒤쪽으로 최대한 가늘고 길게 만들어야 하지만, 공기역학적 이득을 노릴수록 쓸모없는 공간은 더 늘어나게 된다. 이렇게 리어 오버행[4]이 하염없이 늘어난다면 조종성 역시 크게 나빠질 가능성이 있다.

---

4 rear overhang : 뒷바퀴 축으로부터 차량 맨 뒷부분까지의 길이.

이처럼 장점은 뚜렷했지만, 단점 역시 분명했던 스트림라이너 형태를 어떻게든 살리기 위해 엔지니어들은 다양한 방법으로 문제 해결을 시도했다. **"캄백(Kammback)"** 또는 **"캄 테일(Kamm tail)"**로 불리는 디자인 역시 이런 문제 해결 시도의 일환으로 등장한 아이디어였다.

1930년대 부니발트 캄이 제시했던 캄백 디자인은 뒤로 갈수록 완만하게 아래로 내려가던 차체 아웃라인이 "어느 지점에서 갑자기 잘려 나간 듯한 형태"가 되더라도 생각만큼 드래그가 많이 증가하지 않는다는 계산과 실험 결과에 따라 등장한 디자인이었다.

BMW 328 캄 쿠페 뒤쪽에 발생하는 웨이크와 주변 공기의 흐름

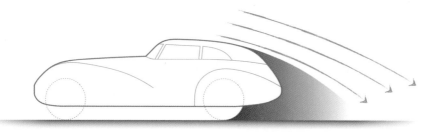

위 그림은 1930년대 말 1940년대 초의 BMW 328에 캄백이 적용된 캄 쿠페의 측면도다. 이런 형태의 아웃라인을 가지고 있다면 "갑자기 잘려 나간 듯한 형태"의 바로 뒤쪽에 웨이크가 발생하지만, 빨간색으로 표시한 웨이크 영역이 스트림라이너의 긴 꼬리와 비슷한 역할을 하면서 오히려 주변 공기가 어느 정도 무난하게 뒤쪽으로 흘러가도록 유도한다. 완벽하게 스트림라이너와 같은 공기의 흐름이 만들어지지는 않겠지만, 실험으로 확인된 캄백 디자인은 평범한 박스 형태의 자동차 디자인보다 드래그를 획기적으로 줄일 수 있는 공기역학적으로 우수한 디자인이었다.

이런 아이디어는 차량 속도가 1930년대보다 빨라지고 드래그 문제가 큰 이슈로 떠오른 1950년대 중반 이후 다시 주목받기 시작했다. 1960년대에는 페라리 250GTO, 셸비 데이토나, 애스턴 마틴 DB6, 포드 GT40, 포르셰 906 등 수많은 고성능 자동차들이 직접적으로 이 디자인을 직접 적용하거나 유사한 디자인을 채택하면서, 캄백 디자인이 세계적으로 크게 유행하기도 했다.

1960년대 후반 이후로는 캄백 디자인이 단순히 드래그를 줄이는 것 이상의 다른 공기역학적 효과까지 기대할 수 있다는 사실이 조금씩 알려지기 시작했다. 이 때문에 직접 캄백을 채택한 디자인은 물론 캄백으로부터 크고 작은 영향을 받은 차량 디자인이 더 널리 채택될 수 있었다. 1970년대 이후로는 레이스카나 고성능 차량이 아니더라도 캄백 스타일의 디자인을 채용한 자동차가 자주 등장했고, 일부 자동차 메이커는 "캄백" 혹은 부니발트 캄을 기념하는 의미를 담아 직접 "캄"이라는 이름을 붙인 자동차 모델을 공개하기도 했다.

지금까지 살펴본 것처럼 드래그를 줄이기 위한 노력은 자동차 산업과 모터스포츠의 태동기부터 자동차 디자인에 큰 영향력을 행사해왔다.

처음부터 가능한 한 빠르게 달려야 하는 숙명을 타고난 그랑프리 레이스카의 경우 유선형 디자인은 선택이 아닌 필수라고 할 수 있었다. 1920년대와 1930년대를 거쳐 그랑프리 레이싱이 황금기를 구가하던 시기는 물론, 1960년대 이후 공기역학이 F1 레이스카 디자인의 핵심 요소로 자리 잡은 뒤에도 레이스카 디자인은 항상 드래그를 최소화할 수 있는 유선형으로부터 시작됐다. F1뿐 아니라 다른 어떤 모터스포츠에 출전하는 레이스카라도 가능한 한 유선형의 특징을 잘 갖추도록 하는 것이 드래그를 줄이는 가장 기본적인 방법으로 여겨지기도 했다.

1950년대와 1960년대까지 F1 레이스카의 공기역학적 디자인에서 주인공은 분명히 "드래그"였다. 드래그를 최소화할 수 있는 외형을 만들기 위한 많은 실험과 시행착오를 거치면서 F1 레이스카의 공기역학은 그 기반을 다질 수 있었다. 그러나, 1960년대 말 다운포스를 만들어내는 "윙"이 실전 투입되기 시작한 이후 드래그는 점차 F1 공기역학의 주인공 자리에서 멀어지기 시작했고, 1970년대 이후로는 다운포스에 비해 상대적으로 덜 눈에 띄는 자리로 밀려난 것처럼 보이기도 했다.

그러나, F1 공기역학의 역사가 이어지는 동안 드래그를 감소시키기 위한 노력은 꾸준히 계속되었고, 혁신적인 아이디어가 쏟아지고 획기적인 변화가 계속되는 동안에도 유선형 디자인의 틀은 그 명맥을 유지했다. 다운포스가 아무리 중요하다고 하더라도, 드래그를 무시한다면 좋은 성적을 기대할 수 없다는 사실은 언제나 변함없었다. 가장 큰 관심사가 드래그 감소에서 다운포스로 넘어갔다고 생각하는 사람도 많지만, 드래그와 관련된 문제는 여전히 F1 레이스카의 공기역학에서 절대 무시할 수 없는 가장 중요한 요소 중 하나로 꾸준히 다뤄지고 있다.

IV.
다운포스
DOWNFORCE

다운포스
Downforce

다운포스는 "물체의 아래쪽으로 작용하는 공기역학적 힘"이다.

자동차 공기역학에서 **"다운포스(downforce)"**는 물체의 아래쪽으로 작용하는 공기역학적 힘을 가리킨다. 항공기 공기역학과 달리 자동차 공기역학에서 다운포스를 중요하게 여기는 것은 다운포스의 작용에 따라 **"공기역학적 그립(aerodynamic grip)"** 변화가 일어나고, 이를 통해 자동차의 주행 성능을 비약적으로 높일 수 있기 때문이다. 레이스카를 중심으로 생각했을 때 타이어 그립 증가는 휠-스핀을 감소시키는 것은 물론, 가속력과 코너 공략 속도를 끌어올려 결과적으로 랩타임 단축으로 이어진다. 이처럼 다운포스 생성량이 차량 성능에 직결되기 때문에, 자동차 공기역학에서는 다운포스를 가장 중요한 아이템 중 하나로 다룬다.

공기역학에서 다운포스 생성량은 보통 다음과 같은 식으로 나타낸다.

$$Downforce = \frac{1}{2} C_{df} A \rho v^2$$

위 식에서 C_{df}는 **"다운포스 계수(downforce coefficient)"**, A는 **"전면 참조 영역[1](frontal area)"**의 면적, ρ는 유체의 밀도, v는 유체의 속도를 나타낸다. 그런데, 이 공식을 자세히 살펴보면 앞서 다뤘던 드래그 발생량 공식은 물론, 아래와 같은 양력 생성량의 공식과도 비슷한 형식을 띠고 있는 것을 알 수 있다.

$$Lift = \frac{1}{2} C_{l} A \rho v^2$$

위 양력 생성량 공식에서는 **"양력 계수(lift coefficient)"** C_l을 사용하는데, 이 자리를 다운포스 공식에서 사용했던 다운포스 계수 C_{df}로 바꾼다면 그대로 다운포스 생성량 공식과 같아진다. 실제로 많은 학자가 다운포스 생성량 공식에 별도의 다운포스 계수 C_{df} 대신 양력 계수 C_l을 그대로 사용하기도 한다.

---

[1] 전면 참조 영역은 3장 "드래그"의 49~50페이지에서 다뤘으므로, 여기서는 자세한 설명을 생략한다.

다운포스와 양력은 단순하게 공식의 구성만 비슷한 것이 아니다. 다운포스와 양력의 작용 방향은 정확히 반대 방향이며, 다른 조건이 동일하다면 다운포스와 양력 생성량의 절댓값은 같다. 그렇기 때문에 다운포스와 양력의 관계는 다음과 같은 문장으로 정리할 수 있다.

"다운포스와 양력은 반대 방향으로 작용하는 같은 개념의 힘이다."

다운포스와 양력이 같은 개념의 힘이고 작용 방향은 반대라는 정의로부터, 양력 발생이 음의 값을 갖는 다운포스가 발생하는 것이라는 설명을 유도할 수 있다. 같은 의미로 다운포스 발생은 음의 값을 갖는 양력이 발생하는 것이 된다. 실제로 다운포스를 다루는 공기역학 문서 중에는 다운포스 대신 음의 값을 갖는 양력을, 다운포스 계수 대신 양력 계수를 사용하는 경우도 종종 찾아볼 수 있다.

그런데, 전문가나 엔지니어의 입장이 아니고 전문적인 지식을 갖고 있지 않은 일반인의 경우에는 다운포스와 양력을 명확하게 구분해 얘기하는 경향이 있다. 만약 누군가가 "다운포스는 발생하지 않고 오히려 양력이 발생한다."라고 설명했다면, 엄밀하게는 다운포스와 양력이 같은 개념이라는 관점에서 봤을 때 잘못된 표현이라고 볼 수 있다.

그러나, 관용적으로 이런 표현은 큰 무리 없이 많은 사람에게 자연스럽게 받아들여지고, 다른 공기역학적 내용을 설명하는 문서 등에서 종종 쓰이기도 하는 표현이다. 사실상 같은 개념이라고 하더라도, 작용 방향이 반대라는 것만으로도 근본적으로 다르다고 볼 수 있는 만큼, 다운포스와 양력을 구분해 표현하는 것 자체를 잘못되었다고 비판하는 것은 조금 과하게 엄격한 기준일 수 있다.

어쨌든, 다운포스와 양력은 뿌리가 같은 개념이며, 두 개념의 원리에 대한 설명 역시 매우 비슷하게 이뤄진다. 다운포스와 양력을 응용해 다른 무언가의 개념을 설명하거나, 새로운 기술과 아이디어를 떠올릴 때도 같은 과정을 밟는 경우가 많다. 마찬가지로 양력의 원리를 설명하는 내용은 그대로 다운포스의 원리를 설명하는 데 활용될 수 있다. 특히, 자동차 공기역학보다 오랜 시간 넓은 범위에서 깊은 연구가 진행된 항공기 공기역학이 당연하게도 훨씬 더 발달한 상황이기 때문에, 다운포스에 대한 설명을 양력에 대한 설명부터 시작하는 것은 어느 정도 자연스러운 순서로 보인다.

이런 배경에서 다운포스의 기본 개념을 다루는 이번 챕터의 출발점은 항공기 공기역학에서 가장 중요하게 여기는 개념인 "양력"에 대한 설명으로 정했다. 양력의 발생을 공식으로 유도하는 과정은 과감하게 생략하는 대신, 양력이 발생하는 상황에 대한 설명을 통해 다운포스에 대한 설명의 문을 열어보려 한다.

날개와 양력
Wing and Lift

날개 아래쪽과 위쪽을 각각 지나는 공기 흐름의 압력 차이가 양력을 만든다.

비행기가 하늘을 날기 위해서는 반드시 양력이 필요하다. 양력은 "날개 형태의 물체 주위에서 각각 아래쪽과 위쪽으로 나뉘어 흐르는 공기의 흐름이 서로 다른 압력과 속도로 움직일 때" 발생한다. 양력 발생의 개념을 설명하기 위해, 아래 그림처럼 비행기가 앞으로 진행하는 것과 동시에 "상대적으로" 비행기 또는 날개를 향하는 공기의 흐름이 발생하는 상황을 예로 들 수 있다.

무난한 층류 상태를 유지하며 비행기 또는 날개 방향으로 접근하던 공기의 흐름은 날개 맨 앞부분에서 각각 날개 아래쪽 흐름과 날개 위쪽 흐름으로 나뉘어 움직이게 된다.

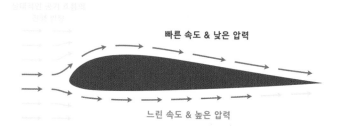

이때 날개의 형태가 양력을 만들기에 적합하다면, 날개 위쪽 공기 흐름이 더 빠르게 움직이고 날개 위쪽의 압력은 (날개에서 먼 위치에서 측정한 대기압에 비해) 상대적으로 낮아진다. 한편, 날개 아래쪽 공기 흐름은 상대적으로 느리게 움직이고, 날개 아래쪽의 압력은 날개 위쪽에 비해 높아진다. 이렇게 날개 아래쪽과 위쪽을 각각 지나는 공기의 흐름 사이에 압력 차이가 발생한다.

공기의 흐름이 날개 아래위로 나뉘어 흐르는 동안, 날개 위쪽의 압력은 낮아지고 날개 아래쪽 압력이 높아지면서 압력 차이가 발생한 상황을 그림으로 나타내면 다음과 같다.

날개 아래쪽과 위쪽의 속도 및 압력 차이와 양력의 발생

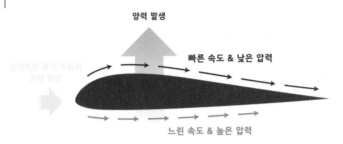

날개 위쪽에서는 낮은 압력 속에 공기 흐름이 빠르게 이동하고, 반대로 날개 아래쪽에서는 상대적으로 높은 압력 속에 공기 흐름이 느리게 움직인다. 위 그림에서 화살표의 차이로 나타낸 것처럼 날개 위쪽 보라색 흐름이 날개 끝부분까지 이동하는 동안, 아래쪽 파란색의 흐름은 더 짧은 거리까지만 이동한다고 볼 수 있다. 날개 위쪽 압력이 낮아지고 아래쪽 압력이 높아지면 자연스럽게 압력이 높은 쪽에서 낮은 쪽으로 힘이 가해지고, 이런 압력 차이에 의해 날개 아래쪽에서 위쪽으로 향하는 양력이 발생한다.

이렇게 양력을 발생시키는 날개에 대해 얘기할 때 알아두면 편리한 두 가지 개념이 있다.

코드 라인과 평균 캠버 라인

옆에서 봤을 때 날개의 각도를 얘기하려면 하나의 기준을 정할 필요가 있다.

날개 아래쪽과 위쪽 사이 정확히 중간 위치를 연결한 선은 "**평균 캠버 라인(mean camber line)**"이라 부른다. 한편, 평균 캠버 라인과 별개로 날개 맨 앞과 맨 뒤를 연결한 직선은 "**코드 라인(chord line)**"이라 부른다. 이들 중 코드 라인은 직관적으로 날개 기울기를 파악할 때 도움을 줄 수 있고, 많은 경우 코드 라인을 기준으로 날개의 각도를 정한 뒤 설명을 이어가곤 한다. 코드 라인 개념이 공기역학에서 제법 중요하게 다뤄지는 이유는 "날개의 각도"가 공기역학적 성능을 좌우하고, 그 날개의 각도를 정하는 기준이 코드 라인이 될 수 있기 때문이다.

비행기 날개의 받음각

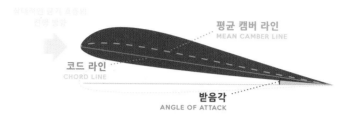

평균 캠버 라인
MEAN CAMBER LINE

코드 라인
CHORD LINE

받음각
ANGLE OF ATTACK

날개의 기울기를 나타내는 개념으로 여러 공기역학적 성능에 대해 다룰 때 자주 등장하는 개념이 "**받음각(angle of attack)**"이다. 상대적인 공기 흐름의 진행 방향과 평행을 이루는 가상의 기준선을 생각했을 때, 이 기준선과 코드 라인 사이의 각도가 바로 "받음각"이다.

영향을 주는 다른 요소가 없다고 가정[2]하면 받음각이 클수록 양력 발생과 드래그 생성 등 모든 공기역학적 효과가 증가한다. 반대로 받음각이 작을수록 모든 공기역학적 효과는 줄어든다. 실전에서는 드래그 발생이 증가하는 것을 감수하더라도 양력 발생에 중점을 둘 때도 있고, 양력에 비중을 두는 대신 드래그 감소를 우선시하는 경우도 있다. 이처럼 어떤 공기역학적 효과를 기대하려면 상황이나 목적에 맞게 날개의 받음각을 조절할 필요가 있다.

물론, 단순하게 날개 각도를 조절하는 것만으로는 원하는 만큼 충분한 공기역학적 효과를 얻기 어렵다. 각도 조절을 위한 기계 장치를 추가하는 것만으로도 무게가 늘어난다는 단점이 있고, 기계적 문제를 감수한다고 하더라도 받음각을 통한 공기역학적 효율 향상에는 분명한 한계가 있다. 이 때문에 직접 날개를 기울이는 대신 다른 방법으로 받음각을 바꾸려는 아이디어가 여러 차례 등장했다. 비행기의 날개 끝부분에 배치되는 "플랩(flap)" 역시 그런 아이디어 중 하나다.

날개 전체의 각도를 바꾸지 않고 "플랩"으로 큰 받음각을 만드는 상황

A

B

---

[2] 실제로는 받음각이 커질수록 다른 공기역학적 요소의 영향력이 커지며, 본문에 서술한 이상적인 상황은 기대하기 어렵다.

비행기 날개에 배치되는 **"플랩[3](flap)"**은 비행 중 조절할 수 있는 가변 부품으로, 날개 전체를 기울이지 않고 받음각을 조절할 수 있는 장치다. 플랩을 아래위로 조절하면, 날개 주변 공기의 흐름을 바꾸면서 더 많은 양력을 만들거나 발생하는 드래그를 감소시킬 수 있다. 만약 좌우 날개의 플랩을 서로 반대 방향으로 조절해 비행기의 진행 방향을 바꾸는 데에도 도움을 줄 수 있다.

양력이 발생할 때와 관련한 플랩의 기능은 앞서 소개했던 그림을 다시 활용해 다음과 같이 설명할 수 있다.

가능한 한 드래그를 줄이고 속도를 높여야 하는 비행 중의 비행기에서 그림 A 위치의 플랩은, 이륙 등 높은 양력이 필요한 상황에서 B 위치로 움직여 아래로 꺾인 형태를 취할 수 있다. A 위치에서는 받음각이 상대적으로 작았지만, B에서는 전체 날개 기울기를 조절하지 않고도 마치 날개를 심하게 기울인 것처럼 큰 받음각을 만들 수 있다. 원하는 대로 공기의 흐름을 통제할 수 있고 다른 변수가 크지 않다면, 플랩 각도 변화만으로 훨씬 많은 양력을 발생시킬 수 있다는 뜻이다.

플랩의 활용은 날개 모양이 변하는 것과 비슷하다고 볼 수도 있다.

플랩이 앞선 그림의 B 위치로 움직이며 큰 받음각을 만드는 상황은, 아래 그림처럼 가운데가 오목하게 파인 고정 날개가 크게 기울어진 것과 어느 정도 비슷한 효과를 만든다. 드물긴 하지만 옆에서 봤을 때 아래 그림과 같은 형태의 날개를 장착하고, 원할 때 날개 전체를 움직여 받음각을 바꾸는 방식을 택한 항공기도 존재한다.

플랩을 아래로 꺾은 날개와 가운데가 오목하게 파인 형태의 고정 날개

지금까지 설명한 것들은 모두 항공기 공기역학에서 다루는 비행기의 날개와 양력에 대한 내용들이었다. 그런데, 앞서 정리한 것처럼 양력과 다운포스는 사실상 같은 개념이고, 방향만 반대라고 할 수 있다. 따라서, 비행기의 날개와 양력에 대한 설명을 그대로 동원하고, 아래위를 뒤집어 재구성한다면 자연스럽게 자동차의 윙과 다운포스 발생에 대한 설명을 유도할 수 있다.

---

[3] 일반적인 비행기 날개에서는 날개 앞쪽에도 같은 목적을 가진 가변 공기역학 파츠, **"슬랫(slat)"**이 함께 배치되는 경우가 많다.

윙과 다운포스
Wing and Downforce

윙의 아래쪽과 위쪽으로 지나는 공기 흐름의 압력 차에 의해 다운포스가 발생한다.

F1 레이스카를 포함한 자동차에 장착되는 **"윙[4](wing)"**은 다운포스를 만들기 위한 공기역학 부품이다. 다운포스 생성을 목적으로 하는 공기역학 부품이라는 점만 제외하면, 윙은 큰 틀에서 양력을 발생시키기 위한 비행기 날개와 같은 것으로 볼 수 있다. 자동차의 윙은 보통 옆에서 봤을 때 비행기 날개를 뒤집은 형태를 띠며, **양력과 반대 방향으로 작용하는 다운포스를 만드는 역할을 담당하는 공기역학적 부품**이라고 정의할 수 있다.

자동차의 윙이 비행기의 날개를 뒤집어 놓은 것과 같다는 개념은 아래 그림과 같은 측면도 비교를 통해 어느 정도 파악할 수 있다.

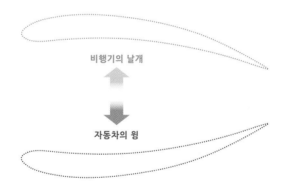

비행기의 날개

자동차의 윙

뒤집혀 있긴 하지만 전체적인 외형의 레이아웃은 같기 때문에, 공기의 흐름이 윙을 지나며 다운포스가 발생하는 상황 역시 비행기 날개에서 양력이 만들어질 때와 마찬가지로 볼 수 있다. 따라서, 다운포스가 만들어지는 상황은 대부분 양력이 만들어지는 상황과 같은 순서와 같은 방식으로 설명할 수 있다.

---

4 영단어를 직역해 "날개"라고 부를 수도 있지만, "날개"는 비행기 날개를 연상시키며 양력 발생의 도구로 여겨져 혼동을 줄 수 있기 때문에, 불필요한 혼동을 피하기 위해 이 책에서는 가능하다면 날개 대신 "윙"이라는 표현을 사용하기로 한다.

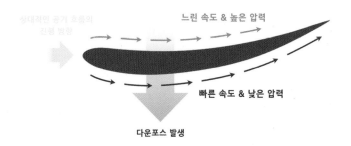

느린 속도 & 높은 압력

상대적인 공기 흐름의
진행 방향

빠른 속도 & 낮은 압력

다운포스 발생

자동차의 윙을 향해 움직이던 공기의 흐름은 윙을 만난 뒤 아래위로 나뉘어 흐르게 된다. 이때 윙의 형태와 다른 조건이 적절하게 갖춰졌다면, 윙 아래로 진행하는 흐름이 더 빠른 속도로 움직이게 된다. 윙 위쪽의 공기 흐름은 상대적으로 느려지는데, 보라색 화살표처럼 아래쪽 흐름이 윙 끝까지 이동하는 동안 파란색 화살표로 표시한 위쪽 흐름은 더 짧은 거리만 이동한다. 이때 대기압과 비슷한 윙 위쪽 공기 흐름의 압력보다 아래쪽 흐름이 상대적으로 더 작은 압력을 갖게 된다.

이처럼 윙 아래쪽 공기 흐름의 압력이 낮고 위쪽 공기 흐름의 압력이 높다면, 압력이 높은 쪽에서 압력이 낮은 쪽으로 힘이 발생한다. 결국 윙 위쪽에서 윙 아래쪽으로 힘이 작용하게 되고, 이렇게 자동차의 윙에서 아래쪽으로 작용하는 다운포스가 만들어진다.

자동차의 윙을 다룰 때도 비행기 날개의 경우와 마찬가지로 윙의 앞쪽 끝과 뒤쪽 끝을 연결한 "코드 라인" 개념과 윙 아래쪽과 위쪽 사이 정확히 중간 위치를 연결한 "평균 캠버 라인" 개념을 그대로 쓸 수 있다. 공기 흐름의 진행 방향과 평행한 가상의 기준선에 대한 코드 라인의 각도, 즉 "받음각" 개념 역시 마찬가지로 사용할 수 있다.

자동차 윙의 코드 라인과 받음각

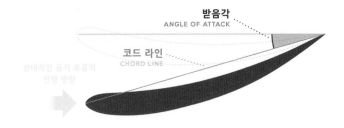

받음각
ANGLE OF ATTACK

코드 라인
CHORD LINE

상대적인 공기 흐름의
진행 방향

위 그림처럼 자동차 윙의 받음각을 조절한다는 것은 윙의 기울기를 더 급격하게 바꾸거나 더 완만하게 바꾼다는 뜻이다. 그런데, 이런 받음각 조절은 다운포스 생성량과 드래그 발생량 등 공기역학적 효과에 직접 영향을 준다.

현대적인 F1 레이스카처럼 공기역학에 많은 영향을 받는 경우라면 특히 받음각 조절이 불러오는 변화에 민감할 수 있다. 이 때문에 레이스카 특성에 맞추는 것은 물론, 차량의 셋업, 써킷의 특징과 레이스 전략 등에 따라 윙의 받음각을 적절하게 조절해야 한다. 때로는 받음각 조절의 한계를 넘기 위해 이벤트에 따라 디자인된 특별한 윙을 준비하기도 한다. 만약 한 시즌 동안 F1 챔피언십의 뉴스를 모두 체크하고 자세한 레이스카의 사진과 동영상을 꾸준히 살펴본다면, 이벤트마다 크고 작은 윙 디자인 변경과 받음각을 포함한 윙 셋업 변화를 확인할 수 있다.

F1 레이스카 리어 윙의 받음각이 각각 클 때와 작을 때 측면도 비교

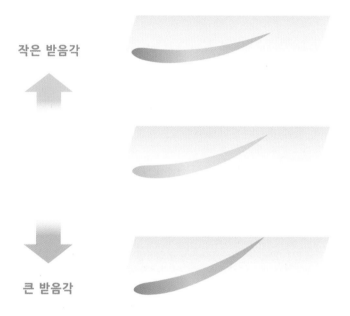

작은 받음각

큰 받음각

위 그림에서 파란색으로 표시한 윙은 상대적으로 받음각이 작은 경우로, 다운포스 생성량이나 드래그 발생량 등 공기역학적 효과 역시 상대적으로 적게 나타난다. 그러나, 아래쪽 주황색 윙처럼 받음각이 커지면 그만큼 더 큰 공기역학적 효과를 기대할 수 있다. 받음각이 큰 윙은 분명 다운포스 생성량 증가를 기대할 수 있지만, 동시에 드래그 발생량 역시 증가하는 것을 각오해야 한다. 실전에서는 여러 가지 다른 요소가 영향을 주기 때문에, 받음각의 변화가 다운포스 생성량 등 공기역학적 효과로 고스란히 환산되지 않는다는 점도 꼭 기억해야 한다.

이처럼 리어 윙의 측면도를 통해 파악한 이론적인 받음각의 변화는, 정면에서 본 리어 윙의 모습을 볼 수 있는 F1 그랑프리 중계 화면이나 사진 등을 통해 실전 적용 사례를 확인할 수도 있다.

대표적으로 모든 레이스카가 큰 받음각을 선택하는 모나코에서는, 정면에서 봤을 때 매우 커 보이는 리어 윙을 확인할 수 있다. 반대로 대부분 팀이 작은 받음각을 선택하는 몬짜라면 지면에 거의 평행하도록 셋업한 것처럼 누워있어 정면에서 봤을 때 매우 얇게 보이는 리어 윙이 주류를 이룬다. 보통 리어 윙에 주요 스폰서의 로고를 크게 새기는 경우가 많은데, 정면에서 스폰서 로고가 가장 잘 보이는 것은 단연 모나코 그랑프리 쪽이다.

측면도와 정면도로 본 리어 윙의 받음각 차이

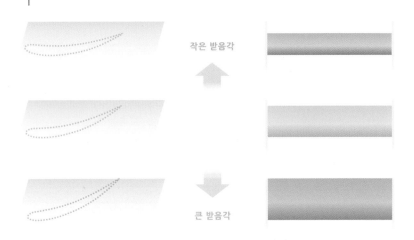

몬짜에서는 맨 위 파란색으로 표시한 것처럼 작은 받음각의 리어 윙 셋업을 선택하는 경우가 많다. 몬짜는 가속 구간이 길고 코너 공략 성능의 영향은 상대적으로 적어, 가속력과 최고 속도가 승부를 좌우하기 때문이다. 가속력과 최고 속도가 가장 중요한 몬짜와 같은 스타일의 써킷에서 좋은 랩 타임을 기록하려면, 먼저 드래그를 최소화할 수 있는 방법을 찾아야 한다. 상대적으로 다운포스 생성량은 줄겠지만 부족한 다운포스로 잃는 것보다 로우 드래그 셋업으로 얻는 이득이 크기 때문에, 받음각을 낮추는 로우 드래그 셋업은 몬짜에서 불가피한 선택이 될 수 있다.

반대로 모나코와 같은 곳에서는 위 그림에서 주황색으로 표시한 것과 같은 큰 받음각의 리어 윙 셋업을 선택하는 경우가 많다. 최고 속도와 평균 속도가 모두 매우 낮고, 가속 구간의 길이가 짧은 써킷 특성 때문이다. 큰 받음각의 리어 윙은 안정적이고 정교한 조종성 확보에 도움을 줄 수 있어 모나코의 특성에 맞는 선택이 될 수 있다. 또한, 큰 받음각의 윙이 에어 브레이크 역할도 할 수 있기 때문에, 하이 다운포스 셋업은 코너 공략 안정성을 높이는 것뿐 아니라 사고 위험도 줄여준다. 이처럼 많은 드래그가 발생한다는 단점을 상쇄하고도 남는 장점이 크게 작용하기 때문에, 모나코에서는 높은 드래그를 감수하는 극단적 하이 다운포스 셋업이 기본이 되는 경우가 많다.

받음각 차이는 "전면 참조 영역"에 바로 반영된다. 다운포스 공식과 드래그 공식에 의해 드래그와 다운포스 생성량 모두 전면 참조 영역에 비례하기 때문에, 결국 받음각의 변화가 다운포스 생성량과 드래그 발생량에 직접 영향을 준다는 것만큼은 기억해두는 것이 좋다.

다운포스와 속도
Downforce and Velocity

다운포스의 생성량은 속도의 제곱에 비례한다.

양력, 드래그와 마찬가지로 다운포스 역시 전면 참조 영역이나 유체의 밀도에 비례해 그 생성량이 달라진다. 그런데, 양력이나 드래그와 마찬가지로 다운포스 생성량의 공식에서도 그 영향력이 유난히 눈에 띄는 요소는 바로 "속도"다. 앞서 살펴봤던 다운포스 생성량 공식에서 마지막 속도 부분을 강조해 표시해 보면 다음과 같이 나타낼 수 있다.

$$Downforce = \frac{1}{2} C_{df} A \rho v^2$$

위 공식에 따르면 다운포스 생성량이 다운포스 계수(C_{df}), 전면 참조 영역(A), 유체의 밀도(ρ)와 단순한 비례 관계라는 것을 알 수 있다. 그러나, 속도의 경우 유체의 속도 v가 아닌 속도의 제곱 v^2과 다운포스가 비례하기 때문에, 단순한 비례 관계보다 영향력이 훨씬 커지는 셈이다.

비슷한 공식으로 정리했던 양력, 드래그 등 다른 공기역학적 개념들과 마찬가지로, **속도가 빨라지면 다운포스 생성량은 속도의 제곱에 비례해 빠르게 증가**한다. 속도가 두 배라면 다운포스 생성량의 차이는 두 배가 아닌 네 배가 되고, 속도가 세 배라면 다운포스 생성량 차이는 아홉 배가된다. 10배의 속도 차이라면, 공기역학적 효과의 차이는 무려 100배까지 벌어진다.

속도가 느릴 때 다운포스 생성량의 차이가 거의 없더라도, 빠른 속도에서는 그 차이가 눈에 띄게 벌어질 수 있다. 60km/h 정도의 속도로 달리는 자동차라면 안에 탑승한 일반인은 다운포스가 만들어지는지 느끼기 어려운 수준이고, 평범한 승용차와 F1 레이스카의 공기역학적 성능 차이역시 눈에 띄게 나타나지 않는다. 그러나, 만약 속도가 200km/h라면 60km/h일 때와 속도 차이가 세 배가 조금 넘는 정도지만, 60km/h의 속도일 때와 비교해 200km/h의 속도에서 공기역학적 효과는 10배 이상 커지게 된다. 이런 차이 때문에 매우 빠른 속도에 도달했을 때 비로소 F1 레이스카처럼 공기역학적 성능이 뛰어난 차들의 위력이 제대로 발휘될 수 있다.

예를 들어, 자동차의 속도가 50km/h일 경우와 350km/h인 경우를 비교한다면 다운포스 생성량의 차이는 무려 49배가 된다. 속도가 200km/h인 경우와 350km/h인 경우는 모두 일반인들이 "고속"이라는 하나의 범주로 묶어 얘기할 수 있는 속도지만, 이들 사이에 다운포스 생성량 등 공기역학적 효과의 차이는 세 배를 뛰어넘는 큰 차이를 보이게 된다.

속도에 따른 다운포스 생성량을 각각 속도가 50km/h, 100km/h, 200km/h일 때를 기준으로 비교하기 쉽도록 상대적인 값으로 정리하면 아래 표와 같다.

속도에 따른 상대적 다운포스 생성량 비교

속도	50km/h 기준	100km/h 기준	200km/h 기준
0 km/h	0	0	0
50 km/h	1	0.25	0.0625
100 km/h	4	1	0.25
150 km/h	9	2.25	0.5625
200 km/h	16	4	1
250 km/h	25	6.25	1.5625
300 km/h	36	9	2.25
350 km/h	49	12.25	3.0625

50km/h의 속도를 기준으로 다운포스 생성량이 1이라고 가정하면, 속도가 350 km/h일 때 다운포스 생성량은 49가 되어 속도가 50km/h일 때보다 50배 가까이 더 큰 값이 된다. 실제로 F1 그랑프리에서 가장 느린 코너의 평균 공략 속도가 50km/h 수준이고, 가장 빠른 속도로 달릴 때 350km/h를 넘나든다는 것을 떠올린다면, 같은 F1 레이스카라고 하더라도 속도의 차이에 따라 현격한 다운포스 생성량 차이가 생길 것을 예상할 수 있다.

속도가 제법 빠른 200km/h를 기준으로 생각하더라도, 속도가 350km/h일 때와 비교하면 다운포스 생성량은 세 배 이상 차이가 난다. 이처럼 속도가 빨라지면 공기역학적 효과가 비약적으로 증폭되고, 레이스카가 발휘할 수 있는 종합적인 성능도 속도에 따라 차이가 더 벌어지게 된다. 고속 주행에서 공기역학적 성능이 뛰어나다면, 중고속 코너에서의 성능이 성적을 좌우하는 써킷이 많은 F1 챔피언십 무대에서 더 성능이 뛰어난 레이스카가 될 가능성이 높아지는 셈이다.

다운포스와 드래그
Downforce and Drag

공기역학에서 상대되는 개념으로 함께 다뤄질 때가 많지만, 다운포스와 드래그는 서로 정반대의 개념이 아니며 그 발생량도 완전하게 비례하지는 않는다.

F1 레이스카는 조건만 갖춰진다면 어렵지 않게 300km/h 이상의 속도를 낼 수 있지만, 고속 주행 중에는 속도가 빠른 만큼 엄청난 드래그 발생을 감수해야 한다. 이 때문에 긴 가속 구간에서 앞선 차 뒤로 바짝 따라붙어 "슬립스트림"을 활용하는 등 상황에 따라 드래그 부담을 줄이기 위해 최대한 노력하는 것이 보통이다. 그러나, 드래그를 줄일 수 있는 여러 방법을 동원하더라도, 빠른 속도에서 드래그 발생량을 줄이기 위해선 다운포스 생성을 어느 정도 포기할 수밖에 없다.

드래그 발생량을 줄이기 위해 다운포스 생성을 포기한 극단적 사례로는 2006년 400km/h의 최고 속도 기록 도전 프로젝트[5]에 나섰던 혼다 RA106 쇼카의 예를 들 수 있다.

일반 F1 레이스카와 전혀 다른 모습이었던 RA106 쇼카는 안정적 주행을 위한 일부 에어로파츠 외에 많은 공기역학 부품을 제거했고, 최고 속도 도전만을 위한 일부 부품을 새로 디자인하기도 했다. 일반적인 F1 레이스카와 달리 리어 윙이 완전히 제거되었고, 비행기 수직 꼬리날개를 연상시키는 작은 수직 핀이 그 자리를 대신했다. 이들은 모두 다운포스 생성을 포기하더라도 어떻게든 드래그를 최소화해 최고 속도를 조금이라도 더 끌어올리기 위한 노력의 일환이었다.

2006년 "보너빌 400" 최고 속도 기록 도전에 나선 혼다 RA106 쇼카의 측면도

리어 윙을 제거하고 작은 수직핀 장착

드래그를 최소화하기 위해 기존 에어로파츠 다수 제거

---

[5] 2005년 BAR 007 쇼카는 모하비 공군기지에서 413km/h의 비공인 기록을 수립했으나, 같은 프로젝트를 이어받은 혼다가 보너빌 소금 사막에서 진행한 최고 속도 도전 "보너빌 400"의 최종 공식 기록은 397.360km/h로 400km/h에 미치지 못했다.

RA106 쇼카와 같은 극단적 경우가 아니라도 일반적으로 다운포스가 증가하면 드래그가 증가하고, 다운포스가 줄어들 때 드래그 역시 줄어든다. 이 때문에 다운포스와 드래그가 정반대의 개념이라거나 그 양이 정확히 비례한다는 오해가 생기기도 한다. 앞서 살펴봤던 다운포스와 드래그의 발생량 공식 역시 구성 요소와 형식이 매우 비슷하기 때문에 오해가 더 커질 수 있다. 그러나, 다운포스와 드래그는 서로 반대되는 개념이 아니며, 그 생성량도 정확히 비례하지는 않는다.[6]

제1장에서 살펴봤던 자동차 공기역학의 다섯 가지 힘에 포함됐던 다운포스와 드래그는 모두 벡터값으로 방향성을 가진다. 최종적으로 자동차에 가해지는 공기역학적 힘은 드래그와 다운포스의 벡터를 더한 벡터 합의 방향으로 작용하는 벡터값만큼의 힘이다. **"드래그와 다운포스의 벡터 합에 의해 결정되는 공기역학적 힘"**이라는 추상적 개념을 그림으로 표현하면 아래와 같다.

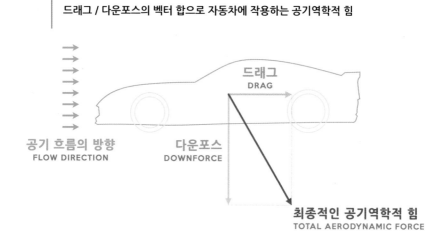

드래그 / 다운포스의 벡터 합으로 자동차에 작용하는 공기역학적 힘

위 그림에서 확인할 수 있는 것처럼 드래그와 다운포스는 일단 작용 방향부터 반대가 아니다. 서로 직각을 이루며 다른 방향을 향하는 벡터값이라는 것으로 충분하지 않다면, 다운포스와 드래그가 반대 개념이 아니라는 설명을 위한 다른 예로 양력과 다운포스를 비교하는 방법도 있다. 같은 속도에서 드래그 발생량이 같지만 각각 양력을 발생시키는 비행기와 다운포스를 발생시키는 레이스카가 있고, 양력 계수와 다운포스 계수 역시 같다고 가정하는 방법이다.

다운포스는 사실상 양력과 같은 개념이지만 작용 방향만 반대라고 할 수 있다. 이런 관점에서 비행기는 매우 적은 (마이너스 값의) 다운포스를 발생시킨다고 할 수 있으며, 반대로 자동차는 매우 적은 (마이너스 값의) 양력을 발생시키는 셈이다. 정확히 같은 양의 드래그를 발생시키는 비행기와 레이스카를 비교한다면, 레이스카의 다운포스 생성량이 비행기보다 극단적으로 많아질 수 있다. 반대로 비행기의 다운포스 생성량은 마이너스 값을 갖게 되며, 다운포스 생성량은 극단적으로 적어진다. 이렇게 같은 양의 드래그가 발생하는 레이스카와 비행기를 비교하는 것은, 다운포스 생성량과 드래그 발생량이 정확히 비례하지는 않는다는 것을 알려주는 좋은 예가 된다.

---

[6] 자동차의 다운포스 생성량과 드래그 발생량은 보통 어느 정도 상관관계를 갖고 함께 증가하거나 감소하지만, 다운포스 생성량과 드래그 발생량이 정확히 같은 값을 갖는 것은 다운포스 계수와 드래그 계수가 정확히 일치하는 경우뿐이다.

다운포스와 드래그, 그리고 차의 성능
Downforce, Drag and Car Performance

드래그 발생량이 같을 때 다운포스 생성량이 많고, 다운포스 생성량이 같을 때 드래그 발생량이 적은 경우 공기역학적 성능이 우수하다고 볼 수 있다.

다운포스와 드래그는 종종 F1 레이스카의 공기역학적 성능을 가늠하는 지표로 사용된다.

물론, 레이스카의 전반적인 성능을 객관적으로 평가하는 것은 어려운 일이다. 마찬가지로 레이스카의 공기역학적 성능을 수치로 간단하게 나타내는 것은 불가능에 가깝다. 특히, 아무리 강력한 컴퓨터를 사용해 시뮬레이션하더라도 정확한 답을 찾아내기 어려운 공기역학의 관점에서라면, 간단한 수치로 모든 것을 설명하는 지표를 만드는 것은 더욱 어려울 수밖에 없다.

그렇지만 많은 사람이 차의 성능을 간단한 수치로 확인하거나, 비교하고 평가하려는 욕구를 갖고 있다. 공기역학적 성능이 중요하다는 것을 잘 알고 있는 F1 팬이라면 이런 비교 욕구가 더욱 강해질 만하다. 그 때문에 따로 공인된 기준이나 표준이 존재하기 어려운 현실을 알고 있으면서도, 어떻게든 나름의 기준을 만들어 상대적인 성능 비교를 시도하기도 한다. 이런 시도 중에는 다운포스 생성량과 드래그 발생량의 비율을 기준으로 공기역학적 성능을 가늠하려는 경우도 있다.

현대적인 F1 레이스카라면 셋업 등을 통해 다운포스 생성량 목표를 일정 범위 안에서 어느 정도 맞출 수 있다. 드래그 발생량을 정해진 수준만큼 낮춘다는 목표도 셋업 등의 노력으로 어느 정도 달성할 가능성이 있다. 문제는 다운포스 생성량만 높이려다가 너무 많은 드래그 발생량이 발목을 잡을 수 있고, 반대로 드래그를 줄이는 것에만 집중하다가 다운포스 부족으로 어려움을 겪을 수 있다는 점이다. 여기에 더해 실전에서는 다운포스, 드래그 외에도 고려해야 할 요소들이 너무 많고, 다른 공기역학적 성능이 높은 레이스카가 조종성 문제에 부딪히는 경우도 있다.

실전에서는 그 누구도 한가지 성능을 높이기 위해 다른 많은 것을 잃을 수 없다. 이 때문에, F1 레이스카의 셋업을 책임지는 엔지니어라면 한 가지 성능에만 치우치지 않도록 적절한 타협점을 찾아야 한다.

때로는 드래그 발생량은 같은데 다운포스 생성량에서 많은 차이가 나기도 하고, 같은 다운포스 생성량을 가진 레이스카 사이에서 현격한 드래그 발생량 차이가 발생하는 경우도 생길 수 있다. 다른 요소를 배제하고 단순하게 다운포스와 드래그 두 가지만 생각한다면, 다운포스 생성량이나 드래그 발생량 중 한 가지 성능을 고정해 기준으로 삼고 다른 성능 차이를 확인해 종합적인 레이스카의 공기역학적 성능 차이를 판단할 수 있다.

먼저 다운포스 생성량은 같지만, 드래그 발생량이 서로 다른 경우를 가정해보자.

다운포스 생성량은 같지만 드래그 발생량은 다른 경우

위 그림은 일정 속도에서 A와 B가 똑같은 100만큼의 다운포스를 만들지만, 드래그 발생량은 각각 100과 120으로 서로 다른 상황을 가정한 것이다.

일반적인 상황에서는 다운포스 생성량이 많은 차량이 코너 공략에 유리하고, 드래그 생성량이 적은 차량은 가속과 최고 속도 면에서 장점을 가진다. 위에 예로 든 경우라면 다운포스 생성량이 같기 때문에 공기역학적 그립도 비슷하게 증가하고, 드래그 발생량을 제외한 다른 성능이 비슷하다는 가정 아래 코너 공략 속도 역시 같은 수준이 된다. 만약 두 레이스카가 같은 시점에 코너에 진입했다면, 빠져나올 때의 속도와 그에 따른 위치도 크게 차이 나지 않을 것[7]이라 예상할 수 있다.

그러나, 코너를 벗어나 직선 주로와 같은 가속 구간에 진입하면 얘기가 달라진다. 가속 구간에서는 다운포스보다 드래그의 영향력이 더 커지고, 드래그 생성량이 적은 차량이 좀 더 쉽게 속도를 높일 수 있다. 반면, 드래그 생성량이 많다면 그만큼 속도를 끌어올리기 어려워진다. 속도를 높일수록 속도의 제곱에 비례하는 드래그 부담이 폭발적으로 늘어나 가속은 점점 더 어려워진다.

직선 주로 등 가속 구간에서 드래그 부담이 서로 다르다면, 코너를 빠져나오면서 같은 시점에 가속을 시작했다 하더라도 드래그 발생량 차이에 따라 가속 구간에서 분명한 속도 차이가 생길 수 있다. 위에 예로 든 경우에서는 A의 드래그 생성량이 100, B의 드래그 생성량은 120이라고 가정했으므로, 동시에 코너를 빠져나왔다고 하더라도 A가 B보다 쉽게 속도를 끌어올릴 수 있다. 또한, 다른 조건이 모두 같다면 A가 B보다 더 높은 최고 속도에 도달할 것이라고 예상할 수 있다.

지금까지 설명한 내용을 한 장의 그림으로 표현하면 다음과 같다.

---

[7] 코너를 선회하는 중에도 드래그의 영향력이 존재하기 때문에, 코너 공략 속도가 서로 달라질 가능성이 높다.

코너 공략 이후 드래그 발생량 차이 때문에 가속력이 달라지는 상황

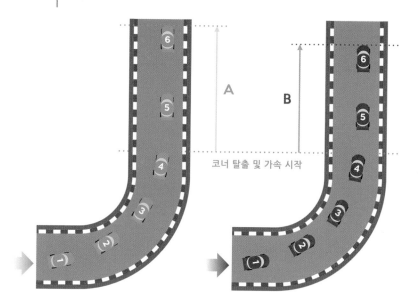

반대로 드래그 발생량은 같지만, 다운포스 생성량이 서로 다른 경우도 생각할 수 있다.

드래그 발생량은 같지만 다운포스 생성량은 다른 경우

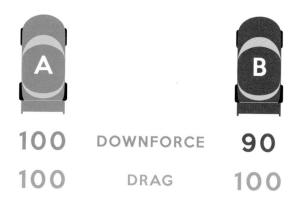

100	DOWNFORCE	90
100	DRAG	100

같은 속도에서 A와 B 차량 모두 똑같이 100만큼의 드래그가 발생하고 다운포스 생성량은 각각 100과 90인 경우를 가정해보면, 앞서 살펴봤던 다운포스 생성량만 같았던 경우와 전혀 다른 상황이 펼쳐진다. 이와 같은 조건에서 단편적으로 보면 A가 B보다 공기역학적 성능이 우수하다고 얘기할 수 있는데, 그 성능 차이는 대부분 코너 공략 과정에서 발생한다.

다운포스 생성량 차이 때문에 코너 공략 속도가 서로 다른 상황

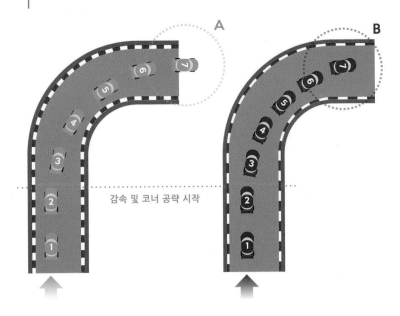

다른 성능이 모두 같은데 다운포스 생성량만 다르다면, 위 그림처럼 A와 B는 가속 구간에서 코너 진입 직전까지 같은 시점에 같은 위치를 달리게 된다. 그러나, 감속 구간에 접어들면 바로 다운포스가 그립 레벨 향상과 유지를 도우면서, 제동 능력부터 차이가 나타나기 시작한다.

다운포스 생성량에서 앞서 공기역학적 그립을 더 많이 확보할 수 있는 A는 코너를 공략하는 동안 B보다 더 빠른 속도를 낼 수 있고, 먼저 코너를 빠져나와 한발 앞서 가속을 시작할 수 있다. 이 때문에 위 그림 속 점선 원으로 표시한 7의 위치를 비교하면, A가 코너를 빠져나올 시점에 B는 여전히 코너 공략을 완료하지 못한 것을 알 수 있다. 결과적으로 드래그 발생량이 같더라도 다운포스 생성량에서 차이가 난다면, 최종적인 코너 공략 속도가 달라질 수 있다는 의미다.

지금까지 살펴본 내용은 다운포스와 드래그 중 어느 한쪽에 기준을 두었을 때, 다른 쪽 성능이 크게 나빠지지 않는 레이스카의 종합적인 공기역학적 성능이 더 우수하다는 의미를 담고 있다. 물론 레이스카의 전체적인 성능에 영향을 주는 요소는 매우 다양하고, 다운포스와 드래그만으로 공기역학적 성능의 모든 것을 설명할 수는 없다. 그러나, 다운포스와 드래그를 지표로 삼아 적절한 타협점을 찾는 것이 F1 레이스카의 공기역학에서 중요한 과제라는 점만큼은 분명하다.

다운포스의 기초
Basics of Downforce

지금까지 다룬 다운포스의 기초 개념 중, 기억해야 할 핵심 내용 몇 가지를 요약하면 다음과 같다.

"물체의 아래/위 공기 흐름의 압력 차이가 다운포스를 만든다."

"받음각이 커지거나 작아지면 다운포스 생성량도 변한다."

"다운포스를 생성하면 그립 레벨이 증가한다."

"다운포스 생성량은 속도의 제곱에 비례한다."

"다운포스와 드래그는 서로 반대되는 개념이 아니다."

"다운포스/드래그 비율로 공기역학적 성능을 대략 가늠할 수 있다."

V.

공기역학의 고급 개념들
ADVANCED CONCEPTS
OF AERODYNAMICS

다운워시와 업워시
Downwash and Upwash

아래쪽을 향하는 공기의 흐름을 다운워시, 위쪽을 향하는 흐름을 업워시라 부른다.

"업워시(upwash)"는 지면과 수평을 이루는 면을 기준으로 했을 때 위쪽을 향해 흐르는 공기 흐름을 말한다. 반대로 업워시와 짝을 이루는 개념 **"다운워시(downwash)"**는 아래쪽을 향해 움직이는 공기의 흐름을 가리킨다.

업워시(upwash)와 다운워시(downwash)

업워시와 다운워시는 이름 속에 담긴 "업(up)"과 "다운(down)"이 의미하는 것처럼, 일정한 방향성을 가진 공기의 흐름이다. 업워시와 다운워시가 기본적으로 위쪽이나 아래쪽을 향하는 방향성을 담고 있는 공기의 흐름이라는 것이 이름의 맨 앞부분에서 설명되는 셈이다.

여기에 더해진 "워시(wash)"의 경우, 단순한 공기의 흐름과는 조금 다른 뉘앙스를 담고 있다. "워시(wash)"라는 단어의 사전적 의미는 액체로 무언가를 씻어내는 것, 또는 액체의 흐름이 어떤 물체의 표면을 쓸어내듯 움직이는 것을 뜻한다.

앞서 비교적 무난하게 움직이는 공기 흐름을 "스트림(stream)"이라고 불렀던 것을 생각하면, "워시"라는 개념을 동원했을 때는 스트림과 달리 무언가를 씻어내거나 쓸어내듯 움직이는 상대적으로 강한 유체의 움직임을 의미한다고 해석할 수 있다. 이런 "워시"라는 단어를 품고 있다는 것은 업워시와 다운워시가 비교적 강하고 빠르게 움직인다는 뉘앙스도 담고 있다고도 볼 수 있다.

이와 같은 업워시와 다운워시는 양력이나 다운포스 등 공기역학의 핵심 개념들과 깊이 연관되어 있다. 원하는 대로 강한 에너지를 머금은 업워시와 다운포스를 끌어낼 수 있다면, 상황과 조건에 따라 다양한 공기역학적 효과를 기대할 수 있기 때문이다.

업워시와 다운워시의 개념은 항공기 공기역학과 자동차 공기역학의 입문 단계에서, 양력의 발생과 비행기 날개 주변의 공기 흐름에 관해 설명할 때부터 제법 비중 있게 다뤄진다.

비행기 날개 위쪽 공기 흐름에서 확인할 수 있는 업워시와 다운워시

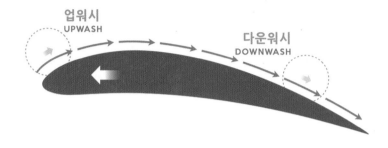

앞서 양력의 기초 개념을 설명할 때 언급했던 것처럼, 비행기 날개 위로 흐르는 공기 흐름은 양력을 만드는 데 중요한 역할을 한다. 일반적인 형태의 비행기 날개를 만난 공기의 흐름 중 날개 위쪽으로 향하는 흐름은, 먼저 날개 앞부분의 표면을 따라 위쪽을 향해 움직이는 업워시를 형성한다. 이후 날개 형태를 따라 움직이는 공기 흐름의 진행 방향은 점차 아래쪽을 향하며 다운워시로 바뀌게 된다. 날개 뒷부분의 위쪽에서는 물론, 날개 끝부분을 벗어난 이후로도 어느 정도까지 공기의 흐름은 계속 다운워시를 유지한다.

고전역학의 물리법칙을 따르는 물체라면, 힘이 작용할 때 그에 따른 운동량의 전이가 이뤄진다. 비행기 날개를 기준으로 설명하면, 추진력과 양력이 작용할 때 두 힘이 더해진 벡터의 반대 방향으로 다운워시가 생기게 된다. 양력 발생과 동시에 다운워시가 만들어졌다고도 볼 수 있고, 바꿔 말하면 다운워시 발생을 확인했을 때 그만큼의 양력이 작용했다고 생각할 수 있다는 의미다.

날개를 둘러싼 추진력, 양력의 작용과 그에 따른 다운워시의 발생을 그림으로 표현하면 다음과 같다.

비행기 날개 주변에 작용하는 추진력, 양력과 그에 따른 다운워시의 발생

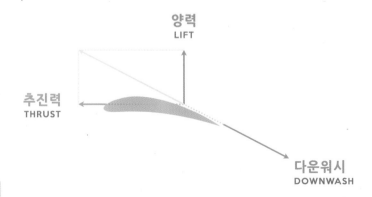

양력과 다운워시 사이에는 밀접한 관계가 있으며, 발생하는 다운워시를 통해 생성된 양력에 대해 어느 정도 파악할 수 있다. 그런데, 앞서 비행기 날개와 자동차의 윙이 원리는 같지만 아래위 방향이 반대라는 점을 지적했고, 아래위 방향만 바꾼 채 양력 설명의 순서와 방법을 그대로 따라서 다운포스의 개념을 끌어내기도 했다. 그렇다면 자연스럽게, "다운포스와 업워시의 관계" 역시 "양력과 다운워시의 관계"와 마찬가지일 것이라 짐작할 수 있다.

자동차의 윙 주변에 작용하는 추진력, 다운포스와 그에 따른 업워시의 발생

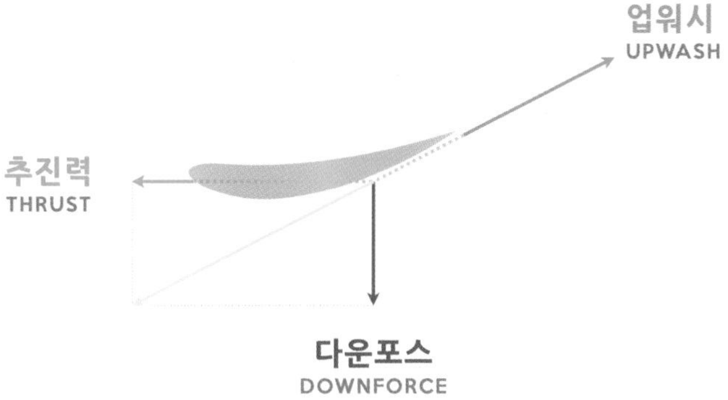

위 그림은 자동차의 윙에서 추진력과 다운포스라는 두 가지 힘의 작용과 그에 따라 발생하는 업워시의 관계를 나타낸 것이다. 앞서 살펴봤던 비행기 날개 주변에서 발생하는 추진력과 양력, 그리고 이들을 통해 발생하는 다운워시에 대한 그림을 아래위로 뒤집는다면, 위 그림처럼 비행기 날개의 경우가 완전히 대칭을 이루며 반전된 모습을 그릴 수 있다.

비행기 날개에서 양력이 발생할 때와 마찬가지로, 자동차의 윙에서도 많은 양의 다운포스가 생성될 때 강력한 업워시가 만들어진다. 특히, 많은 다운포스를 만들 수 있는 F1 레이스카라면, 강력한 다운포스 생성 능력만큼 업워시 역시 더 강력해진다. 웻 컨디션에 비가 많이 내리는 상황이나 많은 물이 고여있을 때, 레이스카 뒤로 스프레이처럼 많은 수분과 수증기가 하늘로 치솟는 장면이 연출되는 것 역시 강력한 업워시 덕분이다.

같은 조건이라면 많은 다운포스를 만드는 자동차의 공기역학적 성능이 더 우수하다고 볼 수 있다. 그렇다면, 강력한 업워시를 깔끔하게 뽑아낼 수 있는 능력이 다운포스 의존도가 높은 F1 레이스카의 공기역학적 성능과 직결된다고도 얘기할 수 있다. 바꿔 말하면, 공기역학적 성능이 우수한 레이스카가 더 강력한 업워시를 만들어낼 수 있다는 뜻이기도 하다.

위 그림대로라면 더 강한 추진력으로 더 빠른 속도를 냈을 때 더 많은 다운포스가 만들어지고, 추진력과 다운포스에 의해 만들어지는 업워시 역시 더 강해질 것이라 예상할 수 있다. 같은 공기역학적 성능을 가진 레이스카라고 하더라도, 추진력이 더 강할 때 더 많은 다운포스를 만들 수 있다는 뜻이다. 또한, 이렇게 추진력과 다운포스가 증가하면 동시에 그에 상응하는 업워시가 만들어진다는 것이 위 그림이 담고 있는 의미 중 하나다.

흐름의 분리
Flow Separation

물체 표면의 공기 흐름과 맞닿은 경계면에서 흐름의 분리가 발생하면, 드래그가 증가하고 긍정적인 공기역학적 효과는 원하는 만큼 얻기 어려워진다.

공기는 작은 입자들로 구성되어 있으며, 일반적인 상황에서 각각의 입자들은 뉴턴의 운동법칙을 포함한 물리법칙들을 따른다. 공기를 구성하는 각각의 입자들이 서로 물리적인 영향을 주고받기 때문에, 고전역학이 무리 없이 적용되는 상황에서는 계산만 가능하다면 이들의 위치와 운동량을 정확히 파악할 수 있다.

그런데, 물리법칙을 따르는 공기의 입자들은 가까운 다른 공기 입자는 물론 주변에 존재하는 물체와도 상호 작용을 계속하기 때문에, 어떤 물체 표면 주위에서 공기 흐름의 움직임은 생각보다 복잡해질 수 있다. 극단적으로 비현실적이긴 하지만, 만약 물리법칙을 따르지 않고 어떤 물리적 영향력도 작용하지 않는 이상적인 표면을 가진 "현실에 존재할 수 없는" 물체가 있다고 가정하면, 다음 그림처럼 문제의 물체 표면과 그 주변을 지나는 공기 흐름 사이에 어떤 상호 작용도 일어나지 않는다.

물리적 영향력이 전혀 없는 이상 표면 주변을 지나는 공기 흐름의 움직임

위 그림처럼 이상적인 표면 가까이에서 움직이는 공기의 흐름은 뉴턴의 운동 법칙에 따라 속도와 방향 변화 없이 등속으로 운동한다. 그리고, 외부로부터 다른 힘을 가하지 않는 한, 계속 같은 방향으로 속도를 유지하며 움직일 것이다. 하지만, 이와 같은 이상적인 상황은 현실 세계에 존재하지 않는다. 대신 물체의 표면을 구성하는 입자와 공기를 구성하는 입자가 서로 영향을 주고받으면서 완전히 다른 상황이 연출된다. 앞서 다뤘던 공기 흐름의 진행 방향과 평행한 판자 형태 물체의 드래그 계수가 매우 작기는 해도 0은 아니었던 것 역시 이상적인 표면이 아니기 때문이었다.

물체 표면 가까이에서 움직이는 공기의 흐름은 물체와 어느 정도 떨어진 위치에서 움직이는 공기 흐름보다 물체 표면을 구성하는 입자로부터 더 강한 영향을 받고, 상대적으로 정체된 듯한 공기의 층을 형성한다. 이렇게 마치 경계가 있는 것처럼 주변 공기 흐름과 구분된 물체 주변의 정체된 공기 입자들이 자리 잡은 영역을 **"경계층(boundary layer)"**이라 부른다.

경계층의 공기는 주변 공기 흐름보다 느리게 움직이거나 정체된 상태를 유지한다. 이 때문에 주변 공기 흐름의 압력이 상대적으로 낮고, 경계층의 기압은 높은 상황이 만들어진다. 그런데, 경계층을 형성하던 공기 입자들이 압력이 낮은 주변 공기의 흐름 쪽으로 끌어당겨지는 힘을 받다가 일정한 임계점을 넘게 되면 물체 표면에서 떨어져 다소 불규칙한 방향으로 움직이기 시작한다.

이처럼 경계층에서 정체되어 있던 공기 입자들이 주변 공기 흐름의 영향을 받아 마치 물체 표면으로부터 떨어져나오듯 움직이는 것을 가리켜 **"흐름의 분리[1](flow separation)"** 또는 "공기 흐름의 분리"라 부른다. 물체 표면의 경계층이 비교적 안정적으로 정체되어 있다가 분리가 시작되는 지점은 **"분리점(separaion point)"**이라고 부른다.

이렇게 물체 표면에서 떨어져 움직이기 시작한 공기 입자들은 주변 공기 흐름과 전혀 다른 방향으로 움직이거나 불규칙하게 운동한다. 일단 흐트러진 경계층의 공기 흐름은 매우 어지러운 난류를 형성하는데, 이렇게 "분리된 흐름(separated flow)"이 형성하는 난류를 **"웨이크(wake)"**, 이런 난류가 형성되는 영역을 **"웨이크 영역(wake region)"**이라 부른다. 공기 흐름 속을 지나는 물체 주변에 발생하는 웨이크는 자동차 공기역학에서 가장 중요한 난제 중 하나이며, 난류를 얼마나 잘 억제하고 통제하는가에 따라 공기역학적 성능이 크게 달라질 수 있다.

물리적 영향력이 존재하는 물체 표면 주변에서 발생하는 흐름의 분리

흐름의 분리를 통해 만들어지는 웨이크는 많은 경우 공기역학적으로 부정적인 영향을 준다. 웨이크 속의 공기 입자들은 불규칙하게 여러 방향으로 영향력을 행사하면서 불가피하게 드래그 증가를 불러온다. 이와 같은 웨이크와 흐름의 분리는 결과적으로 비행기의 양력 생성과 자동차의 다운포스 생성 등 긍정적인 공기역학적 효과를 제한하기도 하는 등 악영향을 주는 경우가 많다.

---

[1] 역학을 다루는 많은 글과 책에서 "유동박리"

윙과 흐름의 분리
Wing and Flow Separation

윙의 받음각이 커지면 흐름의 분리가 쉽게 발생하고 많은 웨이크가 만들어진다.

단순한 평면 구조가 아니더라도 물체 주변에 공기의 흐름이 있다면 경계층이 형성될 수 있다. 그리고, 일반적인 물리법칙이 적용되는 세계라면, 항상 전이점을 지난 뒤 흐름의 분리가 발생할 가능성이 있다. 경계층이 형성되고 흐름의 분리가 일어난다면, 언제든 웨이크가 발생해 공기역학적으로 부정적인 영향을 미칠 수 있다.

│ 자동차의 윙에 형성되는 경계층의 예

경계층
BOUNDARY LAYER

자동차의 윙 역시 일반적인 고전역학의 물리법칙이 적용되는 물체다. 윙 표면의 입자들은 윙 가까이에서 움직이는 공기 입자들과 반응하고, 이 과정에서 윙을 둘러싼 얇은 경계층이 형성된다. 윙의 경우 속도가 충분하고 다른 조건이 갖춰졌다면 뒤쪽으로 강한 업워시가 만들어지는데, 강한 업워시가 생기는 상황에서는 많은 다운포스가 만들어지는 동시에 경계층이 잘 유지될 수 있다.

그러나, 앞서 살펴본 평면의 경우와 마찬가지로 자동차의 윙과 같은 형태에서도 분리점을 지나면 흐름의 분리가 발생할 수 있다. 흐름의 분리는 드래그 발생량을 증가시키는 웨이크를 만드는 한편, 다운포스 생성에 의해 만들어지는 업워시는 더 약해진다. 한마디로 흐름의 분리가 공기역학적으로 부정적인 효과를 증폭시켰다고 할 수 있다.

윙에서 흐름의 분리가 발생하는 원인은 다양하다. 속도가 충분하지 않을 때[2] 흐름의 분리가 쉽게 발생할 수 있고, 과도하게 큰 윙의 받음각 역시 흐름의 분리를 촉진할 수 있다. 특별한 조건이 없더라도 물리법칙을 따르는 세계에서라면 흐름의 분리는 피할 수 없다고 얘기할 수도 있다.

---

[2] 비행기의 경우 속도가 빠르지 않을 때 흐름의 분리와 함께 양력이 충분히 만들어지지 않으면 "실속"과 함께 추락할 수 있는 위험이 있으므로, 비행기 이륙 과정에서 날개 주변 공기 흐름의 분리는 매우 민감한 주제로 다뤄진다.

윙의 받음각이 다르면 공기 흐름의 분리 역시 서로 다른 상황을 불러온다.

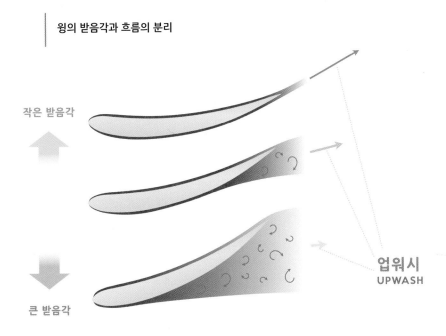

윙의 받음각과 흐름의 분리

작은 받음각

큰 받음각

업워시
UPWASH

맨 위의 경우처럼 받음각이 크지 않다면, 흐름의 분리가 상대적으로 적게 발생한다. 흐름의 분리가 심하지 않다면, 많은 다운포스가 생성되는 가운데 윙 뒤쪽으로 강한 업워시가 형성될 수 있다. 그러나, 가운데 그림처럼 받음각이 조금 커지면 흐름의 분리가 더 쉽게 발생할 수 있고, 흐름의 분리가 쉽게 발생한다면 다운포스 생성량이 줄고 업워시는 약해진다.

맨 아래 그림은 받음각이 매우 큰 윙에서 공기역학적으로 부정적인 효과가 심각하게 많이 발생한 상황이다. 윙 아래쪽에서 흐름의 분리가 시작되는 전이점이 매우 이르게 형성되기 때문에, 뒤쪽으로 엄청난 양의 웨이크가 발생한다. 이런 경우 웨이크와 같은 공기역학적으로 부정적인 효과가 많이 발생하지만, 다운포스 생성과 같은 공기역학적으로 긍정적인 효과는 기대하기 힘들어진다. 윙 뒤쪽으로 향하는 업워시는 받음각이 작을 때와 비교해 훨씬 약해진다.

받음각과 마찬가지로 윙의 형태 역시 흐름의 분리와 이어지는 부정적인 공기역학적 효과 발생에 많은 영향을 미친다. 항상 그런 것은 아니지만, 많은 경우 복잡하거나 드래그를 많이 만드는 형태의 물체 주변에서 흐름의 분리도 쉽게 발생한다. 그러나, 같은 형태를 띠고 윙의 받음각이 같더라도 반드시 같은 시점에 흐름의 분리가 시작되는 것은 아니다. 실제 상황에서 흐름의 분리와 웨이크의 발생은 다양한 요소에 영향을 받으며, 예측하기 힘든 복잡한 형태로 나타날 때가 많다.

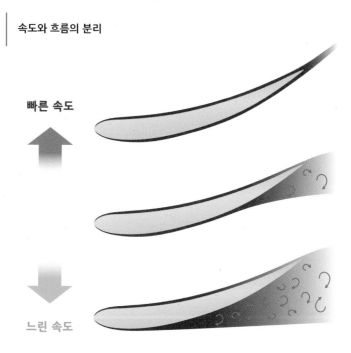

속도와 흐름의 분리

빠른 속도

느린 속도

위 그림은 같은 형태와 같은 받음각을 가진 윙이라도 속도가 다를 때 공기 흐름의 분리가 서로 다르게 발생한다는 것을 설명하는 그림이다. 큰 틀에서 앞서 받음각과 흐름의 분리를 설명할 때 사용했던 그림으로, 위 그림의 가운데에 그려진 상황은 앞선 그림의 가운데 경우와 마찬가지라고 할 수 있다.

맨 위 그림은 속도가 매우 빠른 경우다. 속도가 일정 수준 이상으로 빠르다면, 받음각을 줄이지 않더라도 받음각이 훨씬 작은 것처럼 흐름의 분리가 적게 발생한다. 빠른 속도 덕분에 악영향을 적게 받는다는 의미로도 이해할 수 있다. 바꿔 말하면 받음각을 포기하는 대신 속도를 높여 흐름의 분리를 억제할 수 있다는 뜻이기도 하다.

반대로 맨 아래 그림은 속도가 더 느린 경우다. 속도가 느리다면 딱히 받음각을 키우지 않아도 흐름의 분리가 쉽게 발생하고, 그 결과 윙 뒤쪽으로 많은 웨이크가 만들어진다. 반면 많은 웨이크가 만들어지는 동안 다운포스가 많이 생성되지 않고, 윙 뒤쪽으로 업워시도 충분히 만들어지지 않는다. 속도가 느리다면 공기역학적으로 크게 불리해질 수 있다는 의미도 담고 있다.

정리하면 빠른 속도는 공기 흐름의 분리를 억제하는 효과가 있지만, 속도가 느리다면 흐름의 분리가 더 쉽게 일어나게 된다. 윙 주변에서 빠른 속도로 움직이는 공기의 흐름은 흐름의 분리를 포함해 공기역학적인 효과에 많은 변화를 가져올 수 있다. 그러나, 속도를 높이는 것은 한계가 있기 때문에, "코안다 이펙트"나 "보텍스의 활용"처럼 흐름의 분리를 억제할 수 있는 다른 방법들이 공기역학자들의 연구 대상이 되곤 한다.

코안다 이펙트
Coandă effect

빠르게 움직이는 유체의 흐름은 가까운 물체의 볼록한 표면을 따라 움직이려는 성질을 갖는다.

"코안다 이펙트(Coandă effect)"는 1800년 토마스 영[3]이 기본 개념을 정리하고, 1910년 헨리 코안다[4]가 구체화한 유체역학 개념이다. 이를 위해 코안다는 직접 디자인한 항공기 "코안다-1910"으로 다양한 실험을 진행하기도 했다. 헨리 코안다의 이름을 딴 코안다 이펙트는 빠른 유체의 흐름이 볼록한 물체의 표면을 따라 움직이려는 성질을 설명할 때 자주 활용된다.

| **물체 표면 가까이에서 움직이는 공기 흐름의 변화**

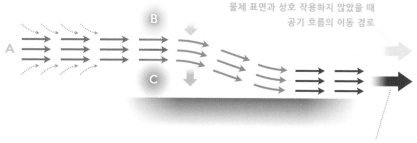

물체 표면과 상호 작용하지 않았을 때
공기 흐름의 이동 경로

**물체 표면과 상호 작용했을 때
공기 흐름의 이동 경로**

위 그림의 A 지점을 출발해 다른 물체가 없는 허공을 지나는 공기 흐름은, 상대적으로 느리거나 정체된 주변에 비해 빠른 속도로 움직이며 낮은 압력을 형성한다. 이 때문에 주변 공기 입자들은 상대적으로 압력이 낮은 빠른 공기 흐름에 빨려 들어가듯 움직여 전체 시스템의 압력 균형을 유지하려 한다. 공기의 흐름이 진행하는 동안 다른 변수가 없다면 계속 같은 과정을 반복하게 된다. 그러나, 공기의 흐름이 허공을 가르는 대신 위 그림의 B와 C 사이에서처럼 진행 방향과 평행을 이루는 물체 표면 근처를 지난다면 상황이 달라진다.

---

[3] Thomas Young (1773 ~ 1829) : 영국 출신의 물리학자. "마지막 박식가"로 불리며 다양한 분야에 업적을 남겼다.

[4] Henri Coandă (1886 ~ 1972) : 루마니아의 발명가. 공기역학의 개척자 중 한 명으로 다양한 실험적 항공기를 디자인했다.

B 위치에서 보면 A 위치에서의 경우와 마찬가지로 보이지만, C 위치를 기준으로 생각하면 가까운 물체 표면의 영향으로 B 위치에 비해 압력 균형을 맞추기 어려워진다. 압력 불균형은 C 위치 부근에서 낮아진 압력을 빠르게 회복하지 못하도록 방해하는 결과로 이어지고, 결국 B에 비해 C의 압력이 낮아지게 된다. B와 C 사이에 압력 차이가 생기면 물체 표면 쪽으로 힘이 작용하고, 이런 방향성을 가진 힘이 작용하면 공기 흐름이 물체 표면 쪽으로 치우치게 된다.

이와 같은 과정을 거치면서 일정한 조건을 충족한다면, 물체 주변을 지나던 공기의 흐름은 물체 표면에 바짝 붙어 흐르게 된다. 이런 현상은 물체의 표면이 단순하게 공기 흐름과 평행을 이루는 경우보다 물체 표면이 볼록한 곡면일 경우 더 드라마틱하게 나타난다.

코안다 이펙트의 영향을 받은 공기 흐름의 방향 변화

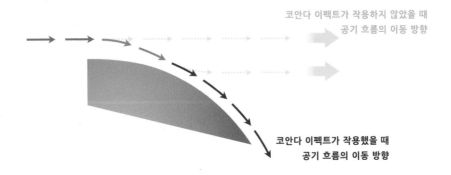

코안다 이펙트가 작용하지 않았을 때
공기 흐름의 이동 방향

코안다 이펙트가 작용했을 때
공기 흐름의 이동 방향

위 그림의 주황색 화살표로 나타낸 위치에서 공기 흐름이 물체 표면 쪽으로 치우치도록 이동하는 현상은 앞서 설명했던 상황과 마찬가지다. 그런데, 위 그림처럼 물체 표면이 곡면을 이루며 기존에 직진하듯 움직이던 공기 흐름의 방향에서 멀어지는 것과 같은 상황이 되면, 앞선 그림의 B 위치로부터 C 위치 쪽으로 힘이 작용했던 것처럼 물체 표면 쪽으로 힘이 작용한다. 결국 물체 표면으로부터 조금 떨어져 있던 공기의 흐름은, 곡면을 따라 흐르며 물체 표면 쪽으로 달라붙으려는 듯 움직이게 된다. 이런 상황이 계속 이어지면 조금씩 휘어지는 물체의 볼록한 표면 주변의 공기 흐름 역시 물체 표면을 따라 진행 방향을 바꿔 곡선을 그리며 움직이게 된다.

이렇게 방향을 바꾼 공기의 흐름은 코안다 이펙트가 작용하지 않을 때와는 전혀 다른 방향으로 움직인다. 물체 표면의 곡률이 급격하게 변하지 않고 속도가 충분히 빠르다면, 공기의 흐름은 원래 진행 방향과 무관하게 물체 표면을 따라 방향을 바꾸며 움직일 수 있다. 이처럼 원래 진행 방향과 무관하게 물체 표면의 곡면을 따라 공기 흐름이 움직이는 현상이 코안다 이펙트다.

지금까지는 마치 코안다 이펙트가 특별한 현상인 것처럼 설명했지만, 코안다 이펙트는 공기역학의 여러 분야에서 제법 자주 등장하는 기초적인 개념 중 하나다. 공기역학적 효과를 적극적으로 활용해야 하는 항공이나 자동차를 디자인할 때, 특히 공기의 흐름과 직접 접촉하는 외부 형태를 디자인한다면 반드시 기본적으로 코안다 이펙트를 고려해야 한다.

비행기의 날개에서 자주 관찰되는 코안다 이펙트의 예

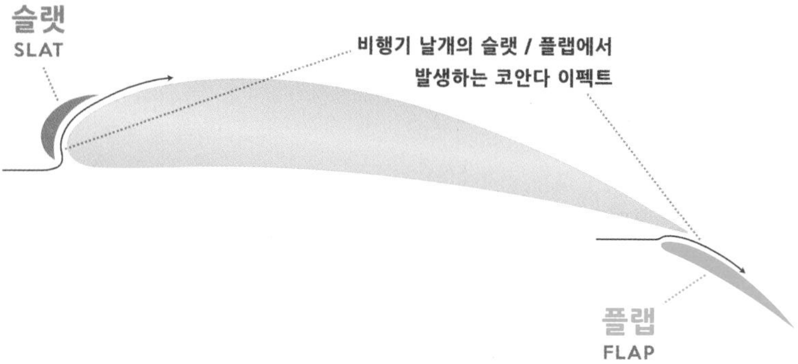

슬랫
SLAT

비행기 날개의 슬랫 / 플랩에서
발생하는 코안다 이펙트

플랩
FLAP

위 그림과 같은 형태의 비행기 날개라면, 날개 앞쪽 슬랫과 날개 뒤쪽 플랩 부근에서 모두 코안다 이펙트가 발생한다. 이런 상황에서는 속도와 날개 형태에 따라 발생하는 기본적인 양력 외에, 날개 주변 공기 흐름에 의한 코안다 이펙트가 양력을 추가한다고도 볼 수 있다. 바꿔 말하면 비행기 날개에서는 양력 발생 단계부터 코안다 이펙트가 공기역학적으로 어느 정도 기여하는 셈이다. 어떤 방식으로 접근해서 설명하든 코안다 이펙트 덕분에 비행기의 날개가 충분한 양력을 얻기 쉬워진다고 할 수 있다.

비행기 날개에서 그랬던 것처럼, 코안다 이펙트는 잘 활용한다면 여러 분야에서 유용하게 쓰일 수 있다. 자동차, 특히 공기역학적 효과에 민감한 F1 레이스카 디자인에서도 코안다 이펙트는 매우 중요한 요소로 다뤄진다. 특히 2010년대 블론 디퓨저 등장 이후 한창 F1 배기구 위치에 대한 제약이 늘어날 때 등장한 속칭 "코안다 이그조스트(Coandă exhaust : 코안다 배기구)"[5]는 기술 관련 문제에 큰 관심이 없던 일반 팬들에게도 "코안다 이펙트"라는 개념을 깊이 각인시켰다.

그런데, 앞서 몇 차례 강조했던 것처럼 비행기 날개나 자동차의 윙 주변을 지나는 공기 흐름을 다룰 때 공기의 흐름이 어떤 방향에서 어느 정도 속도로 접근하느냐에 따라 기대할 수 있는 결과는 크게 달라진다. 코안다 이펙트 역시 공기 흐름의 접근 방향과 속도에 많은 영향을 받는다. 충분한 속도가 확보되어야만 흐름의 분리를 늦출 수 있고, 공기의 흐름이 적절한 방향으로 접근해야만 코안다 이펙트를 제대로 유도할 수 있다.

반대로 공기 흐름의 속도가 너무 느리다면 원하는 만큼 코안다 이펙트를 끌어내기 어렵고, 오히려 흐름의 분리와 웨이크 발생 등 부정적 효과만 발생할 가능성이 커진다. 실제 상황에서 항상 고민해야 할 문제는 여러 이유로 물체 주변에서는 항상 공기 흐름이 느려지거나 정체될 가능성이 있고, 언제나 흐름의 분리라는 위험 요소가 도사리고 있다는 점이다. 이런 부정적인 효과를 줄이고 원하는 만큼 충분한 공기역학적 효과를 얻기 위해, 종종 앞서 살펴봤던 개념 중 하나인 "보텍스"를 능동적으로 활용하는 방법이 시도되기도 한다.

---

[5] 코안다 이그조스트에 대해서는 이후 다시 자세히 다룬다.

보텍스 제너레이터
Vortex generator

보텍스를 발생시키는 작은 공기역학 부품을 배치하면, 원하는 방향으로 빠르게 움직이는 공기의 흐름을 유도할 수 있다.

"보텍스 제너레이터(vortex generator)"는 이름 그대로 "보텍스를 발생시키는 것"을 가리킨다. 보텍스는 앞서 제2장에서 살펴봤던 것처럼 소용돌이 형태로 나선을 그리며 빠르게 움직이는 난류의 일종이다. 보텍스처럼 많은 에너지를 머금고 빠르게 움직이는 공기의 흐름은 적절히 활용한다면 공기역학적으로 유리한 효과를 유도할 수 있다. 복잡한 계산과 반복적인 실험을 통해, 의도적으로 보텍스를 발생시키도록 만들어 배치하는 공기역학 부품이 바로 "보텍스 제너레이터"다.

비행기 날개에 배치된 다수의 보텍스 제너레이터(vortex generators)의 예

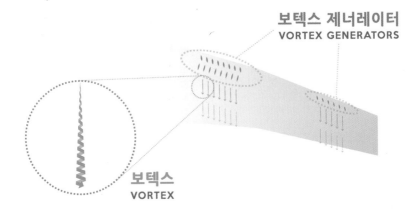

보텍스 제너레이터
VORTEX GENERATORS

보텍스
VORTEX

보텍스 제너레이터의 원리는 비행기 날개 끝에서 발생하는 **"윙 팁 보텍스(wing tip vortex)"**의 경우와 크게 다르지 않다. 많은 경우 보텍스 제너레이터는 작은 날개 형태 또는 날개 끝부분(윙팁)과 비슷한 형태를 띤다. 항공기에는 날개 위에 다수의 보텍스 제너레이터를 줄지어 배열하는 경우도 많다. 여객기에 탑승할 때 날개 근처 창가에 앉을 기회가 있다면, 날개 위 앞쪽에 배치된 작은 보텍스 제너레이터의 배열을 목격할 수 있다.

보텍스 제너레이터를 지난 공기의 흐름은 소용돌이 형태로 나선을 그리며 물체 표면을 따라 빠르게 움직인다. 이런 현상을 이용해 비행기 날개 위쪽에 보텍스 제너레이터를 배치하면 날개 표면 주위로 움직이는 공기 흐름의 속도를 높일 수 있고, 흐름의 분리와 같은 공기역학적으로 부정적인 효과를 억제할 수 있다. 만약 공기의 흐름이 날개 표면 가까이에서 빠르게 움직이는 경우라면, 날개 표면을 따라 발생하는 코안다 이펙트의 발생도 좀 더 확실하게 기대할 수 있다.

보텍스 제너레이터를 거쳐 날개 곡면을 따라 빠르게 움직이는 공기의 흐름

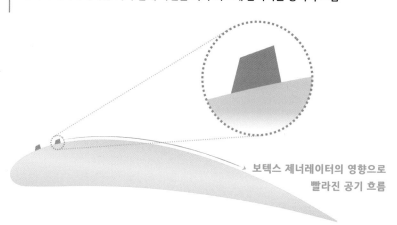

보텍스 제너레이터의 영향으로
빨라진 공기 흐름

현대적인 F1 레이스카에서는 위 그림과 같은 형태의 보텍스 제너레이터 배열이 배치되는 것을 어렵지 않게 목격할 수 있다. 옆에서 보면 비행기 날개와 유사한 형태를 띠는 사이드포드의 경우, 비행기 날개 위쪽에서와 같은 공기 흐름을 유도하기 위해 비슷한 위치에 보텍스 제너레이터 역할의 공기역학 부품이 자주 배치된다.

F1 레이스카는 복잡한 형태 때문에 여러 부분에서 쉽게 공기 흐름이 느려지거나 정체될 수 있다. 이럴 때 보텍스 제너레이터를 배치하면, 흐름의 분리를 지연시키고 레이스카의 공기역학적 성능을 끌어올리는 데 도움을 줄 수 있다. 윙 팁 형태가 아니더라도 넓은 의미에서 보텍스 제너레이터와 같은 목적으로 여러 가지 공기역학 부품이 설계, 배치되기도 한다. 이런 시도 중 대표적인 예는 2010년대 F1 공기역학의 최대 관심사 중 하나였던 Y250 보텍스다.

"Y250 보텍스(Y250 vortex)"는 F1 기술 규정 때문에 붙여진 이름이다. 2022시즌 규정 변경 이전에는 레이스카 좌우를 양분하는 Y축을 기준으로 프론트 윙 정중앙으로부터 250mm 이내에는 어떤 변화도 없는 단순한 사각형 형태의 평판 부품만 허용됐지만, 250mm를 벗어난 위치부터는 변화가 허용되어 다양한 디자인의 부품 배치를 가능하게 한 규정이 있었다. 이 규정에 따라 Y축 250mm 지점에 배치된 부품을 통해 만들어지는 보텍스가 바로 Y250 보텍스다. 복잡한 바지보드 디자인과 함께 강력한 Y250 보텍스를 만들고 이용하는 방식은 2010년대 F1 레이스카의 공기역학적 성능을 비약적으로 끌어올렸지만, 뒤따르는 레이스카에 공기역학적으로 매우 좋지 않은 영향을 끼치며 전체적인 레이스의 질을 떨어뜨린 주범으로 지목되기도 했다.

그라운드 이펙트
ground effect

지표면에 가까운 물체 주위의 공기 흐름이 물체를 지표면 쪽으로 누르는 공기역학 적 힘이 만들어진 뒤, 이 힘으로 물체가 지표면에 더 가까워지면서 공기역학적 효과 가 증폭될 수 있다.

"그라운드 이펙트(ground effect)"는 지표면 가까이에서 빠르게 움직이는 물체, 바꿔 말하면 상대적으로 빠르게 움직이는 공기 흐름 속의 물체 주변에 나타나는 특별한 공기역학적 현상이다.

지금까지 다뤘던 공기역학 개념들은 보통 영향을 줄 수 있는 다른 요소가 가까이에 없는 물체를 가정해 설명했다. 항공기 공기역학이라면 하늘 위를 날고 있는 상황을 설명하는 경우가 많기 때 문에, 이런 가정에 무리가 없다. 탁 트인 허공을 지나지 않는 경우라면 이착륙 상황 등을 생각할 수 있는데, 이착륙처럼 물체가 지표면 가까이에서 움직일 때 발생하는 그라운드 이펙트 등의 현 상은 일반적인 상황과 구분해 별도의 항목에서 따로 다루는 것이 일반적이다.

항공기 공기역학에서도 그라운드 이펙트가 긍정적인 효과를 주는 상황이 없지는 않고, 때로는 설 계 단계부터 그라운드 이펙트를 고려해 효율을 끌어올리려 노력한다. 그러나, 항공기 공기역학 에서 그라운드 이펙트는 부정적인 효과가 치명적일 수 있어 이를 회피하려는 노력이 오랫동안 계 속됐다. 20세기 중반의 비행기는 그라운드 이펙트의 영향을 줄이기 위해, 아예 랜딩 기어의 높이 를 높여 비행기 동체와 날개가 지면과 너무 가까워지지 않도록 설계한 경우도 찾아볼 수 있다.

조종사의 입장에서는 그라운드 이펙트(이후 다루게 될 자동차 공기역학의 그라운드 이펙트와 반대 방향으로 작용한다.) 때문에 지면과 가까운 비행기가 살짝 떠오르는 것처럼 느껴지는 상황 이 있다. 얼핏 생각하면 이런 그라운드 이펙트의 긍정적 효과를 활용할 수 있을 것 같지만, 실제 로는 비행기가 비행할 수 있는 충분한 양력이 확보되기 전에 높게 떠오르면서, 이후 양력 부족 때 문에 큰 사고로 이어질 수 있는 가능성을 경계해야 한다.

그러나, 지표면 가까이에서 움직이는 것을 기본으로 하는 자동차의 경우라면 얘기가 다르다. 자 동차가 탁 트인 허공을 가르며 이동하는 상황은 거의 찾아볼 수 없고, 일반적으로 지표면과 가까 운 위치에서 움직인다. 또한, 항공기 공기역학의 그라운드 이펙트가 지표면에서 멀어지는 쪽으 로 밀어내듯 작용하는 것과 반대로, 자동차 공기역학의 그라운드 이펙트는 지표면 쪽으로 차량을 당기듯 작용한다. 이 때문에, 오래전부터 그라운드 이펙트를 잘 활용하기만 한다면 긍정적인 공 기역학적 효과를 유도해 자동차의 최종적인 성능을 끌어올릴 수 있을 것이라는 생각이 널리 퍼 져 있었다. 이런 아이디어가 있었기 때문에 자동차나 레이스카와 관련된 몇몇 엔지니어는 일찌감 치 그라운드 이펙트를 활용할 방법을 고민하는 데 많은 시간을 투자하기도 했다.

그라운드 이펙트를 설명하는 쉬운 방법 중 하나는 벤츄리 관을 활용하는 것이다.

앞서 벤츄리 효과를 설명할 때 등장했던 벤츄리 관은 굵기가 변하는 밀폐된 관으로, 관 안쪽 통로의 굵기가 변함에 따라 벤츄리 관을 지나는 유체의 속도가 변하도록 만들어진 구조를 갖고 있다. 벤츄리 관 속에서 속도가 빠른 쪽(관의 굵기가 가는 부분)의 압력은 낮아지고, 속도가 느린 쪽(관의 굵기가 굵은 부분)은 압력이 높아진다.

여기서 아래 그림처럼 평면도 형식으로 벤츄리 관 형태의 일부를 잘라내, 지표면 가까이에 배치한 상황을 가정해보면 다음과 같다.

> **벤츄리 관 평면도 일부와 비슷한 형태를 잘라내 지표면 가까이 배치한 모양**

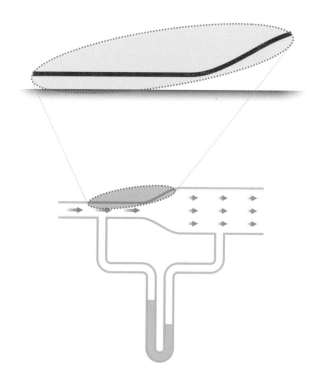

실제로는 입체적인 구조의 좌우 옆면이 막히지 않았다면 공기 흐름이 옆으로 새 나갈 가능성이 있다. 그러나, 만약 공기 흐름이 옆으로 새지 않고 마치 폐쇄된 관 속을 지날 때처럼 한 방향으로 진행하는 상황이라고 가정하면, 벤츄리 관의 가는 부분에 해당하는 지표면과 가까운 부분에서 공기 흐름의 속도가 빨라지고 압력은 낮아지게 된다. 이 형태를 그대로 전형적인 F1 레이스카의 측면도와 비교해보면 재미있는 점을 발견할 수 있다.

벤츄리 관 일부를 떼어낸 형태와 F1 레이스카 측면도의 비교

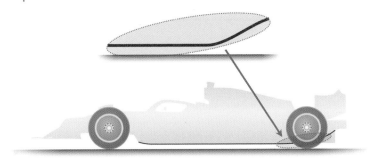

2020년대 초반 기준의 F1 레이스카 측면도를 그린 뒤, 플로어와 디퓨저의 모양을 살펴보면 위 그림에서 빨간 선으로 표시한 부분과 같다. 이 그림에서는 앞서 상상했던 벤츄리 관의 평면도 일부를 떼어내 지표면 가까이 배치했던 경우와 제법 비슷한 형태가 눈에 띈다.

F1 레이스카의 플로어는 지표면 가까이에서 벤츄리 관의 굵기가 가는 부분과 비슷한 형태를 띤다. 디퓨저가 배치된 레이스카 뒷부분에는 벤츄리 관의 굵기가 굵어지는 부분처럼 공간이 확장되는 것을 확인할 수 있다. 이런 형태는 플로어와 지표면 사이 공기 흐름의 속도를 높이고 압력을 감소시켜, 기압 변화가 적은 레이스카 위쪽보다 상대적으로 압력이 낮은 상태를 만든다. 그 결과 상대적으로 압력이 높은 차체 위쪽으로부터 압력이 낮은 차체 아래쪽으로 다운포스가 발생한다.

얼핏 보면 F1 레이스카의 공기역학적 성능은 눈에 띄는 프론트 윙이나 리어 윙에 전적으로 의존하는 것처럼 보이지만, 실제로는 플로어와 디퓨저의 공기역학적 영향력이 프론트 윙이나 리어 윙보다 큰 경우가 많다. 아래 그림처럼 측면도를 그려보면 일반적인 형태의 F1 레이스카에서 플로어와 프론트 윙, 리어 윙은 크기부터 분명한 차이가 있다는 것을 알 수 있다.

윙의 형태가 같다면 크기가 큰 경우 공기역학적 효과가 커질 가능성이 높다. 하나의 윙 형태를 이루는 플로어와 디퓨저의 크기를 비교해보면 공기역학적 영향력의 차이를 대략 확인할 수 있다. (2022시즌 그라운드 이펙트 재도입이 포함된 규정 변경과 함께 플로어는 더 이상 평면이 아니게 되었지만, 일단 이 단락에서는 2021시즌 이전의 평면 플로어를 기준으로 설명했다.)

표준 F1 레이스카의 플로어와 프론트 윙 / 리어 윙 비교

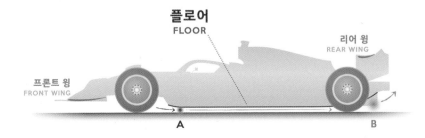

측면도를 기준으로 플로어는 리어 윙이나 프론트 윙보다 월등히 크다. 아래 그림을 기준으로 A 쪽에서 진입한 공기의 흐름이 B 위치의 디퓨저를 거쳐 뒤로 빠져나올 때까지 이동하는 거리는 프론트 윙 주위를 지나는 경우보다 훨씬 길다. 플로어와 지표면 사이 좁은 공간을 빠르게 이동하는 공기 흐름은 먼 거리를 이동한 만큼 더 큰 공기역학적 효과를 만들 수 있다.

현대적인 F1 레이스카에는 **"슬라이딩 스커트(sliding skirt)"** 또는 **"사이드 스커트(side skirt)"** 라 불리는 플로어 측면을 막기 위한 공기역학 부품이 허용되지 않는다. 이 때문에 차량 뒤쪽으로 흐르는 대신 옆으로 새 나가는 공기 흐름의 양도 무시할 수 없다. 그러나, 상대적으로 열린 공간에서 공기 흐름과 만나는 프론트 윙이나 리어 윙과 비교한다면, 그나마 플로어 아래에서 벤츄리 관과 더 비슷한 상황이 연출된다고 생각해도 크게 무리가 없다.

레이크 각도를 높였을 때의 변화

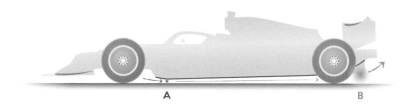

플로어에서 만들 수 있는 다운포스의 양은 위 그림 A와 B에서 공기 흐름이 지나는 공간과 밀접한 관계가 있다. A에서 더 좁은 공간을 통과하고 B에서 더 넓은 공간으로 빠져나온다면 다운포스 생성량은 더 늘어난다. 따라서, 다른 조건이 동일하다면, A를 더 좁게, B를 더 넓게 만들었을 때 더 많은 다운포스의 생성을 기대할 수 있다.

F1을 포함한 많은 고성능 레이스카는 앞뒤 라이드 하이트를 조절해 **"레이크(rake)"** 각도를 바꾸고, 결과적으로 A와 B 위치에서 공간의 차이를 원하는 수준에 맞출 수 있다. F1의 경우 설계 단계부터 레이크 설정을 중요한 요소 중 하나로 여기는데, 레이크가 다운포스 생성량과 전반적인 공기역학적 특성에 영향을 주기 때문이다. 그런데, 이렇게 레이크를 조절해 다운포스 생성량을 늘리는 아이디어를 좀 더 극단적으로 전개하면 다음 그림과 같은 상황까지 상상해볼 수 있다.

레이크 각도를 극단적으로 높였을 때의 변화와 "윙 카" 레이아웃

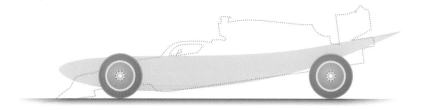

극단적인 레이크 셋업을 택한 레이스카 실루엣에서 플로어부터 디퓨저까지 이어지는 라인을 거대한 윙 형태의 자동차와 비교하면, 아랫부분을 중심으로 두 형태가 의외로 제법 많이 겹치는 것을 확인할 수 있다. 실제로 1960년대 다수의 엔지니어가 이런 아이디어와 비슷한 출발점에서 윙 형태의 자동차에 대해 연구하기 시작했는데, 이처럼 차량 외형이 전체적으로 윙의 형태를 띠는 자동차를 가리켜 **"윙 카(wing car)"**라고 부르기도 했다.

"윙 카"의 아이디어는 제1차 세계대전 종료 직후 항공기와 자동차 산업이 빠르게 발전하던 시기 다양한 실험이 이뤄지던 가운데 등장했다. 1928년 무렵 알제리 항공 클럽 기술 위원회의 문서에도 다양한 실험적 아이디어 중 하나로 아래 그림과 같은 윙 카 디자인이 담겨 있었다.

1920년대 말 등장했던 윙 카의 아이디어

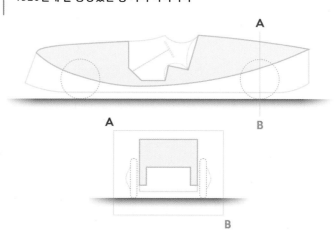

윙 카의 아이디어는 제법 오래됐지만, 이런 개념을 움직이는 자동차로 실용화해 적용할 때까지는 많은 시간이 필요했다. 실용화가 더딘 만큼 윙 카의 아이디어는 한동안 자동차 공기역학의 이론적 설명에서만 활용될 수 있었다. 단순한 윙 카의 외형은 몇 가지 공기역학 개념을 설명할 때 직관적으로 쉽게 모형화할 수 있다는 장점이 있었기 때문이다. 윙 카의 개념을 잘만 활용한다면 윙에서 다운포스가 만들어지는 상황을 설명할 때 사용했던 모든 내용을 그대로 재활용해, 자동차 전체의 다운포스 생성을 설명할 수 있었다. 이와 같은 내용을 그림으로 풀어보면 다음과 같다.

윙에 작용하는 다운포스 = 윙 카에 작용하는 다운포스

다운포스는 아래쪽으로 작용하는 힘이므로, 아래로 누르는 힘을 받은 차체는 지표면에 가까워지게 된다. 아래 그림처럼 다운포스의 영향을 받은 차체가 지표면에 가까워지면, 차량의 바닥 면과 지표면 사이의 거리가 가까워지고 그 사이의 공간 역시 더 좁아진다.

다운포스에 의해 지표면에 가까워진 윙 카

이상적인 상황에서 서스펜션의 작용이 완전히 같다고 가정하면, 다운포스의 영향을 받았을 때 차량 앞뒤 높이는 균일하게 아래로 내려가게 된다. 그런데, 이런 가정 아래 차체 앞쪽이 아래로 내려간 만큼 차체 뒤쪽이 똑같이 아래로 내려갔더라도, 차체 아래쪽과 지표면 사이의 공간이 좁혀진 비율을 비교해 보면 앞쪽과 뒤쪽이 전혀 다른 경우가 생길 수 있다. 위 그림 속 윙 카의 경우에도 앞쪽에서 차체와 지면 사이 여유 공간이 뒤쪽보다 더 많이 좁혀진 것을 확인할 수 있다.

앞부분에서 차체와 지표면 사이 거리가 200mm, 뒷부분은 400mm인 윙 카에 다운포스가 작용했을 때, 앞뒤 모두 균일하게 100mm만큼 차체가 아래로 내려간다고 가정해보자. 앞뒤 모두 똑같이 100mm만큼 차체 높이가 낮아졌다면, 앞부분에서 지표면과의 거리는 100mm가 되고, 뒷부분에서 차체와 지표면 사이 거리는 300mm가 된다. 이 경우 다운포스가 작용하기 전 간격의 비율이 1:2였는데, 다운포스가 작용한 뒤에는 비율이 1:3으로 변한 것을 알 수 있다.

다운포스가 작용해 차체와 지표면 사이의 공간을 변화시키면, 벤츄리 관의 좁은 구간과 같은 병목 지점에서 속도가 높아진다. 속도가 높아지면 다시 압력의 차이가 생기고, 압력의 차이는 다운포스 생성량을 증가시킨다. 다운포스가 차량을 위에서 아래로 누르고, 위에서 누르는 힘 때문에 아래로 내려간 차체가 지표면과 가까워지면서 더 많은 다운포스가 만들어지는 셈이다.

더 많은 다운포스가 생성되면, 다운포스는 차를 더 강하게 눌러 지표면에 더 가깝게 만든다. 이처럼 지표면에 가까워진 차체가 더 강력한 다운포스를 만들고, 강해진 다운포스가 차체를 지표면에 더 가깝게 이동하도록 아래로 누르는 순환이 계속될 수 있다. 실제로는 서스펜션 등 다른 요소의 영향으로 이런 과정이 반복되는 데 분명한 한계가 있지만, 잘 조절하기만 한다면 이 과정을 여러 차례 반복시켜 결과적으로 강력한 다운포스가 만들어진 것과 같은 효과를 얻을 수 있다.

지금까지 설명한 것처럼 지표면 가까이에서 움직이는 자동차가 다운포스의 영향으로 아래로 움직여 차체의 바닥 면이 지표면에 가까워지고, 차체가 아래로 움직여 바닥 면이 지표면과 가까워졌기 때문에 다운포스 생성량이 증가하는 과정이 반복되면서 강력한 다운포스가 작용한 것과 같은 효과를 일으키는 현상을 **"그라운드 이펙트(ground effect)"**라 부른다.

그라운드 이펙트는 1970년대 후반 F1의 핵심 이슈로 급부상하면서, 레이스카의 공기역학적 능력을 단기간에 큰 폭으로 끌어올렸다. 당시 그라운드 이펙트 레이스카 구조의 큰 특징 중 하나는 동체 양쪽에 거대한 사이드포드를 배치하고, 그 아래 공간을 비워 윙 카의 바닥 면과 닮은 형태를 만들어 벤츄리 효과를 극대화하려고 한 것이었다. 또한, 레이스카 좌우로는 바닥까지 닿는 슬라이딩 스커트로 얇은 벽을 만들어 그라운드 이펙트의 효율을 높였다.

이처럼 1970년대 그라운드 이펙트 레이스카의 바디워크 안쪽에는 벤츄리 관의 평면도와 비슷한 터널 형태의 통로가 만들어졌는데, 벤츄리 효과를 극대화하기 위해 배치된 이 통로를 **"벤츄리 터널(Venturi tunnel)"**이라 불렀다. 아래 그림은 F1에 최초로 그라운드 이펙트를 도입한 로터스 78의 측면도와 사이드포드 구조를 보여주는 투시도인데, 이를 통해 사이드포드 안쪽 윙 형태의 공간과 그 아래로 벤츄리 터널이 구성된 것을 확인할 수 있다.

로터스 78의 측면도와 사이드포드 안쪽 벤츄리 터널의 구성

벤츄리 터널

1970년대 말부터 1980년대 초반까지 그라운드 이펙트에 대한 이해가 충분하지는 않았지만, 그와 별개로 강력한 공기역학적 성능을 뽐냈던 "그라운드 이펙트 카(ground effect car)"들은 트랙을 지배하며 F1 챔피언십을 이끌었다. 그러나, 대형 사고가 반복되는 가운데 확실한 원인 파악이나 사고 재발 방지를 장담할 수 없는 상황이 이어졌고, 결국 1983시즌까지 이어진 일련의 기술 규정 변경을 통해 그라운드 이펙트 금지 조치가 순차적으로 진행됐다.

스커트 장착이 금지된 뒤 얼마 지나지 않아 그라운드 이펙트 관련 기술의 핵심인 윙 카 형태의 곡면 플로어 디자인이 금지되고, 대신 평평한 "플랫 플로어(flat floor)"를 강제하는 규정이 만들어졌다. 규정 변경을 통해 벤츄리 터널 구성이 불가능해진 뒤에도 그라운드 이펙트의 영향력이 100% 사라졌다고는 말할 수 없지만, 2022시즌 규정 변경 이전까지 약 40년[6] 동안 F1 그랑프리에서 이전만큼 압도적인 그라운드 이펙트의 위력을 확인할 기회는 다시 찾아오지 않았다.

---

[6] 1983시즌 핵심 기술이 금지되었던 그라운드 이펙트는 40년이 지난 2022시즌 다시 F1 규정에 편입되었다.

더티 에어와 슬립스트림
Dirty air and slipstream

빠르게 움직이는 물체가 지나간 뒤로는, 공기 흐름이 불안정해지면서 여러 가지 공기역학적 효과가 발생할 수 있다.

공기의 흐름이 물체와 만나면 공기역학적으로 영향을 주고, 반대로 움직이는 물체 역시 주변 공기의 흐름에 영향을 준다. 물체와 공기 흐름의 상호 작용은 순간 영향을 준 뒤 빠르게 사라질 수도 있지만, 일정 시간 동안 상호 작용이 이어지거나 크기와 형태가 점차 변하는 가운데 제법 긴 시간 동안 유지되는 공기역학적 효과를 유발할 수 있다.

앞서 일부 공기역학 개념들을 다루면서 "상대적으로" 공기의 흐름이 물체 쪽으로 이동하는 것처럼 설명하는 경우가 많았다. 그러나, 실제로는 공기의 흐름은 사실상 제자리에 멈춰 있거나, 빠르게 움직이는 비행기나 자동차에 비해 느린 속도로 움직이는 것이 전부인 경우가 많다. 빠르게 움직이는 것은 공기의 흐름이 아니라 비행기나 자동차 등 물체 쪽이고, 공기를 구성하는 입자들은 가만히 있거나 아주 느리게 움직이다가 빠르게 움직이는 물체의 영향으로 이리저리 떠밀리거나 다른 공기역학적 효과에 노출되는 셈이다.

공기 입자들이 가만히 멈춰있고, 물체가 빠른 속도로 멈춰 있는 공기 입자들 쪽으로 접근하는 상황을 그림으로 나타내면 다음과 같다.

어떤 물체가 움직이지 않고 가만히 멈춰있던 공기 입자들 쪽으로 이동한다면, 주변 공기 입자들이 접근하는 물체의 움직임에 영향을 받게 된다. 힘의 작용은 곧 운동으로 이어지기 때문에, 물체가 접근할 때 영향을 받는 모든 공기 입자들이 서로 영향을 주고받으며 각각의 방향과 속도로 움직이기 시작한다.

이렇게 움직이기 시작한 공기 입자들은 위 그림처럼 물체의 표면을 따라 이동한다. 상대적으로 공기 흐름이 물체 쪽으로 움직인다는 관점에서 보면, 공기 입자들이 물체 표면을 따라 뒤쪽으로 움직이는 것과 같다. 아래위 바깥쪽으로 움직이는 공기 입자들은 원래 그 자리에 있던 입자들을 밀어내듯 움직여야 하므로, 결과적으로 압력이 높아지게 된다. 이런 이유로 공기 입자들이 좁은 공간에 몰리는 물체의 앞부분에서는 대기압보다 상대적으로 높은 기압이 형성된다.

물체를 우회하기 시작한 공기 입자들은 한동안 주변 입자들을 밀어내듯 움직이면서 계속 높은 압력을 만들지만, 일단 물체 뒷부분에 도달하면 비교적 여유 있는 공간을 만난다. 물체가 막 지나간 뒤쪽 공간에는 공기 입자가 상대적으로 적어질 수밖에 없고, 결과적으로 물체 뒤쪽 기압은 상대적으로 낮아진다. 이렇게 움직이는 물체의 바로 뒤쪽으로는 대기압보다 낮은 기압이 형성된다.

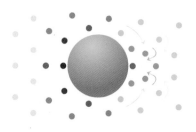

공기의 흐름은 기압이 높은 곳에서 낮은 곳으로 움직이려는 경향이 있다. 위 그림에서도 이동하는 물체 뒤쪽 공간의 공기 입자들이 마치 비어 있는 공간을 메꾸듯 빠르게 움직이는 것처럼 그려져 있다. 앞서 살펴본 것처럼 물체의 진행 방향 바로 뒤쪽에는 대기압보다 낮은 기압이 형성되고, 높은 기압 아래 있던 입자들은 낮은 기압이 형성된 방향으로 움직이게 된다. 이런 공기 입자 중 일부는 물체의 진행 방향 쪽으로 경로를 바꾸며 마치 빨려 들어가는 것처럼 움직이기도 한다.

지금까지 설명한 것처럼 공기 입자들 사이로 이동하는 물체와 그 영향을 받아 움직이는 공기 입자들의 상호 작용으로 움직이는 물체 뒤쪽에 **"물체 진행 방향 쪽으로 빨려 들어가듯 움직이는 공기의 흐름"**이 형성될 수 있다. 이런 흐름을 보통 **"슬립스트림(slipstream)"**이라 부른다.

그런데, 물체가 정체된 공기를 가르고 지나가면 그 뒤쪽으로 "공기역학적 웨이크(aerodynamic wake)"가 발생할 수 있다. 웨이크의 영향권 안에서 공기 입자들은 깔끔한 층류를 형성하기 어렵고, 불규칙한 난류가 형성될 가능성이 높다. 특히, F1 레이스카처럼 빠른 속도로 움직이는 자동차가 정체된 공기를 가르고 지나갔다면, 웨이크 영역이 더 폭넓게 형성될 수 있다. 슬립스트림이 형성된 영역은 사실상 웨이크 영역에 해당하며, 웨이크 영역과 같은 문제를 안고 있다.

외부의 영향을 많이 받지 않고 비교적 안정된 상태를 유지하는 층류의 영역은 "클린 에어(clean air)"라 부른다. 이와 대조적으로, F1 레이스카처럼 빠르게 움직이는 차량 뒤쪽에 만들어지는 지저분하고 복잡한 움직임의 난류가 형성된 영역은 **"더티 에어(dirty air)"**라 부른다.

클린 에어와 F1 레이스카 뒤쪽으로 형성되는 더티 에어

더티 에어 속에는 어지러운 난류가 가득하고, 뒤따르는 차량은 불규칙한 난류 속에 놓여 공기역학적 효과가 충분히 발생하는 것을 기대하기 어렵게 된다. 특히, 속도가 빠르고 공기역학적 성능에 대한 의존도가 높은 현대적인 F1 레이스카에서라면 이런 더티 에어가 더 큰 문제가 될 수 있다. 슬립스트림이라는 긍정적 효과가 추월 시도 상황 등에서 가끔 도움을 줄 수는 있지만, 더티 에어는 뒤따르는 차량에 공기역학적으로 악영향을 주는 경우가 훨씬 많다.

현대적인 F1 레이스카에서는 회전하는 바퀴가 만드는 웨이크 등 불규칙한 공기 흐름이 문제가 될 때가 많다. 그뿐만 아니라 긍정적인 공기역학적 효과를 노리고 설계된 여러 부품이, 악영향을 주는 다양한 웨이크를 만들 수도 있다. F1 레이스카의 뒤쪽으로 작용하는 공기역학적인 악영향은 다른 어떤 모터스포츠 종목의 레이스카보다 강력하다. 2010년대 일반적인 F1 레이스카의 경우라면, 다른 F1 레이스카를 뒤따르는 차량에서 에어로다이나믹 웨이크의 영향으로 앞차와의 거리가 **20m일 때 약 35%**, **10m일 때는 약 46%**의 **다운포스 생성량 손실**[7]을 감수해야 했다.

어지러운 난류가 가득한 더티 에어 내부의 기압 분포 역시 일정하지 않다. 일단 기본적으로 차와 가까운 곳에서는 공기역학적 영향력이 더 강하게 작용한다. 상대적으로 먼 곳, 즉 뒤따르는 차량이 어느 정도 시간이 흐른 뒤 같은 위치를 지나는 경우 그 영향력이 상대적으로 약해진다. 이런 영향력의 차이는 단순하게 거리만으로 얘기하기는 어려운데, 더티 에어 안쪽에서 발생하는 공기역학적 효과는 위치에 따라 복잡한 분포를 이루며 불규칙하게 나타나기 때문이다.

---

[7] 실제 에어로다이나믹 웨이크의 영향으로 뒤따르는 차가 받게되는 손해는 각 차량의 속도와 다양한 주변 상황에 따라 다르게 나타날 수 있다. 여기서 언급한 35%와 46%라는 구체적인 수치는 F1에서 2022시즌 규정 변경에 대해 소개하기 위해 제작한 영상에 포함된 자료에 따른 것이다. https://www.youtube.com/watch?v=hBmWJOy9vT4

F1 레이스카 뒤쪽 더티 에어의 대략적인 기압 분포

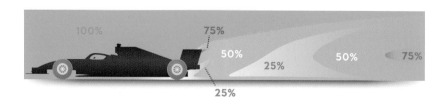

위 그림은 빠르게 달리는 F1 레이스카 뒤쪽의 더티 에어 기압 분포를 대략 묘사한 것이다. 클린 에어 영역의 대기압이 100%라면, 플로어를 거친 공기 흐름이 빠져나오는 디퓨저 바로 뒤에서는 대략 25% 수준의 낮은 기압이 형성된다. 이후 뒤로 갈수록 기압은 서서히 증가하는데, 위치에 따라 제법 복잡한 기압 분포가 나타난다.

업워시가 공기를 위쪽으로 밀어 올리는 영향으로, 레이스카 뒤쪽 일정 지점부터는 지표면에 가까운 곳에 기압이 특별히 더 낮은 영역이 형성될 수 있다. 이후 뒤쪽으로 가면서 다시 서서히 기압이 증가하고, 웨이크와 업워시의 영향력이 약해지는 일정 지점부터는 지표면에서 어느 정도 떨어진 높은 위치부터 기압이 증가하는 양상을 보인다. 이처럼 복잡한 기압 분포는 슬립스트림 등 공기역학적 효과에 많은 영향을 준다.

앞선 차량과의 거리를 좁혔을 때 슬립스트림 효과의 변화

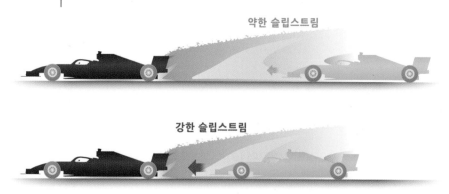

앞서 예로 든 것처럼 기압이 분포한 경우라면, 대기압이 각각 75%, 50%, 25%인 위치로 이동할 때마다 점점 접근이 쉬워질 수 있다. 압력이 높은 쪽에서 낮은 쪽으로 힘이 작용해 기압이 낮은 앞쪽으로 끌어당기는 것과 같은 역할을 하기 때문이다. 일정 수준 이상 먼 거리라면 슬립스트림 효과가 미미하지만, 일정 거리 이내로 접근했다면 앞으로 당겨주는 효과가 급격하게 커질 수 있다. 더티 에어 속에는 복잡한 움직임의 난류가 가득하고 기압 분포도 변칙적이지만, 앞선 차량에 바짝 다가갈수록 슬립스트림이 강해지고 앞차를 추격하는 데 도움이 되는 효과가 늘어날 수 있다.

그러나, 슬립스트림 영역이 생기는 경우, 무시할 수 없는 부정적 효과도 함께 발생한다. 일단 슬립스트림이라는 효과 자체가 더티 에어 속에서 발생하므로, 더티 에어 속 차량은 매우 불안정한 공기 흐름 속에서 심한 조종성 문제를 겪을 수 있다. 또한, 레이스카 뒤쪽에 형성되는 더티 에어의 모습을 평면도로 그려보면 슬립스트림과 함께 발생할 수 있는 다른 문제를 발견할 수 있다.

F1 레이스카의 경우 조금이라도 드래그를 줄이고 다운포스 생성 등 유리한 효과를 유도하기 위해 많은 공기역학 부품을 배치한다. 그런데 F1은 오픈-휠 방식을 택하고 있기 때문에, 웨이크 등 공기역학적으로 매우 부정적 효과만 일으키는 타이어가 큰 골칫덩어리가 될 수 있다. 다른 공기역학 부품과 달리 타이어는 멈춰 있을 때도 공기역학적으로 좋지 않은 형태지만, 레이스카가 움직이기 시작해 빠르게 회전할 때 더 많은 문제를 불러일으킨다.

F1 레이스카가 주변의 아웃워시와 타이어 웨이크

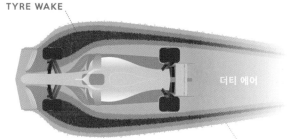

타이어 웨이크
TYRE WAKE

더티 에어

강력한 아웃워시의 영향권

타이어가 만드는 **"타이어 웨이크(tyre wake)"** 는 바로 뒤 가까운 위치에 배치된 공기역학 부품의 성능을 떨어뜨릴 뿐 아니라, 뒤쪽으로 제법 멀리까지 난류를 흘려보내 많은 부품의 공기역학 성능 저하를 불러올 수 있다. 이런 문제점을 잘 알고 있는 F1 엔지니어들은 오래전부터 레이스카를 설계할 때 타이어 웨이크가 자신의 차 뒤쪽에 악영향을 미치지 않도록 다양한 아이디어를 강구했다. 이런 흐름 속에 Y250 보텍스가 2010년대 F1 레이스카 디자인의 화두 중 하나로 떠올랐고, 바깥쪽으로 향하는 강력한 공기의 흐름인 "아웃워시(outwash)"를 강화하는 등 다양한 노력이 계속됐다.

F1 엔지니어들은 Y250 보텍스와 바지보드의 상호 작용을 통해 강력한 아웃워시를 만드는 방법을 찾아냈다. F1 레이스카 앞부분에서 만들어진 일정량의 더티 에어는 어쩔 수 없이 차량 뒷부분으로 흘러가겠지만, 타이어 웨이크를 포함해 영향력이 큰 더티 에어 상당량은 좌우 바깥쪽으로 밀려 나가도록 유도할 수 있었다. 다양한 방법으로 강력한 아웃워시를 만들고 타이어 웨이크의 영향력을 좌우로 밀어내는 것이 가능해지면서, 레이스카의 리어 엔드에 영향을 주는 악영향은 줄이고 공기역학적 성능은 높일 수 있었다.

문제는 이렇게 강력한 아웃워시로 타이어 웨이크를 바깥쪽으로 밀어내는 방법은, 자신의 차량에는 도움이 되겠지만 뒤따르는 다른 레이스카에게 훨씬 나쁜 영향을 줄 수 있다는 것이다. 이미 혼란스러운 공기 흐름이었던 타이어 웨이크는 물론, 강한 아웃워시와 함께 더 복잡하게 꼬여버린 난류가 레이스카 좌우의 공간 뒤쪽에 공기역학적으로 악영향을 주기 때문이다.

슬립스트림 안쪽으로 이동할 때 공기역학적 효과의 변화

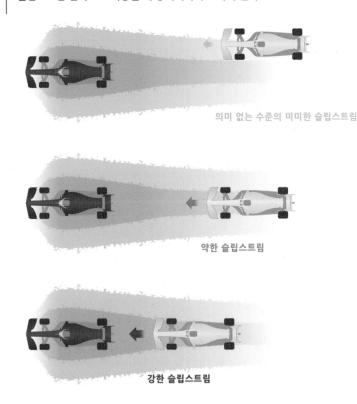

의미 없는 수준의 미미한 슬립스트림

약한 슬립스트림

강한 슬립스트림

위 그림은 앞차의 슬립스트림을 이용하려는 레이스카 주변 공기 흐름의 변화를 세 가지 시점에서 정리한 것이다. 슬립스트림을 이용하기 위해 경로를 바꾸기 시작한 뒤쪽 레이스카는 앞서 달리는 레이스카의 주행 라인 쪽으로 접근하면서 점점 더 강한 더티 에어의 영향을 받는다. 이때 앞차가 만드는 타이어 웨이크와 아웃워시가 뒤엉킨 구간을 통과하는 동안, 더티 에어의 영향으로 상당한 공기역학적 성능 손실이 생길 수 있다.

뒤따르는 차량이 앞차의 주행 라인과 일치하는 위치에 도착하면 슬립스트림의 효과는 커지지만, 불안정한 더티 에어 속에서 안정적인 주행을 유지할 수 있는 드라이버의 노력이 요구된다. 물론, 슬립스트림의 효과를 얻기 위해 다른 레이스카의 주행 라인과 같은 경로에 진입했더라도 거리가 멀다면 충분한 효과는 나타나지 않는다. 불안정한 공기 흐름을 뚫고 겨우 슬립스트림 효과를 얻기 시작했다고 하더라도, 약한 슬립스트림만으로는 빠르게 격차를 좁히기 어렵다.

그러나, 일정 수준 이상 앞선 레이스카에 근접하면 급격하게 슬립스트림의 효과가 커진다. 슬립스트림의 효과가 커지는 만큼 더티 에어에 의한 악영향은 상대적으로 비중이 낮아지고, 뒤따르는 차 입장에서 추격과 추월 시도를 위한 더없이 좋은 조건이 갖춰지는 셈이다.

종종 긴 직선 주로를 달릴 때 앞서 달리는 레이스카가 일정한 주행 라인을 유지하는 대신, 자신의 가속을 어느 정도 포기하면서 주행 경로를 이리저리 바꾸는 모습을 볼 수 있다. 이는 뒤따르는 레이스카가 충분한 슬립스트림 효과를 받아 공기역학적으로 견인되는 상황을 피하기 위함이다. 반대로 뒤따르는 레이스카는 좌우로 주행 경로를 바꾸는 앞차의 뒤를 쫓으며, 슬립스트림을 유지하기 위해 똑같이 계속 경로를 바꾸는 것도 종종 목격할 수 있다.

공기역학적 견인은 흔히 "토(tow)"라고 부르는데, 같은 팀의 레이스카 두 대가 나란히 달리며 의도적으로 공기역학적 토를 만들어 가속력과 최고 속도에서의 이득을 얻으려고 하는 경우도 종종 목격할 수 있다. 일부러 경로를 바꿔 뒤따르는 차가 슬립스트림을 받지 못하도록 하는 움직임은 "토를 깬다."고 표현하기도 한다.

이와 같은 슬립스트림은 추격과 추월 등 레이스의 질을 높이는 데 도움을 줄 수 있지만, 타이어 웨이크와 아웃워시 등을 포함해 다양한 더티 에어의 영향을 극복하지 못한다면 오히려 많은 문제에 부딪힐 수 있다. 특히, 긴 가속 구간에서는 슬립스트림이 도움이 될 수 있지만, 공기역학적 성능을 최대한 활용해야 하는 코너 공략 과정에서는 슬립스트림은 의미가 없고 공기역학적으로 나쁜 영향력만 크게 작용할 때가 많다.

이 때문에, F1에서는 뒤따르는 차량에 악영향을 주는 공기역학적 효과를 최소화하는 동시에 레이스의 질을 높이기 위해 반복되는 규정 변경 등 노력을 계속해왔다. 2009시즌과 2022시즌 단행됐던 대규모 기술 규정 변경 역시 이런 의도가 반영된 시도였다고 볼 수 있다.

VI.
F1 공기역학의 역사 I
HISTORY OF FORMULA 1 AERODYNAMICS I

F1 공기역학의 역사

History of Formula 1 Aerodynamics

F1 공기역학은 70년이 넘는 F1 월드 챔피언십의 역사 속에서 다양한 기술 개발과 함께 혁신을 거듭하며 빠르게 발전했다.

포뮬러 1 월드 챔피언십, 즉 F1은 이 책을 쓰고 있는 2023년을 기준으로 73년 전인 1950년 공식 출범했다. F1 공기역학의 역사 역시 F1 챔피언십의 역사와 함께 73년 동안 이어져 온 셈이다. F1 출범 이전 1920년대와 1930년대 그랑프리 레이싱의 황금기부터 공기역학은 레이스카 디자인과 성능에 많은 영향을 미치고 있었다. 제2차 세계대전이라는 큰 시련을 겪으며 잠시 정체됐던 그랑프리 레이싱은 전쟁 이후 F1 규정의 성립과 챔피언십 출범으로 화려하게 부활했고, F1 레이스카의 공기역학 역시 이 무렵부터 성장의 발판을 쌓기 시작했다. 이후 꾸준히 성장한 F1 레이스카의 공기역학은 73년의 역사를 거치며 F1에서 가장 중요한 기술 분야로 굳건히 자리 잡았다.

1950년대의 F1 공기역학이 주로 "드래그 감소"에 초점을 맞추고 있었다면, 1960년대 후반에는 윙의 등장과 함께 "다운포스"가 핵심 주제로 떠올랐다. 이후 많은 실험적인 시도와 신선한 아이디어에서 출발한 연구 개발이 다양하게 진행되는 가운데, 1970년대와 1980년대를 거치며 공기역학은 F1에서 가장 중요한 기술 부문으로 자리 잡기 시작했다. 이런 변화의 흐름과 함께 F1 기술 규정은 공기역학이 불러올 수 있는 크고 작은 문제들에 대응하기 위해 더 정교하고 엄격하게 다듬어질 수밖에 없었다.

F1 공기역학 분야에서는 1990년대 이후 공기역학적 성능 향상과 함께 드라이버와 인명 보호를 위한 안전 문제도 중요한 과제로 다루기 시작했다. 2000년대 이후로는 여기에 더해 효율과 비용 절감 문제 역시 핵심 과제로 추가되었다. 이런 다양한 요구에 발맞추기 위해 규정은 때로는 빠르게, 때로는 느리게 변화를 거듭했고, 각 F1 팀들은 규정 변화에 맞춰 더 우수한 레이스카를 만들기 위해 신속하게 대응해야 했다. 2010년을 전후한 시점부터는 레이스의 질을 높이려는 규정 변화도 시도되는 등 점점 더 가혹한 개발 환경이 조성됐지만, F1 공기역학은 전보다 훨씬 커지고 무거워진 레이스카로도 더 뛰어난 성능을 발휘할 수 있도록 발전을 멈추지 않았다.

73년 동안 이어진 F1 역사 속에서, 공기역학의 발전과 레이스카의 혁명적 변화에 공헌한 레이스카들이 여럿 존재했다. 어떤 F1 레이스카는 공기역학의 혁신과 직접 관련은 없지만, F1 공기역학의 역사 속에서 중요한 지표 역할을 하기도 했다. 때로는 F1이 아닌 다른 모터스포츠에서 활약한 레이스카의 기술 혁신이 F1 공기역학 발전에 큰 도움을 주기도 했다.

이번 장부터 이어지는 F1 공기역학의 역사 파트에서는 중요한 지표가 된 차를 하나씩 골라 설명하는 방식으로 F1 공기역학의 발전 과정을 정리한다. 1950년대부터 2000년대 중반까지 F1 공기역학 발전에 큰 영향을 준 차들을 살펴보고, 2010년대 전후로는 표준 레이스카의 변화를 확인하면서, 현재에 이르기까지 F1 공기역학을 뜨겁게 달궜던 주요 이슈들을 다룰 것이다.

알파로메오 158 알페타 (1950)
Alfa Romeo 158 Alfetta (1950)

제2차 세계대전이 끝난 뒤 유럽 각국이 조금씩 안정을 찾아가던 1940년대 후반, 전쟁 발발과 함께 잠시 명맥이 끊겼던 그랑프리 레이싱이 본격 재개됐다. 그러나 그랑프리 참가 차량 대부분은 "전쟁 이전의 레이스카"였다. 영국의 BRM의 신차 개발 계획처럼 완전히 새로운 차를 만들려는 시도가 없었던 것은 아니지만, 재개된 그랑프리 무대의 출전 차량 다수는 전쟁 이전의 것들이었다. 일부에서는 약간의 기능 개선과 부품 개조를 통해 신차를 선보이기도 했지만, 새로운 컨셉에서 출발하거나 혁신적인 디자인을 담은 신형 레이스카라고 보기는 어려웠다.

완전히 새롭거나 혁신적인 레이스카가 없었다는 것은, 1950년 전후 F1 레이스카 디자인에서 공기역학적으로 중요한 것이 드래그 최소화로 한정되어 있었다는 의미다. F1 원년 압도적 퍼포먼스로 우승을 독식한 알파 로메오 158 알페타 역시, 이미 1938년 첫선을 보였던 "전쟁 이전의 레이스카"를 그대로 계승한 모델로 혁신적인 디자인이나 눈에 띄는 신기술은 추가되지 않았다.

전쟁을 거쳐 10년 가까운 시간이 흐르는 동안 디자인에 변화가 전혀 없었던 것은 아니지만, 알파 로메오 158 알페타의 외형만큼은 전쟁 전의 모델로부터 크게 달라지지 않았다. 1951시즌에는 약간의 업그레이드가 진행되면서 레이스카의 명칭이 159 알페타로 변경됐는데, 레이스카 외형만 본다면 여전히 전작 158 알페타와 다른 부분을 찾기 힘든 "사실상 같은 레이스카"였다.

1930년대 레이스카와 158 알페타의 차체 아웃라인 비교

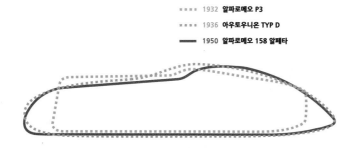

알파 로메오 158 알페타의 겉모습에는 당시 레이스카 디자인의 특징이 고스란히 담겨 있다. 길쭉한 원통형의 유선형 차체로 공기역학적 드래그를 최소화하는 고전적 접근을 택했고, 리어 엔드역시 원뿔 모양으로 모이는 형태로 디자인해 웨이크 발생을 줄이려고 노력했다. 레이스카 앞쪽에는 큰 엔진을 배치할 충분한 공간이 필요했기 때문에, 콕핏은 가운데에서 뒤쪽으로 쏠린 위치에 배치됐다. 원통형 덩어리의 표면에는 현대적인 F1 레이스카에 부착되는 것과 같은 "공기역학 부품"은 전혀 배치되지 않았고, 그 덕분에 전체적으로 말끔한 아웃라인을 가질 수 있었다.

알파로메오 158 알페타의 외형 디자인 특징은 "긴 원통형 차체를 유선형으로 마무리한 것"이라고 볼 수 있다. 공기역학적 드래그를 줄인다는 목표에 충실했던 158 알페타의 디자인은 그대로 1950년대 초반 F1 레이스카 디자인의 큰 흐름을 상징하는 것이기도 했다. F1 출범 직후 몇 년동안 레이스카 디자인의 흐름은 1930년대 그랑프리 레이싱에 출전했던 레이스카의 디자인을 그대로 계승한 것이었는데, F1 챔피언십의 생존이 위협받는 가운데 F2 레이스카를 활용해야 했던 1952, 1953시즌까지 이런 흐름은 크게 달라지지 않았다.

란치아 D50 (1954)

Lancia D50 (1954)

1952, 1953시즌은 F1 역사의 암흑기였다. 두 시즌 동안 F1 그랑프리는 F2 규정에 의해 진행되었고, 챔피언십은 F1이라는 이름으로 펼쳐졌지만 그랑프리에는 F2 레이스카가 사용되었다. 이 기간 최대 배기량은 이전의 절반 수준에 불과했고, 출력이 약한 엔진이 탑재된 F2 레이스카의 크기는 기존 F1 레이스카보다 작고 날렵했다. 그러나, 크기를 제외하면 겉모습은 전체적으로 1951 시즌까지의 F1 레이스카와 크게 다르지 않았다. 겉모습이 비슷하다는 것은 이 시기 F2 레이스카 디자인의 공기역학적 목표 역시 "드래그 최소화"에 초점을 맞추고 있었다는 뜻이기도 하다.

그러나, 다시 F1 레이스카가 전면에 복귀한 1954시즌부터 의미 있는 변화가 눈에 띄기 시작했다. 두 시즌 동안 F2 규정으로 그랑프리를 치르며 암흑기를 보낸 F1은, 1954시즌 다시 F1 규정으로 진행되기 시작했다. 특히, 1954시즌 엔진 배기량 조정을 포함한 새 규정이 발효되자, 신기술을 투입해 새로 디자인된 레이스카들이 속속 등장했다. "규정 변화에 맞춰 새 레이스카를 개발"하는 전형적인 F1 개발 경쟁의 역사가 1954시즌부터 본격적으로 시작됐다고도 볼 수 있다.

출범 초기 F1은 알파로메오와 페라리가 두 시즌씩 독주하며 치열한 타이틀 경쟁이 펼쳐지지 못했지만, 1954시즌에는 마제라티, 메르세데스-벤츠, 란치아 등이 새 레이스카와 함께 출사표를 던지며 변화를 예고했다. 마제라티는 1953시즌 최종전 우승의 흐름을 이어갈 새 레이스카를 선보였고, 메르세데스-벤츠와 란치아는 혁신적 디자인과 신기술을 접목한 신차로 눈길을 끌었다.

마제라티는 1954시즌 개막과 함께 불세출의 명차 250F를 실전 투입했고, 4라운드 프랑스 그랑프리에는 메르세데스-벤츠가 역사적인 그랑프리 레이싱 복귀작 W196을 선보였다. 시즌 최종전인 스페인 그랑프리에는 란치아가 F1 데뷔작 D50을 출전시켰다. **마제라티 250F**과 **메르세데스-벤츠 W196**은 모두 우승으로 성공적인 데뷔전을 장식했고, **란치아 D50**은 첫 경기 완주에 실패했지만 폴 포지션 획득 이후 레이스 초반 선두를 달리며 뛰어난 성능을 보여줬다. 특히, W196과 D50은 전쟁 이전 레이스카들과 확실히 차별화된 디자인 요소를 담고 있는 것이 눈에 띄었다.

먼저 고속 써킷 랑스에서 펼쳐졌던 1954 프랑스 그랑프리에서 데뷔전을 치른 W196[1]은 특이하게 "클로즈드-휠" 디자인을 채택했다. (1954시즌 무렵에는 "오픈-휠" 디자인을 강제하는 규정이 없었다.) 휠 주변에서 발생하는 웨이크를 최소화하기 위한 시도는 1930년대에도 종종 등장했던 "스트림라이너"의 디자인 방향을 따랐다고도 볼 수 있다. 당시로서는 상당한 도박수였던 클로즈드-휠 레이스카 W196은 다행히 많은 이들의 우려를 불식시키며 다른 차량을 압도하는 뛰어난 성능을 뽐냈고, 1954 프랑스 그랑프리는 메르세데스-벤츠의 독무대가 됐다.

메르세데스-벤츠는 1950년대 초중반 레이스카의 공기역학적 실험에 앞장섰던 팀 중 하나였다. 클로즈드-휠 형식으로 데뷔했던 W196은 형제뻘 300SLR(300SLR의 공식적인 형식 명칭은 W196S였다.)과도 비슷한 면이 많았다. 300SLR은 브레이크를 밟았을 때 콕핏 뒤쪽 리어 덱이 일어서면서 드래그를 높이고 제동에 도움을 주는 "윈드 브레이크(wind brake)"를 채택하는 등 여러 가지 신선한 공기역학적 시도가 담긴 스포츠카였다.

실버스톤에서 페라리에게 승리를 내준 메르세데스-벤츠는 이어진 여러 차례 경기에 오픈-휠 디자인의 W196 모노포스토(W196 monoposto)를 투입했다. 그러나, 단순한 레이아웃의 고속 써킷 몬짜에는 다시 클로즈드-휠 디자인의 W196 몬짜(W196 Monza)를 투입하는 등, 상황에 맞게 드래그를 최소화하거나 공기역학적 효율을 높여 적응하려는 노력을 계속했다.

---

[1] "스트림라이너" 형식의 W196은 이후 오픈-휠 디자인의 W196 모노포스토(W196 Monoposto)와 구분하기 위해 W196 몬짜(W196 Monza 또는 W196 Type Monza)로 불리기도 했다.

클로즈드-휠 형식의 W196 몬짜는 "스트림라이너"나 일반 스포츠카와 비슷한 아웃라인을 갖고 있었고, W196 모노포스토는 오픈-휠 형식의 깔끔한 외형으로 무언가 새로운 시도를 한 것처럼 느껴지기도 했다. 그러나, 두 디자인 모두 "드래그 최소화"라는 당시의 큰 흐름을 따랐을 뿐이었고, 생각보다 공기역학적으로 특별한 요소는 많지 않았다. 그런 의미에서 W196의 디자인은 비토리오 야노가 이전에 보기 힘들었던 독특한 요소를 여럿 담아낸 란치아 D50과는 달랐다.

W196 몬짜처럼 스트림라이너 형식의 클로즈드-휠 방식을 채택하지 않은 (W196 모노포스토를 포함한) 1950년대 초반의 오픈-휠 방식의 그랑프리 레이스카들은 모두 어느 정도 비슷한 외형적 특징을 가지고 있었다. 그리고, 이런 오픈-휠 레이스카들은 비슷한 외형만큼 공기역학적 문제점 역시 엇비슷하게 안고 있었다. 당시 오픈-휠 레이스카 모두가 극복해야 했던 공기역학적 문제점 중 두드러지는 것은 속도가 빨라졌을 때 너무 많은 양의 드래그가 발생하는 것이었다.

1950년대 초반 오픈-휠 레이스카 주변의 웨이크

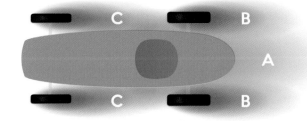

위 그림과 같은 외형의 1950년대 초반 오픈-휠 레이스카에서 엔진과 콕핏을 포함한 원통형 차체가 만드는 드래그는 그다지 많지 않았다. 유선형에 가깝게 다듬은 원통 형태는 드래그 계수가 높지 않았고, 그에 따라 차체 주변과 뒤쪽에 발생하는 웨이크 역시 심각한 수준이라고 할 수는 없다. 문제는 오픈-휠 레이아웃을 택했을 때 차체 외부로 노출되는 네 개의 휠이었다.

타이어를 포함한 레이스카의 휠은 가만히 서 있을 때도 드래그 계수가 높은 형태 때문에 많은 타이어 웨이크를 만들고, 주행과 함께 회전을 시작하면 주변 공기의 흐름은 더 어지럽게 흐트러진다. 위 그림 속 A 위치에서 차체가 만든 웨이크는 상대적으로 적지만, B 위치에서는 뒷바퀴 타이어가 만든 웨이크의 영향으로 많은 드래그가 발생한다. 마찬가지로 앞 타이어는 C 위치에 강한 웨이크를 일으키고, 이 역시 많은 양의 드래그 발생으로 이어진다.

게다가 앞바퀴 타이어에 의해 만들어져 C 공간을 통과한 웨이크는 그다지 나쁘지 않았던 원통형 차체 주변의 공기 흐름을 어지럽힐 수 있고, 이는 레이스카의 전체적인 드래그 발생량 증가로 이어질 수 있다. C 위치의 웨이크는 나아가 A 위치의 공기 흐름에까지 영향을 주고, 가까운 B 위치의 웨이크 역시 A 위치의 공기 흐름에 더 큰 영향을 준다. 이렇게 앞뒤 타이어가 만든 웨이크는 레이스카 전체의 드래그 발생량을 증가시킬 수 있다. 이런 특징은 드래그 발생량 최소화라는 1950년대 초반 오픈-휠 레이스카의 공기역학적 디자인 목표와 반대되는 치명적 단점으로 작용할 수 있었다.

란치아 D50은 위에서 봤을 때 동시대의 다른 F1 레이스카와 조금 다른 형태를 띠고 있었다. 당시 일반적인 오픈-휠 레이스카 디자인이라면 앞뒤 바퀴 사이 공간이 비어있는 것이 당연했지만, D50에는 이 위치에 큼지막한 연료 탱크가 배치됐다. 앞 타이어에서 발생한 웨이크가 원통형 차체 주변과 차량 뒤쪽까지 악영향을 미치는 것이 당시 오픈-휠 레이스카 공통의 공기역학적 문제였다면, D50은 "스트림라이너·가 아닌 오픈-휠 방식을 택했으면서도 앞 타이어의 웨이크가 차량 다른 부분에 큰 영향을 주지 못하는 구조를 만들어 문제를 어느 정도 해소할 수 있었다.

> ## 연료 탱크를 앞뒤 바퀴 사이에 배치한 란치아 D50의 레이아웃

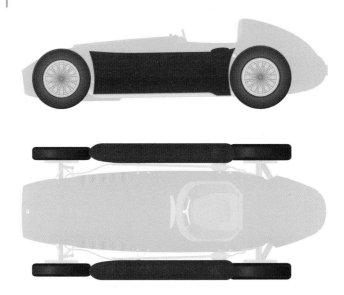

연료 탱크를 본체 옆, 앞뒤 바퀴 사이에 배치한 덕분에, 연료 탱크가 차지하던 공간만큼, 차체의 본체는 여유가 생겨 몸집이 작아지고 높이도 낮아졌다. 1950년대 초반 레이스카의 대표 격이었던 알파로메오 158 알페타와 비교해, 란치아 D50은 길이가 더 짧고 높이는 낮았다. 연료 탱크가 앞뒤 바퀴 사이에 배치된 덕분에 드래그에 큰 영향을 주는 전면 참조 영역의 크기 역시 일반적인 오픈-휠 레이스카와 비슷한 수준에 머물렀고, 드래그가 더 늘어날 만한 요소가 적었다.

그러나, 란치아 D50은 이런저런 이유로 개발이 늦어져 1954시즌 최종전에서야 실전에 투입될 수 있었다. 1954 스페인 그랑프리에서 D50은 알베르토 아스카리의 폴 포지션 획득으로 뛰어난 성능을 증명했지만, 아쉽게도 아스카리가 란치아 소속으로 출전했던 세 차례 F1 챔피언십 그랑프리에서 모두 리타이어하면서 D50의 진가를 제대로 보여주지 못했다. D50은 1955시즌 중반 란치아의 F1 철수와 함께 페라리에 넘겨진 이후 F1 챔피언십에서 본격적인 활약을 시작했고, 1956시즌에는 란치아-페라리 D50이라는 새 이름[2]을 달고 판지오와 페라리의 챔피언 타이틀 획득에 크게 공헌했다.

---

[2] 1957시즌에는 좌우에 분리 배치됐던 연료 탱크를 다시 본체 내부에 배치하는 등 업그레이드를 거쳐 페라리 801 F1으로 불렸다.

란치아 D50은 "스트림라이너" 디자인을 따르지 않으면서도 앞 타이어가 만드는 웨이크를 감소시켜, 앞뒤 바퀴 사이에서 악영향을 주는 공기역학적 효과를 줄이는 데 성공했다. 물론 스트림라이너 방식을 택했을 때 D50보다 드래그 감소 효과가 더 컸지만, D50은 더 가볍고 시야 확보 면에서 유리하다는 장점이 있었다. 이 때문에 비슷한 고민을 하던 다른 팀에서는 란치아 D50과 스트림라이너의 중간 단계로 볼 수 있는 애매한 형태의 디자인을 시도하기도 했다.

이탈리아 그랑프리에서는 1954시즌까지 매우 빠른 속도를 낼 수 있는 몬짜의 오벌 구간을 사용하지 않았지만, 1955시즌 이탈리아 그랑프리는 오벌 구간이 포함된 10km 레이아웃에서 펼쳐졌다. 이전에도 드래그 최소화가 중요했던 몬짜에 오벌 구간이 추가되면서 드래그가 큰 문제가 될 수 있었기 때문에, 드래그 최소화를 위해 "스트림라이너" 형식 채택 등 다양한 시도가 이뤄졌다. "**마제라티 250F 아에로디나미카(Aerodinamica)**"의 등장 역시 그런 시도 중 하나였다.

일반 250F와 250F 아에로디나미카의 레이아웃 비교

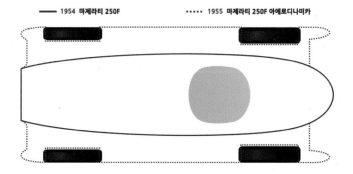

마제라티 250F의 기본형은 1950년대 초반 오픈-휠 레이스카의 디자인 특징을 그대로 따랐다고 볼 수 있었지만, 마제라티 250F 아에로디나미카는 네 바퀴를 차체 속에 완전히 숨기지 않은 것을 제외하면 클로즈드-휠의 스트림라이너나 스포츠카와 비슷한 겉모습을 가지고 있었다. 란치아 D50처럼 바디워크가 앞뒤 바퀴 사이를 채워 앞 타이어가 만든 웨이크의 영향력을 줄이는 디자인을 시도했고, 앞바퀴 앞쪽과 뒷바퀴 뒤쪽을 감싸는 바디워크 배치된 덕분에 공기역학적으로 더 효율적일 수 있었다.

마제라티 250F 아에로디나미카는 개발 과정에서 어느 정도 윈드 터널 테스트를 거치기는 했지만, 디자인 과정에서 공기역학 이론에 관한 깊은 연구나 정밀한 계산을 거쳤다고 보기는 어려웠다. 공기역학적 드래그 최소화라는 목표 아래 등장했던 스트림라이너 디자인이나 란치아 D50의 독특한 시도를 관찰한 뒤, 그저 "그럴싸하게" 디자인된 마제라티 250F 아에로디나미카는 실전에서 성과를 거두기에 분명한 한계가 존재했던 셈이다. 결국 마제라티 250F 아에로디나미카는 단 한 차례[3]의 F1 챔피언십 그랑프리에 한 대의 레이스카만 출전시킨 뒤 더 이상 출전 기회를 얻지 못했고, 퀄리파잉과 레이스에서 막강했던 메르세데스와 페라리의 벽을 넘지 못했다.

---

[3] 넌-챔피언십 F1 그랑프리에는 세 차례 출전 기록이 있다.

지금까지 다룬 1950년대 중반의 란치아 D50과 메르세데스-벤츠 W196 몬짜, 그리고 잠깐 등장했던 마제라티 250F 아에로디나미카의 이야기들은 F1 챔피언십 초창기부터 드래그를 줄이기 위한 노력과 함께 많은 공기역학적 고민이 있었다는 것을 알려준다. 그러나, 당시로서는 이론적 기반이 너무 약했기 때문에 공기역학적 디자인을 시도한다 해도 분명한 한계가 있었고, 깊이 있는 설계가 어려운 상황에서 공기역학적 디자인으로 레이스카 성능 향상을 기대하기에는 불확실한 점이 너무 많았다.

이미 제2차 세계대전 이전부터 드래그 최소화를 위해 차량 개발 과정에서 윈드 터널이 사용되기 시작했다. 그러나, F1 챔피언십이 출범한 1950년대는 물론 1960년대 중반까지도 다수의 F1 팀 오너와 엔지니어들은 강력한 엔진과 섀시가 가장 중요하다는 생각을 바꾸지 않았고, 공기역학은 레이스카의 성능 향상에 약간의 도움을 줄 수 있는 부수적인 요소로 여겼다.

비행기의 경우에는 하늘을 나는 상황을 시뮬레이션하는 윈드 터널 테스트가 일찍감치 개발 과정의 핵심 중 하나가 되었지만, 자동차 개발 과정에서는 드래그 문제가 극심한 경우가 아니라면 윈드 터널 테스트가 꼭 필요한지 의문을 갖는 경우도 많았다. 1950년대 초반만 해도 이렇게 오픈-휠 레이스카가 활약하는 F1 공기역학과 항공기 공기역학 사이에 연결 고리가 매우 약했다.

1950년대 중반 D50과 250F 아에로디나미카의 디자인 아이디어 중 하나였던 **"앞뒤 바퀴 사이 공간에 바디워크를 배치해 앞바퀴가 만드는 타이어 웨이크의 공기역학적 악영향을 최소화한다."** 는 개념 역시 한동안 다시 거론되지 않았다. 이런 시도는 공기역학적 디자인이 F1 레이스카 디자인의 핵심 중 하나로 여겨지기 시작한 뒤인 1970년대 초반이 되어서야 재조명되었다.

레이스카의 형태가 크게 바뀌고 드래그와 다운포스 등 공기역학적 효과에 대한 관심이 커지는 과정에서, 란치아 D50에서 연료 탱크가 배치됐던 앞뒤 바퀴 사이 공간에 **"사이드포드(sidepod)"** 가 배치되기 시작했다. 실험적이거나 혁신적인 디자인이 속속 등장하면서 다양한 형태와 방식으로 배치되던 사이드포드는, 1980년대 이후로 F1 레이스카 디자인에서 중요한 부분 중 하나로 자리 잡을 때까지 변화와 발전을 거듭했다. 직접 영향을 주지는 않았더라도 란치아 D50의 디자인은 사이드포드 개념의 발전과 정착에 어느 정도 영감을 주었을 가능성이 있다.

물론 F1 챔피언십 출범 직후에도 모든 엔지니어가 공기역학을 완전히 무시하기만 한 것은 아니었다. 1950년대 엔지니어들은 세계대전 이전보다 공기역학에 많은 관심을 두는 편이었고, 주변 곳곳에서 다양한 공기역학적 실험과 발전이 이뤄지는 것을 애써 못 본 척할 리도 없었다. 공기역학이 매우 중요하게 여겨지는 항공기 공기역학 분야에서 튼튼한 이론적 기반과 실전 경험을 쌓은 엔지니어들이 가세한다면, 걸음마 단계였던 F1 레이스카의 공기역학이 빠르게 발전할만한 여지는 충분했다고 볼 수 있다.

다행히, 1950년대에는 F1이 다른 모터스포츠 분야나 자동차 개발과 완전히 분리되어 있지 않았고, 주변에서 의미 있는 기술 혁신이 이뤄지거나 좋은 아이디어가 나온 직후 F1 엔지니어가 이를 빠르게 흡수하는 경우도 많았다. 1954시즌 F1에 등장했던 신기술 중 상당수가 다른 모터스포츠 분야나 자동차 개발 분야에서 기술이 넘어오거나, 외부의 아이디어를 발전시킨 것들이기도 했다. 다른 모터스포츠의 레이스카 개발이 F1 레이스카 디자인에 영감을 주었던 좋은 예로, 1950년대 중반 스포츠카 레이싱 무대 최고의 명차 중 하나로 손꼽히는 재규어 D-타입을 들 수 있다.

재규어 D-타입 (1954)

Jaguar D-Type (1954)

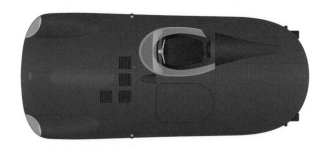

제2차 세계대전은 인류 역사에서 가장 큰 비극 중 하나였지만, 아이러니하게도 무기 제작을 위해 진행된 연구 개발의 결과로 다양한 분야의 과학 기술이 빠르게 발전한 것도 부인할 수 없는 사실이다. 전쟁 중에는 빠른 기술 발전을 위해 많은 인력이 동원되어 무기 연구 개발을 직업으로 삼는 사람이 늘어났고, 영국에서는 본토 항공전을 시작으로 군용 항공기 개발에 대한 수요가 폭증하면서 자연스럽게 항공기 관련 기술이 빠르게 발전하기도 했다.

그러나, 전쟁이 끝난 뒤 더 이상 무기 개발과 관련된 인력의 수요가 유지되지 않았고, 결국 많은 군 관련 인력과 엔지니어가 새 일터를 찾아야만 했다. 항공기 개발 기술자 중 일부는 항공기 제조사나 관련 연구 개발 기관 쪽으로 향했지만, 이 역시 수요가 충분하지 않았고, 이들 중 상당수는 항공기 제조사가 아닌 다른 분야의 개발/연구직, 혹은 완전히 새로운 직종을 알아봐야 했다. 영국의 말콤 세이어[4] 역시 같은 과정을 거쳐 새로운 분야의 일거리를 찾던 엔지니어 중 한 명이었다.

전쟁 중 대체 복무 형태로 BAC에서 항공기 공기역학 실무 경험을 쌓았던 세이어는 전쟁 이후 1951년 재규어에 합류했고, 수학적 해석이 더해진 공기역학을 자동차 디자인에 적용하기 시작했다. 재규어 합류 직후 C-타입의 공기역학적 디자인에 어느 정도 영향을 줬던 세이어는, 이어진 재규어 D-타입의 개발 과정에서는 공기역학적 디자인에 깊숙이 관여하면서 항공기 공기역학을 자동차 공기역학에 본격적으로 적용하는 선구자적인 업적을 쌓았다.

1950년대 스포츠카 레이싱 최고의 명차 중 하나였던 재규어 D-타입은 전작 C-타입에서 발전한 모델이었지만, 콕핏 뒤 오른쪽으로 쏠린 위치에 배치되어 좌우 비대칭 구조를 만드는 스태빌라이저 핀 등 심상치 않은 요소들이 담겨있다. 특히, 정교하고 미려하게 디자인된 차체의 아웃라인은 공기 흐름이 매끄러운 곡면을 따라 부드럽게 움직이도록 해 공기역학적 드래그를 대폭 감소시켰고, 덕분에 C-타입은 가속력과 최고 속도 면에서 경쟁자들에게 뒤처지지 않을 수 있었다.

단순히 예쁘게만 만들어진 것이 아니라 말콤 세이어의 "수학적으로 계산된" 공기역학적 디자인의 결과물이었던 재규어 D-타입은 르망 24시간의 사르트 써킷 뮬산 스트레이트에서 더 크고 강력한 엔진을 탑재했던 경쟁 차량보다 20km/h 이상 높은 최고 속도를 기록했다. 차체 측면도나 평면도에 드러난 아웃라인이 부드럽고 날렵한 것도 주목할만했지만, 정교하게 계산된 차체 아래쪽 바디워크 디자인까지 전체적으로 드래그를 줄이는 디자인이 곳곳에 담겨 있었다.

재규어 D-타입은 1954 르망 24시간에 처음 출전해 아쉽게 2위에 머물렀지만, 이듬해 르망 24시간 최초로 4,100km 이상을 달리는 신기록과 함께 재규어 팩토리 팀에 우승을 안겼다. D-타입은 이후 두 차례 더 우승하며 역사적인 르망 24시간 3연승을 달성했다. 그런데, 1950년대 중반에는 재규어와 메르세데스-벤츠 등 스포츠카 팀의 드라이버 상당수가 현역 F1 드라이버기도 했다. 여러 모터스포츠 종목 사이 경계가 뚜렷하지 않았던 당시 상황에서, F1 엔지니어들이 자연스럽게 드래그 감소가 돋보이는 재규어 D-타입의 디자인에 주목한 것도 당연한 결과였다.

물론 재규어 D-타입이 F1 공기역학에 영향을 준 유일한 다른 분야의 레이스카는 아니었고, D-타입 덕분에 한순간 F1 공기역학의 판도가 뒤집힌 것도 아니었다. 오히려 1950년대 중반 모터스포츠에서 공기역학의 성장 과정이 재규어 D-타입에 잘 반영됐다는 표현이 적절할 수 있다. 이런 영향으로 1950년대 중후반 싹트기 시작한 공기역학에 대한 인식 변화는 F1 레이스카의 외형 디자인에 조금씩 변화를 불러왔고, F1 공기역학 역시 서서히 발전의 가능성을 보이기 시작했다.

---

4 Malcolm Sayer (1916 ~ 1970) : 영국 출신의 항공기/자동차 공기역학자. 제2차 세계대전 중 항공기 공기역학 실무 경험을 쌓았고, 전후 재규어에서 20년 동안 활동하면서 스포츠카 디자인과 자동차 공기역학 발전에 크게 공헌한 엔지니어다.

반월 VW5 (1957)

Vanwall VW5 (1957)

그랑프리 레이싱 초창기부터 1930년대까지 F1의 테제는 "엔진의 힘이 가장 중요하고, 강한 엔진이 우수한 레이스카를 만든다."는 것이었다. 이런 인식은 F1 챔피언십이 출범한 이후 1950년대 중후반 대다수 F1 엔지니어들에게도 그대로 이어졌다.

그러나, 일부 엔지니어들은 이런 고정 관념에 의문을 제기하며 새로운 시도에 나섰다. 몇몇 엔지니어는 레이스카를 가볍고 날렵하게 만들어 조종성을 높이거나, 공기역학적 효과를 고려한 디자인으로 전체적인 퍼포먼스를 높이는 것이 엔진 출력 못지않게 중요하다는 생각을 실천에 옮겼다. "반월(Vanwall)"은 이런 두 가지 새로운 접근을 실전에 적용한 선구자적인 팀 중 하나였다.

1950년대 초중반 F1 무대에 뛰어들어 우여곡절을 겪었던 토니 반더벨[5]은 1955시즌까지 과거 페라리 섀시를 이용해 자신의 팀 반월의 레이스카를 만들었지만 성적은 만족스럽지 못했다. 특히 메르세데스-벤츠가 사용하는 것과 같은 보쉬의 연료 분사 시스템을 채택해 남부럽지 않은 강력한 엔진을 보유한 뒤에도 F1 그랑프리에서 반월의 성적은 딱히 나아지지 않았다.

페라리의 구식 섀시에 문제가 있다고 결론을 내린 반더벨은 그 해법으로 공기역학에 정통한 것으로 알려졌던 프랭크 코스틴[6]과 로터스의 설립자 콜린 채프먼[7]에게 완전히 새로운 레이스카의 디자인을 맡겼다. 여기에 더해 해리 웨슬레이크[8]가 엔진 부문 컨설턴트로 신차 디자인을 함께하면서, 강력한 신차 개발을 위한 라인업이 갖춰졌다. 채프먼의 추천으로 디자인을 맡은 코스틴은 말콤 세이어와 마찬가지로 항공기 개발 과정에서 공기역학을 연구한 배경이 있었고, 코스틴이 항공기 공기역학에서 얻었던 지식이 자연스럽게 반월의 새 레이스카 디자인에 반영되었다. 이렇게 탄생해 F1 역사에 한 획을 그은 희대의 걸작 레이스카가 바로 반월 VW5였다

1957년 F1 그랑프리 무대에 등장한 반월 VW5는 경량화와 함께 여러 신기술을 적용한 레이스카였다. VW5는 단순한 유선형 디자인과 차별화된 유려한 아웃라인의 차체를 갖춘 덕분에 드래그 발생량을 획기적으로 줄일 수 있었다. 항공기 공기역학의 노하우가 반영되었다는 점에서 재규어 D-타입과 마찬가지 효과를 얻은 셈이다. 이런 디자인으로 반월 VW5는 충분한 공기역학적 효과를 발휘하며, 과거 페라리 섀시를 개조해 사용할 때보다 월등히 뛰어난 성능을 얻을 수 있었다.

반월 VW5는 데뷔 첫해였던 1957시즌, 두 차례 폴 포지션과 3승을 기록하며 가장 뛰어난 레이스카로 여겨졌고, 이듬해인 1958시즌에는 모두 아홉 차례 그랑프리에 출전해 6승을 쓸어 담으며 경쟁자들을 압도했다. VW5의 강력한 성능에 힘입어 반월은 당대 최강 전력을 보유했다고 평가받던 페라리를 물리치고, 1958시즌 창설된 컨스트럭터 챔피언십(1958시즌 당시 공식 명칭은 "International Cup for F1 Manufacturers"였다.)의 원년 타이틀을 차지할 수 있었다.

---

[5] Tony Vandervell (1898 ~ 1967) : 영국 출신의 사업가. 베어링 사업으로 큰 돈을 번 뒤 씬월 스페셜(Thinwall Special) 제작과 BRM 초기 투자자 역할 등 모터스포츠 분야에서 적극 활동했고, 1955년 씬월이 이름을 바꾼 반월(Vanwall)의 창립자가 됐다.

[6] Frank Costin (1920 ~ 1995) : 영국 출신의 항공기 / 자동차 엔지니어. 항공기 공기역학을 통해 얻은 지식을 레이스카 디자인에 적극 활용했고 콜린 채프먼의 로터스와 계속 깊은 관계를 유지했지만, 동생 마이크와 달리 정식으로 팀 로터스에 합류하지는 않았다.

[7] Colin Chapman (1928 ~ 1982) : 영국 출신의 엔지니어, 사업가, 발명가, 제작자. 1948년 로터스 Mk.I을 시작으로 수많은 자동차를 제작했고, 제조사 로터스와 F1 등에서 활약한 팀 로터스의 창립자로 다양한 기술 혁신과 모터스포츠 발전에 공헌했다.

[8] Harry Weslake (1987 ~ 1978) : 영국 출신의 엔지니어, 재규어 XK 엔진 등 다양한 자동차, 모터싸이클 엔진 개발을 이끌었고, "웨슬레이크 앤드 컴퍼니"를 설립해 등으로 많은 업체의 엔진 개발과 성능 발전에 크게 공헌했다.

쿠퍼 T43 (1957)

Cooper T43 (1957)

앞서 살펴본 알파로메오 158 알페타가 1930년대 그랑프리 레이싱카 디자인의 유산을 계승했다면, 반월 VW5를 포함한 1950년대 중반의 여러 F1 레이스카는 F1 공기역학의 초석을 쌓는데 크고 작은 공헌을 했다. 그러나, 1950년대 F1 레이스카 중 F1 공기역학의 발전에 가장 큰 영향을 준 것은 "차 자체가 가진 공기역학적 특징이 많다고 보기는 어려운" 쿠퍼 T43이었다.

F1 그랑프리에 비정기적으로 출전하다가 1957시즌 본격적으로 F1 무대에 진출한 쿠퍼는 T43의 활약과 함께 단번에 사람들의 이목을 집중시켰다. 일단, 엔진 스펙만 본다면 쿠퍼 T43은 경쟁력이 거의 없었다. 1954시즌부터 F1 엔진의 최대 배기량은 2,500cc로 확대됐고, F1 챔피언십에 출전하는 대부분 레이스카가 최대 배기량에 육박하는 엔진으로 강한 출력을 뽐내고 있었다. 그러나, T43은 클라이맥스의 직렬 4기통 2,000cc 엔진을 장착하고 있었으며, 최대 출력은 경쟁자들보다 100마력가량 적은 176마력(bhp)에 불과했다.

공기역학적으로 뚜렷한 특징이 없었던 쿠퍼 T43을 특별하게 만든 것은 엔진 배치였다. 1950년대 중후반까지 F1 레이스카는 대부분 콕핏 앞쪽에 크고 무거운 엔진을 배치하는 전형적인 **FR**(**F**ront-engine **R**ear-wheel drive : 프론트-엔진 리어-휠 드라이브) 레이아웃을 채택하고 있었다. 그러나, 쿠퍼 T43은 F2 레이스카 T41을 업그레이드[9]한 모델이었고, T41과 마찬가지로 **MR**(**M**id-engine **R**ear-wheel drive : 미드-엔진 리어-휠 드라이브) 레이아웃을 채택했다.

마제라티 250F와 쿠퍼 T43의 레이아웃 비교

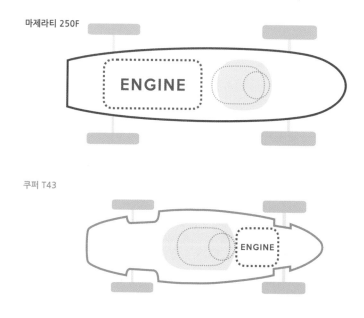

마제라티 250F

ENGINE

쿠퍼 T43

ENGINE

---

[9] 이 때문에 T43을 "T41 Mark II" 라고 부르기도 했다.

1957시즌 챔피언십 위닝 카였던 마제라티 250F는 FR 레이아웃을 채택한 "프론트-엔진" 레이스 카였지만, 쿠퍼 T43은 MR 레이아웃을 채택한 "리어-엔진" 레이스카로 상반된 레이아웃을 가지고 있었다. MR 레이아웃 역시 엔진이 콕핏 뒤에 배치된다는 점에서 넓은 의미로 "리어-엔진(Rear-engine)"으로 볼 수 있었고, 실제로 많은 사람이 쿠퍼 T43을 리어-엔진 레이스카로 구분했다.

250F에는 2,500cc 엔진이 장착됐는데, T43의 2,000cc엔진보다 공간도 많이 차지했고 무게도 무거웠다. 엔진에 할당된 공간이 상대적으로 적었던 쿠퍼 T43은 이 덕분에 더 작은 차체를 만들 수 있었는데, 짧은 휠베이스, 가벼운 무게, 작은 차체가 출력의 불리함을 메워줄 수 있었다.

공기역학적으로 특별한 것이 없다고 얘기하긴 했지만, 쿠퍼 T43이 동시대 레이스카들에 비해 공기역학적으로 불리했던 것은 아니다. 오히려 T43은 작은 차체 덕분에 전면 참조 영역이 작았고, 결과적으로 경쟁 레이스카들에 비해 드래그 발생량이 적어질 수 있었다. 또한, 덩치 큰 엔진이 공간을 잔뜩 차지하지 않기 때문에, 상대적으로 부드러운 유선형 차체를 만들 수 있었다.

측면에서 본 아우토우니온 타입 D와 쿠퍼 T43의 아웃라인 비교

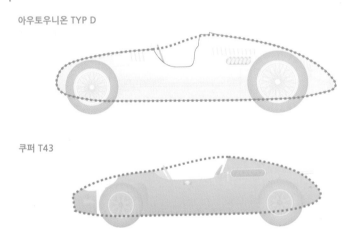

아우토우니온 TYP D

쿠퍼 T43

"리어-엔진" 최초의 그랑프리 위닝 카였던 1930년대의 아우토우니온 타입 C와 그 후속작 타입 D의 경우에도 리어-엔진 레이아웃 자체의 장점 외에 효율 높은 유선형 레이아웃의 차체를 보유하고 있었다. 그리고, 같은 리어-엔진 레이아웃을 채택한 쿠퍼 T43의 유선형 차체 역시 위 그림처럼 같은 리어-엔진 레이아웃의 아우토우니온 타입 D와 크게 다르지 않았다.

두 차량의 측면도에서는 모두 콕핏 바로 뒤에 덩치 큰 엔진이 배치되면서 뒤쪽으로 볼록한 형태를 이루고 있으며, 나머지 부분은 앞뒤로 부드럽게 수렴시킨 유선형 아웃라인을 갖춘 것을 확인할 수 있다. 20년이 넘는 시간 차이가 있지만, 두 레이스카 사이에 공기역학적으로 확실한 공통점을 가지고 있었다고 볼 수 있다.

아우토우니온 타입 C와 타입 D는 이미 1930년대에 다른 프론트-엔진 그랑프리 레이스카들과 맞서 충분한 경쟁력을 확인했고, 여러 차례 그랑프리에서 우승을 차지하기도 했다. 조금 다른 운동 특성 때문에 적응에 어려움을 겪는 드라이버가 적지 않았지만, 리어-엔진 레이아웃의 여러 장점을 활용해 다른 단점을 어느 정도 메꿀 수 있었다. 1950년대 쿠퍼 T43은 직접 연결고리는 없지만, 아우토우니온 타입 C/D가 가진 리어-엔진 레이아웃의 장점을 잘 계승하고 있었다.

리어-엔진 레이아웃의 장점 덕분에 쿠퍼 T43은 작고 날렵한 차체로 민첩한 움직임을 보여줄 수 있었고, 엔진 출력이 훨씬 강하지만 움직임이 더 둔한 경쟁자들과 대등하게 경쟁할 수 있었다. 쿠퍼 T43이 처음부터 주목받을 수 있었던 또 하나의 이유는, 데뷔전이 1957 모나코 그랑프리였다는 점이었다. 강한 엔진 출력보다 정교한 코너 공략이 더 중요한 모나코 그랑프리에서, 잭 브라밤의 쿠퍼 T43은 한때 3위로 선두권에서 경쟁하며 사람들을 놀라게 했다.

이듬해인 1958시즌 개막전이었던 아르헨티나 그랑프리에서는 쿠퍼 T43을 구입해 출전한 커스터머 팀 롭 워커 레이싱의 스털링 모스가 우승을 차지해, 역사적인 "리어-엔진 F1 레이스카의 첫 우승"을 기록했다. T43과 모스의 우승으로 프론트 엔진에 익숙한 사람들은 모두 쿠퍼 T43의 "리어-엔진"에 주목할 수밖에 없었다. 이어진 모나코 그랑프리에서 롭 워커 레이싱 소속으로 데뷔전에 나선 쿠퍼 T45까지 우승을 차지하면서, 사람들의 리어-엔진 레이스카에 대한 단편적인 "주목"은 엔지니어들이 리어-엔진 레이아웃으로의 "변화"에 대한 고민으로 변화하기 시작했다.

T43과 T45의 컨셉을 계승, 발전시킨 후속작 T51과 T53은 각각 1959시즌과 1960시즌 드라이버 챔피언 타이틀과 컨스트럭터 챔피언 타이틀을 모두 쿠퍼의 것으로 만들었다. 결국, T43으로부터 시작된 리어-엔진 레이스카의 성공에 자극받은 다른 F1 팀들도 하나둘 프론트-엔진 레이아웃을 버리고 리어-엔진 레이아웃을 채택하기 시작했다. 마지막까지 프론트-엔진 레이아웃을 고집하던 페라리 역시 1961시즌에는 백기를 들고 리어-엔진 레이아웃을 채택했다. 이처럼 쿠퍼 T43이 불러온 F1 레이스카 레이아웃의 혁신적인 변화를 **"리어-엔진혁명(rear-engined revolution)"**이라고 불렀다.

리어-엔진 혁명이 성공을 거두면서 1960년대 중반 이후 대부분 F1 레이스카는 리어-엔진 레이아웃을 채택하게 됐고, 적어도 F1 챔피언십에서만큼은 다시 프론트-엔진으로 회귀하려는 시도가 없었다. 리어-엔진 혁명은 F1 레이스카의 공기역학적 성능 발전에 직접 도움을 주지는 않았지만, 모든 F1 엔지니어에게 "강한 엔진을 장착한 덩치 큰 차보다 작고 민첩한 레이스카가 더 유리하다."는 생각을 심어줬다는 점에서 공기역학적으로도 충분히 의미 있는 변화였다.

또한, "작은" 엔진을 콕핏 뒤에 배치하는 것이 유리하다는 개념은 훗날 F1 레이스카의 공기역학적 디자인에서 매우 중요한 과제 중 하나로 부상했다. 21세기 F1 레이스카 디자인의 중요한 공기역학 부문 과제 중 하나는 레이스카 맨 뒤의 공기역학적 효율을 최대화하기 위해 조금이라도 더 작은 리어-엔드를 구성하는 것이다. 이런 목적을 달성하기 위해 콕핏 뒤에 가능한 한 작은 파워트레인을 장착한 레이스카 디자인은 필수적인 요소가 되었다. 이와 같은 현대적인 F1 레이스카 디자인의 방향성을 생각하면, 리어-엔진 혁명이 F1 공기역학의 발전에 미친 영향이 생각보다 컸다고 평가할 수 있다.

VII.

F1 공기역학의 역사 II

HISTORY OF FORMULA 1 AERODYNAMICS II

1960년대 F1에서는 두 차례 엔진 규정 변경이 진행되면서 챔피언십의 흐름과 각 팀의 레이스카 개발에 막대한 영향을 끼쳤다.

먼저 1961시즌에는 엔진 최대 배기량이 기존 2,500cc에서 1,500cc로 제한되는 규정 변경이 이뤄졌고, 이와 함께 1950년대 말 시작된 리어-엔진 혁명은 F1 레이스카 디자인의 기본으로 완전히 자리를 잡을 수 있었다. 1960년대에 들어서면서 대부분의 F1 엔지니어가 섀시의 성능과 조종성을 엔진 출력 못지않게 중요하게 여기기 시작했다. 이런 배경에 힘입어 리어-엔진 혁명을 이끌었던 쿠퍼나 새로운 강자로 떠오른 팀 로터스 등 직접 엔진을 만들지 못하는 팀들이 페라리, BRM 등 엔진을 직접 만드는 매뉴팩처러 팀과 경쟁하는 구도가 형성됐다.

작아진 엔진을 리어-엔진 레이아웃 레이스카에 장착하고 민첩한 움직임이 성능을 좌우하는 시대에 두각을 나타내기 시작한 것은 팀 로터스였다. 콜린 채프먼이 이끄는 팀 로터스는 1960년대 초반부터 F1 기술 혁신의 아이콘으로 떠올랐는데, 팀 로터스의 혁신 중 먼저 가장 먼저 두드러진 것은 **"모노코크 섀시(monocoque chassis)"** 도입이었다.

1962시즌 로터스 25를 통해 F1에 전격 도입된 모노코크 섀시는, 더 단단한 구조를 만들어 비틀림에 대한 내성을 강화하면서 결과적으로 레이스카 조종성 향상에 큰 도움을 줬다. 팀 로터스가 1963시즌과 1965시즌 더블 챔피언의 자리에 오르며 앞서 나가자, 경쟁팀들도 빠르게 트렌드에 동참하면서 모노코크 섀시는 F1 레이스카 디자인에서 또 하나의 기준으로 자리 잡았다.

1966시즌 다시 한번 진행된 엔진 규정 변경은 더 큰 변화를 불러왔다. 1966시즌 새 규정에 따른 F1 레이스카의 최대 배기량은 1,500cc에서 3,000cc로 정확히 두 배 늘어났다. 이는 1950년 챔피언십 출범 이후 F1에서 가장 획기적인 최대 배기량 규정의 변화였다. 이전까지 작은 엔진을 바탕으로 리어-엔진 레이아웃 레이스카를 개발했다면, 이제 각 팀의 엔지니어들은 리어-엔진 레이아웃을 유지하면서 3,000cc의 크고 무거운 엔진을 탑재하는 변화에 대응해야만 했다.

각 F1 팀의 엔지니어와 레이스카 디자이너들의 3,000cc 최대 배기량 규정 변경에 대한 해석과 대응은 조금씩 달랐고, 성공과 실패가 엇갈리는 가운데 여러 가지 혁신적인 시도가 이어지기도 했다. 다양한 아이디어가 등장하고 기술 혁신이 시도되는 과정에서 실패가 거듭되며 도태된 아이디어도 많았지만, 이후 F1 레이스카의 공기역학에 두고두고 영향을 주게 되는 중요한 아이디어도 여럿 등장했다.

물론 1960년대 F1에 레이스카에 시도되었던 아이디어나 기술 혁신이 허공에서 갑자기 나타났던 것은 아니었다. F1 챔피언십 내부의 경쟁 팀은 물론 다른 모터스포츠와 교류하는 동안 아이디어가 발전하기도 했고, 신기술에 대한 정보 수집이 이뤄진 뒤로는 많은 공을 들인 연구 개발의 시간이 이어졌다. 많은 이들의 도전과 실험, 수많은 시행착오를 거치며 진화를 거듭한 뒤, 살아남은 아이디어들은 이후 F1 레이스카의 핵심 기술로 자리 잡을 수 있었다.

이들 가운데 2000년대를 넘어 현대적인 F1 레이스카의 공기역학에 막대한 영향을 준 가장 획기적이고 중요한 아이디어의 시작은 1950년대 중반까지 거슬러 올라간다.

포르셰 550 스파이더 [마이클 메이] (1955)

Porsche 550 Spyder [Michael May] (1955)

1956년 스물두 살의 취리히 기술 대학 학생 마이클 메이[1]는 훗날 F1과 모터스포츠 전체에 엄청나게 큰 영향을 주게 될 실험에 나섰다. 메이는 비행기의 날개를 거꾸로 뒤집어 달면 비행기의 경우와 반대로 아래쪽을 향하는 공기역학적 힘이 발생하고, 이를 통해 공기역학적으로 유리한 효과를 얻을 수 있으리라 생각했다. 메이는 이런 아이디어를 반영해 자신의 포르셰 550 스파이더에 윙을 장착했고, 주행 중에 발생한 다운포스의 도움으로 강력한 공기역학적 그립과 높은 주행 안정성을 확보할 수 있었다.

이 당시 마이클 메이가 개조한 포르셰 550 스파이더의 윙은 고정 윙이 아니라 주행 중 각도를 바꿀 수 있는 가변 윙이라는 특징이 있었다. 마이클 메이는 주행 중 콕핏에서의 조작을 통해 윙 각도를 최대 17도까지 조절할 수 있도록 했다. 평소 다운포스 생성량을 높일 수 있도록 윙을 높은 받음각으로 세우고 달리다가, 긴 가속 구간에 들어서면 윙을 눕혀 드래그를 줄이는 방식이었다. 메이의 가변 윙 아이디어는 2011시즌 규정 변경을 통해 F1에 도입된 DRS(Drag Reduction System)와 같은 원리로, 어떤 의미에서는 시대를 앞선 공기역학적 장치였던 셈이다.

1956 뉘르부르크링 1,000km 레이스에 출전한 메이는 윙을 장착한 550 스파이더와 함께 후안 마누엘 판지오, 장 베라 등 당대 최고의 F1 드라이버들보다 빠른 랩 타임을 작성했다. 메이의 550 스파이더는 프랙티스에서 전체 4위에 올랐고, 포르셰 워크스 팀의 550 스파이더보다 4초 더 빠른 랩 타임을 작성하는 뛰어난 퍼포먼스로 많은 이들의 눈길을 끌었다. 포르셰 워크스 팀 드라이버들의 항의 이후 안전 문제 등을 이유로 레이스 참가 전에 윙을 제거해야 했지만, 이 상황을 지켜본 많은 관계자와 엔지니어들은 윙의 공기역학적 효과에 깊은 인상을 받았다.

마이클 메이가 선보였던 원시적 형태의 윙은 1960년대 중후반 레이스카의 공기역학적 디자인에 직간접적으로 영향을 끼쳤다. 엔진 관련 엔지니어로 메르세데스-벤츠에서 연구를 계속하다가 포르셰와 인연을 맺기도 했던 메이는 1963년 이후 페라리의 컨설턴트 역할을 맡았는데, 1968년에는 레이스카 디자인을 포함해 페라리의 기술 부문을 책임지던 마우로 포기에리와 함께 페라리 312 F1에 자신의 윙 아이디어를 접목할 기회를 얻기도 했다.

아쉽게도 윙을 장착하고 F1 그랑프리에 실전 투입된 첫 레이스카는 메이와 페라리의 작품이 아니었지만, 마이클 메이가 포르셰 550 스파이더에 장착했던 윙이 이후 F1과 다양한 모터스포츠 분야의 공기역학적 혁신에 큰 영감을 줬다는 점만큼은 부인할 수 없었다. F1 외부의 아이디어가 나중에 F1 공기역학에 영향을 준 마이클 메이와 포르셰 550 스파이더의 사례처럼, F1 공기역학의 혁명적 변화 중에는 F1 외부로부터 직간접적으로 영향을 받은 사례가 적지 않았다.

1956년 마이클 메이의 실험적 시도 이후 F1 레이스카에 본격적으로 윙이 장착되기 시작하기까지는 10년 이상의 긴 시간이 더 필요했다. 제법 긴 시간이 흐르는 동안 자동차와 레이스카의 공기역학은 곳곳에서 꾸준히 발전을 거듭했는데, 세계 곳곳에서 훗날 F1 공기역학에 크고 작은 영향을 주게 될 다양한 아이디어와 혁신적인 레이스카들이 속속 등장했다. 이렇게 공기역학적으로 F1에 큰 영향을 준 F1 외부 레이스카의 사례 중 빼놓을 수 없는 것이 세퍼랄 2시리즈다.

---

[1] Michael May (1937 ~) : 독일 출신의 엔지니어 / 레이싱 드라이버. 1956년 최초로 다운포스를 만드는 윙을 레이스카에 장착하는 시도를 했다. 이후 연료 분사 등 엔진 관련 엔지니어로 활약했으며, 드라이버로서 1961시즌 두 차례 F1 챔피언십 그랑프리에 출전(엔트리 3회)하기도 했다.

셰퍼랄 2C (1965)

Chaparral 2C (1965)

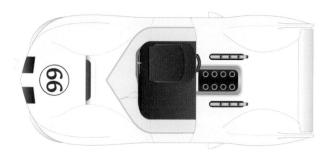

1960년대 초반 레이스카에 윙을 장착하는 아이디어와 관련한 공기역학적 실험이 곳곳에서 다양하게 진행됐다. 이 중 가장 주목할만한 일련의 레이스카를 선보인 것은 미국의 셰퍼랄이었다. 셰퍼랄은 1963년 최초의 **"셰퍼랄 2(Chaparral 2)"**를 발표한 뒤, 공기역학적 업데이트를 포함해 크고 작은 개량이 이뤄진 후속 모델들을 차례로 선보였는데, 셰퍼랄 2시리즈는 레이스카의 공기역학에 관심을 두기 시작한 많은 엔지니어와 연구자들에게 중요한 레퍼런스가 되었다.

셰퍼랄 2는 독일의 부니발트 캄 박사가 제안했던 "캄백"의 영향으로 차 뒤쪽을 날카롭게 깎은 형태로 만드는 **"캄백 컷오프 테일(Kammback cut off tail)"** 디자인을 채택했다. 캄백 컷오프 테일은 드래그 감소는 물론 다양한 측면에서 공기역학적으로 유리한 디자인이었고, 셰퍼랄 2시리즈뿐 아니라 1960년대 다양한 스포츠카 사이에 유행하던 디자인 방식이기도 했다.

| 셰퍼랄 2시리즈에 적용된 캄백 컷오프 테일

캄백 컷오프 테일
KAMMBACK CUT-OFF TAIL

셰퍼랄 2의 개량형 중 하나였던 셰퍼랄 2C에는 공기역학적 효과를 노린 프론트 "카나드"가 추가되고 가변 리어 윙 등 진일보한 공기역학적 실험이 담겼다. 가변 리어 윙 개념은 마이클 메이가 시도했던 것처럼 고속 구간에서 윙을 높여 드래그를 줄이고, 다운포스가 필요할 때는 윙을 세우는 등 상황에 맞는 최적의 공기역학적 효과를 얻는 것이었다. 셰퍼랄 2C의 가변 리어 윙은 마이클 메이의 것보다 좀 더 현대적인 F1 레이스카의 DRS 방식에 근접한 장치로 볼 수 있었다.

| 셰퍼랄 2C의 가변 리어 윙 작동 개념

다운포스 생성량을 의식한 하이 앵글   드래그 감소를 노린 로우 앵글

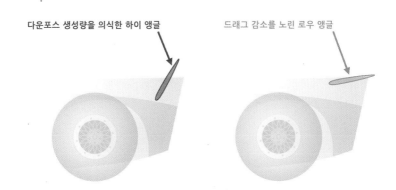

셰퍼랄 2E (1966)
Chaparral 2E (1966)

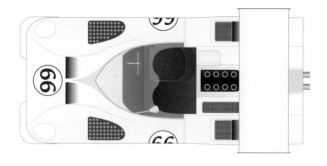

셰퍼랄 2시리즈는 공기역학적으로 뛰어난 성능을 과시하며 실전에서 빼어난 성적을 거뒀다. 1965 세브링 12시간 레이스의 스포츠카 클래스에 출전한 셰퍼랄 2시리즈는, 상위 클래스였던 GT 프로토타입 클래스의 포드 GT40, 페라리 250 LM 등 강력한 경쟁자들을 제치고 종합 우승을 차지했다. 이 결과는 윙을 장착해 많은 양의 다운포스를 얻어 공기역학적 성능을 높인다면 엔진 출력의 한계를 뛰어넘을 수 있음을 실전에서 증명한 사건이었다.

1966년 등장한 2시리즈의 새로운 모델 셰퍼랄 2E는 현대적인 F1 레이스카와 같은 개념의 "리어 윙"을 장착한 최초의 레이스카 중 하나였다. 10년 전 마이클 메이가 개량해 선보였던 포르셰 550 스파이더와 마찬가지로, 셰퍼랄 2E의 공기역학적 접근은 높은 위치에 커다란 윙을 장착해 다운포스를 만드는 것이었다. 차이가 있다면 셰퍼랄 2E의 경우 옆에서 봤을 때 차량 맨 뒤에 윙을 배치했다는 점 정도였다.

셰퍼랄 2E의 리어 윙은 2C에 비해 훨씬 높은 위치에 배치됐다. 이처럼 높은 위치에 배치되는 리어 윙은 "하이 윙(high wing)"이라고 불렸고, 그와 달리 셰퍼랄 2C처럼 차량 본체 바로 위에 배치되는 윙은 "로우 윙(low wing)"이라 불렸다. 하이 윙은 차량 본체 부근에서 어쩔 수 없이 발생하는 웨이크의 영향을 최소화하려는 고민의 결과 탄생했다고 볼 수 있었다.

셰퍼랄 2C와 2E의 리어 윙 위치와 클린/더티 에어 영역

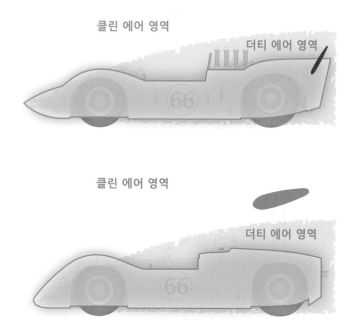

세퍼럴 2C의 로우 윙은 사실상 차량 본체와 붙어있는 것과 다름없었고, 속도가 빨라질 경우 차체 주변에 발생하는 웨이크의 영향으로 만들어지는 더티 에어 영역 한가운데 놓이는 구조였다. 더티 에어 한가운데 난류 속에 위치한 리어 윙은 충분한 공기역학적 효과를 얻을 수 없었고, 같은 형태와 크기, 각도로 배치된 리어 윙이라도 층류 속에 있을 때보다 다운포스 생성량도 적었다.

반면, 하이 윙은 차체가 만드는 웨이크의 영향을 적게 받는 위치에 자리 잡은 덕분에, 층류 속에서 기대할 수 있는 최대한의 공기역학적 효과를 누릴 수 있었다. 차체와 멀리 떨어져 있는 하이 윙이라도 특별한 경우가 아니라면 충분한 양의 다운포스를 차체에 전달할 수 있었기 때문에, 결과적으로 하이 윙이 로우 윙보다 효율적으로 공기역학적 효과를 얻을 수 있는 셈이다.

일반적인 F1 레이스카에서 프론트 윙과 노즈, 차량 앞부분의 설계와 셋업에 따라 강한 업워시를 만드는 경우, 하이 윙보다 로우 윙에서 리어 윙 주변 압력이 더 낮아지는 것도 문제가 될 수 있었다. 로우 윙이 배치된 위치의 압력이 낮아지면 공기역학적 효과도 약해지고, 결과적으로 기대한만큼 다운포스를 만들지 못할 수 있다. 반면, 하이 윙은 적절한 높이에 배치되기만 한다면 단순하게 클린 에어 속에 놓인 경우보다 더 효율적으로 공기역학적 효과를 만들어낼 가능성도 있다. 종합적으로 하이 윙을 선택한 세퍼럴 2E는 로우 윙의 세퍼럴 2C보다 높은 공기역학적 성능을 가진 셈이었다.

이렇게 세퍼럴 2C보다 한층 발전한 공기역학적 성능을 갖췄던 세퍼럴 2E는 1966년 시작된 무제한 챔피언십 "캔-암 챌린지 컵"에 출전했는데, 성적만 본다면 라구나 세카에서 1승을 거두는 데 그쳐 많은 아쉬움을 남겼다. 그러나, 하이 윙을 필두로 공기역학적으로 혁신적이었던 2E의 디자인만큼은 엔지니어와 주변의 많은 사람에게 신선한 충격을 주었는데, 파격적인 디자인 실험 정도로 치부하고 넘어가기에는 세퍼럴 2E가 보여준 퍼포먼스가 너무 뛰어났기 때문이다.

1960년대 중반 큰 인기를 끈 캔-암 챌린지 컵은 스포츠카 레이싱으로 분류할 수 있었지만, 미국 중심의 스포츠카 레이싱이라고 해서 F1과 완전히 동떨어져 있던 것은 아니었다. 1950년대 말부터 미국 시장을 노크하기 시작했던 F1의 유럽 팀들은 1960년대 들어 본격적으로 북아메리카 모터스포츠 무대에 진출하기 시작했다. 1965년에는 팀 로터스와 함께 F1 드라이버 짐 클라크가 인디500에서 우승을 차지해 크게 주목받았고, 캔-암 챌린지 컵에도 팀 서티스와 맥라렌 등 유럽 F1 팀이 참가하는 등 엔트리 리스트의 절반 정도를 F1과 인연을 맺은 드라이버가 채우고 있었다.

이렇게 미국 모터스포츠 무대에 진출한 유럽 기반의 F1 팀들은 빠른 기술 발전과 다양한 실험적인 시도들을 눈앞에서 목격했고, 그런 F1 팀의 엔지니어들은 세퍼럴 2시리즈의 다양한 공기역학적 시도에 영향받지 않을 수 없었다. F1과 캔-암에 동시 출전하던 맥라렌은 1960년대 중반 일찌감치 세퍼럴과 같은 형태의 윙을 장착한 프로토타입 레이스카를 제작해 실험에 나서기도 했다.

한편, 북미에서 세퍼럴 2시리즈로 대표되는 기술 발전이 거듭되던 1960년대 중반 무렵, F1에는 또 하나의 매우 중요한 변화가 찾아왔다. F1 출범 이후 세 번째 엔진 규정 변경은 앞선 규정 변경들과 달리 엔진 배기량을 늘리는 과감한 결단을 담고 있었다. 1965시즌까지 자연흡기 방식에 최대 배기량 1,500cc로 제한되었던 엔진 규정은, 1966시즌부터 자연흡기의 경우 3,000cc, 터보차저와 슈퍼차저 등 과급기를 장착할 경우 1,500cc로 최대 배기량이 대폭 상향 조정됐다.

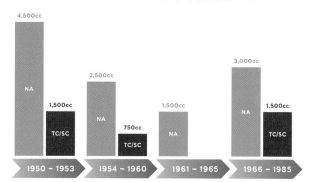

F1 출범 이후 1985시즌까지의 엔진 최대 배기량 규정 변화

최대 배기량 상향은 자연스럽게 최대 출력 향상으로 이어졌다. 1961시즌 규정 변경 이후 작아진 엔진으로 한계에 부딪힌 F1 레이스카의 최대 출력은 1960년대 초중반에도 200마력 수준에 머무르고 있었다. 과거보다 효율이 좋아졌고, 작고 가벼워진 엔진이 날렵한 움직임에는 도움이 됐지만, 출력의 한계는 최대 속도와 가속력의 한계로 이어졌다. 그러나, 1966시즌 규정 변경과 함께 최대 배기량이 늘어나면서 이전보다 월등히 강한 최대 출력을 기대할 수 있게 됐다.

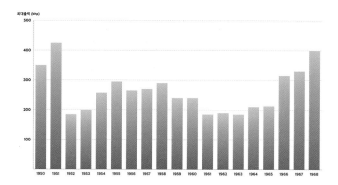

1968시즌까지의 F1 엔진의 최대 출력 변화

F1 레이스카의 최대 출력[2]은 1966시즌 이후 빠르게 300마력을 돌파했고, 팀 로터스가 먼저 도입했던 포드 코스워스 DFV 엔진의 출력은 곧 400마력을 돌파했다. DFV 엔진은 1970년대 다수의 팀이 채택하면서 사실상 컨스트럭터 팀들의 표준 엔진으로 자리 잡았으므로, 대부분 F1 팀이 400마력 이상의 초대 출력을 낼 수 있는 엔진을 확보한 셈이었다. 세퍼랄 2시리즈처럼 캔-암 등에 출전하던 스포츠카들은 이미 몇 년 전부터 최대 출력 400마력을 돌파했었지만, 작은 차체에 배기량이 훨씬 작은 엔진을 사용하는 F1 레이스카에게는 충분히 강력한 출력이었다.

---

[2] 그래프는 드라이버 챔피언십 위닝 카의 최대 출력 기준.

로터스 49B [1968 모나코 그랑프리] (1968)

Lotus 49B [1968 Monaco Grand Prix] (1968)

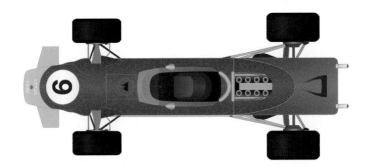

1967시즌부터 F1 그랑프리에 투입되기 시작한 로터스 49는 이듬해 1968시즌 "F1 레이스카 공기역학의 역사를 통틀어 가장 중요한 의미가 담긴 레이스카" 중 하나가 되었다.

1968 모나코 그랑프리에 출전한 로터스 49의 업데이트 모델 49B는 "리어 스포일러" 형태의 바디워크와 차량 앞쪽에 좌우로 돌출된 "프론트 윙"으로 주목받았다. 앞서 살펴봤던 세퍼럴 2C의 경우처럼 차체와 일체형으로 낮은 위치에 배치된 리어 스포일러는 "윙"이라고 불리기에 애매한 부분이 있었지만, 다운포스 생성을 포함한 어느 정도의 공기역학적 효과는 충분히 기대할만했다.

공기역학적 디자인의 혁신을 통해 로터스 49B는 확실한 퍼포먼스 우위를 점할 수 있었고, 어려운 시기 팀 로터스의 간판 드라이버가 된 그레이엄 힐은 1968 모나코 그랑프리에서 폴 포지션을 차지한 데 이어 우승을 거두며 분위기를 바꿨다. 로터스 49B의 혁신적 디자인이 레이스에서 성적으로 이어지면서, 같은 시기 비슷한 공기역학적 연구와 테스트를 진행 중이던 경쟁팀 엔지니어들을 재촉한 셈이 되었다.

1968 모나코 그랑프리를 통해 "리어 스포일러"와 "프론트 윙"이 실전 검증되면서, F1 레이스카의 공기역학은 빠른 속도로 발전할 수 있는 확실한 발판을 얻었다.

먼저 마이클 메이와 손잡은 페라리는, 전환점이 되었던 모나코 그랑프리의 다음 경기인 1968 벨기에 그랑프리에 자신들의 공기역학 파츠를 처음 선보였다. 페라리 312에는 로터스 49B와는 조금 다른 카나드 형태의 프론트 윙이 장착되었고, 리어 스포일러와는 다른 비행기 날개를 뒤집은 형태의 "리어 윙"이 "하이 윙" 위치에 배치되었다. 더 현대적인 형태의 부품을 장착한 페라리 312는 공기역학적으로 로터스 49B보다 한발 앞섰다고도 볼 수 있었다.

페라리 312에 오른 크리스 에이먼은 퀄리파잉에서 2위 재키 스튜어트를 무려 3.7초나 앞서면서 윙이 만드는 다운포스의 강력한 위력을 보여주는 듯했다. 엔진 출력 면에서 포드 코스워스 DFV는 물론, 혼다나 브라밤의 렙코 엔진 등 경쟁자들보다 뒤졌던 페라리였다는 점을 고려하면, 압도적이었던 벨기에 그랑프리 퀄리파잉의 랩 타임은 의미 있는 결과로 해석할 수 있었다.

그러나, 스파-프랑코샹의 써킷 특성이 공기역학 실험에 적합하다고는 볼 수 없었다. 실제로 크리스 에이먼 역시 리어 윙을 장착하지 않고 트랙을 달렸을 때도 리어 윙을 장착했을 때와 크게 다르지 않은 비슷한 랩 타임을 작성하기도 했다. 결과적으로 윙의 공기역학적 효과만으로 압도적인 퀄리파잉 기록이 작성된 것은 아니었고, 공기역학 부품이 얼마나 큰 도움을 주는지 정확히 파악하기는 어려웠다. 레이스에서도 폴 포지션에서 출발해 스타트 직후 큰 격차를 벌리고 달아났던 페라리의 크리스 에이먼은, 두 번째 랩에 올드 스파-프랑코샹 레이아웃 기준으로 매우 길었던 가속 구간에서 가볍게 추격을 허용하고 말았다.

페라리 312가 레이스에서까지 주목받지는 못했지만, 벨기에 그랑프리 레이스 당일에는 브라밤이 또 하나의 공기역학적 실험으로 시선을 빼앗았다. 페라리 312와 비슷한 "리어 윙"은 물론 로터스 49B 스타일의 "프론트 윙"도 함께 장착한 브라밤 BT26 역시 1968 벨기에 그랑프리 레이스를 통해 실전 데뷔전을 치렀다.

팀 로터스와 페라리에 이어 브라밤까지 모두 실전에서 실험적 시도에 나선 것은, 1960년대 말 공기역학적 변화의 흐름이 F1 엔지니어와 관계자들에게 분명한 영향을 미치고 있다는 증거였다. F1 팀들은 나름의 고민과 연구도 꾸준히 진행했지만, 동시에 다른 팀이 먼저 선보인 기술 혁신과 다양한 실험 결과를 빠르게 흡수해 시대의 변화에 도태되지 않고 적응하기 위해 노력했다.

로터스 49B [하이 윙] (1968)

Lotus 49B [High Wing] (1968)

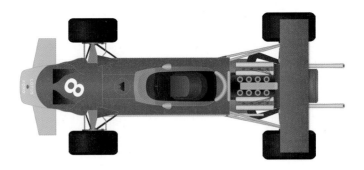

1968시즌 본격적인 "윙"의 도입과 함께 불붙은 F1 레이스카에 대한 공기역학적 실험은 한동안 혼란한 모습을 보였다.

모나코 그랑프리의 팀 로터스처럼 리어 스포일러를 택할 것인가? 아니면 벨기에 그랑프리의 페라리나 브라밤처럼 지지 구조물을 사용해 리어 윙을 높은 위치에 배치할 것인가? 같은 리어 윙이라도 엔진/기어박스 마운트를 선택할 것인가? 아니면 서스펜션 마운트를 선택할 것인가? 프론트 윙은 어디에 어떻게 장착할 것인가? 초창기 "윙"의 실험에 나선 F1 팀의 엔지니어들은 다양한 문제 앞에서 선택의 기로에 놓였다.

처음 윙을 장착한 레이스카를 공개할 당시 페라리는 엔진/기어박스 마운트(지지구조가 엔진 또는 기어박스에 연결되는) 리어 윙을 선택했다. 그러나, 브라밤의 서스펜션 마운트(지지구조가 서스펜션에 연결되는) 리어 윙을 따라가야 한다는 결론에 도달한 페라리는 바로 구조 변경을 시도했다. 그러나, 서스펜션 마운트 리어 윙에 대해서는 곳곳에서 일찌감치 의문이 제기됐다.

페라리의 에이스 크리스 에이먼은 서스펜션을 누르는 지지구조 배치가 너무 위험하다는 점을 지적하며 적극적으로 반대했다. 팀 로터스의 요헨 린트 역시 팀 보스 콜린 채프먼이 기술적 혁신과 경량화에 집중하면서, 안전 문제는 등한시하는 방식에 문제를 제기했다. 하지만, 그랑프리 실전 무대에서 실험적 시도가 계속되는 동안 서스펜션 마운트 리어 윙이 정말 위험한지, 실제로 위험하다면 얼마나 위험한 것인지에 대해 확실한 결론을 내리기는 어려웠다.

"윙"의 도입에 선구자적 역할을 했던 팀 로터스는 일단 안전 문제는 뒤로 하고 다양한 실험을 계속했다. 벨기에 그랑프리의 다음 경기였던 1968 네덜란드 그랑프리에서 로터스 49B는 페라리와 브라밤이 시도했던 것과 비슷한 형태의 리어 윙을 장착했고, 이어진 프랑스 그랑프리에는 좀더 극단적인 디자인을 선보였다.

1968 프랑스 그랑프리에 선보인 로터스 49B에는 차체보다 훨씬 높은 위치에 "하이 윙"이 장착되어 있었다. 네덜란드 그랑프리의 로우 윙에서 프랑스 그랑프리의 하이 윙으로 발전한 것은 마치 셰퍼랄 2C의 로우 윙이 셰퍼랄 2E로 이어졌던 것과 비슷한 전개였다. 가늘고 긴 지지구조를 서스펜션에 연결해, 차체보다 훨씬 높은 위치에 배치한 하이 윙은 다운포스 생성량 면에서 확실하게 이득을 볼 수 있는 구조였다.

이후로도 팀 로터스는 다양한 공기역학적 실험을 계속했지만, 리어 윙 레이아웃은 조금씩 형태가 바뀌었을 뿐 하이 윙 컨셉만큼은 한동안 유지했다. 서스펜션에 연결된 가늘고 긴 지지구조를 통해 1m 전후의 높이에 리어 윙을 배치하는 구조는 다른 팀의 많은 엔지니어에게 영향을 주었고, 프랑스 그랑프리 다음 이벤트였던 1968 영국 그랑프리에 출전한 다수의 레이스카에서 하이 윙이 목격되었다.

1968시즌 중반부터 1969시즌 초반까지 하이 윙 컨셉은 F1 레이스카 디자인의 주류가 되었고, 대부분 F1 레이스카의 리어 윙은 하위 윙 방식으로 배치되었다. 리어 윙도 하이 윙 방식은 물론 그 형태가 쉽게 한 가지로 수렴된 것은 아니었지만, 프론트 윙 디자인의 경우에는 그 혼란은 더 심했다. 몇몇 팀에서는 노즈 주변에 카나드 형태의 작은 윙을 배치했고, 일부에서는 일체형의 로우 윙을 준비하기도 했다. 로터스 49B는 리어 윙에 이어 프론트 윙까지 하이 윙 레이아웃을 택한 모델을 선보이기도 했다.

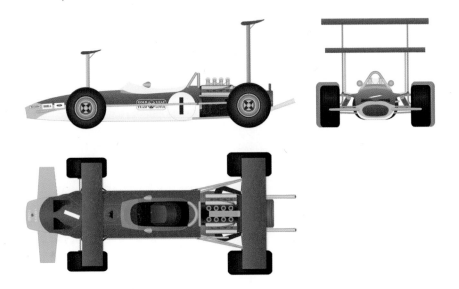

프론트 윙까지 하이 윙으로 구성한 로터스 49B 배리에이션의 3면도

그런데, 이런 하이 윙 레이스카들은 곧 큰 문제에 직면했다. 곳곳에서 하이 윙 레이스카의 크고 작은 사고가 이어졌고, "서스펜션 손상으로 인한 사고"로 분류된 사고 중 하이 윙과 관련된 경우가 적지 않았다. 드라이버 부상까지 속출했기 때문에 서둘러 대책을 강구해야 한다는 목소리가 높아졌다. 처음부터 공기역학적 실험을 반대했던 팀 로터스의 드라이버들마저 사고로 크게 다치는 상황이 벌어지자 하이 윙의 안전 문제를 더 이상 뒤로 미룰 수 없었다.

팀 로터스의 요헨 린트는 1969 스페인 그랑프리에서 폴 포지션을 차지한 뒤 레이스 초반을 확실하게 리드했다. 그러나, 패스티스트 랩을 기록하며 선두를 질주하던 린트는 20랩째 하이 윙 지지 구조가 파손되면서 발생한 사고로 차량이 대파되어 리타이어하고 말았다. 팀메이트 그레이엄 힐 역시 9랩째에 이미 같은 원인의 사고로 리타이어한 상황이었다. 다행히 두 드라이버의 생명에는 지장이 없었지만, 누가 보더라도 그 자체로 매우 위험한 대형 사고였다.

이 시기는 GPDA에서 안전 문제로 6월 개최 예정이던 벨기에 그랑프리 보이콧을 결정하는 등 강경한 자세를 유지했고, 다른 안전 문제도 민감한 주제로 떠오르던 시기였다. 이미 여러 사고의 원인으로 지목됐고 많은 드라이버가 문제를 제기하던 하이 윙 역시 당연히 논란을 피해 가지 못했다. 이 때문에 많은 사람이 이어진 모나코 그랑프리부터 바로 하이 윙이 금지될 것이라 예상했다.

그러나, 당시 F1 운영을 담당하던 FISA의 전신 CSI와 F1 팀 연합체 FOCA 등 의사 결정 주체 사이의 의사소통 문제와 오해가 이어진 결과, 하이 윙 제한 조치는 약간의 혼란 속에 조금씩 지연되었다. "설계 단계부터 리어 윙을 고려했던 레이스카에서 리어 윙만 제거할 수는 없다."고 주장했던 티렐의 창립자 켄 티렐의 반대 역시 고민거리가 되었다. 결국 특별한 변경 사항 없이 시작된 1969 모나코 그랑프리 일정이 한창 진행되던 중 어렵게 "리어 윙 금지"가 단행됐다.

프론트 윙만 장착하거나 아예 윙이 없는 레이스카만 참가할 수 있게 된 1969 모나코 그랑프리 레이스에서는, 리어 스포일러 형식의 바디 윙(1968 모나코 그랑프리에 참가했던 것과 비슷한 형태) 디자인으로 회귀한 로터스 49B가 우승을 차지했다. 모나코 그랑프리 직후 F1은 하이 윙 금지 내용을 담은 규정 변경을 서둘러 진행했는데, 규정 변경의 주요 내용은 다음과 같았다.

윙의 "최대 높이 / 최대 폭 / 배치 위치" 정의 및 제한

(서스펜션 등) 움직이는 부품에 공기역학 부품 연결-고정 금지

공기역학 부품은 의무적으로 차체(본체)에 연결

이와 같은 규정 변경에 따라 F1 레이스카의 하이 윙은 등장한 지 채 1년도 지나지 않아 역사 속으로 사라지고 말았다.

F1 팀들은 하이 윙 금지에 발 빠르게 대응했고, 높이 제한 규정에 맞춰 하이 윙보다 훨씬 낮은 위치에 리어 윙을 배치하는 방식의 **"로우 윙(low wing)"** 컨셉 레이스카를 준비했다. 관계자들은 규정 변경 내용대로 서스펜션이 아닌 차체 다른 부분에 지지 구조를 연결하면 사고 위험성이 줄어들 것이라 예상했고, 실제로 서스펜션 마운트 하이 윙 시절 빈번하게 발생하던 사고가 엔진/섀시 마운트 로우 윙 레이스카들만으로 진행된 이후 F1 그랑프리에서는 눈에 띄게 줄어들었다.

로우 윙 방식을 채택한 로터스 49B 배리에이션의 3면도

로터스 72 (1970)

Lotus 72 (1970)

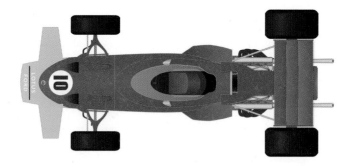

1969시즌 하이 윙이 금지된 이후, 새로운 1970시즌을 맞이하며 F1 레이스카의 외형은 어느 정도 비슷한 형태로 수렴하는 것처럼 보였다.

엔진/섀시 마운트로 튼튼하게 차체에 연결된 리어 윙은 낮은 높이에 배치되는 기존 로우 윙 컨셉을 따랐지만, 이전 시즌보다 크기가 커지고 한 덩어리의 윙 대신 두 개 이상으로 플랩을 나눈 구조로 공기역학적 효율을 높였다. 1969시즌 일부 레이스카부터 시도되었던 리어 윙 양쪽 끝에 "**엔드플레이트(endplate)**"를 배치하는 방식 역시 빠르게 다른 팀들로 전파됐다.

1970시즌 챔피언 타이틀 위닝 카가 된 로터스 72 역시 커다란 로우 윙 형식 리어 윙에 엔드플레이트를 추가하는 방식을 채택하고 있었다. 일단 로터스 72는 1970시즌 전후 F1 레이스카의 특징을 한 몸에 담고 있었다. 그런데, F1 레이스카에 윙이 부착되기 시작한 공기역학 전환기 팀 로터스의 대표작이라는 공통점이 있기는 했지만, 로터스 72의 경우 전작 로터스 49와는 태생부터 많은 것이 달랐다.

1967시즌 데뷔한 로터스 49는 포드 코스워스 DFV라는 걸출한 엔진을 처음 장착했고, 다양한 기술 혁신을 담은 뛰어난 레이스카였다. 하지만, 로터스 49는 처음부터 윙을 포함한 공기역학적 설계까지 염두에 두고 디자인된 것은 아니었다. 1968 모나코 그랑프리부터 다양한 공기역학 실험의 표본이 되기는 했지만, 공기역학적 성능을 충분히 끌어내는 데 분명한 한계도 존재했다.

반면, 1970시즌 선보인 로터스 72는 처음부터 공기역학적 효과를 염두에 두고 디자인된 레이스카였다. 로터스 72에 담긴 혁신적 요소들은 하루 이틀 사이 흉내 내기 힘든 것들이었고, 설계부터 남달랐던 장점들 덕분에 팀 로터스는 경쟁 팀들을 확실히 앞설 수 있었다. 그랑프리 데뷔 직후에는 혁신적인 서스펜션 구조 때문에 셋업과 드라이버 적응 문제로 어려움을 겪기도 했지만, 앞뒤 서스펜션 문제가 어느 정도 해결된 이후로는 압도적인 퍼포먼스를 뽐내기 시작했다.

첫 완주에 성공한 5라운드 네덜란드 그랑프리부터 요헨 린트와 함께 프랑스, 영국, 독일 그랑프리까지 파죽의 4연승을 거둔 로터스 72는, 1970시즌에만 5승을 쓸어 담으며 팀 로터스가 드라이버 챔피언과 컨스트럭터 챔피언 타이틀을 모두 획득하는 데 공헌했다. 특히, 출전한 10경기 중 세 차례 폴 포지션을 차지한 것은 물론, 완주한 다섯 경기에서 모두 우승을 차지하는 괴력을 뽐냈다. 안타깝게도 시즌 중후반 이탈리아 그랑프리 퀄리파잉에서 요헨 린트가 사고로 세상을 떠나는 아픔을 겪었지만, 남은 네 경기에 나서지 못한 린트가 사후에 드라이버 챔피언의 자리에 올랐다는 것은 로터스 72의 뛰어난 성능을 반증하는 기록이라고도 볼 수 있었다.

로터스 72의 디자인에는 세 개의 플랩으로 나뉜 리어 윙 등 여러 가지 특징적인 요소가 있지만, 가장 눈에 띄는 것은 쐐기형 차체와 사이드포드로 이어지는 아웃라인의 혁신이었다.

같은 1970시즌 데뷔한 마치 701이 먼저 옆쪽으로 확장된 차체 일부가 앞뒤 바퀴 사이 공간을 채우는 형태를 시도한 레이스카였지만, 마치 701의 경우 란치아 D50처럼 연료 탱크를 본체 옆 앞뒤 바퀴 사이에 배치하는 구조였기 때문에 현대적인 의미의 "**사이드포드(sidepod)**"와는 개념이 조금 달랐다. 그러나, 로터스 72는 사이드포드에 라디에이터를 배치하는 레이아웃으로 노즈 쪽 차체 부피를 줄이고, 쐐기 형태의 날씬한 차체 외형을 만들 수 있었다. 선구적인 로터스 72의 차체 디자인은 전작 로터스 49와 비교했을 때 그 차이를 쉽게 확인할 수 있다.

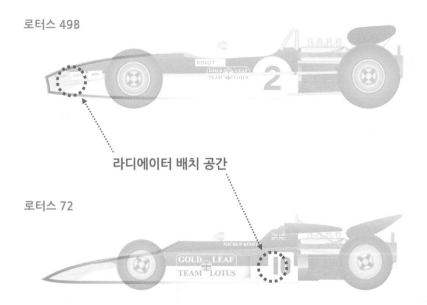

로터스 49B와 로터스 72의 노즈 디자인 / 라디에이터 배치 비교

로터스 49B

라디에이터 배치 공간

로터스 72

로터스 49까지의 차체 디자인은 F1 출범 직후였던 1950년대의 디자인과 비교해도 큰 틀에서 어느 정도 비슷한 레이아웃을 유지했다고 볼 수 있었다. 긴 원통형 차체는 1960년대를 지나며 많이 납작해지긴 했지만, 차체 맨 앞부분 노즈는 일정 수준 이상 "높이"를 낮출 수 없는 한계가 존재했다. 1950년대 말부터 진행된 리어-엔진 혁명 이후 엔진의 위치는 콕핏 뒤로 옮겨졌지만, 라디에이터는 여전히 차량 맨 앞에 배치되는 구조를 따르고 있었기 때문이다. 라디에이터를 납작하게 만드는 등 높이를 줄이려는 노력이 있었지만, 물리적인 한계를 완전히 극복할 수는 없었다.

반면, 라디에이터를 차체 좌우에 배치하는 사이드포드 레이아웃은 노즈를 공기역학적으로 유리한 형태로 디자인할 수 있는 가능성을 열어줬다. 이런 가능성을 현실로 옮긴 로터스 72는 정면에서 보면 단순하게 납작하고 길쭉한 형태를 가졌지만, 옆에서 보면 날카로운 쐐기 형태로 노즈를 디자인했다. 이런 접근을 통해 노즈의 공기역학적 디자인이 가능해졌고, 장기적으로는 노즈의 길이가 짧아지며 차량의 무게 중심과 콕핏의 위치가 바뀌는 등 여러 가지 변화가 이어졌다.

실제로 1970시즌을 지나 1980년대 초반까지 노즈의 길이는 점점 짧아졌고, 프론트 휠과 함께 콕핏의 위치도 점차 앞쪽으로 옮겨지는 디자인 변화의 흐름이 계속됐다. 또한, 사이드포드를 포함해 앞바퀴와 뒷바퀴 사이 공간을 다른 목적으로 활용하는 차체 디자인도 더 깊게 연구되면서, 1970년대 후반 F1 레이스카의 공기역학이 한 차례 더 혁명적인 기술 혁신으로 이어질 수 있는 발판을 만들었다.

로터스 72가 등장한 1970년의 이듬해인 1971년에는 현대적인 F1 레이스카는 물론 공기역학적인 성능에 절대적으로 의존하는 항공기 공기역학 등 여러 분야에 큰 영향을 미치게 될 중요한 개념이 등장했다. 작고 단순한 형태의 구조물로 다른 어떤 복잡하고 화려한 장치보다 효율적으로 공기역학적 성능 개선에 도움을 주게 될 혁신적인 신기술의 도입에 결정적인 공헌을 한 것은 유럽과 북미 모터스포츠 무대 모두에 전설적인 업적을 남긴 댄 거니[3]였다.

1971시즌 "USAC 챔피언십 카" 참가를 준비하며 테스트를 진행하던 댄 거니의 AAR[4] 팀 소속 드라이버 바비 언서[5]는, 테스트 주행 후 기대했던 것보다 차가 너무 느리다는 피드백을 남겼다. 문제의 테스트 현장에는 공기역학자 로버트 리벡[6]이 함께하고 있었는데, 리벡은 거니에게 리어 윙 플랩이 높은 받음각에 비해 충분한 공기역학적 효과를 얻지 못하고 있다고 지적했다. 앞서 페라리 스포츠카의 스포일러 테스트에서 얻은 경험을 살려 한 가지 아이디어를 떠올린 댄 거니는 45분 만에 따끈따끈한 아이디어를 적용한 새 윙을 준비해 언서의 다음 테스트 주행에 투입했다.

다른 팀에서는 댄 거니의 아이디어가 무엇인지 전혀 알지 못했고, 첫 테스트 주행의 랩 타임 역시 저조했기 때문에 그 아이디어가 무엇이든 실패한 테스트일 것이라 여겼다. 그러나, 바비 언서는 조용히 댄 거니에게 다가와 다른 팀의 생각과는 전혀 다른 얘기를 전했다. 윙 뒤쪽에 추가한 작은 스포일러 때문에 리어 윙이 훨씬 많은 다운포스를 만들어냈고, 과도한 다운포스 때문에 언더스티어가 너무 심해져 랩 타임이 저조했다는 내용이었다. 프론트 다운포스 레벨을 높이도록 밸런스만 조정한다면 AAR의 레이스카가 경쟁자들보다 훨씬 많은 다운포스를 만들어낼 수 있고, 결과적으로 공기역학적 성능에서 경쟁자들을 압도할 수도 있다는 뜻이었다.

이후로도 한동안 경쟁자들은 댄 거니가 추가한 얇은 철판의 의미를 알지 못했고, 일부에서 문제의 스포일러가 무엇인지 질문했을 때 댄 거니의 팀에서는 "리어 윙 구조를 강화하고 차량을 뒤에서 밀 때 미캐닉들의 손 부상을 예방하기 위한 것"이라고 설명하며 아이디어의 비밀을 숨겼다. 이런 거짓 정보로 원리를 알지 못한 채 댄 거니의 아이디어를 단순 모방했던 일부 팀에서는, 리어 윙 "아래" 스포일러를 부착해 다운포스 감소와 저조한 랩 타임이라는 씁쓸한 결과를 얻기도 했다.

어느 정도 시간이 흘러 **"거니 플랩(Gurney Flap)"**이 AAR의 비밀 병기였다는 사실이 밝혀졌고, 경쟁자 대부분이 댄 거니의 아이디어를 제대로 모방하기 시작했다. 물론 처음에는 경쟁자들은 물론 댄 거니 본인도 거니 플랩의 정확한 원리를 확실하게 이해했던 것은 아니었다. 그러나, 댄 거니가 더글라스의 낡은 윈드 터널에서 진행한 테스트로 거니 플랩의 원리에 대한 이해가 깊어졌고, 반복된 시험과 테스트를 거쳐 거니 플랩을 장착한 레이스카의 공기역학적 성능도 빠르게 향상됐다. 일단 북미 지역의 레이스에서 보여준 퍼포먼스를 통해 검증된 거니 플랩은, 바다 건너 유럽을 주 무대로 하는 F1 등 세계 모터스포츠 전반에도 빠르게 보급되기 시작했다.

---

[3] Dan Gurney (1931 ~ 2018) : 미국 출신의 드라이버 / 엔지니어 / 레이스카 제작자 / 팀 오너. F1 드라이버로 챔피언십 그랑프리에서만 4승을 거뒀고 레이싱 팀 AAR을 만들었으며, 1967 르망 24시간 우승 후 사상 처음으로 샴페인 세레머니를 펼쳤다.

[4] 처음 북미 지역에서 경쟁하기 위한 팀이 만들어졌을 때 풀네임은 "**All** American Racers"였으나, 유럽 무대의 F1에 진출할 때에는 "**Anglo** American Racer"s라는 이름을 사용했다.

[5] Bobby Unser (1934 ~ 2021) : 미국 출신의 드라이버. USAC 챔피언십 카 챔피언 2회, 미국 탑 클래스 싱글-시터 시리즈 35승, 인디500 3승, 파익스 피크 힐클라임 10승 등 엄청난 커리어를 기록했다.

[6] Robert Liebeck : 미국 출신의 공기역학자 / 엔지니어. 더글라스 > 맥도널 더글라스 - 보잉에서 근무하며 "리벡 날개(Liebeck airfoil)" 디자인, 블렌디드 윙 바디(BWB) 프로그램을 통한 X-48 항공기 디자인 등의 업적을 남겼다.

윙의 끝부분에 배치되는 거니 플랩

거니 플랩
GURNEY FLAP

위 그림은 윙의 끝부분에 배치되는 전형적인 거니 플랩의 모습이다. 이런 거니 플랩이 공기역학적 효율을 높여줄 수 있는 원리는 앞서 다뤘던 "흐름의 분리" 문제와 깊은 관련이 있다.

앞서 설명했던 것처럼 윙의 받음각이 클수록 흐름의 분리가 가속되기 때문에 공기역학적 효율이 떨어지게 된다. 충분한 공기역학적 효율을 유지하려면 받음각을 일정 수준 이상 크게 만들지 않아야 하고, 받음각이 크다면 공기 흐름의 속도를 높여 흐름의 분리를 억제해야 한다. 거니 플랩 이전의 AAR 레이스카에서 받음각을 조절하는 것만으로 윙으로부터 충분한 공기역학적 효과를 얻지 못했던 것 역시, 큰 받음각에서 흐름의 분리가 쉽게 발생했기 때문이었다.

그런데, 공기 흐름의 분리가 문제가 되던 윙의 끝부분에 거니 플랩을 추가하면, 윙 주변의 공기 흐름은 아래 그림과 같은 경로로 흐르게 되고 흐름의 분리가 줄어들 가능성이 커진다.

거니 플랩을 더한 윙 주변 공기의 흐름

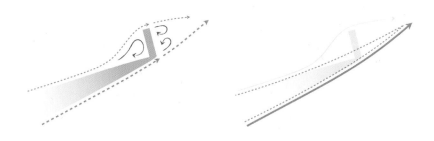

거니 플랩 바로 앞쪽에는 공기의 흐름이 역류하면서 "정체(stall : 스톨)"되는 공간이 발생하고, 윙 위쪽으로 흐르던 공기 흐름의 주류는 공기가 스톨된 구간 위쪽으로 흐르게 된다. 거니 플랩 뒤쪽으로는 위쪽과 아래쪽 모두 공기 흐름의 역행과 정체가 발생하고, 아래위로 흐르는 공기 흐름의 주류는 모두 정체된 구간 주변을 따라 흐르게 된다. 이는 앞서 다뤘던 "캄백" 컨셉이나 "캄백 컷오프 테일"의 경우와 어느 정도 비슷한 상황이다.

거니 플랩이 배치된 윙 아래쪽을 지나는 공기의 흐름에서는 상대적으로 흐름의 분리가 적게 나타난다. 이렇게 강한 공기의 흐름이 윙 아래를 지날 때 윙이 만드는 공기역학적 효과의 효율은 높아질 수 있다. 같은 윙이라도 거니 플랩의 배치로 만들 수 있는 다운포스의 양이 늘어나는 셈이다. 바꿔 말하면, 거니 플랩이 배치된 윙에 기대할 수 있는 다운포스 생성량은, 크기가 더 크거나 훨씬 큰 받음각으로 세팅한 윙에 거니 플랩이 없을 때의 다운포스 생성량과 같아지는 셈이다.

거니 플랩이 배치된 윙(A)과 받음각이 큰 윙(B), 크기가 큰 윙(C)의 비교

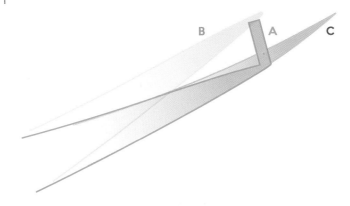

위 그림 같은 경우라면 거니 플랩이 배치된 A 윙 위로 흐르는 공기의 흐름은, 형태는 같지만 받음각을 크게 세팅한 B의 경우와 비슷하게 진행할 수 있다. 그런데, 받음각이 큰 B 윙의 경우 윙 아래쪽 공기 흐름의 분리에 더 취약하기 때문에, A 윙보다 공기역학적 효율이 떨어질 수 있다. 결과적으로 같은 조건에서 A 윙이 B 윙보다 더 많은 다운포스를 만들 수 있는 셈이다.

반대로 거니 플랩을 채택하지 않고 같은 크기의 받음각으로 비슷한 수준의 공기 흐름의 분리가 일어나는 경우라면, A 윙만큼의 공기역학적 효과를 얻으려고 할 때 C 윙처럼 상대적으로 더 큰 윙을 준비해야만 한다. 그러나, 이렇게 윙의 크기가 커지면 전면 참조 영역이 함께 커져 드래그가 증가할 수 있고, 윙 자체의 무게도 늘어날 수 있다는 단점에 노출된다.

지금까지 살펴본 것처럼 거니 플랩을 채용하면 받음각을 심하게 키우지 않은 상태에서 윙의 크기도 유지하면서 간단하게 공기역학적 효율을 높일 수 있었다. 이와 같은 장점을 가진 거니 플랩은 F1을 포함한 다양한 모터스포츠 분야에 빠르게 보급되었고, 이후 비행기, 헬리콥터 등 항공기 분야는 물론 날개와 공기역학적 효율이 중요한 많은 부문에서 활용되기 시작했다. 처음 등장한 뒤 반세기 이상의 시간이 흐르는 동안 F1 레이스카의 윙과 디퓨저 등 공기역학 부품 대부분에 거니 플랩이 사용되었고, 현재까지도 공기역학적 효과가 중요한 많은 분야에서 쓰이는 기계 장치에 거니 플랩이 직접 배치되거나 그 아이디어가 적용되어 큰 도움을 주고 있다.

셰퍼랄 2J (1970)

Chaparral 2J (1970)

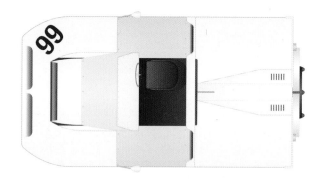

윙의 등장과 함께 공기역학은 F1에서 가장 중요한 기술 분야 중 하나로 부상했다. 다운포스 생성량 증가에 따라 코너 공략 속도가 비약적으로 상승했고, 전체적인 그립 레벨 향상과 함께 레이스카의 조종성과 가속력도 향상됐다. 드래그 발생량 역시 함께 늘어났기 때문에 최고 속도가 줄어들긴 했지만, 다운포스가 주는 긍정적 효과가 다른 부작용과 악영향을 모두 상쇄하고도 남을 만큼 강력했다. 덕분에 대부분 써킷에서 랩 타임이 눈에 띄게 줄어드는 것을 확인할 수 있었다.

1968년 F1에 윙이 도입되면서 진행된 기술적인 변화는 공기역학 혁명이라고 부를만했다. F1 엔지니어와 디자이너들은 레이스카 디자인을 처음부터 다시 생각하게 됐고, 이전까지 쉽게 생각할 수 없었던 신선한 아이디어들이 속출했다. 다양한 실험과 시도가 이어지는 동안 F1 레이스카 디자이너들은 각자의 연구를 계속하는 것은 물론, 다른 F1 팀과 다른 모터스포츠 분야의 신기술과 공기역학적 실험 결과에 대한 관심도 늦추지 않았다.

1970년대 들어 기술 혁신이 빠르게 진행되는 동안, 기술 변화의 빠른 속도를 F1 규정이 따라가지 못하는 양상이 지속됐다. 1976 스페인 그랑프리부터 레이스카 외형에 대한 규정이 대폭 강화되기도 했지만, 그다지 정교하지 않은 규정 덕분에 신기술이나 획기적인 아이디어를 시도할 여지는 충분했다. 이름이 널리 알려져 있던 경력 많은 엔지니어는 물론, 고든 머레이 등 1970년대 중반 이후 주목받기 시작한 젊은 디자이너까지, 모두가 완전히 깨끗한 빈 캔버스에 그림을 그릴 기회가 주어진 셈이었다. 이런 신기술과 새로운 아이디어 중 1970년대 후반을 가장 뜨겁게 달군 것은 바로 "**그라운드 이펙트(ground effect)**"였다.

1970년대 중반에도 엔지니어 사이에 이미 널리 알려져 있었기 때문에, 그라운드 이펙트가 완전히 새로운 개념이라고는 할 수 없었다. 그러나, 셰퍼랄 2시리즈는 다시 한번 많은 엔지니어에게 충격을 주며 레이스카의 그라운드 이펙트 도입에 선구자적 역할을 했다. 1970년 등장한 셰퍼랄 2J는 본격적으로 그라운드 이펙트를 실전에 적용해 이전 모델과는 확연히 다른 외형과 성능을 보여줬다. 이 때문에 일부에서는 2J를 다른 2시리즈와 다른 새 레이스카로 구분하기도 했다.

외형 디자인 면에서 2J는 1970년대 일반적인 스포츠카와 크게 다르지 않았다. 이전에도 이미 제법 단순했던 2시리즈의 겉모습은, 2J에 이르러 거의 박스 형태에 가까운 극단적으로 단순한 형태로 진화했다. 단순하기는 하지만 독특하다고 보기는 어려웠던 외형의 2J를 더 특별하게 만든 것은 그라운드 이펙트를 극대화하는 특별한 시스템이었다. 2J의 특별한 시스템은 정면도나 측면도, 혹은 위에서 본 평면도만으로는 드러나지 않았고, 뒷모습을 통해서만 확인할 수 있었다.

두 개의 팬이 배치된 셰퍼랄 2J의 독특한 뒷모습

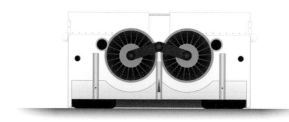

2J는 차량 옆면 아래쪽에 플라스틱 **"사이드 스커트(side skirt)"**를 배치해 차량 아래로 지나는 공기 흐름을 차량 옆으로 흐르는 공기의 흐름으로부터 차단했고, 동력을 만들기 위한 엔진 외에 별도의 엔진을 탑재해 뒤쪽에 달린 거대한 팬을 돌렸다. 21개 날개를 가진 두 개의 팬은 공기를 빨아들여 차량 아래쪽 압력을 낮추고, 낮춰진 압력을 계속 유지하는 장치였다. 이와 같은 **"석션(suction)"**을 통해 차량 아래쪽 기압은 매우 낮은 상태가 유지될 수 있었고, 평범한 방식으로 다운포스를 만드는 경우와 달리 속도가 줄어도 다운포스 생성량은 크게 줄어들지 않았다.

| 세퍼랄 2J의 팬과 팬이 작동하면서 만들어내는 공기의 흐름

물론 세퍼랄 2J의 팬은 높은 효율로 그라운드 이펙트를 발생시킨다고 보기 어려웠다. 그라운드 이펙트가 널리 활용되기 시작한 1970년대 말이나, 1980년대 초반 강력한 퍼포먼스를 과시했던 F1 그라운드 이펙트 레이스카와 비교하면 몇 가지 구성 요소가 완벽하게 갖춰지지 않았기 때문이었다.

외형만 보면 단순하고 깔끔한 윙 카 이미지의 2J였지만, 팬이 빨아들이는 공기의 흐름이 지나는 내부 구조는 파워트레인과 리어 타이어, 각종 차량 부품들이 배치된 흔한 기계실과 비슷했다. 앞서 그라운드 이펙트의 개념 설명에서 등장했던 "벤츄리 터널"과 같은 깔끔한 공기 흐름의 통로는 존재하지 않았다.

팬을 작동시키면 위 그림처럼 그라운드 이펙트를 유도하는 데 도움이 되는 제법 강한 공기의 흐름을 만들 수 있지만, 차량 아래쪽에는 뒤쪽으로부터 앞쪽으로 움직이는 공기 흐름처럼 효율을 떨어뜨리는 흐름도 함께 만들어질 수 있었다. 불규칙한 공기의 흐름이 많이 발생했을 때 그라운드 이펙트의 효과를 유지하기 위해서는 팬을 더 강하게 회전시킬 수밖에 없었고, 결국 팬과 팬을 회전시키기 위한 동력 부품의 무게, 비효율적 공기 흐름까지, 2J의 팬 시스템은 현실적으로 너무 많은 단점을 안고 있었다.

이렇게 세퍼랄 2J는 단점이 많고 효율도 기대에 미치지 못했다고 평가할 수 있다. 그러나, 공기역학적 효과를 윙에만 의존하던 레이스카들과 차원이 다른 수준의 공기역학적 성능을 발휘할 수 있다는 장점은 생각보다 강력했다. 이런 장점 덕분에 세퍼랄 2J는 괴물들의 경연장으로 여겨지던 캔-암 컵에서 한 때 경쟁자들보다 2초 이상 빠른 랩 타임을 기록하기도 했다. 캔-암 컵 레이스에 모두 여섯 차례 출전한 세퍼랄 2J는 단 한 번 완주에 성공하며 아쉬운 종합 성적을 남겼다. 그러나, 두 차례 폴 포지션을 획득하고 한 차례 패스티스트 랩을 기록하는 등 그라운드 이펙트를 바탕으로 한 강력한 퍼포먼스만큼은 분명하게 확인할 수 있었다.

아쉽게도 셰퍼럴 2J의 압도적인 성능을 이끌던 "특별한 장치"는 얼마 지나지 않아 캔-암 컵에서 금지되었다. 팬을 이용해 그라운드 이펙트를 강제로 유도하는 셰퍼럴 2J의 시스템은 경쟁 팀으로부터 규정을 벗어난 "움직이는 공기역학 장치"라는 항의를 불러왔다. 캔-암 컵이 이런 항의를 받아들여 셰퍼럴 2J가 규정을 벗어났다고 해석하면서, 팬 시스템을 장착한 레이스카 역시 역사 속으로 사라지는 듯했다.

재밌는 것은 "움직이는 공기역학 장치"가 규정을 벗어난 것이라며 팬 카를 금지해야 한다는 주장에 앞장섰던 팀 중 하나가, 유럽 무대에서 F1 팀을 운영하는 동시에 북미의 캔-암 컵에도 출전하던 맥라렌이었다는 점이다. 맥라렌은 일단 셰퍼럴 2J의 시스템에 반대표를 던졌지만, 동시에 팬 카와 함께 드러난 그라운드 이펙트의 위력에 집중하고 있었다. 또한, 그라운드 이펙트의 강력한 힘을 두 눈으로 똑똑히 확인한 F1 팀 중, 문제의 신기술을 F1 레이스카에 도입하는 것을 고민한 경우가 맥라렌 외에도 적지 않았을 것이라 추측할 수 있다.

1960년대 말과 70년대 초반 많은 F1 팀과 드라이버들이 캔-암 컵에 참가하고 있었고, 캔-암 컵의 출범 시즌이었던 1966시즌부터 1980시즌까지 드라이버 챔피언 타이틀은 모두 F1 그랑프리에 함께 출전하고 있거나 조금이라도 F1 커리어가 있는 드라이버들이었다. 1969시즌 F1 드라이버 챔피언이었던 재키 스튜어트 역시 1970시즌 캔-암-컵 3라운드 왓킨스 글렌 레이스에 출전해 셰퍼럴 2J를 조종한 드라이버 중 한 명이 되었다. 이런 점들을 고려하면 셰퍼럴 2J와 그라운드 이펙트는 생각보다 일찍 F1과 인연을 맺기 시작했다고 볼 수 있다.

그러나, 1970년대 초반의 F1 공기역학은 아직 그라운드 이펙트를 생각하기에는 충분히 성숙하지 않은 상태였다. 윙이 장착되고 많은 다운포스를 생성할 수 있게 되면서 F1 레이스카의 공기역학이 한 단계 진화한 것은 분명했지만, 어떤 형태의 윙을 어디에 배치할지, 윙을 활용해 어떤 효과를 기대할 수 있는지 명확한 답은 가지고 있지 않았기 때문이다. 간단한 윙의 배치라면 그나마 쉽게 레이스카에 장착해 주행 테스트를 통해 성능을 확인할 수 있었지만, 그 이상의 단계를 생각하기엔 아직 여력이 부족한 상황이었다.

그런데, 셰퍼럴 2J의 팬 시스템은 F1 레이스카에 적용하기에는 너무 복잡했다. 당시 F1 엔지니어의 입장으로 보면 팬을 추가하는 것은 물론, 별도 엔진을 장착하는 것이나 차체 옆 공간에 스커트를 설치하는 것까지 2J의 시스템 대부분이 실전 적용하기 어려운 아이디어였다. 기존 레이스카와 알려진 기술로 챔피언십에서 경쟁하는 데 집중하는 것과 별개로 연구와 실험을 진행하지 않는다면, 셰퍼럴 2J 방식의 그라운드 이펙트가 F1 레이스카의 성능 향상에 도움을 줄 수 있으리라고 상상조차 하기 힘들었다.

이 때문에 F1 무대에서 그라운드 이펙트가 본격적으로 실용화될 때까지는 약간의 시간이 더 필요했다. 로터스 72 이후 형태가 바뀌고 크기가 커지기 시작한 사이드포드의 변화와 F1 공기역학의 전반적인 발전이 거듭된 뒤, 1977년에 이르러서야 드디어 "그라운드 이펙트" 개념이 본격적으로 F1 무대에 모습을 드러낼 수 있었다.

로터스 78 (1977)

Lotus 78 (1977)

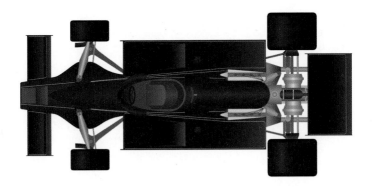

1970년대 초반 F1 최강 팀 중 하나였던 팀 로터스는, 로터스 72의 후속작 개발이 늦어지며 1970년대 중반부터 큰 어려움을 겪기 시작했다. 1974시즌 데뷔한 로터스 76은 겨우 7개 그랑프리 엔트리 리스트에만 이름을 올렸고, 단 한 차례만 완주하는 처절한 실패를 겪었다. 결국 1974시즌 후반 다시 로터스 72가 팀의 주력으로 복귀했는데, 5년 전 모델로 1975시즌 신차들과 경쟁하는 것은 역부족이었다. 1976시즌의 로터스 77은 나름 나쁘지 않은 경쟁력을 갖춰 중상위권에선 경쟁력이 있었지만, 시즌 최종전 일본 그랑프리에서 한 차례 우승하는 데 만족해야 했다. 이렇게 부진에 빠진 팀 로터스에게는 한순간 경쟁력을 회복하기 위한 혁신적인 신기술이 필요했다.

제2차 세계대전에서 활약한 영국 폭격기 "드 하빌랜드 DH.98 모스키토(de Havilland DH.98 Mosquito)"에 주목한 팀 로터스의 콜린 채프먼은 1970년대 중반 떠오른 한 가지 아이디어를 장문의 글로 정리했다. 모스키토의 윙에 배치된 라디에이터가 뜨거운 공기를 뒤로 보내면서 양력을 얻는 구조에서 착안한 아이디어를 전달받은 토니 러드[7]는, 피터 라이트[8] 등과 함께 연구와 실험을 거듭하면서 실제 레이스카에 적용할만한 공기역학적 효과를 확인했다.

이런 노력의 결과 1977시즌 F1 챔피언십 무대에 데뷔한 **로터스 78은 그라운드 이펙트를 본격적으로 적용한 최초의 F1 레이스카**였다. 그라운드 이펙트 구현을 위해 로터스 78은 기본적으로 "윙 카" 레이아웃을 채택했는데, 윙 카 레이아웃이라는 거창한 표현을 사용하는 것과 달리 겉모습만으로는 날개나 윙을 떠올릴만한 특징을 찾기 어려웠다. 문제의 윙 형태가 바깥쪽에서는 쉽게 확인하기 힘든 사이드포드 안쪽에 자리 잡고 있었기 때문이다.

| 벤츄리 터널이 배치된 로터스 78의 사이드포드 영역

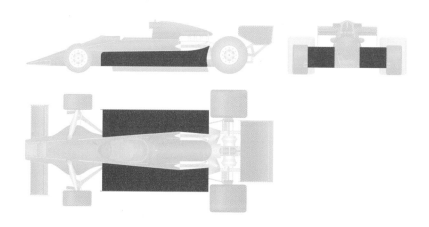

[7] Tony Rudd (1923 ~ 2003) : 영국 출신의 엔지니어. F1 1960년 BRM의 기술 부문을 이끌기 시작한 뒤 챔피언십 타이틀 획득에 성공했고, 1970년대 로터스에서 로드카 부문의 연구에 힘을 쏟는 한편 팀 로터스의 그라운드 이펙트 연구 등에도 깊게 관여했다.

[8] Peter Wright (1946 ~) : 영국 출신의 엔지니어 / 공기역학자. BRM에서 토니 러드와 함께 일했던 경험을 바탕으로, 팀 로터스의 프로젝트에 합류한 뒤 그라운드 이펙트와 액티브 서스펜션 등의 연구에 공헌했다. 은퇴 후 1990년대 중반 FIA의 기술 자문 위원과 안전 위원회 위원장 역할을 수행했다.

로터스 78의 사이드포드 안쪽에는 비어있는 공간이 배치되어 공기 흐름이 지날 수 있는 통로 역할을 했는데, 이 통로는 벤츄리 효과를 활용한다는 의미로 **"벤츄리 터널(Venturi tunnel)"**이라 불렸다. 의도하지 않았더라도 특별한 레이아웃 없이 약간의 그라운드 이펙트 발생을 기대할만한 레이스카가 과거에 없었던 것은 아니지만, 로터스 78은 그라운드 이펙트를 유도하기 위해 의도적으로 벤츄리 터널을 배치했다는 점에서 "본격적으로 그라운드 이펙트를 적용한 최초의 F1 레이스카"라고 불릴 만했다.

로터스 78이 앞으로 움직일 때 공기의 흐름은 사이드포드 속 "윙" 형태 구조물 아래 공간을 통과하며 그라운드 이펙트를 발생시킨다. 아래 그림처럼 로터스 78의 사이드포드 속을 지나는 공기의 흐름은 입구에서 비교적 넓은 공간 속에서 이동하지만, 윙의 아랫면이 지면에 가까워짐에 따라 점차 좁은 공간을 지나게 된다. 사이드포드 뒤쪽으로 이동한 공기의 흐름은 다시 넓은 공간으로 확산하며 빠져나오게 되는데, 이를 종합하면 결과적으로 사이드포드 안쪽에 "벤츄리 관"과 마찬가지 형태의 공간이 만들어진 셈이다.

로터스 78 사이드포드 영역의 벤츄리 터널 속에서 공기의 흐름

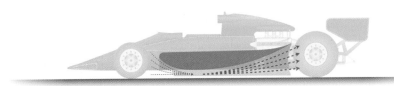

그라운드 이펙트의 힘을 내세운 로터스 78은 전작들에 비해 월등히 뛰어난 경쟁력을 확보했고, 1977시즌 17라운드 중 5승, 폴 포지션 7회, 패스티스트 랩 5회를 기록하며 팀 로터스를 컨스트럭터 챔피언십 2위로 올려놨다. 경쟁 팀들은 모두 로터스 78에 무언가 특별한 것이 있다는 것을 눈치챘지만, 그것이 정확히 무엇인지 파악하는 데에는 제법 긴 시간이 필요했다.

1977시즌 무렵 팀 로터스의 경쟁 팀에도 충분한 재능을 지닌 엔지니어들이 많았지만, 로터스 78의 디자인에 숨겨진 "비밀"을 바로 파악하지 못한 데에는 "사이드 스커트(side skirt)"도 한몫했다. 로터스 78의 사이드포드 아래쪽, 양옆에는 셰퍼랄 2J와 비슷한 스커트가 배치됐다. 문제는 이 사이드 스커트 때문에 팀 로터스의 관계자가 아니라면 사이드포드 안쪽 공간의 형태를 알 길이 없었고, 정확한 형태도 모르는 디자인의 공기역학적 효과까지 짐작하는 것은 너무 어려운 일이었다.

물론 사이드 스커트의 직접적인 목적은 벤츄리 터널이 그라운드 이펙트를 효율적으로 발생시키도록 하는 것이었다. 스커트는 차량 양옆을 지나는 공기 흐름과 레이스카 아래 벤츄리 터널을 지나는 공기의 흐름을 분리하기 위한 부품이었고, 그라운드 이펙트로 차고가 낮아졌을 때는 스커트가 지면과 접촉하면서 벤츄리 터널과 차량 양옆으로 지나는 공기의 흐름을 거의 완벽하게 분리할 수 있었다.

사이드 스커트가 배치된 로터스 78의 사이드포드 옆면 구조

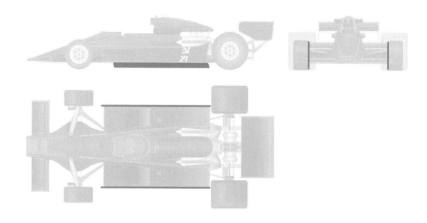

시간이 지나면서 경쟁 팀들도 로터스 78의 그라운드 이펙트에 대해 제대로 이해하기 시작했고, 이어진 1978시즌에는 많은 팀이 그라운드 이펙트 레이스카 개발을 시도했다. 물론 팀 로터스 역시 경쟁 팀의 추격을 가만히 지켜보고만 있지는 않았다. 로터스 78만으로도 다른 팀이 그라운드 이펙트를 어렴풋하게 모방하기 시작한 1978시즌 초반까지는 충분히 경쟁력 있었지만, 팀 로터스는 이에 안주하지 않고 그라운드 이펙트를 포함해 전반적인 성능을 끌어올린 신차 로터스 79를 내놓으며 한 발 더 앞서가려 했다.

로터스 78과 로터스 79는 1978시즌 16라운드 중 11번의 폴 포지션, 6차례의 패스티스트 랩을 기록하며 8승을 합작했고, 결국 팀 로터스와 마리오 안드레티는 컨스트럭터와 드라이버 챔피언 타이틀을 획득할 수 있었다. 팀 로터스의 두 드라이버가 모두 완주에 성공한 레이스에서는 단 한 경기를 제외하고 모두 1-2 피니시를 완성했다는 기록은, 1978시즌의 팀 로터스가 얼마나 막강했는지 짐작할 수 있게 하는 부분이다.

그라운드 이펙트가 F1 레이스카의 공기역학적 성능을 비약적으로 끌어올릴 수 있다는 것이 널리 알려지기 시작한 뒤, 팀 로터스 외에 다른 F1 팀도 서둘러 그라운드 이펙트 레이스카를 선보였다. 1978시즌 중에는 다양한 방식으로 그라운드 이펙트를 기대하는 레이스카 디자인이 속속 등장했는데, 그중 가장 눈에 띄었던 것은 브라밤과 고든 머레이가 선보인 브라밤 BT46B였다.

브라밤 BT46B (1978)

Brabham BT46B (1978)

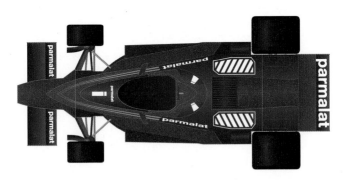

로터스 78과 로터스79에 자극받아 그라운드 이펙트 레이스카 개발에 나섰다는 점에서 브라밤의 고든 머레이[9] 역시 경쟁 팀 엔지니어들과 크게 다를 바 없었다. 그러나, 머레이는 현실적인 문제로 로터스 78이나 로터스 79의 방식을 그대로 따를 수 없었기 때문에 다른 방법을 찾아야만 했다. 머레이가 떠올린 아이디어는 8년 전 셰퍼럴 2J가 시도했던 것을 기반으로 하지만 조금은 다른 방식으로 **"팬 카(fan car)"** 개념을 활용하는 것이었다. 결국 1978시즌 3라운드에서 데뷔했던 브라밤 BT46를 팬 카로 업데이트한다는 아이디어로부터 출발해, F1 역사에서 **"유일하게 실전 투입된 팬 카"** 브라밤 BT46B이 탄생했다.

1970년대 중반까지 코스워스 엔진을 사용하던 브라밤은, BT45를 개발하면서 알파로메오 엔진으로 과감한 교체를 단행했다. 그러나, 코스워스 DFV에 비해 최대 출력과 토크 면에서 월등히 강하다는 장점 때문에 선택한 알파로메오 115-12 엔진은, 크기가 너무 컸고 무거운데다가 연료 사용량 또한 많았다. DFV 엔진보다 50bhp가량 더 강한 최대 출력을 낼 수 있었지만, 무게가 40Kg 이상 더 무거웠으며 더 많은 연료와 오일을 싣고 달려야만 했다. 결국 마지막 출전 경기였던 1978시즌 2라운드까지 BT45는 단 1승도 거두지 못하며 기대 이하의 성적을 남겼다.

고든 머레이는 전작의 실패를 교훈 삼아 사다리꼴의 독특한 차체 디자인으로 BT46의 전면 참조 영역을 대폭 줄였고, 몇 가지 혁신적인 시도를 통해 차체 무게도 줄일 수 있었다. 그러나, 빠르게 대세로 자리 잡고 있던 그라운드 이펙트 효과를 위해 벤츄리 터널을 적절히 배치하는 것은 여전히 어려운 일이었다. 시행착오가 거듭되는 가운데 어느 정도 노하우가 쌓인 1980년대라면 큰 문제가 아니었겠지만, 1978년 무렵에는 아래 그림처럼 수평대향 12기통 엔진을 택할 경우 벤츄리 터널을 배치할 공간을 V8 엔진만큼 충분히 확보할 수 없는 문제에 해법을 찾지 못했기 때문이다.

V8과 수평대향 12기통 엔진 레이아웃과 벤츄리 터널 공간 비교

V8 엔진 레이아웃 + 벤츄리 터널 공간

수평대향 12기통 엔진 레이아웃 + 벤츄리 터널 공간

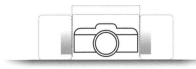

[9] Gordon Murray (1946 ~) : 남아프리카공화국 출신의 자동차 / 레이스카 디자이너. 브라밤과 맥라렌 그룹에서 각각 17년 씩 활약하며 F1 레이스카와 로드카 맥라렌 F1을 디자인했고, 2005년 고든 머레이 디자인을 설립했다.

브라밤 BT46에 팬을 추가해 그라운드 이펙트를 강화하는 아이디어는 셰퍼럴 2J로부터 영감을 받기도 했지만, 1978시즌을 위해 개발 중이던 티렐 008의 신기술에 대한 정보로부터도 적지 않은 영향을 받았다. 티렐 008의 아이디어는 "레이스카 아래쪽에 라디에이터를 배치하고, 차량 뒤쪽에 작은 팬을 배치해 라디에이터의 냉각을 돕는 것"이었다. 이는 기본적으로 냉각 성능과 관련 아이디어였지만, 부가적으로 팬의 작동으로 다운포스가 조금이나마 만들어지는 것을 내심 기대하고 있었다. 만약 실전에 투입됐다면 티렐 008이 F1 "최초의 팬 카"가 되었을지도 모른다.

그러나, 테스트 결과 티렐 008의 팬은 효율이 너무 낮아 과열 문제가 심각했고, 결국 티렐은 팬을 포함하는 냉각 시스템을 포기했다. 티렐은 최초의 팬 카를 완성하지 못했지만, 테스트 시기 미팅을 위해 티렐을 방문했던 데이빗 콕스(David Cox)가 팬을 포함한 냉각 시스템 설계 일부를 목격했다. 얼마 뒤 콕스가 브라밤의 냉각 시스템을 컨설팅하는 과정에서 문제의 아이디어가 전파됐고, 고든 머레이는 브라밤 BT46B의 디자인을 본격 추진할 수 있었다.

브라밤 BT46B는 셰퍼럴 2J와 티렐 008로부터 디자인의 영감을 받았다고 얘기했지만, 실제 완성된 레이스카의 모습과 팬 시스템에는 분명한 차이가 있었다. 먼저 셰퍼럴 2J가 두 개의 팬을 구동하기 위해 별도의 2-싸이클 엔진을 추가했던 것과 달리, 브라밤 BT46B는 강력한 알파로메오 115-12 엔진의 출력 일부를 활용해 하나의 큰 팬을 돌리는 방식을 택했다. 티렐 008은 냉각을 위한 팬이 작아 충분한 냉각 효과를 얻지 못하고 과열 문제에 시달렸지만, 브라밤 BT46B는 커다란 팬을 레이스카 뒤에 배치하면서 제법 준수한 수준의 냉각 효과를 얻을 수 있었다.

거대한 팬이 배치된 브라밤 BT46B의 뒷모습

테스트를 통해 나타난 BT46B와 팬을 포함한 "냉각 시스템"의 성능은 기대를 훌쩍 뛰어넘었는데, 이 때문에 브라밤은 오히려 골치 아픈 상황에 직면했다. 1970년대 후반 브라밤을 이끌던 버니 에클스톤[10]은 매뉴팩쳐러를 제외한 다수의 F1 팀이 가담한 FOCA[11]의 리더 역할도 맡고 있었다. 에클스톤은 자신이 이끄는 팀 브라밤에서 규정 위반의 소지가 다분한 시스템을 투입할 경우, FOCA 소속되어 있는 팀 로터스, 맥라렌, 티렐 등 경쟁자들이 불편해하면서 결속이 흔들리게 될 것을 우려했다. 에클스톤의 우려대로 1978 스웨덴 그랑프리를 통해 BT46B가 공개되자, 경쟁자들은 곧바로 문제를 제기하려는 움직임을 보였다.

---

[10] Bernie Ecclestone (1930 ~) : [전] F1 그룹 대표. 요헨 린트의 매니저를 거쳐 1972년부터 브라밤을 인수해 이끌었고, 1980년대를 거치며 F1 전체를 지배하기 시작해 2017년 리버티 미디어의 F1 인수 이전까지 "F1 수프리모(F1 Supremo)"로 군림했다.

[11] Formula One Constructors' Association

버니 에클스톤은 경쟁 팀들의 반발을 무마하기 위해 약간의 트릭을 썼다. 1978 스웨덴 그랑프리 퀄리파잉에 나선 BT46B에는 퀄리파잉에서 당연하게 선택되는 부드러운 컴파운드 대신 가장 단단한 컴파운드의 타이어가 장착됐다. 또한, 몇 랩 달리지 않는 퀄리파잉인데도 이례적으로 연료를 가득 채운 무거운 차량으로 기록 도전에 나서도록 했다. 이런 주문은 레이스카의 성능이 노골적으로 드러나는 퀄리파잉에서 "팬 카"의 성능을 의도적으로 감추기 위한 것이었다.

경쟁 팀들의 이의 제기에 대해 브라밤은 문제의 팬이 냉각 시스템의 일부이며 규정에 문제될 것이 없다고 주장했다. 실제로 브라밤은 고든 머레이가 노즈 쪽 수랭식 라디에이터를 레이스카 측면 열교환기로 대체하는 아이디어를 도입한 뒤, 해결하지 못한 냉각 문제로 큰 어려움을 겪은 바 있었다. 냉각 시스템과 관련된 데이빗 콕스의 컨설팅 이후 추가된 팬이 실제로 냉각 문제에 어느 정도 도움을 준 것도 사실이었지만, 경쟁 팀들은 브라밤의 주장을 순진하게 그대로 믿어주지 않았다. 공기역학적 효과가 부가적일 뿐이라는 주장 역시 당시 분위기로는 받아들이기 어려웠다.

퀄리파잉 결과 로터스 79의 3경기 연속 폴 포지션이 확정됐고, 브라밤 BT46B에 탑승했던 존 왓슨은 0.679초 차 2위, 니키 라우다는 0.725초 차로 3위를 차지하는 데 그쳤다. 니키 라우다가 시즌 초반 남아프리카공화국 그랑프리에서 팬 카가 아니었던 BT46으로 이미 폴 포지션을 획득했던 것을 생각하면, 최소한 이 결과에서만큼은 "팬 카"의 강력함이 충분히 드러나지 않았다고 볼 수 있었다.

그러나, 바로 이전 경기였던 1978 스페인 그랑프리 퀄리파잉에서는 팬 시스템을 부착하기 전의 BT46이 로터스 79보다 1.5초 이상 느린 랩타임을 작성한 기록이 있었다. 이런 기록 차이를 고려한다면, 연료를 가득 싣고 단단한 컴파운드의 타이어를 장착하고도 격차를 크게 좁힌 "팬 카"의 성능이 그만큼 더 뛰어나다는 증거라고도 볼 수 있었다.

경쟁 팀들의 이의 제기에도 불구하고 브라밤 BT46B의 레이스 출전은 결국 허용되었고, 니키 라우다와 존 왓슨이 탑승한 두 대의 "팬 카"는 역사적인 첫 F1 레이스에 나섰다. 레이스에서는 경기 초반부터 팀 로터스의 마리오 안드레티와 브라밤의 니키 라우다가 접전을 펼쳤고, 레이스 중반 선두로 나선 라우다는 매우 미끄러운 노면 위에서 압도적인 성능을 뽐내며 선두를 질주했다.

레이스에서 가장 큰 위협이었던 팀 로터스의 안드레티가 엔진 문제로 리타이어했고, 브라밤의 존 왓슨 역시 스핀과 함께 완주에 실패했다. 그러나, 니키 라우다는 애로우즈의 리카르도 파트레제와 팀 로터스의 로니 페터슨 등 2위권 드라이버들을 34초 차로 크게 따돌리며 자신과 소속 팀 브라밤의 시즌 첫 승을 거두는 데 성공했다. 브라밤 BT46B는 화려한 데뷔전을 치렀지만, 경기 직후 CSI[12]는 팬 시스템이 규정을 벗어났다고 해석해, 이후 레이스 참가를 불허하기로 결정했다. 결국 1978 스웨덴 그랑프리는 "팬 카"의 역사적인 데뷔전이자 마지막 F1 챔피언십 그랑프리가 되고 말았다.

"팬 카"라는 혁신적인 아이디어가 금지된 이후에도, 그라운드 이펙트는 여전히 F1 레이스카 디자인에서 가장 중요한 요소였다. 그러나, 1980년대 초반까지 그라운드 이펙트와 관련해 충격적이거나 상상하기 힘든 획기적인 아이디어는 쉽게 등장하지 않았다. F1의 "그라운드 이펙트 시대"가 계속되는 동안 단순하지만 효율적이었던 로터스 78과 비슷한 구조 개념의 큰 틀을 유지한 채, 각 엔지니어들의 노력으로 조금씩 개선이 이뤄지는 흐름이 한동안 이어졌다.

---

12 Commission Sportive Internationale : 1979년 출범한 FISA(Fédération Internationale du Sport Automobile)의 전신으로 F1 등 FIA가 주관하는 모터스포츠 이벤트를 운영하고 관리하는 조직이었다.

1977시즌 로터스 78이 막을 연 F1의 그라운드 이펙트 시대는 1982시즌까지 여섯 시즌 동안 이어졌다. 초창기 충분한 경험과 데이터가 쌓이지 않았을 때부터 이런저런 한계를 극복하며 그라운드 이펙트를 최대화하기 위해 다양한 시도가 이뤄졌지만, 1970년대 말쯤에는 그라운드 이펙트 레이스카의 형태가 어느 정도 정형화되는 양상을 보였다. 대부분 레이스카는 사이드포드 안에 벤츄리 터널 공간을 충분히 확보했고, 사이드 스커트로 외부 공기의 흐름을 차단해 그라운드 이펙트를 최대화하는 것까지 비슷한 설계와 디자인의 핵심적인 틀을 벗어나지 않았다.

브라밤 BT46B가 "팬 카"라는 독특한 아이디어로 주목받을 때만 해도, 엔진 레이아웃 문제는 그라운드 이펙트 레이스카 디자인에 어느 정도 영향을 주고 있었다. 그러나, 1979시즌 브라밤의 알파로메오 엔진과 같은 수평대향 12기통 엔진의 한계를 안고 있던 페라리 312T4는 13경기 출전에 6승을 거두며 챔피언 타이틀 획득의 1등 공신이 되었다. 엔진 레이아웃의 영향력을 완전히 무시할 수는 없더라도, 상황에 따라 어느 정도 한계를 극복할 수 있다는 사실을 보여 준 사례였다.

그러나, 이어진 1980시즌에는 다시 코스워스 DFV 엔진을 사용하는 팀들의 공기역학적 성능이 비약적으로 향상되었다. 반면, 엔진 레이아웃 문제로 그라운드 이펙트 활용에 조금씩 한계가 드러난 페라리는 왕좌에서 물러났다. 1979시즌에는 높은 신뢰도와 완주율이 312T4의 챔피언 타이틀 획득에 큰 도움을 주었지만, 1980시즌의 312T5는 부족한 성능에 신뢰도마저 좋지 않았다. 결국 페라리는 수평대향 12기통을 포기했고, 1981시즌 V6 터보차저 엔진을 도입했다.

그라운드 이펙트 시대가 무르익으면서 F1 레이스카의 공기역학적 성능은 빠르게 향상됐지만, 그와 함께 이전까지 크게 걱정하지 않았거나 예상하지 못했던 이슈들도 부각되기 시작했다.

그라운드 이펙트 시대 초기부터 떠오른 이슈 중에는 급격하게 강해진 다운포스 문제도 있었다. 21세기 기준으로는 전혀 문제가 되지 않을 이슈지만, 1970년대 말까지만 해도 과도한 다운포스 생성에 적응하지 못하는 경우가 제법 많았다. 충분한 다운포스를 만들려면 전보다 훨씬 빠른 속도로 코너에 진입해야 했지만, 이런 상황에 익숙지 않은 드라이버들은 속도를 높이며 코너에 적응하는 것에 종종 적응하지 못했다. 1978시즌 브라밤 BT46B를 처음 경험했던 니키 라우다 역시 이미 여러 팀에서 다양한 레이스카를 경험한 당대 최고의 드라이버였지만, 팬 카의 성능을 최대한 끌어낼 수 있는 드라이빙 스타일을 찾는 데 어려움을 겪었다고 언급하기도 했다.

다운포스 생성량이 늘어난 이후 예전보다 빠른 속도로 코너를 선회할 때 발생하는 강력한 횡방향 G-포스[13] 때문에 드라이버들이 목 주변의 고통을 호소하는 경우도 속출했다. 21세기 기준으로는 포뮬러를 꿈꾸기 시작한 어린 시절부터 목 근육을 단련하기 시작해, F1에 근접할 나이에는 전문적인 코칭과 훈련을 받은 덕분에 목 고통이 심각한 문제로 이어지는 경우가 많지 않다. 그러나, 몸 관리를 신경 쓰는 경우가 흔하지 않았던 1980년대 초반만 해도 강한 횡방향 G-포스는 드라이버의 목에 큰 부담이 될 수밖에 없었다.

그라운드 이펙트 시대가 계속되는 동안 이전에는 전혀 생각하지 못했던 새로운 문제도 부각됐다. 1970년대의 F1 레이스카는 보통 부드러운 움직임이나 편안한 승차감과 거리가 멀었지만, 1970년대 종반의 그라운드 이펙트 레이스카는 이전에 느꼈던 것과는 차원이 다른 불편함을 가져왔다. 아래위로 격렬하게 흔들리는 레이스카에 오른 드라이버들은 매우 나쁜 승차감과 통증을 호소했고, 때로는 차에서 내려 멀미에 구토까지 하는 드라이버도 있었다.

---

[13] gravitational force equivalent : 가속과 중력 등 역학적 힘이 어떤 객체에 작용하는 단위 질량 당 가속도.

그라운드 이펙트 레이스카에 탑승해 고속 주행에 나섰던 드라이버들을 괴롭게 했던 이슈 중 하나는 **"포포싱(porpoising)"**이라고 불렸던 현상이었다.

포포싱은 돌고래가 헤엄칠 때 수면 위로 올라왔다가 물속으로 들어가기를 반복하는 움직임을 가리키는 단어로, 그라운드 이펙트 레이스카가 빠른 속도로 움직일 때 차량이 아래위로 출렁이듯 움직이는 현상을 가리킬 때 사용된다. 일반적으로 포포싱이 발생하는 과정은 다음 그림처럼 설명할 수 있다.

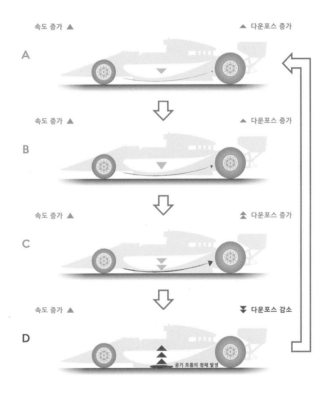

A처럼 차체가 어느 정도 높은 위치에 있을 때, 속도가 일정 수준 이상으로 빨라지면 다운포스가 발생하면서 약간의 그라운드 이펙트도 발생하기 시작한다. 다운포스의 영향으로 차체가 약간 아래 B 위치로 내려오면, 그라운드 이펙트는 더 강력해지고 전체적인 다운포스 생성량 역시 더 늘어난다. C처럼 플로어가 지면에 근접하면, 다운포스 생성량도 빠르게 늘어나고 그보다 큰 폭으로 그라운드 이펙트 역시 급격하게 강해진다.

그러나, 일정 수준 이상 차체가 아래로 내려가면 차량 아래쪽과 지표면 사이 공간이 부족해지고, 공기 흐름이 움직이지 못해 정체되는 현상이 생길 수 있다. D처럼 공기 흐름이 멈추고 정체되면 다운포스 생성량은 0이 되고, 다운포스 때문에 지면에 근접했던 차체는 빠르게 지표면으로부터 멀어진다. D의 위치에서 높아지기 시작한 차체는 곧 A와 같은 높은 위치까지 돌아갈 수 있다.

앞선 그림의 D 위치에서 바로 A 위치까지 차체가 올라가면, 차체 아래쪽으로 다시 공기의 흐름이 쉽게 움직일 수 있는 공간이 확보된다. 이렇게 되면 공기 흐름이 다시 벤츄리 터널을 지나는 효과를 얻고, D 위치에서 크게 줄어들었던 다운포스 생성량은 매우 빠르게 증가하게 된다. 이후 속도가 계속 빨라지거나 유지되는 동안 그림 A의 상황부터 B, C, D를 거쳐 다시 그림 A 위치로 돌아오는 과정이 반복되는 것이 포포싱이라고 볼 수 있다. 주변에서 이런 순환 과정을 반복하는 레이스카를 바라본다면, 차량이 아래위로 출렁이듯 움직이는 것을 목격하게 된다.

아래는 포포싱 현상에 노출된 레이스카에서 "속도 증가에 따라 변하는 다운포스 생성량"을 그래프로 나타낸 것이다.

포포싱 현상에 노출된 레이스카의 속도 증가에 따른 다운포스 생성량 변화

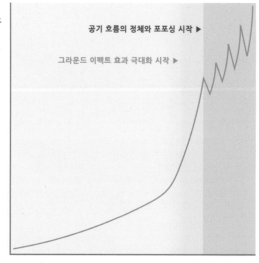

위 그래프의 왼쪽, 즉 속도가 느린 상황에서는 생성되는 다운포스의 양도 적다. 레이스카의 속도가 빨라지면 다운포스 생성량도 늘어나는데, 일정 수준 이상 속도가 빨라지면 그라운드 이펙트의 효과가 극대화되기 시작한다. 위 그래프에서 옅은 파란색으로 표시한 영역에서 다운포스의 증가폭이 급격하게 가팔라진 것을 확인할 수 있다.

그러나, 속도가 더 빨라지고 옅은 빨간색 영역에 들어서면, 다운포스에 눌린 차체가 지면에 근접해 공기 흐름의 정체가 발생하는 포포싱 현상의 순환이 시작된다. 포포싱 현상이 계속되는 동안 그래프는 다운포스의 증가와 감소가 반복되면서 지그재그 형태를 그린다. 이와 같은 다운포스의 변화는 그대로 레이스카의 차체 높이에 영향을 주는데, 대부분의 경우 프론트 다운포스 생성량과 리어 다운포스 생성량이 일치할 수 없기 때문에 차체의 진동은 아래위로 움직이는 것과 동시에 피치 변화로 앞뒤로 출렁이는 움직임을 보이게 된다. 이 때문에 단순하게 서스펜션 시스템을 조절하는 것만으로 포포싱을 완전히 제어하기 어려워진다.

포포싱과 별개로 그라운드 이펙트 레이스카는 심각한 **"바터밍(bottoming)"** 문제에 노출되는 경우도 많았다. 바터밍은 차체의 바닥에 해당하는 플로어 등 차체 일부가 지면과 닿는 현상을 가리킨다. 높은 속도에서 포포싱이 일어나지 않았더라도 노면 상황이나 셋업, 차량 특성 등 여러 가지 이유로 바터밍이 발생할 수 있었고, 라이드 하이트를 한껏 낮춘 그라운드 이펙트 시대의 레이스카들은 바터밍 문제에 더 취약할 수 있었다.

벤츄리 터널 구조를 유지하는 데 큰 역할을 하는 사이드 스커트도 골칫거리 중 하나였다. 스커트가 지면과 근접하거나 닿아있을 때 그라운드 이펙트가 극대화되지만, 고속 코너를 공략하는 과정에서 한쪽 스커트가 파손된다면 큰 사고로 이어질 수 있었다. 이런 그라운드 이펙트 레이스카의 안전 문제에 민감하게 반응하던 FISA는 결국 그라운드 이펙트 금지 조치를 준비하기 시작했지만, 조금씩 규정이 추가되고 다듬어지는 과정을 거쳐 그라운드 이펙트가 완전히 금지될 때까지는 세 시즌이 필요했다. 세 시즌 동안 진행된 그라운드 이펙트 금지 관련 주요 규정 변화는 다음과 같았다.

> **1981**시즌 : 슬라이딩 스커트 금지. **라이드 하이트 6cm 이상**으로 제한.
>
> **1982**시즌 : 고정 스커트 허용. **라이드 하이트 제한 철폐.**
>
> **1983**시즌 : **평면 플로어** 규정 도입과 함께 그라운드 이펙트 금지.

FISA의 강력한 의지에도 불구하고 그라운드 이펙트의 완전한 금지가 늦어진 이유 중 하나는 F1 엔지니어들의 대응과 기술 혁신이 조금씩 규정 변경을 상쇄했기 때문이다.

지면과 최소 거리를 6cm로 제한하는 규정이 추가되자, 브라밤은 "유압 서스펜션(hydraulic suspension)"[14]을 도입해 계속 그라운드 이펙트를 활용했다. 팀 로터스의 콜린 채프먼은 기존 섀시 본체의 바깥쪽에 스커트와 연결된 별도의 섀시를 연결 배치하는 "트윈 섀시(twin chassis)"[15] 아이디어를 내놓기도 했다.

1981시즌은 FISA와 FOCA의 분쟁이 격해지던 시기로, 매 그랑프리 다양한 사건·사고가 속출했다. 골치 아픈 기술적 문제가 정치적 이슈로 비화하는 일이 잦았고, 이런 복잡한 상황 속에 현실적으로 모든 루프홀을 차단하고 규정 변화의 취지를 관철하는 것은 사실상 불가능했다.

1982시즌에 접어들 무렵에는 대부분 F1 레이스카에 유압 서스펜션이 도입되었고, 유명무실해진 라이드 하이트 6cm 규정은 결국 철폐됐다. F1 역사상 가장 논란이 많았던 1982시즌은 그라운드 이펙트 규제가 주춤한 가운데 개막됐고, 질 빌너브와 리카르도 팔레티가 경기 중 목숨을 잃고 디디에 피로니가 큰 사고로 F1에서 은퇴하는 등 안전 문제에 따른 비극이 거듭됐다. 안전 문제에 대한 비판의 목소리가 높아지는 가운데, 각종 사고와 무관하지 않았던 그라운드 이펙트에 대한 문제의식 역시 극대화될 수밖에 없었다.

---

14 학술적인 명칭으로 hydropneumatic suspension이라 불리기도 했다.

15 1981시즌 로터스 88이 채택한 혁신적 구조. "더블 섀시(double chassis)", "듀얼 섀시(dual chassis)" 등 다양한 명칭으로 불렸다. 시즌 개막전부터 여러 차례 그랑프리 출전을 시도했지만, FISA는 규정 위반으로 해석하며 그랑프리 출전을 허용하지 않았다.

VIII.
F1 공기역학의 역사 III
HISTORY OF FORMULA 1 AERODYNAMICS III

F1 레이스카의 공기역학은 1960년대 말부터 1980년대 초반까지 매우 빠르게 성장했다. 윙의 등장 이후 다운포스의 활용과 공기역학 전반에 대한 이해와 관련 기술 발전이 거듭되면서 F1 레이스카의 공기역학적 효율은 비약적으로 높아졌다. 이 시기에는 공기역학적 성능에 영향을 주는 새로운 아이디어와 신기술이 다양하게 등장했지만, 1970년대 말, 1980년대 초를 기준으로 사람들의 시선을 가장 많이 끌었던 기술은 분명 그라운드 이펙트였다.

물론 1980년대 극 초반에는 그라운드 이펙트 외에도 F1 여러 부문에서 역사적으로 매우 중요한 혁신과 발전이 이뤄지고 있었다. 1980년대 초반 그라운드 이펙트를 제외한 F1 레이스카의 기술 혁신 중 가장 중요한 두 가지는 **"카본-파이버 모노코크 섀시(carbon-fiber monocoque chassis)"** 채택과 **"터보차저(Turbocharger)"** 엔진의 급부상이었다.

1981시즌 개막 전부터 뜨거운 감자가 되었던 듀얼 섀시의 로터스 88은, 안쪽 섀시를 탄소섬유 화합물로 이뤄진 모노코크 구조로 만들어 그랑프리 출전만 허용됐다면 F1 최초의 카본-파이버 모노코크 섀시 레이스카라는 타이틀을 차지할 수 있었다. 그러나, 로터스 88은 듀얼 섀시가 규정을 위반했다는 해석에 따라 F1 챔피언십 그랑프리에 단 한 차례도 출전하지 못했고, 카본-파이버 모노코크 섀시를 적용한 F1 레이스카의 등장은 조금 더 늦춰졌다.

1960년대 "처음으로 모노코크 섀시를 채택한 F1 레이스카" 로터스 25를 선보였던 팀 로터스는 항상 주요 기술 혁신의 선봉에 서 있었지만, 로터스 88이 챔피언십 그랑프리 데뷔에 실패하면서 카본-파이버 모노코크 섀시 레이스카 개발에서만큼은 최초가 될 기회를 놓치고 말았다. 팀 로터스보다 먼저 카본-파이버 모노코크 섀시를 적용한 레이스카를 F1 챔피언십 그랑프리에 처음 투입한 것은 맥라렌이었다.

1981시즌 3라운드였던 아르헨티나 그랑프리에 처음 출전한 맥라렌 MP4/1[1]은 "카본-파이버 모노코크 섀시를 실전에 적용한 첫 번째 F1 레이스카"가 되었다. 카본-파이버 모노코크 섀시는 처음 등장했을 때부터 신기술로 주목받았지만, 다른 F1 팀의 엔지니어들에게 생소한 개념은 아니었다. 이미 엔지니어 사이에 어느 정도 알려졌던 기술이었기 때문에, 맥라렌 MP4/1 이후 카본-파이버 모노코크 섀시는 생각보다 빠르게 F1 레이스카의 표준으로 자리 잡을 수 있었다.

1980년대 중반 무렵 이미 대부분 F1 레이스카의 개발은 카본-파이버 모노코크 섀시를 기본으로 이뤄졌고, 다른 부분까지 카본-파이버의 활용이 확대되는 가운데, 카본-파이버를 사용하지 않는 섀시 제작은 F1에서 빠르게 도태되었다. 꾸준히 발전을 거듭해 21세기 이후로도 카본-파이버 모노코크 섀시를 기본으로 모든 F1 레이스카가 만들어지는 만큼, 맥라렌이 처음으로 도입한 신기술은 F1의 기술적 진보에 크게 공헌한 역사적 사건이었던 셈이다.

---

[1] 처음 공개되었을 당시 공식 명칭은 단순하게 MP4였으나, 이후 같은 MP4의 이름을 단 레이스카가 계속 등장하면서 공식 명칭이 MP4/1으로 변경되었다.

르노 RE30B (1982)

Renault RE30B (1982)

1970년대 말부터 1980년대 초반까지 F1에 큰 파문을 불러온 또 하나의 중요한 변화는 터보차저 엔진의 급부상이었다. 그라운드 이펙트 레이스카가 처음 F1 무대에 나섰던 1977시즌 중반, 르노는 "F1 최초의 터보차저 레이스카" RS01을 선보였다. 그러나, 처음부터 신기술의 막강한 위력을 보여줬던 로터스 78과 달리, RS01은 처음 출전한 네 경기에서 모두 리타이어[2]했고 다섯 번째 경기에서는 27대의 출전 차량 중 유일하게 퀄리파잉 통과에 실패하는 수모를 겪기도 했다.

르노 RS01은 여덟 번째 출전 경기였던 1978 모나코 그랑프리에 이르러서야 처음으로 완주에 성공했고, 미국 그랑프리에서는 4위로 첫 포인트를 획득하며 조금은 발전된 모습을 보여주는 듯 했다. 그러나, 1978시즌 14경기 출전에 리타이어 9회(엔진 및 터보차저 이슈 8회, 기어박스 이슈 1회)를 기록하며 처참한 신뢰도를 보여준 RS01이 성공적이었다고 평가하기는 어렵다.

거듭된 실패 속에서도 르노는 터보차저에 대한 도전을 포기하지 않았고, 거듭된 실패의 경험을 살려 1979시즌 새로운 모델 RS10을 투입했다. RS10도 신뢰도 부문에서는 여전히 문제가 많았지만, 1979 프랑스 그랑프리에서 우승을 차지하며 역사적인 터보차저 레이스카의 첫 F1 그랑프리 우승이라는 기록을 남겼다.

1980시즌 3승을 기록했던 RE20을 거쳐, 1981 모나코 그랑프리를 통해 데뷔한 르노 RE30은 1983시즌 초반까지 업데이트를 거듭하며 제법 오랫동안 F1 무대에서 활약했다. 르노 RE30은 다양한 아이디어의 등장과 기술 혁신이 뒤섞이며 혼란스러웠던 그라운드 이펙트 시대 종반의 특징을 상징적으로 보여주는 레이스카 중 하나였다. RE30의 초기형은 1981시즌 10차례 그랑프리에 출전에 폴포지션 6회와 함께 3승을 거두는 등 선전했고, 첫 번째 RE30과 함께 르노는 처음으로 F1 강팀들과 어깨를 나란히 하기 시작했다.

1982시즌에는 기존 RE30의 업그레이드 버전 RE30B가 투입되었는데, 그랑프리에 16회 출전해 폴포지션 10회와 함께 4승을 거뒀다. RE30B는 신뢰도 이슈만 아니었다면 챔피언 타이틀 획득이 충분히 가능했을 정도의 뛰어난 성능을 보여줬다. 퀄리파잉에서의 속도와 레이스 결과를 종합적으로 봤을 때, RE30B는 1980년대 르노 팩토리 팀 최고의 레이스카였다 해도 무리가 없다.

르노 RE30B는 그라운드 이펙트가 마지막 불꽃을 태우던 시기 F1 레이스카의 특징을 그대로 담고 있기도 했다. 르노 RE30B를 통해 확인할 수 있는 1980년대 초반 그라운드 이펙트 레이스카의 주요 특징은 크게 다음과 같은 세 가지로 정리할 수 있다.

먼저 **벤츄리 터널이 내부에 배치되는 커다란 사이드포드**를 갖고 있었다. 1970년대 초반부터 작은 사이드포드가 F1 레이스카의 앞뒤 바퀴 사이에 배치되기는 했지만, 1980년대 초에는 여전히 상당수의 레이스카에서 라디에이터와 열교환기, 냉각 시스템은 차량 앞쪽에 자리 잡고 있었다. 때로는 노즈/프론트 윙 유닛 내부에 냉각 시스템을 배치하는 경우도 있었다. 그러나, 1970년대 중반 다수의 F1 레이스카의 사이드포드 크기가 전보다 커졌고, 크기가 커진 사이드포드 덕분에 벤츄리 터널을 배치하는 아이디어가 쉽게 실전 적용될 수 있었다고도 볼 수 있다.

---

[2] 1977, 1978시즌 르노는 한 대의 레이스카만 출전시켰다. 처음으로 기록했던 네 차례 리타이어 중 세 건은 파워트레인 관련 리타이어였다.

1970년대 말쯤에는 아래 그림처럼 사이드포드의 길이가 앞뒤로 더 길어지고, 사이드포드가 앞뒤 바퀴 사이 공간을 메꾸는 방식으로 F1 레이스카 디자인의 경향이 바뀌기 시작했다. 그라운드 이펙트 시대에 접어들어 1980년대 초반에는 10년 전과 비교할 수 없을 정도로 큰 사이드포드가 배치되었고, 원하는 형태로 벤츄리 터널을 구성하는 데 충분한 공간이 마련됐다.

1972 ~ 1982시즌 사이 대략적인 콕핏 위치와 사이드포드 크기의 변화

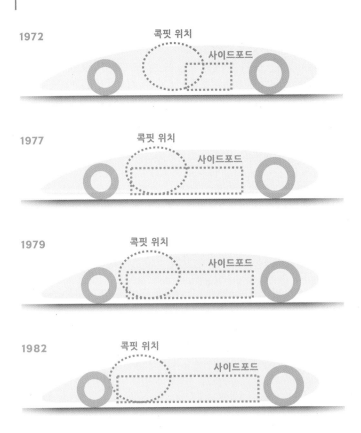

사이드포드와 벤츄리 터널의 크기가 커지는 것과 함께 그라운드 이펙트를 중심으로 공기역학적 성능이 향상되면서, F1 레이스카의 **전체적인 구조와 밸런스도 조정**되었다. 위 그림처럼 콕핏의 위치는 점점 앞쪽으로 옮겨졌고, 프론트 오버행[3]은 짧아졌다. 물론 이런 경향과 함께 밸런스는 바뀌었지만, 휠베이스 자체는 늘어나지 않고 그대로 유지된 경우도 많았다. 드라이버가 레이스카의 거의 맨 앞 위치에서 차량을 조종하게 되었고, 무거운 엔진은 차량 중앙에 가까운 위치로 옮겨졌다.

---

[3] front overhang : 차량 맨 앞부분부터 프론트 휠 센터라인까지의 거리.

마지막으로 주목할만한 변화는 **프론트 윙의 크기가 작아진 것**이었다.

1970년대 중반까지 노즈와 프론트 윙에는 다양한 디자인이 시도되었고, 크기 역시 점점 커졌다. 일부에서는 라디에이터가 들어갈 수 있도록 크고 두꺼운 형태로 노즈/프론트 윙 일체형 유닛을 만들기도 했다. 그러나, 1982시즌 무렵의 프론트 윙은 1970년대 중반의 프론트 윙과는 비교하기 어려울 정도로 크기가 작아졌다.

르노의 경우 1981시즌 RE30에 제법 큰 프론트 윙을 배치했었지만, 1982시즌에 투입한 RE30B에는 좌우가 분리된 형태로 작고 두께가 얇은 프론트 윙을 노즈 옆에 장착했다. 이미 1981시즌 챔피언십에 출전했던 RE30의 프론트 윙 역시, 1970년대 중반 유행했던 라디에이터가 내장되는 노즈/프론트 윙 일체형 유닛이나 다른 대형 프론트 윙과는 전혀 다른 모습이었다. 르노 RE30의 프론트 윙부터 비교적 작은 공기역학 부품이었지만, 후속작인 RE30B에는 전작보다 더 작은 프론트 윙이 장착되었다.

1980년대 초반 F1 그랑프리에는 프론트 윙을 아예 장착하지 않은 레이스카들이 출전하는 경우도 적지 않았다. 막강한 그라운드 이펙트를 활용해 충분한 양의 다운포스를 생성할 수 있었기 때문에, 상황에 따라 프론트 윙이 불필요하게 여겨지는 것도 무리가 아니었다. 르노 RE30B 역시 이런 흐름에서 크게 벗어나 있지 않았고, 여러 차례 프론트 윙을 장착하지 않고 그랑프리에 출전했다. 프론트 윙을 아예 장착하지 않은 레이스카가 자주 그랑프리에 출전했다는 것 역시, 그라운드 이펙트 퇴출 전까지 프론트 윙이 작아지는 추세의 일부분이었다고 볼 수 있다.

그러나, 1982시즌까지 이어졌던 F1의 첫 번째 그라운드 이펙트 시대는 1983시즌을 앞둔 규정 변경과 함께 막을 내렸다. 1983시즌 적용된 새로운 규정은 다음 두 가지 내용을 통해 그라운드 이펙트를 금지했다.

1. **"플랫 플로어(flat floor)"** 의무화

2. 사이드 **스커트 금지**

"그라운드 이펙트 금지"라는 직접적인 표현을 규정에 명시하지 않더라도, 플로어를 평면으로 만들고(플랫 플로어) 스커트를 금지한다면 그라운드 이펙트를 대부분 차단할 수 있었다. 플랫 플로어 때문에 자연스럽게 사이드포드의 벤츄리 터널 구성이 불가능해지고, 벤츄리 터널이 없다면 더 이상 강력한 그라운드 이펙트는 기대할 수 없기 때문이었다. 짧지 않은 시간 동안 F1 레이스카 디자인 과정에서 가장 중요했던 그라운드 이펙트가 1983시즌 퇴출당한 이후 각 F1 팀의 엔지니어들은 잃어버린 공기역학적 효과를 되살릴 수 있는 새로운 방법을 고민하기 시작했다.

브라밤 BT52 (1983)
Brabham BT52 (1983)

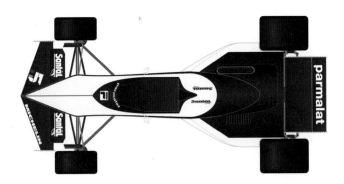

F1에서 그라운드 이펙트가 완전히 금지된 직후, 1983시즌에는 제법 많은 팀이 새로운 시대에 제대로 적응하지 못했다. 시즌 초반 테스트에는 이전 시즌의 그라운드 이펙트 레이스카를 규정에 맞춰 마이너 체인지만 거친, 사실상 1982시즌의 레이스카를 그대로 사용하기도 했다.

1982시즌 가장 강력한 레이스카 중 하나를 보유했던 르노 역시 강력했던 RE30B를 마이너 업그레이드한 RE30C로 1983시즌 개막전에 나섰다. 컨스트럭터 부문 디펜딩 챔피언이었던 페라리는 1982시즌 챔피언십 위닝 카 126C2를 규정 변화에 맞춰 업그레이드한 126C2B로 시즌을 시작했다. 드라이버 챔피언 타이틀을 방어해야 하는 윌리엄스도 FW08의 마이너 업그레이드 버전인 FW08C로 1983시즌 대부분을 소화하는 등, 주요 F1 팀들도 획기적 변화에 앞장서지 않았다.

결국 1983시즌 드라이버 챔피언 타이틀은 브라밤, 컨스트럭터 챔피언 타이틀은 페라리가 나눠 가졌다. 페라리는 2년 연속 컨스트럭터 챔피언 타이틀 획득에 성공했고, 브라밤은 1981시즌 이후 2년 만에 다시 드라이버 챔피언 타이틀을 되찾았다. 챔피언 타이틀을 획득한 팀의 이름만 본다면 그라운드 이펙트 금지가 그리 큰 변화를 가져오지 않았다고 생각할만한 결과였다.

그라운드 이펙트 퇴출과 그에 따른 큰 폭의 다운포스 생성량 감소는 매우 큰 변화였지만, FISA-FOCA 전쟁의 결과로 매뉴팩쳐러를 제외한 FOCA 소속 팀들 역시 하나둘 터보차저 엔진을 탑재하기 시작했던 것이 더 중요한 변화라고 여기는 사람도 많았다. 브라밤이 같은 드라이버 챔피언 타이틀을 차지했다고는 해도 1981시즌 BT49C는 V8 자연흡기 엔진을, 1983시즌 BT52는 직렬 4기통 터보차저 엔진을 사용했다는 점에서도 엔진으로부터 근본적인 차이를 찾을 수 있었다.

물론 1982시즌 그라운드 이펙트 시대 황혼기의 BT50부터 이미 BMW 터보차저 엔진을 사용하던 브라밤의 입장에서는, BT52에도 같은 BMW 터보차저 엔진이 탑재되었으니 달라진 것은 그라운드 이펙트 퇴출에 따른 레이스카의 외형 변화로 볼 수 있었다. 특히, 브라밤은 그라운드 이펙트 퇴출 직후, 완전히 새로운 레이스카 컨셉을 준비해 경쟁자들과 차별화된 모습을 보여줬다. 1983시즌을 앞둔 공식 테스트에서 첫선을 보인 브라밤 BT52를 목격한 다른 F1 팀 관계자들이 "상당히 놀랐다."는 기록이 남아있기도 하다.

브라밤 BT52는 그라운드 이펙트 시대 레이스카와 그라운드 이펙트 퇴출 이후의 레이스카 디자인에 분명한 차이가 있음을 보여준다.

일단 플랫 플로어 의무화에 따라 더 이상 벤츄리 터널을 만들 수 없었기 때문에, 그라운드 이펙트 시대 동안 계속 길어지고 커지기만 했던 사이드포드의 크기가 다시 작아졌다. 그라운드 이펙트의 퇴출로 다운포스 생성량이 크게 부족해졌기 때문에, 부족한 다운포스 생성량을 메꾸기 위해 윙의 크기는 더 커졌다.

특히, 그라운드 이펙트 시대에 크기가 작거나 아예 사용되지 않는 경우도 있었던 프론트 윙은 다시 F1 레이스카의 핵심 공기역학 부품으로 돌아왔다. 몇 년 동안 점점 앞쪽으로 옮겨지던 콕핏의 위치도 다시 뒤쪽으로 옮겨지기 시작했으며, 이와 함께 짧아지던 프론트 오버행의 길이는 다시 길어졌다. 이렇게 브라밤 BT52는 이전 그라운드 이펙트 시대 레이스카와 비교해 밸런스가 완전히 바뀌면서 전혀 다른 느낌을 주는 새로운 모델이었다.

그라운드 이펙트 퇴출 이후 레이스카 디자인 변화의 특징은 1982시즌의 르노 RE30B와 1983 시즌의 브라밤 BT52의 평면도를 비교한 다음 그림을 통해 어느 정도 확인할 수 있다.

르노 RE30B와 브라밤 BT52의 디자인 특징 비교

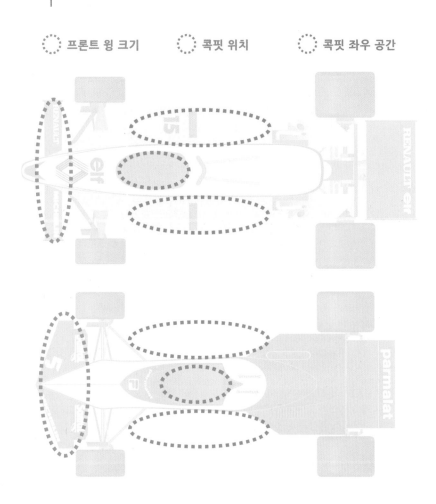

○ 프론트 윙 크기   ○ 콕핏 위치   ○ 콕핏 좌우 공간

위 그림에 드러난 것처럼 브라밤 BT52는 (1) 훨씬 커진 프론트 윙, (2) 뒤쪽으로 옮겨진 콧핏 위치, (3) 사이드포드의 작아진 크기, 짧아진 길이와 사이드포드가 배치되던 위치를 허전하게 만드는 콕핏 좌우의 공간 등 그라운드 이펙트 시대와 구분되는 세 가지 디자인 특징을 모두 잘 따르고 있었다. 그러나, 고든 머레이가 참여했던 브라밤 BT52의 디자인에는 이런 세 가지 특징 이상의 의미가 담겨 있었다.

브라밤 BT52의 외형에서 먼저 눈에 띄는 특징은 날렵한 쐐기 형태[4]의 차체 디자인이었다.

1983시즌 초반만 해도 규정 변화에 맞춰 발 빠르게 대응해 사이드포드 크기를 줄이는 대신, 그라운드 이펙트 시대와 비슷한 수준의 커다란 사이드포드를 유지한 차량이 많았다. 덕분에 브라밤 BT52의 유난히 작고 날렵한 차체 디자인은 덩치 큰 경쟁 차량과 확실하게 차별화됐다. 특히, 처음부터 레이스에서의 전략적인 재급유를 계획하고 디자인되었기 때문에, 연료 탱크 크기를 획기적으로 줄여 더 작은 차체 디자인이 가능했다.

작은 차체 크기는 그만큼 무게가 덜 나간다는 의미이기도 했으며, BMW의 터보차저 엔진은 강력한 힘에 비해 크기가 작고 가벼운 편이어서 가볍고 날렵한 BT52의 장점을 살리기에 적합했다. 작고 날렵한 데다가 가볍다는 장점까지 가지고 있었지만, 그렇다고 독특한 델타익 형태의 프론트 윙 등 다운포스를 만들 수 있는 공기역학 부품들이 훨씬 작은 것도 아니었다.

결국 이런 장점들이 모여 가벼우면서도 다운포스 생성량이 적지 않았던 브라밤 BT52는 1983시즌 공기역학적 효율이 가장 높은 레이스카가 되었다.

브라밤 BT52 디자인의 중요한 특징 중 하나는 무게 중심을 가능한 한 뒤쪽으로 옮기기 위해 공을 들였다는 점이다. 터보차저 엔진과 함께 뒷바퀴에 더 강한 토크가 전달됐기 때문에, 뒷바퀴의 휠스핀을 최소화하려면 전보다 더 확실한 리어 그립 확보가 필요했다. 더 이상 그라운드 이펙트의 도움을 받아 강력한 다운포스를 만들 수도 없었기 때문에, 이런 문제를 타개하려면 레이스카의 무게 중심은 전보다 더 뒤쪽으로 옮겨져야만 했다.

전체 레이아웃과 밸런스 조절 과정에서 콕핏이 그라운드 이펙트 시대에 비해 뒤쪽으로 많이 이동한 것 역시 무게 중심을 옮기기 위한 노력의 일환이었고, 겉으로는 잘 보이지 않는 부품 패키징까지 크게 공을 들였다. 이렇게 무게 중심을 어느 정도 뒤쪽으로 옮긴 브라밤 BT52는 1983시즌을 기준으로 가장 밸런스가 잘 잡힌 레이스카 중 하나로 평가받았고, 브라밤 드라이버들 역시 BT52의 조종성에 매우 만족스럽다는 반응을 보였다.

1983시즌 가장 뛰어난 퍼포먼스를 보여줬던 브라밤 BT52의 다음과 같은 디자인 특징은 얼마 지나지 않아 경쟁팀들에 영향을 주기 시작했다.

(1) 노즈부터 콕핏까지 날렵한 튜브 형태[5]의 차체를 기본으로 하는 디자인.

(2) 앞바퀴 뒤쪽과 사이드포드 앞쪽 사이에 넓은 공간 확보.

(3) 콕핏을 레이스카 중앙에 배치하고 무게 중심이 뒤쪽으로 쏠리도록 밸런스 조절.

1983시즌 초반만 해도 브라밤 BT52만의 특징이었던 위와 같은 디자인 방향은 1980년대 중반부터 F1 레이스카 디자인 표준으로 자리 잡기 시작했다. 이런 디자인의 방향성은 크고 작은 변화를 겪으며 더 정교화되었고, 이런 방향성의 일부는 21세기 F1 레이스카 디자인까지 어느 정도 이어졌다고 할 수 있다. 그만큼 브라밤 BT52의 디자인은 시대를 앞서간 셈이다.

---

4 영어권에서는 "다트(dart) 형태"라고 부르는 경우가 많다.

5 당시에도 규정을 통해 튜브 형태의 서바이벌 셀이 의무화되어 있었다.

맥라렌 MP4/4 (1988)

McLaren MP4/4 (1988)

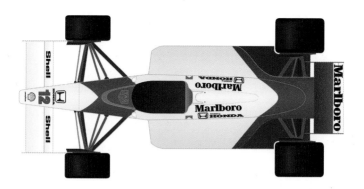

1980년대 중반 F1 레이스카의 공기역학은 꾸준한 발전을 거듭했다. 1970년대 윙이나 그라운드 이펙트, 팬 카처럼 혁신적이고 충격적인 소수의 신기술이 혁명적인 변화를 이끌었던 것과 달리, 1980년대 중반의 공기역학은 크게 눈에 띄지 않는 착실한 변화가 발전을 주도했다.

1970년대까지 F1 기술 혁신의 선봉장이 팀 로터스였다면, 21세기까지 이어지는 1980년대의 기술적 유산 중에는 맥라렌의 아이템이 많았다. 로터스 88이 실전 투입되지 못한 사이 맥라렌 MP4/1이 F1 최초의 "카본-파이버 모노코크 섀시 레이스카"가 된 것 역시 팀 로터스에서 맥라렌으로 기술 혁신의 주도권이 바뀐 사례 중 하나다. 1984시즌 등장한 MP4/1의 후속작 맥라렌 MP4/2 역시 이후 F1 레이스카 디자인의 표준으로 자리 잡게 될 중요한 변화가 담겨 있었다.

론 데니스[6]에게 발탁되어 맥라렌에 합류한 존 버나드[7]와 수석 디자이너 스티브 니콜스[8]가 힘을 모은 두 번째 레이스카 MP4/2에서는, 사이드포드 뒷부분 바디워크 형태가 마치 **"코크-바틀(coke-bottle)[9]"** 형태처럼 잘록한 모양으로 만들어진 것이 눈에 띄었다. TAG의 이름을 단 포르셰 터보차저 엔진을 좁은 공간에 타이트하게 배치해야 했기 때문에, 맥라렌 MP4/2는 전체적인 레이아웃은 변경이 불가피했다. 코크-바틀 디자인은 엔진 룸 바로 뒷쪽을 더 잘록하게 만들어, 리어 서스펜션과 리어 윙 아래쪽으로 공기 흐름이 더 자유롭게 지나갈 수 있는 충분한 공간을 확보했다. 리어-엔드의 공기 흐름을 개선한 MP4/2는 곧바로 경쟁력을 확보하기 시작했고, 이후 맥라렌 레이스카들의 디자인은 모두 성공적이었던 MP4/2의 특징을 계승하게 된다.

1980년대 중반 맥라렌 F1 레이스카 리어-엔드의 "코크-바틀" 디자인

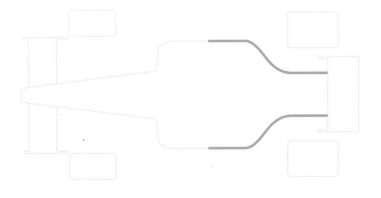

6 Ron Dennis (1947 ~) : 영국 출신의 사업가. 1980년 MP4 팀과 함께 맥라렌에 합류해 팀 수석으로 F1 최강팀을 만들었고, 1985년에는 "맥라렌 그룹"을 설립해 2017년까지 팀과 회사의 오너 / 최대주주 / CEO로 활약했다.

7 John Barnard (1946 ~) : 영국 출신의 엔지니어 / 레이스카 디자이너. 1980년대 맥라렌을 시작으로 페라리, 베네통 등에서 1990년대 말까지 맹활약했으며, "코크-바틀" 디자인을 주류 F1 레이스카 디자인으로 정착시켰다.

8 Steve Nichols (1947 ~) : 미국 출신의 엔지니어 / 레이스카 디자이너. 1980년 초반부터 맥라렌에서 수석 디자이너로 활약하며 MP4/3와 MP4/4 등의 레이스카를 디자인했고, 페라리, 자우버, 조단 등에서도 수석 디자이너 역할을 수행했다.

9 코카 콜라(coke)의 병 모양.

MP4/2가 1984시즌 맥라렌을 왕좌에 올려놓은 뒤, 코크-바틀 형태의 리어-엔드 디자인은 빠르게 F1 레이스카 디자인의 필수요소로 자리 잡기 시작했다. 존 버나드는 자신이 관여한 마지막 맥라렌 F1 레이스카 MP4/3까지 코크-바틀 디자인을 발전시켰고, 이후 페라리로 이적한 직후 만든 첫 레이스카 F1/87에도 맥라렌에서의 성공적인 디자인 요소들을 계승하도록 했다.

이적 후 두 번째 개발에 참여해 자신의 디자인 철학을 발전시킨 버나드는, 1989시즌 페라리 640을 위에서 봤을 때 더 콜라병 형태에 가깝도록 사이드포드 옆면까지 둥글게 만들며 코크-바틀 디자인의 정점을 보여줬다. 버나드가 팀을 떠난 뒤 완성되었지만, 전작 MP4/3를 상당 부분 계승했던 맥라렌 MP4/4에서도 이런 코크-바틀 형태가 뚜렷하게 확인된다.

스티브 니콜스가 디자인을 주도[10]해 1988시즌 선보인 맥라렌 MP4/4는 F1 역사상 가장 강력한 레이스카 중 하나였다. 최고의 성적을 거뒀고 레이스카의 성능도 압도적이었던 MP4/4였지만, 의외로 이 걸작 레이스카에는 엄청난 기술적 혁신이나 눈에 띄는 독특하고 참신한 아이디어가 담겨지지는 않았다. 대신 1980년대 중반 널리 알려져 있거나 유행하던 기술을 착실하게 잘 담아냈고, 장점이 뚜렷한 기술 요소들을 잘 결합해 종합적으로 균형이 잘 잡힌 레이스카가 된 것이 특징 아닌 특징이었다. 이런 이유로 곳곳에서 맥라렌 MP4/4에 대해 **"뛰어난 엔지니어링의 완벽한 예(perfect example of engineering excellence)"**라는 극찬이 나오기도 했다.

1988시즌에는 맥라렌 MP4/4에게 불리할만한 몇 가지 변화가 있었다. 일단 1980년대 중반 F1 표준으로 자리 잡고 있었던 터보차저 엔진이 1989시즌부터 금지될 예정이었고, 터보차저 엔진 퇴출 전 마지막 시즌에는 일찌감치 자연흡기 엔진으로 변경한 팀과의 균형을 이유로 터보 레이스카에 대해 많은 제약이 가해지고 있었다. 페라리 등 몇몇 팀은 맥라렌처럼 터보차저 엔진을 유지하기도 했지만, 디펜딩 챔피언 윌리엄스를 비롯해 베네통, 티렐, 마치, 리지에 등 중견 팀 다수가 자연흡기 엔진을 장착한 새 레이스카를 준비해 1988시즌 챔피언십에 출전했다.

1988시즌 규정은 터보차저 엔진을 사용하는 레이스카의 연료 탱크를 최대 150L로 제한했고, 터보의 부스트 압력도 최대 2.5bar로 제한했다. 이런 악조건 속에서도 맥라렌은 1988시즌까지 터보차저 엔진을 사용하기로 결정했고, 연료가 부족할 수밖에 없게 된 레이스마다 극단적인 연료 관리가 불가피했다. 반면 자연흡기 엔진을 사용한 레이스카에게는 연료 제한이 없었기 때문에, 퀄리파잉이라면 몰라도 레이스에서만큼은 터보 엔진이 분명한 약점으로 작용할 수 있었다.

특히, 맥라렌은 1987시즌까지 사용하던 TAG의 이름을 단 포르셰의 90° V6 터보차저 엔진 대신 혼다의 80° V6 터보차저 엔진을 장착하기로 뒤늦게 결정해, MP4/4의 디자인을 위한 시간도 상당히 부족했다. 엔진 교체와 함께 차량 밸런스도 크게 바뀔 수밖에 없었지만, 디자인을 위한 시간은 턱없이 부족했다. 이런 이유로 맥라렌 MP4/4의 전체적인 외형은, 전작 MP4/3와 비교했을 때 크게 다르지 않은 모습을 갖게 되었다.

외형적으로 큰 차이가 없고 개발 기간이 부족했다고는 하지만, 맥라렌은 없는 시간을 쪼개 MP4/4의 디자인에 정성을 들였다. 터보차저 엔진을 유지한 경쟁 팀들이 규정에만 맞추도록 애매한 중간 단계 레이스카를 준비하는 동안, 맥라렌의 MP4/4는 얼핏 봤을 때 비슷해 보이지만 구석구석 살펴보면 많은 부분이 달라진 새 레이스카를 준비했다. 이듬해 1989시즌에는 혼다의 V10 자연흡기 엔진이 계획되어있었기 때문에, 맥라렌의 선택은 약간 도박적이었다고도 볼 수 있었다.

---

[10] 고든 머레이는 맥라렌 합류 직후 완성된 MP4/4의 디자인을 자신이 주도했다고 주장했지만, 많은 증거들은 스티브 니콜스가 MP4/4 디자인을 이끌었으며 고든 머레이의 영향은 미미했다는 것을 보여준다.

플랫 플로어가 강제된 직후 "디퓨저(diffuser)"가 공기역학적으로 유용하다는 것이 널리 알려졌고, 1980년대 중반에는 이미 다수의 레이스카에 디퓨저가 배치되기 시작했다. 맥라렌 MP4/4의 디퓨저/배기구 배치는 이런 트렌드를 따르면서, 어떤 면에서는 앞서나가기도 했던 사례였다.

> **맥라렌 MP4/4의 디퓨저가 배치된 위치**

MP4/4의 경우 위 그림처럼 당시로서는 일반적인 크기의 디퓨저가 평범한 위치에 배치되었는데, 의도하지 않게 장점으로 부각된 것은 배기구 레이아웃이었다. 혼다 엔진에서 생성된 배기가스를 내보내는 배기구는 모두 4개가 배치되었는데, 아래 그림처럼 디퓨저의 가운데 배기구들이 배치되는 것이 MP4/4의 특징이었다.

> **뒤에서 바라본 맥라렌 MP4/4의 디퓨저/배기구 레이아웃**

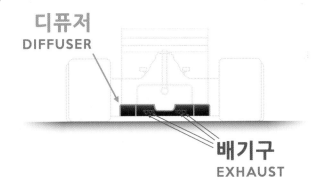

배기가스가 디퓨저를 지나는 공기 흐름과 합류해 에너지를 더하는 구조는 **"블론 디퓨저(blown diffuser)"**[11]라 불렸는데, 이론상 디퓨저의 효과를 증폭시켜 공기역학적으로 큰 이득을 얻을 수 있었다. 이런 배치 자체는 이미 널리 알려져 있던 것이지만, 당시 기술로는 배기가스 유무에 따른 급격한 밸런스 변화를 예측하거나 제어할 수 없었기 때문에 모두가 그 장점을 알면서도 실전에 투입하지 못하고 있었다. 그러나, 맥라렌 MP4/4는 별다른 문제 없이 블론 디퓨저 레이아웃을 운용할 수 있었고, MP4/4의 성공 덕분에 배기구 레이아웃 역시 긍정적인 특징으로 기록됐다.

---

[11] 블론 디퓨저는 1990년대 말 맥라렌과 2010년대 초반 레드불에서 다시 등장한다. 레이아웃과 기대 효과 등에서 분명한 차이가 있지만 큰 틀에서 디퓨저 부근을 지나는 공기 흐름에 에너지를 더한다는 개념만큼은 크게 다르지 않았다

티렐 019 (1990)

Tyrrell 019 (1990)

1980년대를 지나 1990년대에 접어드는 동안에도 F1의 기술 혁신 노력은 계속됐다. 1989시즌 터보차저 엔진이 완전히 금지된 이후 레이스카의 개발 방향도 어느 정도 수정될 수밖에 없었지만, 다운포스 생성량을 최대한 확보하면서 가능한 한 드래그를 줄이는 동시에 안정적으로 밸런스를 유지한다는 F1 공기역학의 대명제는 크게 변하지 않았다.

큰 틀이 변하지 않은 만큼 변수가 줄어들었다고도 볼 수 있지만, 오히려 극단적인 디자인으로 혁신을 넘어 혁명적인 변화를 추구하는 경우도 있었다. 1980년대 중후반 중하위권에 머물던 레이튼하우스와 티렐은 극단적인 변화를 시도했고, 1990시즌 이들이 선보인 혁신적인 디자인은 F1 레이스카의 공기역학 역사에 중요한 이정표를 남겼다.

1990시즌을 앞두고 기존 마치에서 팀 이름을 바꾼 레이튼하우스[12]는 새로운 레이스카 CG901을 통해 패키징의 한계에 도전했다.

1989시즌 챔피언십에 출전했던 마치 CG891의 뒤를 이은 1990시즌의 레이튼하우스 CG901은 여러 면에서 전작과 달랐다. CG901에서 눈에 띄는 것은 극단적 패키징이었다. 매우 촘촘하게 부품을 배치해 엔진 커버 크기가 작아졌고, 앞이나 위에서 봤을 때 차체가 상당히 가늘어졌다.

극단적인 패키징과 날씬한 차체 형상 덕분에 차량 뒤쪽으로 흐르는 공기의 흐름이 깔끔해지면서 공기역학적 성능도 비약적으로 향상됐다. 작고 날씬한 차체를 구성하기 위해 콕핏이 너무 좁아져 부족한 공간에서 드라이버의 움직임이 불편해졌다는 단점이 있었지만, 엔지니어 입장에서는 공기역학적 성능을 높이기 위해서라면 드라이버의 불편은 무시할 수 있는 부분이었다.

안타깝게도 CG901의 성적은 기대에 미치지 못했다. 최초의 CG901은 윈드터널 오류로 디자인 과정에서 생각했던 것보다 공기역학적 성능이 나빴고, 그에 따라 성적도 좋지 않았다. 윈드터널 문제를 어느 정도 해결한 뒤에는, 1990시즌 7라운드 프랑스 그랑프리에서 2위에 오르며 디자인이 추구했던 방향이 틀리지 않았음을 입증하기도 했다. 어느 정도 속도를 내기 시작한 이후로는 신뢰도 문제가 거듭 발목을 잡았고, 결국 성적만 본다면 CG901은 실패작으로 여겨질 수도 있었다. 테크니컬 디렉터 직책을 맡은 뒤 첫 시즌을 치렀던 아드리안 뉴이[13]는, 기대에 미치지 못했던 성적을 빌미로 레이튼하우스에서 해고되었다.

그러나, 레이튼하우스에서의 해고는 뉴이에게 전화위복이 되었다. 아드리안 뉴이는 레이튼하우스에서 나온 뒤 윌리암스에 합류했고, 패트릭 헤드[14]와 함께 전보다 훨씬 좋은 배경에서 일할 기회를 얻었다. 신선한 아이디어가 많았던 뉴이로서는 조금 더 좋은 환경에서 레이스카를 디자인하고 혁신적인 시도를 할 수 있는 무대를 찾은 셈이었다. CG901에 담겼던 극단적인 패키징은 아드리안 뉴이의 트레이드 마크 중 하나가 되었고, 21세기의 모든 현대적인 F1 레이스카 디자인에서 가장 중요한 요소 중 하나로 자리 잡았다. 결과적으로 레이튼하우스 CG901은 성적 기준으로 실패작이었을지 모르지만, 어떻게 보면 시대를 앞서간 선구적인 레이스카라고도 볼 수 있었다.

---

[12] 1987시즌 일본의 부동산 업체 레이튼하우스(Layton House)를 타이틀 스폰서로 F1에 복귀했던 마치(March)는 1990시즌을 앞두고 팀을 레이튼하우스에 매각하고 F1과 F3000 프로그램에서 손을 뗐다.

[13] Adrian Newey (1958 ~) : 영국 출신의 엔지니어 / 레이스카 디자이너. 1980년대 마치/레이튼하우스를 시작으로 윌리암스, 맥라렌, 레드불을 거치며, 여러 가지 혁신적인 공기역학 기술 혁신에 이바지하는 가운데 다수의 챔피언십 위닝 카를 디자인했다.

[14] Patrick Head (1946 ~) : 영국 출신의 엔지니어. 1970년대 후반 프랭크 윌리암스와 함께 윌리암스 엔지니어링을 공동 설립하고 1980/1990년대 다수의 챔피언십 위닝 카 개발을 이끌었으며, 2000년대까지 다양한 직책에서 윌리암스를 위해 헌신했다.

1990시즌 짚고 넘어가야 할 또 하나의 중요한 기술 혁신은 티렐 019에 담겨있었다.

1990 산마리노 그랑프리에서 첫선을 보인 티렐 019는 일찌감치 경쟁팀 엔지니어들의 주목을 받았다. 1987년 티렐에 합류해 팀의 부흥을 이끌고 있던 하비 포슬웨이트[15]가 테크니컬 디렉터를 맡은 가운데 개발된 티렐 019는 F1 최초의 **"하이 노즈(high nose)"** 레이스카였다.

이전까지 F1 레이스카들은 모두 노즈의 높이를 가능한 한 낮춰 프론트 윙과 차 앞부분이 최대한 지면 가까이 위치하도록 하는 디자인을 추구했다. 직관적으로는 공기 흐름을 노즈 위쪽으로 쏠리도록 하면 양력 발생을 줄이면서 다운포스 생성량을 늘리는 데 도움을 준다고 생각할 수 있었다.

| 티렐 019의 하이 노즈 레이아웃

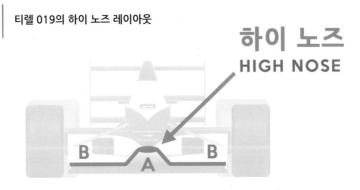

그러나, 이런 직관적이고 상식적인 생각과 달리 포슬웨이트는 반대 방향에서 문제에 접근했다. 티렐 019의 노즈는 위 그림처럼 아래쪽에 확실한 공간을 만들도록 디자인되었고, 프론트 윙은 다시 지면에 가까이 위치하는 "걸 윙(gull wing)" 형태를 띠었다.

노즈 아래쪽 공간 A를 지난 공기 흐름은 모두 플로어 아래로 이어졌고, 지면에 가까운 B 위치에서는 당시 일반적인 F1 레이스카의 프론트 윙과 같은 방식으로 작동했다. 포슬웨이트가 티렐 019의 하이 노즈 레이아웃을 통해 증명한 아이디어는, A 공간을 통해 플로어로 흐르는 공기 흐름을 강화하는 것이 공기역학적으로 유리하다는 것이었다.

티렐 019는 두 번째 출전 경기였던 1990 모나코 그랑프리 퀄리파잉에서 폴 시터 아일톤 세나의 기록에 0.487초 차로 근접했고, 페라리의 알랑 프로스트와 거의 같은 수준의 랩 타임을 작성해 3그리드를 차지하며 센세이션을 일으켰다. 전년도에 나름대로 평가가 좋았던 티렐 018이 모나코 그랑프리에서 폴 시터에 4초 이상 뒤졌던 것을 생각하면, 비교하기 어려울 만큼 큰 성능 향상이 이뤄진 셈이었다. 티렐 019는 레이스에서도 선전을 이어갔고, 장 알레시는 두 대의 맥라렌 사이에서 2위를 차지하며 하이 노즈 레이아웃이 실전에서도 통한다는 것을 입증했다.

---

15 Harvey Postlethwaite (1944 ~ 1999) : 영국 출신의 엔지니어 / 레이스카 디자이너. 1970년대 헤스케스, 울프 등 소형 팀에서 위닝 카를 만들어 주목받은 뒤, 1980년대 초반 페라리의 중흥을 이끌었다. 이후 티렐과 자우버에서 활약하면서 여러 가지 혁신을 이끌었고, 갑작스런 심장마비로 세상을 떠나기 직전까지 혼다의 F1 복귀 프로젝트를 이끌었다.

하이 노즈 레이아웃의 성공은 이후 레이스카 디자이너들이 로우 노즈와 하이 노즈 레이아웃 중 한 가지 방향을 선택해야 한다는 것을 의미했다. 처음 등장했을 때만 해도 하이 노즈는 경쟁 팀들에게 충격적인 디자인이었을 뿐으로 따라 할만한 아이디어는 아니라 여겨졌지만, 얼마 지나지 않아 다른 F1 팀들 역시 하나둘 하이 노즈 레이아웃을 적용한 레이스카 디자인에 뛰어들었다. 하이 노즈 레이아웃을 채택한 레이스카가 늘어나고 데이터가 누적되면서, 점차 티렐 019의 디자인에 담긴 방향성이 공기역학적으로 더 유리하다는 사실이 알려지게 됐다.

로우 노즈와 하이 노즈 주변 공기 흐름의 비교

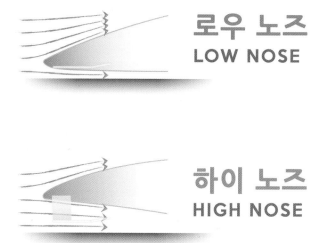

기존 레이스카가 모두 채택했던 로우 노즈 레이아웃은 노즈에 접근한 공기 흐름 대부분이 노즈 위쪽이나 옆쪽으로 흩어지는 구조로, 높은 압력이 형성된 노즈 아래쪽으로 흐르는 공기의 절대적인 양이 줄어들 수밖에 없다. 레이스카 맨 뒤의 디퓨저는 물론, 가장 넓은 공간을 차지하는 플로어 아래쪽으로도 공기 흐름이 흘러가기 어렵다는 의미다.

반면 하이 노즈 레이아웃이라면 노즈 아래쪽에 압력이 낮은 넓은 공간이 마련되기 때문에, 노즈 쪽으로 접근하는 공기 흐름의 상당량이 노즈 아래쪽으로 자연스럽게 흘러가게 된다. 노즈 아래에서 무난하게 플로어로 향한 공기 흐름은 플로어와 디퓨저가 성능을 충분히 발휘할 수 있게 돕고, 결과적으로 레이스카의 전체적인 공기역학적 성능이 향상된다.

레이튼하우스 CG901이 그랬던 것과 비슷하게, 티렐 019 역시 화려하게 빛났던 1990 모나코 그랑프리 이후로는 단 두 차례 포인트 피니시에 성공하는 데 그치며 더 이상 좋은 성적을 내지 못했다. 그러나 티렐 019를 통해 하이 노즈의 실효성만큼은 확실히 입증되었고, 포슬웨이트는 차기작 티렐 020 역시 하이 노즈 레이아웃을 발전시키며 개발을 이끌었다. 이후 1990년대 초반부터 여러 F1 레이스카가 하이 노즈를 기반으로 개발되어 로우 노즈 레이아웃 컨셉을 고수한 레이스카들과 경쟁을 펼쳤다.

윌리암스 FW14B (1992)

Williams FW14B (1992)

1992시즌 압도적인 퍼포먼스를 과시하며 챔피언 타이틀을 획득한 윌리암스 FW14B는 F1 레이스카의 공기역학 역사에서 가장 중요한 레이스카 중 하나다.

1991시즌 윌리암스 FW14는 7승을 거두며 컨스트럭터 챔피언십과 드라이버 챔피언십에서 모두 시즌 최종 성적 2위를 기록하며 어느 정도 성공을 거뒀다. 이어진 1992시즌의 후속작 FW14B는 이름만 보면 단순한 B-스펙이나 개량형이라고 생각할 수 있었지만, 자세히 들여다보면 FW14와 FW14B는 제법 차이가 컸다. FW14B는 전작보다 공기역학적 성능이 크게 개선됐고, 혁신적인 전자장치들이 제 성능을 발휘하며 F1 역사에 길이 남을 획기적인 레이스카로 재탄생했다.

윌리암스 FW14B에 담겼던 혁신적인 기술 중, TCS[16]와 함께 가장 많이 언급되는 전자장치는 바로 **"액티브 서스펜션(active suspension)"**이다.

액티브 서스펜션은 서스펜션이 위치와 노면 상황 변화에 따라 수동적으로 반응하는 대신, 미리 컴퓨터에 프로그램된 알고리즘에 따라 작동하는 유압 시스템을 이용해 능동적으로 차체의 자세를 유지하는 서스펜션을 가리킨다. 액티브 서스펜션은 1990년대를 통틀어 가장 큰 퍼포먼스 격차를 만든 기술 중 하나였으며, 1992시즌 FW14B와 1993시즌 FW15C는 이런 액티브 서스펜션의 위력을 가장 잘 보여준 레이스카들이었다.

1992시즌 FW14B의 압도적인 퍼포먼스 덕분에 대중에게 널리 알려지긴 했지만, F1에서 액티브 서스펜션 개념은 제법 긴 역사를 가지고 있었다. 액티브 서스펜션의 뿌리라고 볼 수 있는 유압 서스펜션 관련 기술은 이미 1950년대부터 알려져 있었고, 팀 로터스의 피터 라이트가 처음으로 **"컴퓨터가 제어하는 액티브 유압 서스펜션 시스템(computer-controlled hydraulic active suspension system)"** 개념을 제시한 것도 1980년대 초반의 일이었다.

그런데, F1 최초의 액티브 서스펜션 아이디어는 1980년대 초반 그라운드 이펙트의 영향으로 주행 중 격렬하게 움직이던 레이스카의 불안정한 움직임에 대응하기 위한 것이었다. 팀 로터스의 콜린 채프먼은 피치[17] 변화의 제어를 액티브 서스펜션의 가장 큰 효과라고 생각했다.

그라운드 이펙트 시대 F1 레이스카의 격렬한 움직임은 조종성을 크게 떨어뜨렸고, 라이드 하이트가 낮은 레이스카는 피치 변화에 따라 지면과 접촉이 잦아지며 여러 문제를 일으켰다. 게다가 감속 과정에서의 다이브[18]와 가속 과정에서의 스쿼트[19]는 눈에 띄는 피치 변화로 많은 단점을 유발했다.

이런 이유로 액티브 서스펜션이 피치 변화와 다이브/스쿼트를 최소화한다면 종합적인 레이스카 성능 향상을 기대할 수 있었다. 이런 가능성을 염두에 둔 콜린 채프먼은 피터 라이트의 아이디어가 담긴 레이스카 연구 개발에 청신호를 보냈고, 팀 로터스에서 액티브 서스펜션을 F1 레이스카에 탑재하기 위한 노력이 시작됐다.

---

[16] Traction Control System. 휠스핀이 발생했을 때 회전력을 감소시켜 드라이버가 트랙션 확보와 함께 차를 안정적으로 컨트롤할 수 있도록 도와주는 시스템.

[17] pitch : 차량을 옆에서 봤을 때 앞쪽이나 뒤쪽으로 기울어지는 현상 또는 기울어지는 정도.

[18] dive : 감속 과정에서 차가 앞쪽으로 기우는 현상. "노즈 다이브(nose dive)"라고도 부른다.

[19] squat : 가속 과정에서 차가 뒤쪽으로 기우는 현상.

피치의 변화와 다이브 / 스쿼트

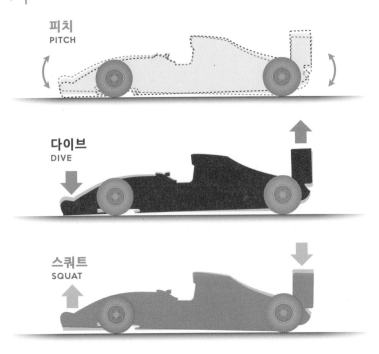

피치
PITCH

다이브
DIVE

스쿼트
SQUAT

아이러니하게도 액티브 서스펜션 레이스카는 그라운드 이펙트가 금지된 1983시즌에 이르러서야 처음으로 실전에 투입됐다. **로터스 92**는 **"실전에 투입된 F1 최초의 액티브 서스펜션 레이스카"**로 역사에 이름을 남겼지만, 여덟 경기 출전에 단 한 차례 포인트 피니시에 성공하는 등 성적은 기대에 미치지 못했다. 특히 여덟 경기 동안 액티브 서스펜션을 경험했던 나이젤 만셀은 성능과 신뢰도 문제에 대해 강한 불만을 나타내기도 했다.

결국 로터스 92는 기존 자연흡기 엔진을 대체하는 터보차저 엔진 레이스카 93T의 등장과 함께 시즌 중 교체되는 운명을 맞고 말았다. 로터스 92가 이렇다 할 성과를 내지 못하고 무대에서 퇴장한 뒤, 한동안 액티브 서스펜션은 F1 무대에서 재기의 기회를 얻지 못했다.

액티브 서스펜션은 1987시즌 로터스 99T에 탑재되면서 다시 실전 투입되었고, 아일톤 세나는 1987 모나코 그랑프리에서 액티브 서스펜션 레이스카의 첫 우승을 이끌었다. 그런데, 더 이상 액티브 서스펜션은 팀 로터스만의 독점 기술이 아니었다. 1987 이탈리아 그랑프리부터 프랭크 더니[20]가 고안한 액티브 서스펜션 시스템을 탑재한 윌리엄스 FW11B가 데뷔했고, 로터스 99T보다 한발 앞선 성능을 보여주며 윌리엄스와 넬슨 피케의 챔피언 타이틀 획득에 큰 공헌을 했다.

---

[20] Frank Dernie (1950 ~) : 영국 출신의 엔지니어. 1970년대 헤스케스를 통해 F1에 뛰어든 뒤 윌리엄스, 베네통, 리지에 등에서 활동했다. 윌리엄스의 액티브 서스펜션 시스템을 고안했고, 최초로 데이터 로거를 F1 레이스카에 도입했으며, F1 레이스카 디자인에 CAD 활용을 선도했다.

이후 네 시즌 동안 다시 F1 그랑프리 무대에 등장하지 않았던 액티브 서스펜션은 1992시즌 윌리암스와 함께 화려하게 부활했다. 전보다 더 복잡해지긴 했지만 크게 발전한 액티브 서스펜션 시스템은 TCS, ABS[21], 반자동 트랜스미션 등 당시 널리 알려져 있거나 새롭게 떠오르던 전자장치들과 함께 윌리암스 FW14B를 기술적으로 가장 진보한 레이스카로 만들었다. 액티브 서스펜션은 단순히 피치 변화를 억제하는 수준에 머물지 않고, **공기역학적 성능을 최대화할 수 있도록 차체의 높이와 자세를 능동적으로 조절**하는 장치가 되었다. 액티브 서스펜션 덕분에 FW14B는 퀄리파잉과 레이스에서 모두 경쟁자들을 압도하는 코너링 스피드와 조종 안정성을 손에 넣었다.

1992시즌 FW14B는 몇 차례 퀄리파잉에서 가장 강력한 라이벌 맥라렌보다 2초 이상 빠른 랩타임을 기록하는 등 탁월한 성능을 뽐냈다. 윌리암스는 FW14B와 함께 16차례의 그랑프리에 출전해 폴 포지션 15회, 패스티스트 랩 11회를 기록했고, 일곱 차례의 1-2 피니시와 함께 10승을 거두며 드라이버와 컨스트럭터 챔피언십 타이틀을 모두 휩쓸었다. 드라이버 챔피언십에서 1, 2위를 차지한 윌리암스 드라이버들에 이어 베네통의 신예 미하엘 슈마허가 3위를 차지했지만, 챔피언 나이젤 만셀과 슈마허의 포인트는 더블 스코어 이상 큰 차이가 났다. 컨스트럭터 챔피언십에서도 윌리암스는 2위 맥라렌을 65포인트 차[22]로 크게 따돌리며 당당히 왕좌에 복귀했다.

이 시기 액티브 서스펜션은 이미 F1 팀 사이에 널리 알려진 기술이었기 때문에, 윌리암스 FW14B의 성공을 목격한 경쟁 팀들은 서둘러 액티브 서스펜션의 실전 투입을 위해 발 빠르게 움직였다. 이런 움직임에 맞서 윌리암스는 한발 앞서 나갈 필요가 있었고, 이어진 1993시즌 진일보한 액티브 서스펜션을 탑재한 FW15C를 선보였다. 전작과 달리 개발 초기부터 액티브 서스펜션을 염두에 뒀던 FW15C에 대한 기대치는 매우 높았고, 실제로 알랑 프로스트는 FW15C와 함께 1993시즌 챔피언 타이틀 획득에 성공했다. 그러나, 내막을 조금 들여다보면 FW15C가 FW14B만큼 성공적이었다고 보기 어려운 부분이 있었다.

FW15C는 종종 컴퓨터가 센서들로부터 수집한 정보를 잘못 해석해 조종성을 엉망으로 만드는 경우가 있었고, 유압 시스템에 공기가 들어가 문제를 일으키는 등 액티브 서스펜션 자체에도 기계적 문제가 많았다. 무게 중심의 위치가 바뀌어 레이스카의 움직임이 좀 더 민감해지면서 리어가 불안해졌는데, 만셀보다 부드러운 드라이빙 스타일의 프로스트에게는 이런 민감한 리어 엔드가 큰 문제가 되었다. 이 때문에 알랑 프로스트는 FW15C의 기술적 성취에 대해서는 긍정적이었지만, 자신이 조종하기에 좋은 차는 아니었다고 평가하기도 했다.

1990년대 초반 F1의 트렌드는 레이스카에 액티브 서스펜션을 포함한 신기술과 강력한 성능을 발휘할 수 있는 전자장치들을 점점 많이 장착하는 것이었지만, 윌리암스 FW14B의 엄청난 성공을 목격한 이후 많은 사람이 노골적으로 반감을 드러내기 시작했다. 신기술에 생소했던 팬들은 물론 F1 관계자들과 일부 드라이버들 역시 불편한 심기를 감추지 않았다. 결국 FIA는 다양한 보조 시스템과 장치들이 한계를 넘은 "드라이버 에이드[23]"에 해당한다고 판단했고, 1993시즌이 끝난 뒤 다수의 신기술을 금지하는 규정 개정을 진행했다. 결국 1994시즌 전격적인 드라이버 에이드 금지와 함께 액티브 서스펜션은 역사 속으로 완전히 사라졌다.

---

[21] Anti-lock Braking System

[22] 1992시즌에는 1위가 10포인트, 2위가 6포인트를 얻고 6위까지만 포인트가 주어지는 시스템 아래 챔피언십이 진행되었다.

[23] driver aid : 드라이버가 스스로의 능력이 아니라 외부의 도움을 받아 차를 조종할 수록 돕는 것.

베네통 B194 (1994)

Benetton B194 (1994)

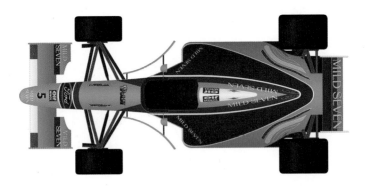

1994시즌 F1 챔피언십은 다음 기술들을 "드라이버 에이드(driver aids)"로 분류해 금지하는 규정 변경과 함께 큰 변화를 맞이했다.

- 액티브 서스펜션(active suspension)

- 트랙션 컨트롤(traction control)

- 안티-락 브레이크(anti-lock brakes)

- 런치 컨트롤(launch control)

- 연속 가변 변속기[24](continuously variable transmission)

- 4-휠 스티어링[25](four-wheel steering)

1994시즌에는 위와 같은 드라이버 에이드 금지 외에 레이스 중 재급유가 허용되는 등 다수의 규정 변화가 있었기 때문에, 레이스카 디자인 면에서도 큰 변화가 불가피했다. 이 때문에 1994시즌 F1 챔피언십은 이전 시즌과는 전혀 다른 경쟁 구도 속에 펼쳐졌다. 2년 연속 챔피언 타이틀을 차지했던 윌리엄스가 새로 합류한 아일톤 세나와 함께 그나마 선전했지만, 오랫동안 최강자 자리를 지키던 맥라렌은 컨스트럭터 챔피언십 4위로 밀려나며 타이틀 경쟁에서 멀어졌다.

기존 강팀 중 페라리는 게하르트 베르거의 분전에 힘입어 1승을 거뒀지만, 역시 챔피언 타이틀 경쟁에 나설만한 전력은 보여주지 못했다. 맥라렌과 페라리 등 기존의 강호들 대신 시즌 초반부터 챔피언십 경쟁에서 돋보인 것은, 절정의 기량을 뽐내기 시작한 미하엘 슈마허를 내세운 신흥 강자 베네통이었다.

산마리노 그랑프리에서 롤랜드 라첸버거와 아일톤 세나가 세상을 떠나는 비극이 펼쳐지면서 F1 전체가 큰 슬픔에 잠겼고, 비극적인 사고 직후 감당할 수 없을 만큼 빨라진 레이스카의 속도를 늦추기 위한 각종 조치와 규정 변경이 속속 진행됐다. 시즌 중반 분위기를 반전시킨 뒤 추격의 고삐를 당겼던 윌리엄스의 데이먼 힐은 역전을 노렸지만, 결국 1994시즌 드라이버 챔피언 타이틀은 베네통의 미하엘 슈마허가 차지했다. 드라이버 챔피언의 자리를 베네통에게 내준 윌리엄스는 3년 연속 컨스트럭터 챔피언 타이틀을 획득한 것에 만족해야 했다.

베네통이 새로 왕좌를 차지할 수 있었던 배경에는 드라이버 에이드 금지를 포함한 대규모 규정 변경 이후 디펜딩 챔피언 윌리엄스의 전력이 약해진 이유도 있었지만, 이에 못지않게 시즌 내내 뛰어난 퍼포먼스를 유지했던 베네통 B194의 우수한 성능도 빼놓고 얘기할 수 없다. 특히, 베네통 B194는 노즈 아래 넓은 공간을 만든 "하이 노즈" 레이스카였는데, 하이 노즈의 선구자 격인 티렐 019보다 극단적인 하이 노즈를 추구한 것이 눈에 띈다. 결국 미하엘 슈마허를 처음으로 F1 왕좌에 올린 베네통 B194는 하이 노즈 레이아웃을 택한 첫 번째 F1 챔피언십 위닝 카로 역사에 이름을 남기게 되었다.

---

24 CVT. 일부에서는 "무단변속기"라고도 부른다. F1 그랑프리 실전 투입은 이뤄지지 않았다.

25 앞바퀴와 뒷바퀴를 모두 활용하는 조향 시스템. 흔히 4WS라고 부른다. F1 그랑프리 실전 투입은 이뤄지지 않았다.

1994시즌 베네통 B194는 시즌 개막 4연승을 포함해 모두 8승을 거뒀고, 폴 포지션 6회, 패스티스트 랩 8회, 포디엄 피니시 12회라는 빼어난 성적을 남겼다.

그런데, 미하엘 슈마허가 B194의 모든 폴 포지션과 패스티스트 랩, 우승 기록을 작성하는 동안, 세컨드 드라이버 자리에서는 요 베르스타펜이 두 차례 3위로 포디엄에 오른 것이 전부로 만족스러운 결과를 얻지 못했다. 세컨드 드라이버가 불안했던 것을 감안하면 훨씬 더 뛰어난 B194의 성능이 팀의 최종 성적에 제대로 반영되지 못했다는 분석도 가능하다. 슈마허가 단 1포인트 차이로 아슬아슬하게 챔피언 타이틀을 차지했다고는 하지만, 시즌 전체 16경기 중 두 차례 실격과 두 경기 결장 등 큰 변수가 있었다는 것까지 고려하면 경쟁자들과의 격차는 더 컸던 셈이다.

이처럼 B194가 맹활약할 수 있었던 배경에는 F1 역사에 큰 족적을 남긴 뛰어난 엔지니어들이 있었다. 1994시즌 베네통의 테크니컬 디렉터는 로스 브런[26]이었고, 레이스카 디자인은 로리 번[27]과 니콜라스 톰바지스[28] 등이 담당했다. 훗날 페라리에서 다시 합류할 때 드림 팀으로 불리게 되는 뛰어난 엔지니어들이 한데 모여 있었고, 어떻게 보면 이들이 힘을 모은 만큼 B194가 공기역학적으로 매우 우수한 레이스카가 된 것은 당연한 결과일 수도 있었다.

특히, 레이스카 디자이너 로리 번의 부상은 F1 역사에 중요한 사건 중 하나였다. 앞서 1992시즌 챔피언 타이틀을 거머쥔 윌리암스 FW14B와 함께 아드리안 뉴이가 가장 주목받는 신예 엔지니어가 되었다면, 1994시즌 베네통 B194가 드라이버 챔피언십 위닝 카가 되면서 로리 번이 그 라이벌로 떠오른 셈이었다. 1992시즌 이후 아드리안 뉴이가 합류한 윌리암스와 경쟁하는 라이벌 베네통의 레이스카를 꾸준히 만든 로리 번은, 이미 1991시즌의 베네통 B191부터 하이 노즈 아이디어를 빠르게 받아들여 발전시키며 자신만의 디자인 철학을 완성해가고 있었다.

1991시즌 베네통 B191의 디자인은 앞서 하비 포슬웨이트가 티렐 019에서 보여줬던 것과는 다른 방향으로 하이 노즈를 추구했다.

포슬웨이트의 티렐 019가 노즈에서 좌우 대각선 아래쪽으로 연결되는 "걸윙" 스타일의 레이아웃을 택했다면, 로리 번의 베네통 B191은 두 개의 지지 구조가 하이 노즈와 평평한 프론트 윙 메인 플레이트를 연결하는 레이아웃을 따랐다. 같은 하이 노즈 디자인이라고는 하지만 두 레이아웃 사이에는 분명한 차이가 있었다. B19의 노즈 디자인은 B192와 B193을 거쳐 1994시즌의 B194까지 그대로 계승 발전됐고, 이후 F1에서 적극적으로 하이 노즈 디자인을 추구하는 레이스카 다수가 베네통 B194가 갔던 길을 따랐다.

2010년대 초반 극단적인 하이 노즈가 대유행한 시기에도 대략적인 레이아웃은 베네통 B194의 레이아웃과 크게 다르지 않았다. 그만큼 베네통에서 로리 번이 이끌었던 하이 노즈의 개념이 F1 레이스카의 공기역학 발전에 큰 역할을 한 셈이다.

---

[26] Ross Brawn (1954 ~) : 영국 출신의 미캐닉 / 엔지니어 / 팀 운영자. 1970년대부터 모터스포츠에 입문해 스포츠카 부문에서 재규어 XJR-14의 디자인을 이끌었고, F1에서는 1990년대 베네통과 2000년대 페라리의 챔피언 타이틀 획득에 큰 공을 세웠다. 혼다와 브런GP, 부활한 메르세데스 팩토리 팀을 이끌었고, 2017년부터 2022년까지 F1 매니징 디렉터를 역임했다.

[27] Rory Byrne (1944 ~) : 남아프리카공화국 출신의 엔지니어 / 레이스카 디자이너. 1972년 F2 레이스카 디자인을 시작해, 1981년 톨만과 함께 F1 레이스카 디자이너로 데뷔했으며, 이후 베네통과 페라리의 많은 챔피언십 위닝 카를 디자인했다.

[28] Nikolas Tombazis (1968 ~) : 그리스 출신의 엔지니어 / 레이스카 디자이너. 1992년 베네통의 공기역학 엔지니어로 F1과 인연을 맺었고, 이후 2010년대 중반까지 페라리, 맥라렌 등에서 공기역학/CFD 담당 엔지니어와 레이스카 디자이너로 활약했다. 2018년부터 FIA의 싱글 시터 테크니컬 디렉터로 활동 중이다.

한편, F1 레이스카의 공기역학에서 반드시 짚고 넘어가야 할 1994시즌의 다른 중요한 변화 중 하나는 **"플랭크(plank)"**의 도입이었다.

디퓨저 대형화와 플로어 활용 노하우 누적 등의 결과 그라운드 이펙트의 영향력이 다시 강해지고 있었기 때문에, 이를 억제하기 위해 도입된 것이 플랭크였다. 플랭크는 레이스카의 플랫 플로어 아래에 배치하도록 강제한 10mm 두께의 목재 구조물을 가리킨다. 레이스가 끝난 뒤 두께가 1mm 이상 줄어들지 않도록 하는 규정을 통해 주행 중 플로어가 과도하게 노면에 밀착하는 것을 방지하고, 라이드 하이트를 일정 수준 이상 높일 수밖에 없도록 하는 것이 플랭크의 역할이었다.

1994시즌 도입된 플랭크의 배치

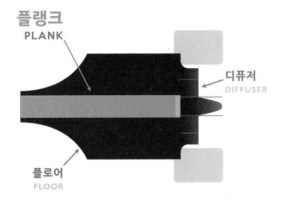

아일톤 세나의 사망 사고 이후 진행된 일련의 안전 규정 변경 중 하나로 1994 독일 그랑프리부터 도입된 플랭크는, 1994 벨기에 그랑프리 레이스 종료 후 플랭크 두께가 8mm로 측정된 미하엘 슈마허의 레이스카를 실격 처리하는 근거로 사용되며 큰 주목을 받았다. 이후 F1 레이스카의 공기역학 관련 규정에서 플랭크의 두께와 크기는 항상 중요한 기준으로 여겨졌고, 스텝트 플로어[29]의 도입, 스키드/스키드 블럭의 추가 등 플로어와 플랭크 주변 부품에 관련된 내용이 F1 기술 규정 변경 때마다 뜨거운 감자가 되었다.

1990년대 중반에는 플랭크 외에도 더 안전한 레이스 환경을 만들기 위한 대책이 속속 등장했다. FIA는 공기역학적 성능을 제한해 레이스카의 속도를 줄인다는 목표를 정한 듯 전에 없이 강력한 조치를 연달아 내놨다. 이에 대응해 F1 엔지니어들은 공기역학적 효율을 높여 조금이라도 더 많은 다운포스를 만들면서 레이스카의 속도는 더 끌어올리려 노력했다. 이런 공방전이 계속되는 동안 획기적이고 혁신적인 신기술도 중요하지만, 작고 사소해 보이는 아이디어도 충분히 레이스카의 성능 향상으로 이어질 수 있다는 사실이 여러 사례들을 통해 확인되었다.

---

[29] stepped floor : 1995시즌 도입된 서로 다른 높이의 평면이 공존하는 "층진 플로어". 1983시즌 그라운드 이펙트를 막기 위해 플랫 플로어가 강제된 이후 처음으로, 플로어가 단일 평면이 아닌 형태로 규정되었다. 플랭크와 직접 닿는 가운데 부분을 기준으로 좌우 양옆 부분의 플로어는 일정 수준 이상 더 높은 위치에 플랭크와 평행하게 구성되도록 했고, 스텝트 플로어의 도입과 함께 플로어에서 발생하는 다운포스의 양은 현격히 줄어들었다.

페라리 F300 (1998)

Ferrari F300 (1998)

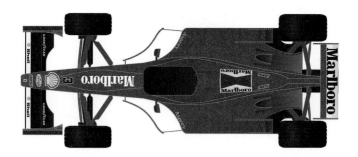

아일톤 세나의 사망 사고 이후 많은 F1 규정이 변경되었고, 다양한 부분에서 레이스카 규격 역시 새로 정의됐다. 전권을 위임받은 시드 왓킨스 교수가 이끄는 **"FIA 전문가 안전 자문 위원회(FIA Expert Advisory Safety Committee)"**가 출범해 F1 레이스카의 안전 기준 재정비도 시작됐다. 이렇게 재정비된 기준은 이후 21세기까지의 F1 레이스카 디자인 방향에 막대한 영향을 줬다.

이런 FIA의 노력과 함께 F1 레이스카가 이전보다 안전해졌다는 것이 얼마 지나지 않아 확인되기 시작했다. 마틴 브런들은 1996시즌 개막전이었던 호주 그랑프리에서 차량이 형체를 알아볼 수 없을 정도로 대파되는 큰 사고를 겪었다. 분명히 작지 않은 충격이 있었지만 브런들은 크게 다치지 않았고, 시드 왓킨스 교수의 확인을 받은 뒤 스페어 카에 탑승해 리스타트에 참여할 수 있었다. 안전 기준을 끌어올리려는 FIA의 노력이 바로 결실을 거둔 장면 중 하나였다.

그러나, F1 레이스카의 공기역학적 성능은 시간이 지나면서 점점 더 강해졌다. 1995시즌에는 최대 배기량을 3.5L에서 3.0L로 제한했지만, 엔진 출력 감소를 상쇄하고 남을 정도로 코너 공략 속도가 빨라졌다. 사소한 규정 변경만으로 갈수록 빨라지는 레이스카의 속도를 따라잡을 수 없게 되자, FIA는 1998시즌을 앞두고 다시 대규모 규정 변경을 단행했다.

1998시즌 규정 변경에서 직접 레이스카의 속도에 영향을 줄 수 있는 변화는 크게 두 가지였다. 첫 번째 핵심 변경 사항은 레이스카 최대 폭의 감소였다. 1997시즌까지 2m까지 허용됐던 F1 레이스카의 최대 폭은 1998시즌부터 1.8m로 제한됐다. 프론트 윙, 리어 윙, 플로어의 폭이 모두 줄었기 때문에, 자연스럽게 레이스카의 전반적인 공기역학적 효과 역시 감소했다.

두 번째 주요 변경 내용은 그루브 타이어[30]의 도입이었다.

1998시즌 도입된 그루브 타이어와 1997시즌까지 사용된 슬릭 타이어

1997시즌 이전
슬릭 타이어
SLICK TYRES

프론트   리어

1998시즌 이후
그루브 타이어
GROOVED TYRES

---

[30] grooved tyre : 타이어 표면 트레드에 홈이 파여있는 타이어.

1997시즌까지 사용됐던 슬릭 타이어[31]와 비교하면, 1998시즌 도입된 그루브 타이어는 그루브, 즉 홈의 크기만큼 노면과 접촉이 적어 접지력이 줄어들었다. 1998시즌 규정은 각 프론트 타이어에 세 줄, 리어 타이어에는 네 줄의 그루브를 의무화했는데, 각각의 홈은 타이어 안쪽에서 최소 10mm, 트레드 표면 기준 14mm 이상의 폭을 가져야 했다. 이런 그루브 폭만큼 부족해진 그립은 휠스핀 증가와 코너 공략 속도 감소로 이어졌다.

F1 공기역학의 역사에서 늘 그랬던 것처럼 차폭 감소와 그루브 타이어 도입 등 속도를 억제하려는 규정 변경이 적용되자, 1998시즌의 엔지니어들은 이에 맞서 답을 찾으려는 노력에 나섰다. 1990년대 초반 윌리암스와 베네통에서 라이벌 구도의 싹을 틔웠던 아드리안 뉴이와 로리 번은, 각각 맥라렌과 페라리로 자리를 옮겨 규정 변경에 대한 나름의 해법을 담은 새 레이스카를 선보였다.

로리 번과 함께 베네통에서 이미 호흡을 맞췄던 테크니컬 디렉터 로스 브런과 공기역학 담당자 니콜라스 톰바지스 등이 다시 모인 페라리는 F300이라는 걸출한 레이스카를 선보였다. 16 경기에 출전해 폴 포지션 3회, 패스티스트 랩 6회를 기록한 페라리 F300은 6승을 포함한 포디움 피니시 19회의 기록으로 페라리 역사상 가장 많은 133포인트를 획득했다. 아쉽게 맥라렌과의 경쟁에서 패하며 양대 챔피언십에서 모두 2위에 머무르긴 했지만, 존 버나드의 자리를 물려받은 로리 번이 참여한 첫 페라리 레이스카였다는 점을 생각하면 그리 나쁜 결과만은 아니었다.

베네통에서 먼저 페라리로 건너왔던 존 버나드가 책임진 전작 F310부터 베네통 스타일의 하이 노즈가 채택되긴 했었지만, 로리 번이 수석 디자이너로 만든 F300은 베네통 스타일과 다른 진일보한 하이 노즈 디자인을 선보였다. 시즌 중반 이후 몇 가지 공기역학 부문 업그레이드를 거친 페라리 F300은, 시즌 마지막 세 경기에서 폴 포지션을 독식하며 라이벌 맥라렌의 스피드를 확실히 앞서는 그리드 최강의 레이스카로 거듭났다.

페라리 F300에서 가장 눈에 띄는 공기역학적 특징은 아래 그림처럼 배기가스가 리어 윙으로 향하도록 한 배기구 레이아웃이었다.

페라리 F300의 배기구 레이아웃과 배기가스의 진행 방향

배기가스
EXHAUST GAS

---

[31] slick tyre : 주로 레이싱에서만 선택되는 타이어로, 타이어 표면 그루브를 없애 접지력 최대화를 목표로 하는 타이어.

경쟁팀 다수가 사용하던 F1 레이스카의 전형적인 레이아웃은 가능한 한 낮은 위치에 배기구를 배치해 배기가스가 차 뒤쪽으로 배출되도록 하는 것이었다. 1990년대만 해도 배기가스를 공기역학적으로 활용하기에 충분한 연구가 부족했기 때문에, 아이디어가 있더라도 실전 투입을 결심하는 엔지니어는 많지 않았다. 그러나, 페라리는 사이드포드 상단에 배기구를 배치하고, 배기가스가 부드럽게 리어 윙 아래쪽을 향하도록 만든 F300을 과감하게 실전에 투입했다.

페라리 F300의 리어 윙에 작용하는 공기의 흐름들

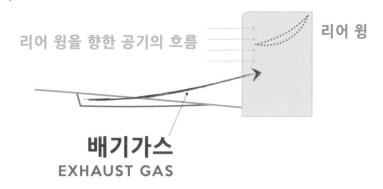

리어 윙을 향한 공기의 흐름 ———— 리어 윙

배기가스
EXHAUST GAS

페라리 F300은 위 그림처럼 배기가스가 나올 때, 리어 윙을 향하는 강한 에너지의 공기 흐름이 만들어지도록 디자인됐다. 리어 윙 앞에서 다가오던 공기의 흐름 중 아래쪽 공기 흐름은 강한 에너지의 배기가스와 상호 작용을 주고받고, 에너지가 더해진 리어 윙 아래쪽의 공기 흐름은 더 강한 에너지를 갖게 된다. 아래쪽 공기 흐름이 강해졌다는 것은, 곧 리어 윙이 더 많은 다운포스를 만들 수 있다는 뜻이므로, 엔진이 작동할 때 공기역학적 성능이 동시에 강해질 수 있었다.

반면, 맥라렌으로 자리를 옮긴 아드리안 뉴이가 처음 디자인에 참여한 레이스카 MP4/13 역시 배기가스를 활용하는 기술이 접목되었는데, 배기가스와 관련된 접근 방향은 페라리 F300과 전혀 달랐다. MP4/13은 MP4/4에서 그 이름이 사용됐던 "블론 디퓨저" 방식의 레이아웃을 채택했는데, MP4/4의 경우와 달리 MP4/13의 블론 디퓨저는 디퓨저 부근의 공기역학적 효율을 크게 높이기 위해 의도적으로 택한 부품 디자인이었다.

서로 다른 공기역학적 특성을 갖게 된 페라리 F300과 맥라렌 MP4/13은 각각 상대보다 강세를 보이는 써킷이 따로 있었다. 아기자기한 테크니컬 구간이 많고 가속이 중시되는 곳에서는 페라리 F300이 우위를 차지했지만, 고속 구간이 중요한 호켄하임링이나 실버스톤에서는 MP4/13의 공기역학적 성능이 더 뛰어나다는 것이 기록으로 드러났다.

페라리 F300의 예에서 확인할 수 있는 것처럼. 차폭을 줄이거나 그루브 타이어를 도입하는 등 레이스카의 속도를 감소시키기 위한 규정 변경이 있었지만, 많은 엔지니어의 노력으로 얼마 지나지 않아 레이스카의 속도는 다시 빨라지기 시작했다. 특히, 20세기가 저물고 21세기가 막을 여는 시기에는 매년 같은 써킷에서 최고 랩 타임이 단축되는 양상이 계속됐다. 속도 증가 추세의 발목을 잡기 위한 특별한 규정 변경이 계속됐지만, 안전 기준이 감당할 수 없을 만큼 빨라지는 레이스카의 속도와 공기역학적 성능을 억제할 수 있는 방법은 쉽게 찾을 수 없었다.

IX.

F1 공기역학의 역사 IV

HISTORY OF FORMULA 1 AERODYNAMICS IV

2000년대에 접어든 뒤에도 F1 레이스카의 성능은 꾸준히 향상됐다. 차량 규격 축소를 비롯해 제약이 계속 늘었지만, 점점 강해진 엔진의 힘이 전반적인 레이스카 성능 향상에 큰 역할을 했다.

1987시즌까지 F1 엔진 최대 배기량 규정 변화

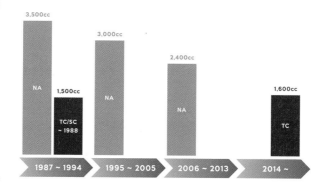

1989시즌부터 2007시즌까지 F1 엔진 최대 출력 변화

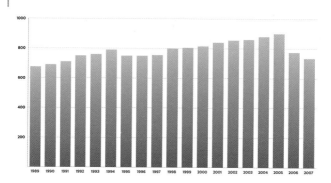

점점 강해지던 F1 레이스카의 엔진 최대 출력[1]은 2000년대 중반 900마력에 근접했다. FIA의 의도와 달리 레이스카의 속도는 꾸준히 빨라졌고, 랩타임은 계속 단축되었다. 점점 빨라지는 레이스카 속도는 F1 드라이버와 사람들의 안전을 보장할 수 있는 한계를 넘어선 것처럼 보였다.

과도하게 빨라지는 속도를 억제하기 위해 F1 레이스카에 대한 공기역학적 규제가 날로 강해졌고, 엔지니어들은 이런 규정 변경에 대응해 더 빠른 속도를 낼 수 있는 방법을 찾아 나섰다. 혁신적 아이디어가 나오기에 좋지 않은 상황이었지만, 그만큼 규정을 파고들어 실전에서 통하는 참신한 기술을 찾아낸다면 오히려 더 큰 효과를 기대할 수 있었다. 이런 이유로 21세기 이후 F1에서 성공을 거둔 기술 혁신들은 사람들에게 실제 성능보다 훨씬 큰 인상을 남기곤 했다.

[1] 그래프의 최대 출력 수치는 컨스트럭터 챔피언십 위닝 카 기준.

르노 R25 (2005)

Renault R25 (2005)

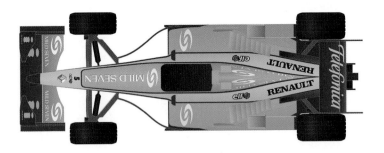

미하엘 슈마허와 페라리는 2000시즌부터 2004시즌까지 F1 챔피언 타이틀을 독차지했고, 드라이버 챔피언 타이틀 4연패와 1999시즌부터 컨스트럭터 챔피언 타이틀 5연패라는 초유의 기록을 세웠다. 이 기간의 경쟁 구도와 챔피언십 진행 상황을 자세히 들여다보면 단순한 독주라고 보기 어려웠지만, 대중들에게 인상적이었던 여러 차례 극적인 승리와 챔피언십 결과 때문에 "무적함대 슈마허와 페라리"의 이미지가 널리 퍼졌다. 덕분에, 그 무적함대를 무너뜨린 2005시즌 르노와 맥라렌, 페르난도 알론소와 키미 라이코넨의 타이틀 경쟁은 더 깊은 인상을 남겼다.

2005시즌 르노 R25는 경쟁자였던 맥라렌 MP4-20보다 신뢰도가 더 높았고, 공기역학적 성능 역시 뛰어난 레이스카였다. 규정 변경에 대응해 2004시즌의 전작 R24의 공기역학적 성능에 대한 전면 재검토가 이뤄졌고, 그 결과 전반적으로 새로운 디자인이 적용된 R25가 탄생했다.

복잡하고 입체적이었던 R25의 노즈/프론트 윙 디자인은 2005 산마리노 그랑프리에서의 업그레이드 이후 경쟁 팀이 앞다퉈 복제한 것에서 알 수 있는 것처럼 선구적이면서 뛰어난 디자인이었다. R25는 공기역학적 성능을 위해 사이드포드 크기도 줄였는데, 냉각 문제 해결을 위해 다수의 방열구를 연이어 배치하는 "상어 아가미(shark gills)" 디자인으로 눈길을 끌기도 했다. 이 디자인은 페라리 F2003-GA의 아이디어를 재해석한 것으로, 이후 많은 경쟁 차량의 디자인에 영향을 줬다. 그러나, 르노 R25의 다양한 공기역학적 시도 중 가장 큰 논란이 됐고 많은 사람의 기억에 가장 오래 남은 것은 시즌 후반 투입된 "매스 댐퍼(mass damper)"였다.

르노 R25 노즈의 매스 댐퍼 배치

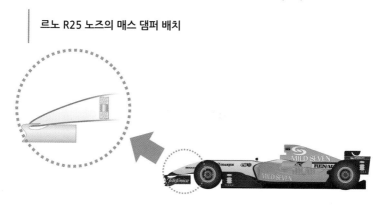

매스 댐퍼는 흔히 **TMD** 또는 **"튠드 매스 댐퍼(Tuned Mass Damper)"**라고 불린다. 매스 댐퍼는 피치 변화를 감소시켜 결과적으로 공기역학적 성능을 끌어올릴 수 있게 하는 장치로, 큰 틀에서 보면 액티브 서스펜션이 지향했던 것과 같은 목적을 가지고 있었다. 르노 R25의 경우 피치 변화가 생길 때 노즈의 매스 댐퍼가 빠르게 진동을 억제해 원래 자세로 복원시킬 수 있었고, 2006시즌 후속작 R26은 차량 뒤쪽에도 매스 댐퍼를 추가해 성능을 더 끌어올렸다.

처음 도입됐을 때 검차관들로부터 규정을 벗어나지 않는다는 판단을 받았던 매스 댐퍼는 2006시즌 중반 "움직이는 바디워크"로 분류돼 갑자기 금지됐다. 르노는 매스 댐퍼 금지 이후 약 0.3초 정도의 랩 타임 손해를 보면서 시즌 후반 페라리와의 챔피언 타이틀 경쟁에 어려움을 겪기도 했다. 이처럼 짧지만 깊은 인상을 남겼던 매스 댐퍼의 사례는 간단하지만 혁신적이었던 아이디어 하나가 레이스카의 성능과 챔피언십 경쟁 구도에 큰 영향을 줄 수 있다는 사실을 잘 보여줬다.

브런 BGP 001 (2009)

Brawn BGP 001 (2009)

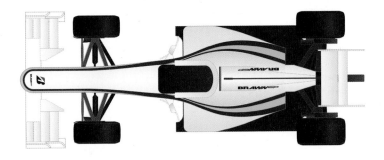

2000년대 중후반 여러 가지 악재가 한꺼번에 터지면서 F1은 큰 어려움에 직면했다. 2007시즌 스파이게이트[2]나 2008시즌[3] 크래시게이트[4] 등 F1 내부에서 문제를 자초한 사건도 있었지만, 근본적인 문제는 추월 횟수가 현격히 줄어들어 레이스의 재미가 떨어졌다는 대중의 불만과 세계 경제 위기의 여파로 자동차 제조사들과 F1 팀들이 경제적으로 큰 충격을 받았다는 것이었다.

근본적인 문제 해결을 위해 FIA가 가장 먼저 손을 댄 것은 추월 난이도 관련 이슈였다.

1990년대 중반 이후 출력 억제 노력이 계속되는 동안, F1 레이스카의 공기역학적 성능이 꾸준히 발전하며 써킷 공략 속도는 점점 빨라졌다. 기계적 성능보다 공기역학적 성능의 비중이 커지는 추세가 이어졌고, 공기역학적 성능의 비중이 커지는 만큼 뒤따르는 차량에 미치는 나쁜 효과 역시 증가했다. 이 때문에 추월 시도는 물론 앞차를 따라붙는 것부터 어려워졌고, 뒤따르는 차량에 미치는 나쁜 공기역학적 효과를 줄이지 않는다면 추월 시도가 더 줄어들 수 있는 상황이었다.

FIA는 **"추월 워킹 그룹(OWG : Overtaking Working Group)"**을 발족시켜 레이스에서 추격과 추월을 더 쉽게 만들 방법을 연구했고, 2009시즌에는 OWG의 연구를 바탕으로 대대적 규정 변경이 단행됐다. 2009시즌 규정 변경의 취지는 출력과 기계적 그립 등 F1 레이스카의 기계적 성능을 강화하고, 다방면으로 공기역학적 성능을 억제하거나 제한하는 것이었다.

2008시즌과 2009시즌의 규정 비교 1

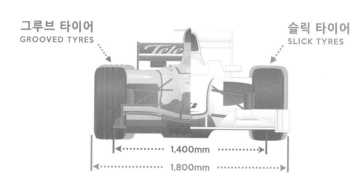

2008시즌 규정 변경에서 기계적 그립을 높이기 위해 취해진 조치 중 눈에 띄는 것은 슬릭 타이어의 부활이었다.

---

[2] spygate : 2007시즌 페라리의 레이스카 개발 정보가 맥라렌에 유출된 사건으로 맥라렌은 1억 달러 벌금과 해당 시즌 컨스트럭터 챔피언십에서 제외되는 페널티를 받았다. "2007 F1 간첩 사건 논란(2007 F1 espionage controversy)"라고도 불린다.

[3] 사건의 발생 시점은 2008년이지만 크래시게이트가 알려지고 문제가 된 것은 2009년이다.

[4] crashgate : 2008 싱가폴 그랑프리에서 넬슨 피케 Jr.가 고의 사고를 일으켜 팀메이트 알론소의 우승을 가능하게 한 사건으로 당시 르노의 팀 수석 플라비오 브리아토레와 CTO 팻 시몬즈가 F1에서 영구퇴출(몇 년 뒤 복권)되었고, ING의 타이틀 스폰서십 철수와 르노의 팩토리 팀 철수의 간접적인 원인을 제공했다.

11시즌 만의 슬릭 타이어 부활은 공기역학적 성능을 제한하는 규정 변경과 맞물려 기계적 그립의 비중을 높일 것이라 기대하게 했다. 실제로 2009시즌 돌아온 슬릭 타이어는 브릿지스톤의 든든한 내구력까지 더해지며, 레이스 처음부터 끝까지 충분한 그립을 제공했다.

기계적 성능을 끌어올리기 위한 또 하나의 중요한 변화 중 하나는 F1 최초의 하이브리드 시스템인 KERS[5]의 도입이었다. 2009시즌 기준으로 매 랩 6초 동안 80bhp 이상의 추가 동력을 사용할 수 있게 되면서, 전략적으로 잘 활용한다면 V10 3,000cc 엔진을 사용하던 시기가 부럽지 않은 강한 최대 출력을 기대할 수 있었다.

앞선 차를 추격하고 추월을 시도하는 데 큰 도움이 될 수 있는 요소였기 때문에, 2009시즌 다른 공기역학적 부품들이 제거되거나 제한되는 가운데 프론트 윙만큼은 유일하게 크기가 커지는 "혜택"을 누렸다. 2009시즌 새 규정은 기존 1,400mm였던 프론트 윙 최대 폭을 무려 1,800mm까지 확대할 수 있도록 했다. 앞선 차량이 만든 좋지 않은 공기역학적 효과를 가장 먼저 만나는 프론트 윙의 강화는, 프론트 윙 자신의 다운포스 생성량을 높이는 것은 물론 레이스카 뒤쪽으로 흐르는 공기 흐름을 제어하는 데 큰 도움을 줄 수 있었다.

특히, 기존 F1은 물론 대부분 모터스포츠에서 금기시되었던 "움직이는 공기역학 부품(movable aerodynamic parts)"이 처음으로 공식 허용된 것도 주목할만한 부분이었다. 2009시즌 기술 규정에는 드라이버가 프론트 윙 플랩의 각도를 최대 6도까지 조절할 수 있는 시스템이 포함됐고, 모든 드라이버는 한 랩에 두 차례 프론트 윙 플랩 각도를 조절할 수 있었다. 앞선 차량에 근접했을 때나 강한 브레이킹이 필요할 때 플랩의 각도를 세우고, 반대로 직진 가속 등을 위해 드래그를 줄여야 할 때는 플랩을 눕히는 식으로 움직이는 공기역학 부품을 활용할 수 있었다.

2008시즌과 2009시즌의 규정 비교 2

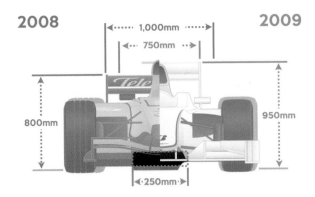

2009시즌 프론트 윙의 크기가 커진 것을 제외하면, 나머지 대부분 공기역학 부품들은 2008시즌보다 작아지거나 규정을 통해 크고 작은 다양한 제약을 받게 됐다.

---

5 Kinetic Energy Recovery System : 운동 에너지 재생 시스템. 제동 중 낭비되는 회전력으로 배터리를 충전하고, 드라이버가 원할 때 버튼을 눌러 저장된 동력을 추가 사용할 수 있도록 하는 시스템이다. "회생 제동 시스템"이라고도 불린다.

더블-덱 디퓨저 (2009 ~ 2011)

Double-deck diffuser (2009 ~ 2011)

2008시즌까지 F1 레이스카 곳곳에 들쭉날쭉 붙어 있던 많은 공기역학 부품들은, 2009시즌 규정 변경으로 대부분 제거되었다. 특히 노즈 주변 형태가 입체적이고 복잡했던 프론트 윙은, 중앙으로부터 250mm까지 단순 평면 구조만 허용되는 등 가운데 부분 형태가 어느 정도 표준화됐다. 리어 윙 규격도 크게 달라졌는데, 2009시즌 리어 윙은 레퍼런스 플레인[6] 기준 950mm 높이까지 배치할 수 있게 되어 2008시즌까지의 800mm보다 150mm 더 높아졌다. 반면, 최대 폭은 1,000mm에서 750mm로 25%나 줄어들어, 전년과 비교해 훨씬 높고 좁은 리어 윙을 갖게 됐다. 새 규정에 맞춰 디자인된 레이스카들을 처음 본 팬들은 보기 좋지 않다며 불평하기도 했다.

그런데, 2009시즌 F1 레이스카 리어 엔드의 가장 중요한 변화는 아래쪽에서 찾을 수 있었다. 새 규정에 따른 디퓨저는 폭 1,000mm, 길이 350mm, 높이 175mm로 규정됐는데, 2008시즌보다 훨씬 뒤에서 시작되는 짧은 디퓨저가 되어 공기역학적 효과가 대폭 감소했다. 리어 윙 높이가 높아졌기 때문에, 리어 윙과 디퓨저 사이 간격도 벌어져 공기역학적 효율을 감소시켰다.

OWG는 이런 규정 변경을 통해 F1 레이스카 리어 엔드의 다운포스 생성량이 급감한다면, 뒤에서 따라붙는 레이스카에 미치는 부정적인 영향력이 줄어들 것이라 예상했다. 그런데, 2009시즌 개막을 앞두고 등장한 몇몇 레이스카의 디자인은 FIA와 OWG의 기대를 크게 벗어나 있었다.

페라리 F60과 브런 BGP 001의 디퓨저 레이아웃 비교

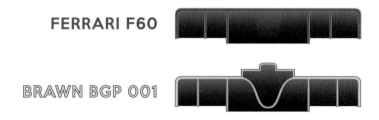

전형적인 디자인을 따른 페라리 F60의 디퓨저는 OWG가 의도한 그대로의 평범한 모습이었고, 규정에 따라 크기가 작아진 만큼 자연스럽게 공기역학적 성능이 줄어들 것으로 예상할 수 있었다. 그런데, 브런 BGP 001 등 세 팀의 디퓨저는 완전히 다른 형태를 띠고 있었다. OWG의 연구를 바탕으로 한 규정 변경의 의도와 다르게 브런 BGP 001과 다른 두 팀의 레이스카가 채택한 디퓨저 디자인은 매우 강력한 공기역학적 성능을 낼 가능성이 있었다.

---

[6] reference plane : 레이스카 맨 아래 기준을 정하는 가상의 평면. F1 레이스카에서 플랭크와 타이어를 포함한 컴플리트 휠 외에 플로어 등 나머지 모든 부품은 레퍼런스 플레인보다 위쪽에 위치해야 한다.

브런 BGP 001의 플로어에서 나타나는 공기의 흐름

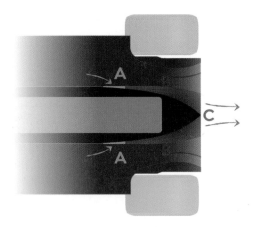

BGP 001의 플로어와 스텝트 플로어 사이에는 A처럼 구멍이 뚫려 있었다. 플로어의 공기 흐름 일부는 이 구멍을 통해 별도의 통로 B로 들어간 뒤, B 통로를 지나 디퓨저 위쪽 출구 C로 빠져나오게 된다. 이런 "별도의 공기 흐름"은 플로어/디퓨저의 "일반적인" 공기 흐름에 약간의 영향을 주고, 동시에 일종의 벤츄리 터널 역할을 하는 B를 통과하면서 많은 양의 다운포스를 만든다.

일반적인 표준 디퓨저와 더블-덱 디퓨저에서 공기 흐름의 비교

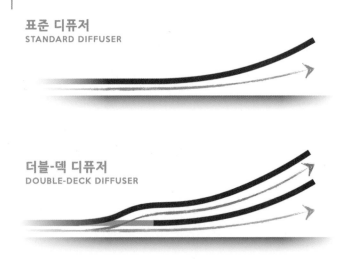

표준 디퓨저
STANDARD DIFFUSER

더블-덱 디퓨저
DOUBLE-DECK DIFFUSER

이처럼 공기 흐름이 "두 개의 층"으로 나뉘어 이동하기 때문에, 이런 효과를 노린 디퓨저는 "2층 짜리 디퓨저"라는 의미로 "더블-덱 디퓨저(double-deck diffuser)"라고 불리기 시작했다.

더블-덱 디퓨저는 언뜻 보기에도 OWG의 규정 변경 의도와 정면으로 배치됐기 때문에 문제의 소지가 컸지만, 더 큰 문제는 이런 내용을 FIA가 사전에 인지하고 있었다는 부분이었다.

혼다의 팩토리 팀을 이끌면서 2009시즌 신차에 많은 기대를 걸고 있던 로스 브런은 새 규정 속에서 더블-덱 디퓨저를 구성할 수 있는 루프홀[7]을 발견했다. 브런은 이 문제를 FIA와 사전에 논의했지만, FIA는 루프홀을 차단하기 위한 어떤 조치도 취하지 않았다. 이런 속사정은 더블-덱 디퓨저 논란이 가열되고 브런 BGP 001과 더블-덱 디퓨저가 규정을 위반했는지에 대한 심의가 진행됐을 때, 브런GP가 심의에서 승리하는 데 중요한 역할을 했다.

물론 참신한 아이디어를 떠올리고 루프홀을 파고든 더블-덱 디퓨저 디자인은 브런GP만의 것이 아니었다. 토요타와 윌리엄스 역시 더블-덱 디퓨저의 가능성을 미리 확인했고, 브런 BGP 001과 조금 다른 디자인의 더블-덱 디퓨저를 2009시즌 각자의 레이스카에 장착했다.

브런GP, 토요타, 윌리엄스의 더블-덱 디퓨저 레이아웃 비교

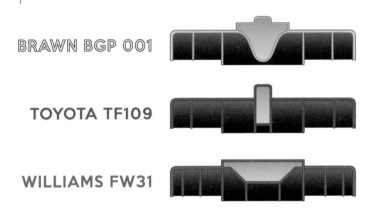

BRAWN BGP 001

TOYOTA TF109

WILLIAMS FW31

더블-덱 디퓨저 아이디어를 일찌감치 실전 투입한 브런GP, 토요타, 윌리엄스 3팀은 경쟁 팀에 비해 월등한 공기역학적 성능을 얻었고, OWG가 야심 차게 준비한 신규 하이브리드 시스템 KERS는 아예 장착하지 않았다. 기계적 그립을 높이고 출력을 보완하는 한편, 공기역학적 성능 의존도를 낮춘다는 규정 변경의 취지는 전면적으로 부정당하고 있었던 셈이다.

반면, 페라리, 맥라렌, 르노 등 기존 강팀들은 골치 아픈 신규 시스템 KERS를 장착해 상대적으로 무겁고 둔해졌고, 더블-덱 디퓨저 레이스카보다 공기역학적 성능이 부족했다. 2009시즌 개막전 호주 그랑프리 퀄리파잉에서는 브런GP가 프론트 로를 독점했고, 더블-덱 디퓨저를 장착한 3팀의 6명 중 다섯 명이 탑10에 들었다. 그러나, KERS를 장착한 르노와 맥라렌은 모두 퀄리파잉 탑10에 들지 못했고, 전년도 컨스트럭터 챔피언인 페라리의 드라이버들은 7, 9위로 퀄리파잉을 마쳤다. 이런 양상은 2009시즌 초반 몇 경기 동안 계속 이어졌고, KERS가 계륵처럼 여겨지는 동안 더블-덱 디퓨저는 F1 레이스카의 핵심 아이템으로 입지를 굳혔다.

---

[7] loophole : 빠져나갈 구멍. 규정의 빈틈을 파고들어 편법으로 이득을 얻을 수 있는 방법이란 의미로 원래 많이 사용되었던 단어지만, 더블-덱 디퓨저 논란 당시 유난히 더 빈번하게 루프홀이란 단어가 사용되었다.

더블-덱 디퓨저가 논란거리였던 2009시즌 초반, 레드불 RB5는 더블-덱 디퓨저 없이도 공기역학적 성능에서 크게 뒤지지 않는 준수한 퍼포먼스로 주목받았다. F1 데뷔 후 두 번째 풀 시즌을 치르던 베텔은, 레드불에서의 첫 두 차례 그랑프리에서 퀄리파잉 3위를 차지하며 브런GP 듀오에 가장 근접했다. 2009시즌 3라운드 중국 그랑프리에서 RB5에 오른 베텔은 역사적인 레드불의 첫 폴 포지션과 우승을 기록하기도 했다.

브런 BGP 001의 최대 라이벌 레드불 RB5는 전반적 성능도 우수했지만, 타이트한 패키징과 함께 뛰어난 공기역학적 성능으로 주목받은 레이스카였다. 레이스카 각 부분을 뜯어봐도 공기역학적으로 뛰어나다고 평가할만한 RB5였지만, 남다른 리어 서스펜션 레이아웃도 눈길을 끌었다.

1990년대 말부터 대부분 F1 레이스카의 더블 위시본 서스펜션은 푸시로드 방식을 사용해왔고, 2008시즌에는 모든 F1 레이스카가 앞뒤를 가리지 않고 푸시로드 방식을 택하고 있었다. 레드불 RB5의 전작이었던 RB4 역시 모든 서스펜션에 푸시로드 방식을 택했다.

푸시로드 방식의 더블 위시본 서스펜션 레이아웃

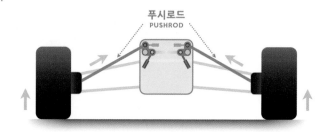

푸시로드 방식의 더블 위시본 서스펜션 레이아웃을 선택했을 경우 타이어가 노면으로부터 받은 충격은 위 그림처럼 **"푸시로드(pushrod)"**를 따라 위쪽으로 "밀듯이" 전달되고, 차체 위쪽에 배치된 서스펜션 부품들이 이 충격을 완화하고 진동을 감쇠시키는 나름의 역할을 수행하게 된다.

풀로드 방식의 더블 위시본 서스펜션 레이아웃

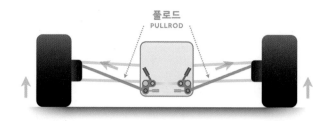

그러나, 풀로드 방식에서는 같은 충격이 **"풀로드(pullrod)"**를 따라 아래쪽으로 "당기듯이" 전달되고, 차체 아래쪽의 서스펜션 부품들이 충격 완화와 진동 감쇠 역할을 수행한다.

푸시로드 방식과 풀로드 방식 서스펜션은 성능 자체로만 본다면 크게 다르지 않다. 그러나, 서스펜션 구성 부품이 차체 위쪽에 배치되는가 아래쪽에 배치되는가에 따라 무게 중심과 패키징에 분명한 차이가 생기고, 바로 이 패키징 부문에서 레드불 RB5는 경쟁 레이스카들과 차별화됐다.

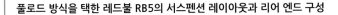

풀로드 방식을 택한 레드불 RB5의 서스펜션 레이아웃과 리어 엔드 구성

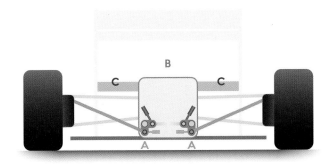

레드불 RB5는 위 그림처럼 풀로드 방식의 더블 위시본 서스펜션을 채택하고, 서스펜션 부품이 집중적으로 배치되는 A 위치를 다른 레이스카보다 훨씬 앞쪽으로 옮겼다. 서스펜션 부품을 앞쪽으로 옮김에 따라 리어엔드는 더 극단적으로 타이트하게 패키징할 수 있었고, 날씬해진 동시에 높이가 낮아진 덕분에 B 위치에 경쟁 레이스카의 경우보다 훨씬 넓은 공간이 만들어졌다.

여기에 더해 배기구에서 빠져나온 배기가스가 바로 더블 위시본의 위쪽 지지구조인 "어퍼 암(upper arm)"을 지난 뒤, 이어서 C 위치의 빔 윙을 향해 흐르도록 레이아웃을 구성해 전체적인 공기역학적 효율을 높였다. 리어 엔드에 많은 여유 공간을 만들어 공기 흐름을 원활하게 만들었다는 점에서 레드불은 공기역학적으로 경쟁자들보다 한발 앞서 있었던 셈이다.

레드불 RB5는 리어 엔드를 포함해 전반적으로 뛰어난 공기역학적 디자인으로 더블-덱 디퓨저 없이 시즌 초반부터 브런GP, 토요타, 윌리암스와 어깨를 나란히 할 수 있었다. 레드불은 여기에 안주하지 않고 상당히 이른 시점인 제5라운드 모나코 그랑프리부터 더블-덱 디퓨저까지 장착하는 등 성능 개선에 많은 투자를 계속했다. 이런 흐름이 이어지며 2009시즌 초반 최강자였던 브런GP와 BGP 001은 시즌 중반부터 레드불과 RB5의 추격에 노출되었고, 시즌 후반에는 레드불 RB5가 브런 BGP 001을 조금씩 앞서기 시작했다.

2009시즌 후반에는 모든 팀이 더블-덱 디퓨저를 장착하면서 F1 레이스카 사이의 공기역학적 성능 격차가 크게 줄어들었다. 다수의 팀이 더블-덱 디퓨저를 장착하기 시작한 뒤로는 토요타와 윌리암스의 경쟁력이 빠르게 희석되었고, 시즌 중반 이후에는 챔피언십 선두 브런GP도 레드불과 맥라렌, 페라리 등의 압박을 받았다. 더블-덱 디퓨저라는 아이디어 자체는 파격적이었지만, 복제와 개량이 나름 쉬운 편이었기 때문에 한 팀의 독점 기술로 자리 잡지는 못한 셈이다.

물론 더블-덱 디퓨저는 FIA가 의도했던 방향과 완전히 배치되는 기술인 것이 분명했고, FIA는 2009시즌이 진행되는 동안 향후 더블-덱 디퓨저 금지를 위한 규정 변경을 준비했다.

f-덕트 (2010)
F-duct (2010)

2009시즌 더블-덱 디퓨저의 활약과 부족했던 KERS의 성능은 큰 후폭풍을 남겼고, FIA가 대규모 규정 변경으로 의도한 레이스 환경 개선은 실패했다. 더블-덱 디퓨저 때문에 뒤따르는 레이스카가 공기역학적으로 불리해지는 상황은 이전보다 크게 나아지지 않았다. 많은 팀이 "부담스러울 정도로 무겁지만 성능은 만족스럽지 않았던" KERS를 제거하는 대신, 밸러스트를 배치해 레이스카의 밸런스를 개선하는 쪽을 택했다.

결국, FOTA[8] 합의에 따라 2010시즌에는 모든 팀이 KERS를 사용하지 않았다. 더블-덱 디퓨저 등 기술 혁신으로 레이스카의 공기역학적 성능이 회복되면서, 레이스 환경은 점점 더 나빠질 수밖에 없었다. 재급유 금지로 전보다 더 크고 무거운 레이스카가 되었기 때문에, 레이스에서의 민첩한 움직임은 기대하기 어려워졌다. 더 많은 드래그 발생과 낮아진 출력은 가속력과 최고 속도를 억제했고, 자연스럽게 긴 가속 구간에서의 성능은 더 나빠졌다.

그런데, 2010시즌 맥라렌은 이런 환경에 대응할 신선한 아이디어를 갖고 있었다. 맥라렌 MP4-25의 콕핏 바로 앞에는 위쪽으로 돌출된 구조물이 배치됐고, 리어 윙 어퍼 플랩 아래에도 길쭉한 틈이 확인됐다. 나중에 알려진 문제의 시스템은 콕핏 앞쪽부터 리어 윙 뒤쪽까지 차체를 관통하는 통로를 배치해, 드라이버 조작에 따라 공기 흐름의 경로를 바꿀 수 있도록 한 시스템이었다.

맥라렌이 정한 공식 명칭은 **"RW80"**이었지만, 콕핏 앞에 돌출된 구조물이 스폰서 "Vodafone" 로고의 f자 위에 있었기 때문에 "f-덕트(f-duct)"라 부르는 사람이 많았다. 일부에서는 **"스위쳐블 리어 윙(SRW : Switchable Rear Wing)"**이라는 표현을 사용하기도 했다.

일반적인 f-덕트의 구조

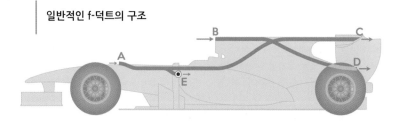

f-덕트 시스템은 일반적으로 위 그림과 같은 구조를 가지고 있었는데, 콕핏 앞쪽 A 위치의 "f-덕트" 외에 롤-후프 쪽에 배치된 다른 공기 흡입구 B가 필요했다. A와 B로 진입한 공기 흐름의 대부분은 차체 안쪽 통로를 지나 각각 C와 D 쪽으로 흘러가게 되어 있었다. f-덕트 시스템의 마지막 한 조각은 콕핏 안쪽 E에 위치한 또 하나의 구멍이었는데, 맥라렌의 경우 드라이버가 왼쪽 다리를 움직여 E 위치의 "스위치(switch)"를 막을 수 있도록 디자인했다.

---

[8] Formula One Teams Association : 2008년 창설된 포뮬러 원 팀 연합으로 2014년까지 유지됐다.

일반적인 f-덕트 시스템에서 스위치가 열렸을 때

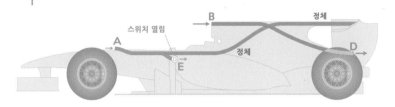

드라이버가 E의 구멍을 막지 않고 방치해 스위치가 열렸을 때, 일반적인 f-덕트 시스템이라면 A로 들어간 공기 흐름이 그대로 E로 빠져나오게 된다. 이와 별개로, 다른 요소의 영향을 받지 않는다면 B로 들어간 공기 흐름은 D의 출구로 향하고, C의 출구와 그 앞 통로 내부 공기는 정체된 채 크게 움직이지 않는다. 이처럼 스위치가 열려있을 경우 f-덕트는 레이스카의 움직임에 큰 영향을 주지 않고, 다운포스 생성량이나 드래그 발생량 역시 f-덕트와 무관하게 결정된다.

그러나, 드라이버가 다리나 손등으로 E의 구멍을 막아 스위치를 닫으면 f-덕트 시스템의 공기 흐름은 확연히 달라진다.

일반적인 f-덕트 시스템에서 스위치가 닫혔을 때

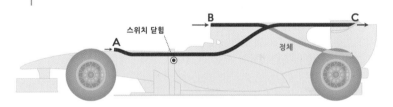

A로 진입한 공기 흐름은 콕핏 옆으로 이어진 통로를 지나 위쪽을 향하게 되고, 두 통로가 교차하는 지점에서 B로 진입했던 공기 흐름을 밀어 올리듯 움직이게 된다. 아래에서 올라오는 공기의 흐름과 B 쪽에서 뒤로 움직이던 공기 흐름이 합류해 하나의 흐름이 되고, 결국 대부분 공기 흐름이 C로 빠져나오게 된다. 맥라렌 MP4-25의 경우 리어 윙 뒤쪽으로 빠져나온 공기는 리어 윙 어퍼 플랩 아래로 흘러 나와 공기를 정체시키는 역할을 했다. 이런 정체는 업워시를 억제하고 공기 흐름이 위쪽이 아닌 뒤쪽으로 흐르도록 유도해, 결과적으로 드래그 발생량을 줄일 수 있었다.

f-덕트는 다운포스 의존도가 적은 구간에서 드래그를 줄이려 할 때 요긴하게 쓰였고, 종합적인 레이스카의 성능을 끌어올렸다. f-덕트의 성능이 강력하다는 것이 알려지면서 경쟁 팀들은 빠르게 시스템의 카피를 시도했고, 시즌 후반에는 모든 F1 팀이 나름의 해석을 거친 f-덕트를 장착했다. 물론, 시즌 중 섀시 구조 변경이 매우 어려웠기 때문에, 각 팀의 시스템은 비슷한 듯 서로 달랐고, 맥라렌의 오리지널 시스템과도 어느 정도 차이가 있었다.

2010시즌을 풍미했던 f-덕트는 더블-덱 디퓨저와 함께 2011시즌을 앞둔 규정 변경에 따라 완전히 금지되었지만, 이후의 규정 변경과 신기술 등장에 적지 않은 영향을 줬다.

DRS (2011 ~)

DRS (2011 ~)

2010시즌 크게 유행했던 f-덕트는 2011시즌 규정 변경을 통해 금지됐다. 그러나, 여전히 추월인 쉽지 않은 상황에서 가속과 드래그 감소에 도움이 되는 f-덕트만 금지한다면 2009시즌 규정 변경의 취지를 FIA 스스로 부정하는 것이 될 수도 있었다. 다행히 FIA는 2011시즌 f-덕트 금지가 포함되는 규정 변경과 함께, f-덕트를 대체할만한 새로운 시스템을 도입했다.

2011시즌 규정 변경을 통해 F1에 도입된 새 시스템은 "드래그 감소 시스템(Drag Reduction System)"이었으며, 흔히 머리글자를 따서 "DRS"라 불렸다.

DRS는 공식과 비공식을 가리지 않고 대부분의 F1 중계방송과 관련 매체에서 널리 사용된 이름이지만, F1 기술 규정에 공식적으로 DRS 또는 드래그 감소 시스템이라는 표현이 등장하지는 않는다. 이 때문에 F1 팀의 엔지니어 중에는 DRS 대신 다른 표현을 사용하는 경우가 제법 많았고, 메르세데스는 리어 윙의 플랩 각도를 조절할 수 있는 장치라는 의미를 담아 "리어 플랩 어저스터(Rear Flap Adjuster)" 또는 그 약자인 "RFA[9]"라는 명칭을 사용하기도 했다.

DRS는 메르세데스가 사용했던 RFA라는 명칭에 담긴 의미처럼, 리어 윙의 어퍼 플랩 각도를 조절하는 장치였고, 2009시즌 도입됐던 프론트 윙의 어퍼 플랩 각도 조절 장치에 이어 두 번째로 F1에 공식 도입된 "움직이는 바디워크"였다. DRS 도입으로 프론트 윙 각도 조절은 금지됐기 때문에, DRS는 2011시즌 이후 F1에서 공식적으로 허용된 "유일한 움직이는 바디워크"가 되었다.

DRS의 작동 원리는 그리 복잡하지 않은 편이다. 리어 윙의 두 조각 중 위쪽의 어퍼 플랩 각도를 조절하는 장치를 배치하는 것이 DRS의 핵심이다. DRS가 활성화되지 않았을 때를 먼저 살펴보면, 아래 그림처럼 리어 윙 주변 공기 흐름은 평범한 리어 윙의 경우와 크게 다르지 않다.

DRS가 활성화되지 않았을 때 리어 윙 주변의 공기 흐름

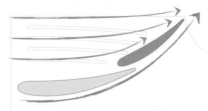

DRS 비활성화

DRS DEACTIVATED

---

[9] 앞서 메르세데스는 2009, 2010시즌 사용된 프론트 윙 각도 조절 시스템을 FFA(Front Flap Adjuster)라고 불렀다.

드라이버가 스티어링 휠에 배치된 버튼을 눌러 DRS를 활성화하면, 리어 윙에 부착된 장치가 어퍼 플랩을 들어 올린다. 이 과정은 간단하게 "DRS를 열었다."라고 표현하기도 한다. DRS가 열리면 리어 윙의 어퍼 플랩에서 다운포스 발생량이 감소하는 대신, 드래그 역시 큰 폭으로 줄어들어 가속력과 최고 속도 면에서 이득을 얻게 된다.

| DRS가 활성화됐을 때 리어 윙 주변의 공기 흐름

DRS 활성화
DRS ACTIVATED

위 그림처럼 DRS를 활성화하면 드래그에 민감한 긴 가속 구간에서 가속력과 최고 속도의 큰 차이를 만들 수 있다. 2011시즌 도입된 DRS 운용 규정은 추월 난이도를 낮추려는 FIA의 의도를 담아, 레이스의 경우 지정된 구간에서 앞 차량과 1초 이내로 근접한 뒤차만 사용할 수 있도록 했다. 뒤따르는 차의 드래그 발생량을 줄여 더 강력한 가속력과 더 높은 최고 속도를 활용해 앞선 차를 쉽게 추격하거나 추월을 시도할 수 있도록 하려는 의도였다.

DRS는 성능 면에서 2010시즌 유행했던 f-덕트를 훌쩍 뛰어넘는 시스템이었다. 특히, 뒤따르는 차량만 DRS를 열 수 있기 때문에, 추월 난이도를 낮추고 레이스 환경을 개선한다는 FIA와 OWG의 규정 변경 방향에 완벽히 부합했고, DRS 도입 이후 레이스에서 추월 횟수는 눈에 띄게 증가했다. DRS에 대해 부정적인 관계자와 팬도 많았지만, 추월 난이도가 낮아졌다는 점을 부인하는 사람은 없었다. 오히려 추월이 너무 쉬워졌다며 걱정하는 사람이 제법 많았지만, FIA는 필요에 따라 DRS 관련 규정을 조정하고 DRS 존을 늘려 추월 난이도를 낮추려는 노력을 계속했다.

일부 F1 팀은 **"더블 DRS(double DRS)"**를 탑재하기도 했다. 더블 DRS는 f-덕트의 아이디어를 일부 활용한 시스템으로, 리어 윙의 DRS를 작동할 때 프론트 윙의 드래그도 함께 감소시키려는 목적을 가지고 있었다. 프론트 윙부터 리어 윙 엔드플레이트까지 공기가 지날 수 있는 통로를 만들고, DRS가 작동할 때 어퍼 플랩이 f-덕트의 콕핏 스위치처럼 프론트 윙의 드래그를 낮추는 스위치 역할을 하도록 한 것이 더블 DRS의 핵심 아이디어였다. 그러나, 문제의 시스템은 얼마 지나지 않아 FIA의 강력한 억제 조치가 나오면서 더 이상 레이스카에 탑재되지 않게 됐다.

2009시즌부터 FIA가 규정 변경을 통해 추월 난이도를 낮추려 했던 노력은 대부분 별다른 성과를 거두지 못했다. 반면, DRS는 관계자와 팬 사이에 호불호가 갈렸다는 문제는 있었지만, 추월 횟수를 늘린다는 점에서만큼은 성공적인 결과를 거뒀다. 특히, 2009시즌 이후 등장했던 새로운 기술과 아이디어 상당수가 금지되거나 퇴출당한 것에 반해, DRS만큼은 FIA가 직접 도입한 시스템으로 널리 사용되면서 F1에 안정적으로 정착했다. 이런 관점에서 본다면 DRS는 현대 F1 공기 역학의 역사에서 가장 성공적인 아이템 중 하나라고 볼만하다.

블론 디퓨저와 코안다 배기구 (2010 ~ 2013)
Blown diffuser and Coandă exhaust (2010 ~ 2013)

더블-덱 디퓨저와 함께 2009시즌을 평정했던 브런GP의 모든 것을 물려받은 메르세데스도, f-덕 트라는 혁신적인 아이디어로 앞서나갔던 맥라렌도, 모든 면에서 안정적이었고 꾸준한 성적을 낼 수 있었던 페라리도 2010시즌 챔피언 타이틀을 획득하지 못했다. F1 2010시즌 컨스트럭터 챔피언은 시즌 종료를 한 경기 남긴 브라질 그랑프리에서 레드불로 확정됐고, 최종전 아부다비 그랑프리에서는 세바스찬 베텔이 극적으로 자신의 첫 드라이버 챔피언 타이틀을 따냈다.

2009시즌 후반기 최강자로 부상했던 레드불 RB5는 풀로드 방식의 더블 위시본 서스펜션이 특징적이긴 했지만, 이런 서스펜션 레이아웃만으로 특별한 공기역학적 혁신이 있었다고 보기는 어려웠다. 그런데, 2010시즌 레드불 RB6는 프리-시즌 테스트에서 처음 공개된 시점부터 독특한 배기구 레이아웃으로 경쟁자들의 이목을 끌었다.

측면도에 나타난 레드불 RB6의 배기구 배치

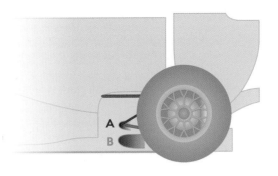

레드불 RB6는 위 그림처럼 더블 위시본의 로워 암과 풀로드가 전작 RB5보다 좀 더 높은 위치인 A에서 차체와 이어지도록 디자인되었고, 배기구는 그보다 더 낮은 B 위치에 배치되었다. 2010시즌 푸시로드에서 풀로드 방식으로 서스펜션 레이아웃을 바꾸고, 풀로드와 로워 암을 매우 낮은 위치에 배치했던 맥라렌이나 버진 등과 분명히 차별화된 발상이었다.

플로어에 인접한 레드불 RB6의 배기구 레이아웃은 강력한 에너지의 배기가스가 플로어와 디퓨저 쪽을 향해 움직이면서 강력한 공기역학적 효과를 유도했다. 위 그림의 B 위치에서 빠져나온 배기가스 일부는 플로어 위쪽으로 움직여 디퓨저 위쪽으로 흘러가지만, 일부는 플로어에 만든 틈 / 슬릿을 지나 디퓨저를 지나가도록 디자인되었다. 의도대로 디퓨저 아래위로 공기 흐름이 적절히 움직인다면 공기역학적 효과가 증폭될 수 있었다. 특히, 2010시즌 무렵에는 아직 더블-덱 디퓨저가 사용되고 있었기 때문에, RB6의 배기구 레이아웃이 만들어내는 효과는 더블-덱 디퓨저와 어우러져 더 강력한 위력을 발휘할 수 있었다.

이처럼 배기가스가 디퓨저를 향하는 레이아웃은 **"이그조스트 블론 디퓨저(exhaust blown diffuser)"** 또는 짧게 **"블론 디퓨저(blown diffuser)"**라 불렸다. 물론, 이런 블론 디퓨저는 맥라렌 MP4/4라는 전례에서 알 수 있는 것처럼 그 개념 자체가 완전히 새로운 것은 아니었다. 특히, 레드불 RB6의 제작 과정을 리드한 아드리안 뉴이가 이미 1990년대 말 맥라렌에서 블론 디퓨저 실험을 계속해 나름 노하우가 쌓인 기술이기도 했다.

그러나, 배기가스가 없을 때 공기역학적 효과가 작다는 근본적인 문제는 여전했고, 배기가스가 있을 때와 없을 때 밸런스가 크게 바뀐다는 점 역시 문제였다. 일단 배기가스보다 차량 주변의 공기 흐름이 훨씬 빠른 고속 주행 중에는 블론 디퓨저의 효과를 크게 기대할 수 없었다. 그런데, 정작 블론 디퓨저의 도움이 있다면 큰 효과를 얻을 수 있는 저속 코너에서는, 쓰로틀 페달에서 발을 뗄 때 쓰로틀을 닫는 경우가 많아 배기가스의 힘이 필요한 블론 디퓨저의 효과를 기대할 수 없었다.

엔지니어들은 쓰로틀을 열지 않아도 블론 디퓨저의 효과를 얻을 수 있는 방법을 고민했고, 엔진 매핑을 조절해 엔진 실린더에 연료를 주입하지 않는 가운데 밸브를 열어 공기가 그대로 통과하도록 하는 방법을 찾아냈다. 연료 주입 없이 밸브가 열리면 동력은 만들어지지 않고 엔진이 공회전하지만, 피스톤이 펌프처럼 공기를 밀어내 연소하지 않은 공기가 배기구로 빠져나오게 된다. 이렇게 배기구를 빠져나온 공기의 흐름은 연소로 만들어진 배기가스만큼 강한 에너지를 갖고 있지는 않지만, 저속 코너 구간에서 블론 디퓨저의 치명적 단점을 약간이나마 보완할 수 있었다.

블론 디퓨저가 보편화된 뒤 아이디어는 한 단계 더 발전했다. 업그레이드된 블론 디퓨저는 쓰로틀 페달을 밟지 않았을 때 공기와 함께 약간의 연료까지 투입하되 점화는 시키지 않는 시스템이었다. 실린더에서 연소하지 않고 배기 밸브로 빠져나온 연료를 높은 온도로 달궈진 배기구에서 연소시켜 배기가스를 만드는 방식이었다. 배기구에서의 연소는 동력을 만들지 않으면서 배기가스를 만들 수 있는 방법으로, 연소 없이 공기를 밀어내기만 하던 과거의 방법보다 더 강한 에너지를 품은 공기 흐름을 플로어와 디퓨저로 향하게 할 수 있었다.

이처럼 페달을 밟아 쓰로틀을 열지 않았을 때도 블론 디퓨저를 강화하는 시스템은 **"오프 쓰로틀 블론 디퓨저(off throttle blown diffuser)"**라고 불렸고, 이 시스템의 작동 방식에 대해서는 "오프 쓰로틀 블로잉(off throttle blowing)" 또는 "오프 쓰로틀 오버런(off throttle overrun)"이라는 명칭이 사용되기도 했다. 앞서 설명했던 두 가지 방식의 오프 쓰로틀 블로잉은 그 특징에 따라 콜드 블로잉과 핫 블로잉이라는 이름으로 구분하는 경우가 많았다.

"콜드 블로잉(cold blowing)"은 연소하지 않은 공기를 배기구로 밀어내는 방법을 가리키는 표현으로, 쓰로틀을 열어 연소가 발생했을 때와 비교해 75% 정도 압력의 공기 흐름을 디퓨저 쪽으로 보낼 수 있었다. 콜드 블로잉 자체는 그리 복잡한 기술을 필요로 하지 않았기 때문에 대부분의 F1 팀이 빠르게 자신들의 레이스카에 적용했으며, 1년 넘는 기간 동안 모든 F1 레이스카가 콜드 블로잉이 적용된 블론 디퓨저를 장착하고 그랑프리에 출전했다.

"핫 블로잉(hot blowing)"은 두 번째로 설명했던 방법처럼 일부 연료가 점화 없이 실린더를 빠져나와 배기구에서 연소하는 방식을 가리킨다. 이런 핫 블로잉이 사용될 때 저속 구간을 통과하는 경우 정상적인 상황에서는 듣기 힘든 거친 배기음이 들리곤 했다. 핫 블로잉의 경우 쓰로틀을 열었을 때와 닫았을 때, 배기구를 빠져나오는 공기 흐름의 에너지 차이가 작아 레이스카의 밸런스를 유지하기 쉬웠다. 핫 블로잉은 콜드 블로잉에 비해 훨씬 늦게 보급되었지만, 블론 디퓨저가 금지되기 전 몇 달 동안의 모든 F1 레이스카는 핫 블로잉 방식의 블론 디퓨저를 사용했다.

이와 같은 블론 디퓨저는 "동력 계통으로부터 공기역학적 효과를 얻는 것"이었기 때문에 FIA가 제재에 나선 것은 자연스러운 수순이었다. FIA는 2012시즌부터 배기구의 위치를 조정해 배기가 스가 플로어와 디퓨저를 향하지 못하게 한다는 방침을 세우고 규정을 변경했다. 이런 방침에 따라 2012시즌 변경된 F1 규정에는 다음 내용이 포함되었다.

1. **원형 배기구** 의무화

2. **배기구 위치 제한**

3. **배기구 방향(각도) 제한**

4. 극단적인 **엔진 맵 규제**

FIA는 동그란 출구 형태의 배기구를 일정 수준 이상 높이에 위쪽을 향하게 배치하도록 규정하면, 배기가스가 디퓨저 쪽으로 향하지 못할 것이라 생각했다. 직관적으로 생각하면 FIA의 규정 변경 방향은 적절하다고도 볼 수 있었다. 실제로 2012시즌 이후 이전과 완전히 같은 방식의 블론 디 퓨저 구성은 불가능해졌고, 다수의 F1 팀이 블론 디퓨저를 포기하는 것처럼 보이기도 했다.

일반적인 배기구 레이아웃과 배기가스의 진행 방향

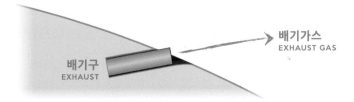

일반적인 배기구 주변의 상황이라면 위 그림처럼 배기가스가 볼록한 곡면을 따라 움직이지 않기 때문에 배기구 방향과 배기가스의 진행 방향이 크게 다르지 않은 것을 알 수 있다. 그런데, 2012 시즌 일부 F1 팀들은 바뀐 규정을 따르면서도, 배기가스를 활용해 공기역학적 효과를 얻을 수 있 는 참신한 아이디어를 실전에 적용하기 시작했다.

문제의 아이디어는 코안다 이펙트를 활용하는 것이었다. 새 규정에 따라 배기구의 방향은 위쪽 을 향하게 되었지만, 코안다 이펙트를 활용해 적절하게 디자인한다면 배기가스가 볼록한 차체 겉 면을 따라 플로어와 디퓨저가 있는 아래쪽으로 방향을 바꿔 움직이도록 유도할 수 있다는 것이 몇몇 팀의 레이스카를 통해 증명되었다. 공기역학적으로는 그리 특별한 개념이 아니겠지만 일반 인들에게는 코안다 이펙트라는 단어 자체가 생소했기 때문에, 많은 사람이 문제의 배기구 레이아 웃을 가리켜 "코안다 배기구(Coandă exhaust)"라 부르며 주목했다.

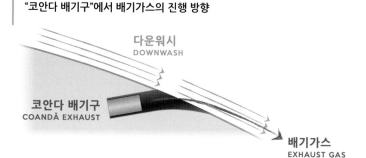

"코안다 배기구"에서 배기가스의 진행 방향

다운워시
DOWNWASH

코안다 배기구
COANDĂ EXHAUST

배기가스
EXHAUST GAS

코안다 배기구는 위 그림처럼 배기구를 빠져나온 배기가스가 차체의 볼록한 겉면을 따라 아래쪽으로 이동할 수 있는 레이아웃을 갖고 있었다. 여기에 사이드포드 윗면을 타고 아래쪽으로 흐르는 다운워시가 더해지면 배기가스의 진행 방향이 바뀔 가능성은 더 커진다.

그런데, 코안다 배기구는 앞서 살펴본 2011시즌까지의 블론 디퓨저와는 다른 방향에 초점을 맞추고 있었다. 코안다 배기구를 이용하더라도 디퓨저와 플로어 부근에서 과거와 같은 충분한 공기역학적 효과를 기대하기는 어려웠지만, 레이스카 리어 엔드 주변 다른 부분에서 강력한 공기 흐름이 도움이 될 수 있었다. 코안다 배기구가 초점을 맞췄던 과제는 바로 타이어 스쿼트 억제였다.

리어 타이어에서 발생하는 타이어 스쿼트

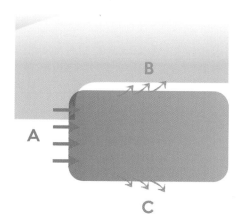

위 그림 A처럼 빠르게 회전하는 타이어 쪽으로 움직이던 공기 흐름은 타이어가 지면과 닿기 직전 강한 압력 속에 방향을 바꾼다. 방향을 바꾼 공기의 흐름은 위 그림 B와 C처럼 차량 바깥쪽(C) 또는 플로어와 디퓨저 쪽(B)을 향한다. 이렇게 타이어와 지면이 맞닿는 지점 부근에서 방향을 바꿔 움직이기 시작한 낮은 에너지의 공기 흐름을 **"타이어 스쿼트(tyre squirt)"**라 부른다.

타이어 스쿼트는 그 자체로 드래그를 만들어 부정적인 공기역학적 효과를 일으키지만, 주변 공기 흐름에도 악영향을 주는 경우가 많다. 특히, 리어 타이어는 F1 레이스카의 공기역학에서 매우 중요한 플로어와 디퓨저에 인접해 있기 때문에, 타이어 스쿼트는 플로어와 디퓨저의 기능을 방해하고 레이스카의 종합적인 공기역학적 성능을 떨어뜨릴 수 있다. 이처럼 타이어 스쿼트가 플로어/디퓨저에 미치는 영향력을 억제하는 것이 코안다 배기구의 중요한 목표 중 하나였다.

> 코안다 배기구에서 배출된 배기가스의 진행 방향과 타이어 스쿼트의 움직임

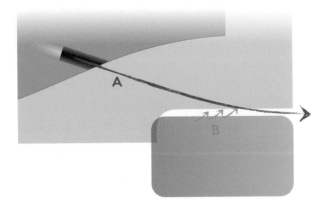

위 그림 A처럼 코안다 배기구를 빠져나와 플로어를 따라 흐르기 시작한 배기가스는 플로어 주변에서 뒤쪽으로 이동하던 공기 흐름과 만난다. 빠른 속도로 뒤쪽으로 움직이며 코크 바틀을 따라 안쪽으로 말려들듯 움직이던 기존 공기 흐름은 배기가스의 이동 방향에 영향을 주고, 결국 배기가스는 플로어와 타이어 사이에서 차량 뒤쪽으로 빠져나오게 된다. 이렇게 휘어진 배기가스의 진행 방향은 B 위치 부근에서 안쪽으로 퍼져나오는 타이어 스쿼트 동선과 겹칠 가능성이 높다.

블론 디퓨저를 활용하던 시기와 마찬가지로 코안다 배기구의 시대에도 플로어 모서리에는 필요에 따라 홈이나 슬릿이 배치되는 등 복잡한 형태가 만들어지는 경우가 많았는데, 플로어 형태와 홈/슬릿의 배치에 따라 배기가스의 진행 방향은 어느 정도 조절할 수 있었다. 결국, A의 배기가스와 B의 타이어 스쿼트가 영향을 주고받는 위치와 그 효과까지 레이스카 디자이너와 엔지니어가 어느 정도 원하는 대로 조절할 수 있다는 의미였다.

의도한 대로 배기가스가 움직인다면 타이어 스쿼트가 플로어/디퓨저에 주는 영향력을 어느 정도 억제할 수 있다는 것이 코안다 배기구 레이아웃의 가장 큰 장점 중 하나였다. 이전 세대의 블론 디퓨저보다 디퓨저에 미치는 직접적인 효과는 훨씬 작지만, 타이어 스쿼트의 영향력을 억제한다면 기존 플로어/디퓨저의 성능이 크게 개선되어 결과적으로 레이스카 리어 엔드의 공기역학적 성능을 끌어올릴 수 있다는 것이 이 아이디어의 핵심이었다.

이처럼 "배기가스가 타이어 스쿼트를 차단하는 효과"라는 의미를 그대로 담아, 종종 **"이그조스트 실링 이펙트(exhaust sealing effect)"**라는 표현이 사용되기도 한다.

| 이그조스트 실링 이펙트

배기가스
EXHAUST GAS

타이어 스쿼트
TYRE SQUIRT

타이어 스쿼트
TYRE SQUIRT

이그조스트 실링 이펙트
EXHAUST SEALING EFFECT

코안다 배기구의 이그조스트 실링 이펙트가 발생하는 상황은 위 그림처럼 묘사할 수 있다. 코안다 배기구를 빠져나와 방향을 바꾼 배기가스는 타이어와 플로어 사이에 강한 에너지를 머금은 공기 흐름이 만들어지도록 유도한다. 이렇게 만들어진 공기의 흐름은 타이어 스쿼트가 플로어/디퓨저 쪽으로 향하는 것을 가로막는다. 위 그림처럼 의도한 대로 이그조스트 실링 이펙트가 발생한다면 디퓨저의 효율이 높아지고, 결과적으로 플로어와 디퓨저의 공기역학적 성능이 향상된다.

2012시즌을 지나 2013시즌에 접어들 무렵에는 모든 F1 팀이 코안다 배기구를 채택했다. 그러나, 블론 디퓨저와 마찬가지로 코안다 배기구 역시 모든 드라이버가 그 효과를 최대한 끌어내기는 쉽지 않았고, 드라이빙 스타일과 적응 여부에 따라 제법 큰 차이가 나타났다. 이 기간 코안다 배기구와 어울리는 드라이빙 스타일에 가장 잘 적응했던 드라이버는 세바스찬 베텔이라는 평가가 많았는데, 베텔은 2013시즌까지 4시즌 연속 드라이버 챔피언 타이틀 획득에 성공했다.

2012시즌부터 2013시즌까지 대유행한 문제의 배기구 레이아웃 중에는 상대적으로 코안다 이펙트의 영향력이 적은 경우도 있었다. **배기가스의 진행 방향 변화에 사이드포드 윗면을 따라 흐르는 강한 다운워시의 비중이 큰 경우도 있었고, 배기구를 약간 돌출된 혹처럼 만들어 다운워시의 영향이 적고 코안다 이펙트의 영향이 훨씬 큰 경우도 있었다. 그러나, 어떤 경우에도 "다운워시 배기구"라는 표현은 사용되지 않았고, 많은 사람이 특별한 구분 없이 "코안다 배기구"라는 표현을 사용했다.

F1 엔지니어들은 코안다 이펙트와 함께 다운워시가 중요한 역할을 할 수 있다는 것을 잘 알고 있었고, 코안다 이펙트를 증폭시키려는 노력 이상으로 강한 다운워시를 만들기 위해 노력했다. 사이드포드 윗면의 앞쪽에 다수의 보텍스 제너레이터를 배치해 강한 보텍스가 바디워크 표면을 따라 이동하도록 하는 아이디어도 자주 채택됐다. 2014시즌 규정 변경 이후 코안다 배기구 레이아웃 역시 구현 불가능해졌지만, 코안다 이펙트 시대에 습득한 노하우를 바탕으로 다운워시를 활용해 이그조스트 실링 이펙트 등 유리한 공기역학적 효과를 얻어내려는 시도는 계속 이어졌다.

스텝트 노즈와 핑거 노즈 (2012 ~ 2014)

Stepped Nose and "finger" nose (2012 ~ 2014)

2010년대 초반에는 극단적인 하이 노즈 레이아웃이 유행했다. 플로어 쪽으로 가능한 한 많은 양의 공기를 보내고 Y250 보텍스의 효과를 극대화하기 위해, 규정이 정한 범위 안에서 노즈 아래의 공간을 최대한 확보하려는 의도였다. 그런데, 블론 디퓨저 구성을 억제하는 내용 등이 담겼던 2012시즌 규정 변경 항목 중에는 극단적인 하이 노즈를 제한하는 조항도 포함되어 있었다.

> **2010년대 초반의 하이 노즈와 1990년대의 하이 노즈**

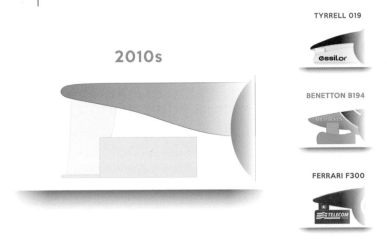

2010년대 초반 하이 노즈는 티렐 019와 베네통 B194, 페라리 F300 등 과거의 하이 노즈보다 노즈의 높이가 월등히 높았다. 노즈 팁 바로 뒤부터 콕핏까지 같은 높이로 유지해 평면을 이루도록 하는 극단적인 하이 노즈 구성은, 노즈 아래쪽 공간의 공기 흐름은 물론 노즈 위쪽으로 흐르는 공기 흐름도 간명하게 정리할 수 있다는 장점이 있었다. 공기역학적 성능이 뛰어난 하이 노즈의 장점을 깨달은 F1 엔지니어 다수가 하이 노즈를 선택하는 것은 자연스러운 흐름이었다.

2012시즌 규정은 안전상의 이유로 이런 하이 노즈를 제한하려 했다. 섀시 쪽의 최대 높이는 레퍼런스 플레인 기준 625mm의 이전 기준을 유지했지만, 노즈 팁 쪽 최대 높이는 550mm로 제한해 예전과 같은 극단적인 하이 노즈 구성을 불가능하게 했다. FIA는 새 규정의 최대 높이 제한에 맞춰 무난한 곡선으로 디자인된 노즈와 함께, 전체적으로 1990년대 하이 노즈 레이스카와 비슷한 형태가 만들어질 것으로 예상했다. 몇 년 동안 점진적으로 노즈 팁 쪽 최대 높이를 낮춰, 궁극적으로 로우 노즈 디자인을 유도하는 것이 FIA의 중장기 계획이었다.

그러나, 엔지니어들은 하이 노즈의 장점을 포기하지 않았다. 새 규정에 맞춘 레이스카는 노즈/섀시 높이를 문자 그대로 550mm/625mm의 높이 제한에 맞췄고, 결과적으로 노즈와 섀시 구간이 2층의 계단과 같은 형태를 구성하는 "스텝트 노즈(stepped nose)"가 탄생했다.

2012시즌 규정에 맞춘 스텝트 노즈 디자인

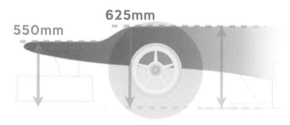

조금씩 차이는 있지만 11개 팀 중 맥라렌과 마루시아를 제외한 9개 팀이 위 그림과 같은 스텝트 노즈 디자인을 택했다. 이런 디자인은 공기역학적 성능은 뛰어났지만, 많은 F1 팬들로부터 너무 "못생긴" 디자인에 대해 맹비난받기도 했다. 많은 팬과 함께 일부 F1 관계자까지 보기 흉한 스텝트 노즈 디자인에 대해 계속 불만을 표하자, 2013시즌 FIA는 서둘러 대책을 제시했다.

2012시즌 규정에 맞춘 스텝트 노즈 디자인

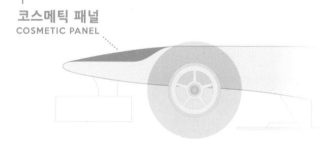

코스메틱 패널
COSMETIC PANEL

FIA는 2013시즌부터 단순하게 "보기 흉한 부분을 가리기 위한 미용의 목적"으로 **코스메틱 패널(cosmetic panel)**로 불리는 부품 배치를 허용했다. "모디스티 패널(modesty panel)", "배니티 플레이트(vanity plate)" 등으로 불리기도 한 문제의 부품은 성능이나 차량 안전과 전혀 관계가 없었고, 주행에 영향을 주는 이유가 아닌 순수하게 보기 좋게 하기 위한 부품이 추가되는 것은 이례적인 일이었다. 스텝트 노즈를 택한 레이스카는 전방 충돌 구조에 영향을 주지 않는 코스메틱 패널을 노즈 위에 배치할 수 있게 되었는데, 노즈 위쪽으로 부드러운 공기 흐름을 유도할 수도 있었기 때문에 일부 팀은 새 규정을 긍정적으로 받아들이고 코스메틱 패널을 채택했다.

그러나, 모든 팀이 코스메틱 패널을 긍정적으로 받아들였던 것은 아니었다. 로터스 F1팀 등은 "몇 그램의 무게라도 아끼기 위해" 코스메틱 패널 없이 계속 스텝트 노즈를 노출한 채 그랑프리에 출전했다. 물론 코스메틱 패널을 사용하지 않는 것이 얼마나 큰 이득인지에 대해서는 논란의 여지가 있었지만, 스텝트 노즈와 코스메틱 패널의 사례는 F1 엔지니어들이 성능에 도움이 된다면 멋진 외형 따위는 아랑곳하지 않는다는 것을 잘 보여준 사례라고 할 수 있다.

2014시즌 F1은 "파워유닛(Power Unit)"을 중심으로 하는 파워트레인 부문의 쇄신과 대규모 규정 변경을 겪었다. 파워트레인과 함께 공기역학 부문에도 적지 않은 변화가 있었는데, 리어 엔드의 "빔 윙 금지"와 함께 프론트 엔드에서는 로우 노즈를 유도하면서 "스텝트 노즈 구성을 근본적으로 불가능하게 만들기 위한" 큰 폭의 기술 규정 변경이 진행됐다.

2014시즌의 노즈 규정은 노즈 팁 높이를 큰 폭으로 낮춰 로우 노즈의 기준을 정하고, 노즈 팁부터 50mm 뒤쪽의 단면적이 9000mm²를 넘도록 해 점점 두꺼워지는 노즈 형태를 유도했다. 노즈 팁은 반드시 프론트 윙보다 앞으로 돌출되도록 했는데, 이는 과거에 노즈를 프론트 윙보다 뒤에 배치하는 디자인으로 노즈 아래쪽 공기 흐름에 도움을 주려는 시도가 많았기 때문이었다.

노즈 팁은 레퍼런스 플레인 기준 300mm 이하, 프론트 윙으로부터 10mm 이상 높이에 위치하도록 했고, 벌크헤드의 레퍼런스 플레인 기준 625mm 위치부터 노즈 팁 위 300mm 지점까지 가상의 선을 연결했을 때 모든 바디워크가 그 선 아래 위치하도록 했다. 이 조항은 위쪽을 향해 극단적으로 돌출된 디자인을 사전에 차단하려는 것으로 볼 수 있었다. 이렇게 규정을 변경한 FIA의 의도대로라면 부드러운 곡선으로 이어지는 깔끔한 형태의 로우 노즈 디자인이 예상됐다.

그러나, 프리-시즌 테스트가 시작되자 다시 한번 규정 변경 의도와 전혀 다른 디자인의 레이스카들이 대거 등장해 관계자들과 F1 팬들을 당황하게 했다. 그나마 메르세데스 F1 W05와 페라리 F14T의 경우 FIA의 규정 변경 의도에서 크게 벗어나지 않은 편이었지만, 납작한 노즈 팁을 극단적으로 추구했던 페라리 F14 T의 노즈는 "진공청소기"라며 놀림을 받기도 했다.

페라리 F14 T의 노즈 디자인

FERRARI F14 T

물론, 페라리 정도의 규정 해석이라면 독특하기는 하더라도, 극단적으로 나쁜 평가를 받을 디자인까지는 아니었다. 문제는 노즈 팁에서 50mm 뒤쪽의 단면적이 9000mm²를 넘도록 한 규정을 따르면서도, 하이 노즈 컨셉의 장점을 상당 부분 유지하려 했던 팀이 많았다는 것이었다. 단면적 9000mm²는 한 변이 97mm인 정사각형 또는 지름이 107mm인 원형으로 해석할 수 있었고, 단면적 규정만 맞춘 뒤 그 단면을 그대로 길쭉하게 만들어 충돌 테스트 통과만 가능하다면 나머지 디자인은 기존 하이 노즈 레이아웃처럼 유지할 수 있다는 아이디어가 문제를 불러왔다.

이런 아이디어로 탄생한 "손가락(finger)"처럼 길쭉한 노즈는 "핑거 노즈(finger nose)"라고 불렸는데, 때로는 "썸 노즈(thumb nose)"나 좋지 않은 의미를 담은 여러 가지 이름으로 불리기도 했다. 보기도 좋지 않고 이름도 아름답지 않았지만, 2014시즌 11개 팀 중 메르세데스와 페라리, 레드불을 제외한 8개 팀이 핑거 노즈로 분류할 수 있는 문제의 디자인을 채택했다.

2014시즌의 윌리암스 FW36과 맥라렌 MP4-29는 나름의 특징을 약간씩 담고 있기는 했지만, 큰 틀에서 봤을 때 전형적인 핑거 노즈 디자인을 채택했다.

윌리암스 FW36과 맥라렌 MP4-29의 노즈 디자인

WILLIAMS FW36

McLAREN MP4-29

자우버와 마루시아, 포스인디아와 토로로쏘 등은 윌리암스 FW36과 크게 다르지 않은 노즈 디자인을 선보였다. 시즌이 진행되는 동안 약간의 디자인 변화가 있었지만, 노즈 끝부분의 "손가락 모양" 형태만큼은 계속 유지됐다. 케이터햄 CT05는 섀시를 각진 직육면체 모양으로 만든 뒤, 한가운데에 굵은 "손가락"이 돌출된 형태의 극단적 핑거 노즈 디자인을 택하기도 했다.

그러나, 가장 독특한 디자인을 보여준 것은 로터스 F1 팀이었다. 하이 노즈의 장점이 노즈 바로 아래 가운데 부분에서 공기 흐름이 원활하게 지나가는 것이라는 점에 주목한 로터스 E22는, 좌우 양쪽에 두 개의 노즈 팁을 나눠 배치하고 노즈 앞쪽 가운데 부분이 비어있는 형태를 만들었다.

로터스 E22의 노즈 디자인

LOTUS E22

로터스 E22의 디자인에서 또 하나 독특했던 것은 좌우로 돌출된 두 "손가락"의 길이가 서로 다르다는 점이었다. 일단 두 개로 나뉜 노즈 팁 각각은 다른 팀의 핑거 노즈보다 가늘었지만, 노즈 팁부터 50mm 뒤쪽 위치에는 두 손가락의 단면적을 합산해 규정을 충족시킬 수 있었다.

그런데, 단면적 규정이 적용되지 않는 앞쪽으로는 오른쪽 손가락 하나만 남기는 것이 로터스 F1 팀의 신선한 아이디어였다. "**포크 노즈(forked nose)**"라고도 불렸던 로터스 E22의 독특한 좌우 비대칭 노즈 디자인은, 공기역학적 이득이라는 실리를 위해서라면 무엇이든 시도한다는 엔지니어들의 접근 방식을 여실히 보여주었다.

2017-스펙 F1 레이스카 (2017 ~ 2020)

2017-spec F1 car (2017 ~ 2020)

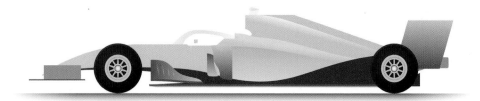

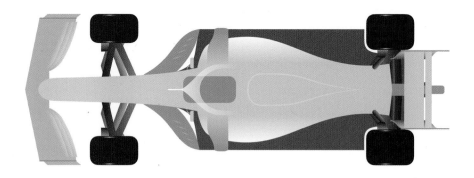

2017시즌 F1 챔피언십을 주관하는 FIA는 이전과 조금 다른 방향의 규정 변경을 시도했다.

오랫동안 F1 기술 규정 변경은 레이스카의 속도를 늦추는 방향으로만 진행됐고, 무엇보다 레이스 환경을 더 안전하게 만드는 것을 중요한 기준으로 삼았다. 이 때문에 속도가 빨라질 수 있는 아이디어나 신기술은 규정 변경 때마다 발목이 잡혔다. 간혹 속도 증가와 성능 향상에 도움이 되는 규정 변경이 없던 것은 아니지만, 성능이 억제되며 속도가 느려지는 큰 흐름은 계속 이어졌다.

이런 흐름 속에 F1 레이스카는 점점 크고 무거워졌다. 2007시즌 605kg에 불과했던 최소 무게는 계속 증가해 2015시즌 700kg을 돌파했다. 2010시즌 이후 연료 재급유 금지에 따라 연료를 100kg 이상 싣고 레이스를 시작해야 했기 때문에 무게 부담은 더 커진 셈이었다.

2010년대에 접어들어 공기역학 부문의 제약 역시 계속 늘어났다. 공기역학적 성능을 제한하려는 2009시즌 규정 변경에 대응해 F1 팀들이 아이디어를 짜냈던 더블 덱 디퓨저, 블론 디퓨저, 하이 노즈 컨셉 등이 모두 금지되면서, 전체적인 성능 저하는 피할 수 없었다. 2014시즌에는 코안다 배기구를 막기 위한 배기구 레이아웃 관련 규정 변경이 이뤄졌고, 빔 윙 금지 등 추가 조치에 따라 공기역학적 성능은 더 큰 폭으로 나빠질 수밖에 없었다.

F1 레이스카가 LMP1 등 다른 모터스포츠의 레이스카보다 정말 빠른지 의문이 제기되는 일이 잦아졌고, 팬들이 흥미를 잃고 중계 시청률이 감소하는 이유가 너무 느려진 속도 때문이라는 의견도 속출했다. 안전도 중요하고 사회적 인식도 중요하지만, "모터스포츠의 정점"이라는 F1의 정체성을 찾아야 한다는 주장도 공감대를 넓혀갔다. 결국 FIA는 F1 레이스카 속도를 5년 전 수준까지 회복시킨다는 목표를 세우고, 전반적 성능 향상을 위한 이례적인 규정 변경을 결정했다.

2017시즌 규정 변경 중 공기역학적 성능에 영향을 줄 수 있는 핵심 내용은 다음과 같았다.

1. 차량 **최대 폭 2,000mm**로 증가 (기존 1,800 mm)

2. 바디워크 **최대 폭 1,600mm**로 증가 (기존 1,400 mm)

3. 프론트 윙 **최대 폭 1,800mm**로 증가 (기존 1,650 mm)

4. 프론트 윙 **뒤쪽으로 12.5° 각도 부여**

5. 바지보드의 위치 변경과 디자인 자유도 확대

6. 사이드포드 **뒤쪽으로 15° 각도 부여**

7. 리어 윙 **높이 800mm / 폭 900mm** (기존 950 mm / 750 mm)

8. 리어 윙을 **뒤쪽으로 200mm** 이동

9. 리어 윙 엔드플레이트를 옆에서 봤을 때 **23.5° 각도 부여**

10. 디퓨저 **높이 175mm / 폭 1,050mm** (기존 125 mm / 1,000mm)

2017시즌 폭이 넓어지면서 레이스카 무게가 기존 702kg보다 26kg 무거운 728kg까지 늘어났기 때문에, 레이스에서 충분히 힘을 낼 수 있도록 최대 연료량 역시 105kg으로 상향됐다. 공기역학적 그립 향상과 더불어 기계적 그립도 함께 높이기 위해 타이어의 폭 역시 프론트 305 mm(기존 235mm), 리어는 405mm(325mm)로 넓어졌다. 이들 모두 레이스카 속도를 높일 수 있는 다양한 변화의 일부였다.

2017시즌의 많은 변화 중 일반인의 관점에서 가장 눈에 띄는 것 중 하나는, 쐐기 형태로 정의된 프론트 윙의 규격과 뒤로 기울어진 리어 윙 엔드 플레이트의 미래지향적인 외형 변화였다.

2016시즌과 2017시즌 프론트 윙 라인의 변화

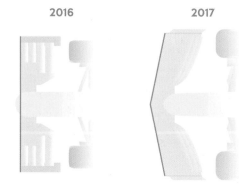

2016시즌과 2017시즌 리어 윙 엔드 플레이트의 형태 변화

2017시즌 규정 변경에 따라 외양이 확 달라진 F1 레이스카들은 공기역학적 성능 역시 크게 향상됐다. FIA의 의도대로 속도가 빨라지면서 평균 랩 타임도 전년도보다 월등히 빨라졌고, 무엇보다 다양한 공기역학적 성능 향상과 함께 평균적인 다운포스 생성량이 늘어나 코너 공략 속도가 눈에 띄게 빨라졌다. 물론 다운포스 생성량 못지않게 드래그 발생량이 늘어났다는 점은 아쉽지만, 잃은 것보다는 얻은 것이 훨씬 많았다는 점에서 2017시즌의 규정 변경은 성공적이었다고 평가할만했다.

2018시즌에는 드라이버를 보호하기 위한 **"헤일로 디바이스(halo device)"**가 의무화되었고, 2019시즌엔 2017시즌 규정 변경과 같은 방향의 소규모 규정 변경[10]이 이뤄졌다. 2019시즌부터 프론트 윙 최대 폭은 200mm 더 넓어져 차폭과 같은 폭의 프론트 윙을 갖게 되었고, 리어 윙 최대 폭 역시 100mm 더 넓어졌다. 앞서 105kg으로 늘었던 최대 연료량은 2019시즌 110kg으로 더 늘어났는데, 차량 최소 무게 역시 2018시즌 733kg, 2019시즌 743kg으로 더 무거워졌다. 레이스카가 크고 무거워지는 추세가 계속 이어진 셈이다.

2017시즌부터 2019시즌까지 이어진 규정 변경으로 F1 레이스카의 공기역학적 성능은 과거 그 어느 때보다 강력해졌다. 그러나, 공기역학적 성능이 크게 향상되는 동안에도 2009시즌 규정 변경 때부터 해결하지 못했던 난제 - 앞선 레이스카 뒤로 바짝 따라붙었을 때 뒤따르는 차의 공기역학적 성능이 심하게 저하되는 문제는 여전했다. 이 때문에 레이스카 규격 조정 수준을 넘어서는 근본적 해결책이 필요하다는 공감대가 형성됐다.

FIA는 2021시즌 도입을 목표로 이전과 전혀 다른 접근의 규정 변경을 구상했다. 이 구상은 "그라운드 이펙트 부활"을 포함해 기존 기술 규정의 틀을 쇄신하려는 의도를 담고 있었다. 아쉽게도 2020년 COVID-19 위기가 발생해 새 규정 적용이 2022시즌으로 미뤄지긴 했지만, 계획대로라면 규정 변경 이후 레이스 환경을 획기적으로 개선할 수 있으리라 예상됐다.

원래 준비됐던 계획에서는 2021시즌에 먼저 기존 13인치 휠을 대체하는 18인치 휠을 도입하고, 훨씬 작은 에너지가 가해지는 환경에 맞춘 피렐리 타이어가 함께 준비될 예정이었다. 그러나, 새 규정 도입이 2022시즌으로 미뤄지면서 휠/타이어의 변경 역시 1년 뒤로 미뤄졌는데, 해가 갈수록 강해지는 공기역학적 성능을 감안했을 때 타이어가 버티기 힘들 것이란 우려가 제기됐다. 결국 2021시즌에는 아래 그림처럼 플로어 일부를 삼각형으로 잘라낸 것처럼 면적을 제한해, 다운포스 생성량을 10%가량 감소시켜 타이어 부담을 줄이려는 규정을 1년 한정으로 도입했다.

2021시즌 규정 변경에 따른 플로어 면적 감소

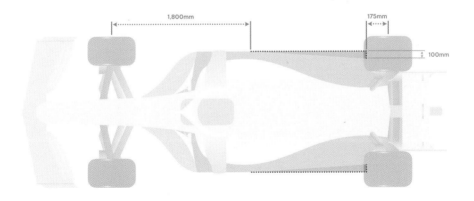

---

10 2017-스펙 F1 레이스카의 대표 이미지 속 레이스카는 헤일로가 포함된 2019시즌 규정에 맞춰 그렸다.

2022-스펙 F1 레이스카 (2022 ~)

2022-spec F1 car (2022 ~)

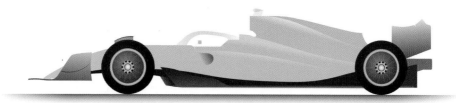

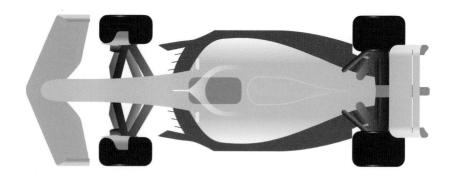

챔피언십 출범 이후 70년 넘는 시간 동안 여러 차례 대규모 규정 변경이 이뤄졌지만, 2022시즌 규정 변경은 파워트레인 관련 변화가 거의 없었다는 점을 제외하면 F1 역사상 가장 큰 폭의 규정 변경 중 하나였다. 레드불의 아드리안 뉴이는 2022시즌 규정 변경에 대해 "1983시즌 이후 가장 큰 규모의 변화"라고 평가하기도 했다. 레이스카의 규격 대부분이 크게 달라졌지만, 그 규격을 정하는 접근 방법 자체가 달라진 것이 2022시즌 규정 변경의 가장 큰 특징 중 하나였다.

2021시즌까지 기술 규정은 3면도를 이용해 설명할 수 있는 비교적 간단한 방식으로 기술됐다.

기존 규정은 레이스카 규격을 정할 때 x, y, z 세 축을 기준으로 했다. 이는 왼쪽 3면도처럼 세 방향에서 바라봤을 때의 모습을 각각 그리고, 각 그림마다 해당 좌표계 기준의 길이를 정의했다는 의미다. 예를 들어 "프론트 윙 최대 폭", "리어 휠 중앙선으로부터 175mm 앞", "레퍼런스 플레인으로부터 1,000mm" 등과 같은 방식으로 규격이 정의되었다고 생각할 수 있다. 다수의 F1 레이스카 규격은 "일정 좌표에 만들어진 일정 크기의 가상 직육면체 안에 있어야 한다." 혹은 "일정 좌표/크기의 가상 직육면체 내부에 어떤 것도 없어야 한다."는 것과 같은 방식으로 기술됐다.

그러나, 2022시즌 규정은 접근 방식부터 완전히 달랐다.

규정 제정에 앞서 실전 경험이 충분한 드라이버들의 조언을 수렴했다는 점에서 이전 규정 변경과는 출발점부터 달랐다. 규정 제정 과정에서는 F1 엔지니어로 구성된 전문가 그룹의 논의를 거쳐 규정 변경 의도를 거스르는 루프홀 발생 가능성을 최소화했다. 이런 노력이 집중한 목표는 F1 레이스카가 뒤따르는 차량에 미치는 공기역학적인 악영향을 최소화하는 것이었다.

새 규정은 입체적인 덩어리와 표면의 규격에 더해, 곡률의 규격을 함께 정해 휘어지는 면의 형태를 구체적으로 제약할 수 있도록 했다. 이를 통해 2010년대부터 크게 유행하기 시작했던 많은 슬릿과 홈을 배치하는 디자인을 억제하고, 윙팁과 보텍스 제너레이터의 배치를 최소화할 수 있었다. 이 방식은 과거처럼 3면도와 좌표를 통한 정의가 어렵기 때문에, 규격의 세부 내용을 입체적으로 쉽게 파악할 수 있도록 각 팀에게 CAD 데이터 형식의 규정이 함께 제공됐다.

이렇게 만들어진 2023시즌 규정에는 다음과 같은 내용이 포함되어 있었다.

- 많은 부분에 **급격한 변화를 억제**하고 **부드러운 곡선** 중심의 외형을 갖도록 유도

- **바지보드** 퇴출

- **그라운드 이펙트**가 강력하게 발생하는 플로어 레이아웃 구성

- **프론트 휠 아치** 신설

- **18인치 휠** 채택

- **휠 림 커버** 재도입

- **빔 윙** 부활

- **"표준 부품(standardised components)"** 시스템 도입

FIA가 2022시즌 기술 규정 변경을 통해 집중적으로 견제하려고 한 대상 중 하나는 아래 그림처럼 많은 슬릿과 홈이 배치되는 디자인이었다.

규정이 정의한 규격(A)과 슬릿 또는 홈이 대거 투입된 부품 형태(B)

위 그림처럼 많은 슬릿이나 홈을 만들면 단순한 형태일 때보다 훨씬 더 강한 에너지를 가진 공기 흐름 또는 보텍스를 만들 수 있고, 의도한 대로 공기 흐름이 움직인다면 원하는 지점의 공기역학적 효과를 극대화할 수 있었다. 그러나, 바지보드, 플로어의 모서리 부분, 리어 윙과 프론트 윙 엔드플레이트, 각종 터닝 베인 등 에어로 파츠마다 슬릿과 홈이 잔뜩 배치되면서, 결과적으로 뒤따른 차량에 나쁜 영향을 주는 경우가 많았다.

2022시즌 규정 변경이 주목한 Y250 보텍스 문제도 비슷한 맥락이었다.

바지보드를 지나는 Y250 보텍스

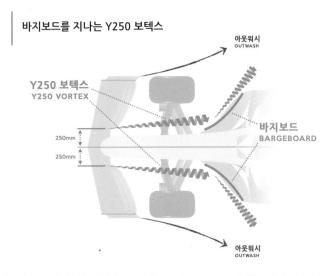

위 그림처럼 프론트 윙 중앙으로부터 250mm 지점에서 발생하는 Y250 보텍스는 강한 에너지를 머금은 채 바지보드를 향하는 공기의 흐름이다. 이 Y250 보텍스는 바지보드와 만나 방향을 바꿔 바깥쪽을 향하도록 설계되곤 했다. 이와 같은 Y250 보텍스는 앞서 다뤘던 것처럼 자기 차의 공기역학적 성능을 높이는 데 큰 도움을 줬지만, 바짝 추격하며 추월을 노리는 다른 레이스카에 미치는 악영향이 심각하다는 것이 문제였다. 물론 각 팀의 엔지니어들은 다른 차에 미치는 문제에 아랑곳하지 않고 Y250 보텍스를 원하는 방향으로 이끌고 그 효과를 극대화하려 노력했기 때문에, 규정을 통해 근본적인 원인을 제거하지 않는다면 문제는 계속될 수밖에 없었다.

2022시즌에는 규정 변경을 통해 레이스카 표면 대부분이 부드러운 곡면을 이뤘고, 1993 남아프리카공화국 그랑프리에서 맥라렌 MP4-6이 도입했던 바지보드는 30년 만에 금지됐다. 이런 규정 변경의 분명한 목표 중 하나는 Y250 보텍스를 포함해 뒤따르는 차량에 악영향을 주던 많은 공기역학적 효과들을 억제하는 것이었다. 그런데, 이런 억제책으로 오랫동안 발전해 온 공기역학적 노하우를 모두 차단해버린다면 다시 레이스카가 너무 느려지는 부작용이 생길 수 있었다. 이 때문에 상대적으로 뒤따르는 차량에 미치는 영향이 많지 않지만, 자신의 레이스카의 공기역학적 성능을 높일 수 있는 방법으로 보완이 필요했다.

이를 위해 2022시즌 새 규정은 40년 가까이 유지됐던 플랫 플로어 레이아웃을 버리고, 강력한 그라운드 이펙트를 유도할 수 있는 새 플로어 레이아웃을 도입했다. 2021시즌과 2022시즌 F1 레이스카를 아래쪽에서 바라본 플로어의 모양을 비교해 보면 플로어에서 큰 차이가 확인된다.

2021시즌과 2022시즌 F1 레이스카의 플로어 비교

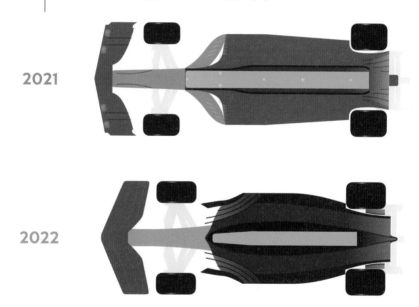

2021

2022

2022시즌의 플로어는 레퍼런스 플레인 중앙 아래쪽에 배치되는 플랭크와 그 좌우로 스텝 플로어가 자리 잡는다는 점까지는 달라지지 않았다. 그러나, 2021시즌의 플랫 플로어와 플로어 대부분이 벤츄리 터널 역할을 하는 입체적 구조의 2022시즌 플로어는 근본적으로 달랐다. 플로어 중앙은 레퍼런스 플레인 높이에 맞춰지고, 플로어 좌우 양쪽 끝부분은 레퍼런스 플레인보다 약간 높은 높이에서 플로어 엣지가 벽을 만들어 전체적으로 터널 구조가 구성됐다.

터널 구조에서는 과거 플랫 플로어가 강제됐던 것과 달리 곡면 디자인이 허용됐다. 새 규정에 따라 플로어 앞쪽은 높이가 높은 공기 흡입구와 같은 형태로 만들어지고, 뒤쪽으로 가면서 점차 높이가 낮아지다가 디퓨저 쪽에서 다시 높이가 높아지는 뒤집어진 아치 구조가 형성됐다. 이는 넓은 공간이 좁아졌다가 다시 넓어지는 구조의 전형적인 벤츄리 터널 형태였다.

2022시즌 기술 규정 변경으로 복잡한 형태를 띠게 된 플로어의 벤츄리 터널 구조는 아래 그림에 빨간색으로 표시한 부분과 같다.

2022시즌 규정 변경 이후 플로어의 벤츄리 터널 구조

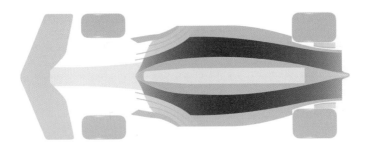

1980년대 초반까지 F1 무대에서 맹활약했던 그라운드 이펙트 레이스카에서는 섀시 좌우에 별도의 벤츄리 터널을 배치하는 것이 일반적이었다. 그러나, 2022시즌의 벤츄리 터널 구조는 처음부터 플로어의 일부로 규정되었고, 사이드 스커트가 허용되지 않는 대신 플로어 엣지가 미약하나마 사이드 스커트와 비슷한 역할을 하도록 설계됐다.

플로어 펜스 / 플로어 엣지와 플로어 엣지 윙이 배치되는 위치

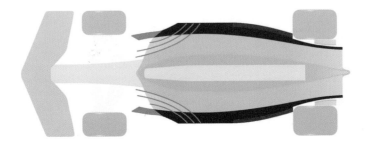

위 그림에 오렌지색으로 표시한 부분의 "플로어 펜스(floor fences)"는 플로어로 접근하는 공기 흐름을 레이스카 좌우 바깥쪽으로 밀어내거나 벤츄리 터널로 보낸다. 플로어 펜스는 좌우 각각 네 개까지 배치할 수 있으며, 벤츄리 터널 구조로 향하는 공기 흐름과 바깥쪽을 향하게 될 공기의 흐름을 거르는 역할을 맡기 때문에 공기역학적으로 매우 중요한 파츠로 여겨졌다.

플로어 좌우 양쪽 짙은 파란색으로 표시한 "플로어 엣지(floor edge)"의 가장자리 빨간색으로 표시한 부분에는 신규 파츠 "플로어 엣지 윙(floor edge wing)"을 추가할 수 있게 됐다. 플로어 엣지와 플로어 엣지 윙, 그리고 플로어 펜스 등의 공기역학 부품들은 각 팀이 규정을 해석하고 접근하는 방식에 따라 공기역학적 성능에 큰 차이를 불러올 수 있는 요소 중 하나로 예상됐다.

이처럼 그라운드 이펙트를 적극적으로 활용한 2022시즌의 F1 레이스카는 실전에서 어느 정도 기대했던 효과를 가져왔다. 시즌 초반부터 추격과 추월이 쉬워졌다는 평가가 곳곳에서 들려왔고, 실제로 추월과 배틀이 펼쳐진 횟수가 증가했다. 중하위권은 물론 최상위권에서도 추격과 배틀, 추월과 재추월이 거듭되면서 레이스 환경이 다소 개선됐다는 것이 증명됐다.

그러나, 한동안 잊고 있었던 포포싱 이슈가 여러 팀의 발목을 잡으면서 2022시즌 내내 뜨거운 감자가 되기도 했다. 레이스카 개발 과정 중 윈드 터널과 CFD에서는 규정상의 한계로 나타나지 않았던 포포싱 문제는 프리 시즌 테스트부터 큰 문제로 떠올랐다. 일부 팀에서는 포포싱 때문에 차량 일부가 반복적으로 파손되는 문제를 겪었고, 상황에 따라 플로어가 노면과 접촉하는 **"바터밍(bottoming)"** 문제까지 겹치면서 조종성이 엉망이 되는 경우가 자주 목격됐다.

포포싱과 바터밍 문제는 몇몇 써킷에서 극대화되었고, 일부에서 드라이버의 건강에 대한 우려가 제기되기도 했다. 결국 FIA는 2022시즌 초반부터 포포싱 문제 해결 방안을 강구하기 시작했고, 시즌 중반에는 차례로 여러 조치를 시행하며 조금이나마 포포싱 문제를 억제하기 위해 노력했다. 이런 노력의 일환으로 2023시즌에는 플로어의 휘어짐 테스트를 강화하고, 플로어 엣지의 높이를 높이는 등 포포싱의 발생 가능성을 낮추기 위한 규정 변경을 단행하기도 했다.

한편, 그라운드 이펙트 활용을 포함한 규정 변화는 추격과 추월을 용이하게 만든다는 목적을 어느 정도 달성했지만, 새 규정이 추격과 추월에 100% 도움만 줬던 것은 아니었다. 뒤따르는 레이스카가 슬립스트림 영역으로 들어왔을 때 낮은 압력의 공간에서 공기역학적으로 나쁜 효과를 적게 받는다는 점은 긍정적이었지만, 그와 동시에 슬립스트림의 효과도 적어진 것이 문제였다. 코너에서 앞선 차 뒤로 따라붙는 것은 쉬워졌지만, 가속 구간에서 슬립스트림이나 토잉의 효과를 받는 것이 어려워졌다.

이 때문에 레이스에서 추월을 시도할 때 DRS 의존도가 높아졌고, 고전적인 추격과 추월을 선호하고 DRS를 이용한 추월에 거부감이 많은 F1 팬에게 좋지 않은 인상을 주기도 했다. 그러나, 규정 변경의 효과로 추격이 확실히 쉬워졌기 때문에 슬립스트림 효과가 약간 감소한 것은 어쩔 수 없다는 사람도 적지 않았고, FIA 역시 이 문제에 대해 특별하게 대응하지 않았다.

결국 2022시즌의 F1 규정 변경은 모든 부문이 만족스러웠던 것은 아니지만, 전반적으로는 성공을 거둔 편이라고 평가할만했다. 이전보다 공기역학적 성능이 나빠진 것도 사실이었지만, 레이스 환경이 다소 개선되어 규정 변경을 주도했던 FIA가 의도했던 대로의 결과가 나왔기 때문에 성능 감소는 어느 정도 감수할 수 있는 부분이었다.

지금까지 살펴본 F1 공기역학의 역사에서 확인한 것처럼, F1 엔지니어들은 계속 레이스카의 공기역학적 성능 개선을 위해 노력해 왔다. F1 엔지니어들은 앞으로도 규정 변경 의도나 다른 차량에 미치는 영향과 관계없이 이런 노력을 계속할 것이다. 이에 맞서, F1을 주관하는 FIA는 원하는 방향으로 레이스카 개발을 유도하기 위해 규정을 변경하며 대응할 것이다. F1 팀의 엔지니어들과 FIA의 치열한 공방전을 통해 앞으로도 F1 레이스카의 공기역학은 새로운 도전을 맞이할 것이고, 문제에 부딪히면 해법을 제시하며 과거에 그랬던 것처럼 발전을 거듭할 것이다.

X.

F1 레이스카의 공기역학
AERODYNAMICS OF F1 CAR

F1 레이스카를 구성하는 모든 부품은 어떤 식으로든 공기역학과 관련이 있다. 특히, 외부로 노출돼 공기 흐름과 직접 접촉하는 바디워크의 바깥면은 모두 공기역학적인 영향력을 고려하여 설계, 제작되어야만 한다. F1 레이스카의 부품 중에는 프론트 윙과 리어 윙처럼 "윙"이라는 이름이 붙어 있어 공기역학과 관련된 것을 바로 알 수 있는 경우도 있고, 외형만으로는 공기역학적 효과가 있는지 쉽게 알아챌 수 없는 경우도 있다.

공기역학적 효과가 있는 F1 레이스카의 부품들을 하나하나 살펴보면 F1 레이스카의 공기역학을 이해하는 데 큰 도움이 될 수 있다. 레이스카의 부품은 혼자서 독립적으로 공기역학적 효과를 발휘하기도 하지만, 다른 부품과 어울려 상호작용하며 더 거시적이고 큰 효과를 불러오는 경우도 많다. 한 부품이 직접 발생시키는 드래그 양이 많지 않더라도, 여러 요인이 작용해 해당 부품의 위치에서 많은 드래그가 발생하는 등 부정적인 효과에서도 상황은 비슷하다. 부품의 개별적인 형태 못지않게 한 부분이나 레이스카의 전체적인 형태도 중요하고, 개별 부품을 디자인할 때 다른 부품과 전체적인 레이스카에 미칠 영향까지 고려해야 한다는 의미이기도 하다.

F1 레이스카의 각 부품은 다양한 요소를 고려해 디자인해야 하므로, 상당히 복잡한 과정을 거쳐 그 외형이 만들어진다. 다양한 사건 사고와 기술 혁신을 바탕으로 F1 공기역학이 발전해 온 지난 74년 동안, 디자인 과정부터 단순하지 않았던 F1 레이스카의 구성 부품은 형태 역시 더 복잡하고 난해한 쪽으로 진화했다. 이 때문에 일반인이나 비전문가가 F1 레이스카 부품 각각의 공기역학적 특징을 파악하는 것은 날이 갈수록 어려워질 수밖에 없었다.

이렇게 이해하기 어렵고 복잡한 형태로 진화한 각 부품이 어우러졌을 때 한 대의 F1 레이스카가 만들어진다. 그렇기 때문에 각 부품의 공기역학적 성능과 그 부품들 사이의 시너지를 종합적으로 파악한다면, F1 레이스카의 공기역학적 성능을 어느 정도 파악할 수 있다. 물론 F1 공기역학에 대해 일반인을 대상으로 설명하거나 가능한 한 쉽게 이야기해야 할 때도, F1 레이스카를 구성하는 각 부품을 살펴보는 것은 분명히 도움이 될 수 있다.

F1 레이스카를 구성하는 각 부품은 각각의 특징과 나름의 독특한 기능을 가지고 있다. 이런 기능들이 구체적으로 어떤 효과를 얼마나 가져올지 모든 사람이 알고 있어야 할 필요는 없지만, 각 부품의 핵심적인 기능과 특징을 파악하는 것까지만 목표로 삼는다면 생각보다 간단한 설명도 가능하다. 너무 깊지 않은 수준에서 공기역학적인 기능과 특징만 다룬다면 각 부품에 대한 설명은 조금 더 단순해질 수 있다.

짚고 넘어가야 할 것 중 하나는 이 책에서 2022시즌의 규정 변경에 대한 얘기를 많이 다룬다는 점이다. 이 책을 쓰는 시점을 기준으로 가장 최근의 대규모 규정 변경이 2022시즌을 앞두고 진행된 규정 변경이었기 때문이다. 2021시즌까지의 F1 레이스카와 2022시즌 이후의 F1 레이스카는 형태가 변한만큼 공기역학적 특징과 성능 역시 크게 달라졌는데, 이 책에서는 "책을 쓰는 시점에서 현재의" 레이스카에 해당하는 2022시즌 규정 변경 이후를 중심으로 다룬다.

2022시즌 레이스카를 중심으로 부품의 주요 기능과 특징을 살펴보는 과정을 통해, 작게는 개별 부품, 크게는 F1 레이스카 전체가 가지고 있는 공기역학적 특성을 이해하는 데 도움이 될 수 있기를 기대한다.

프론트 윙
Front wing

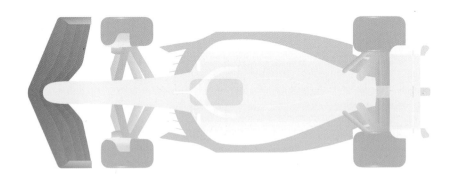

"프론트 윙(front wing)"은 이름 그대로 "앞쪽(front)"에 배치된 "날개(wing)"를 가리킨다. 일부 예외를 제외하면 F1 레이스카에서 "윙"이라는 명칭은 프론트 윙과 리어 윙에만 붙여진다. "윙"이라는 거창한 이름을 달고 있는 만큼 프론트 윙의 가장 중요한 역할은 긍정적인 공기역학적 효과를 가능한 한 많이 발생시키는 것이다. 프론트 윙에게 기대하는 공기역학적 효과는 **다운포스 생성**과 레이스카의 다른 부분을 향하는 **공기 흐름을 조절하는 것** 두 가지로 압축할 수 있다.

2022시즌 규정 기준 프론트 윙은 크게 메인플레인, 플랩, 엔드플레이트의 세 부분으로 구성된다.

2022시즌 규정 기준 프론트 윙의 구성

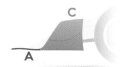
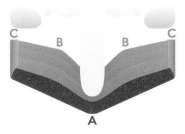

프론트 윙은 위 그림에서 빨간색 A로 표시한 **"프론트 윙 메인플레인(front wing mainplane)"**[1] 을 기준으로 구성된다. 메인플레인은 2022시즌 규정 기준으로 평면으로 제작해야 하며, 다른 프론트 윙 부품은 평면의 메인플레인 위에 덧붙여지는 형태로 추가된다. 메인플레인은 독특한 디자인도 사실상 불가능하고 단독으로 많은 공기역학적 효과를 유도하기 어렵지만, 다른 부품과의 상호 작용으로 여러 강력한 공기역학적 효과를 만들기 때문에 결코 가볍게 볼 수 없다.

위 그림에서 주황색으로 표시한 부품 B는 **"프론트 윙 플랩(front wing flap)"**이다. 프론트 윙 좌우에 세 개씩 배치된 프론트 윙 플랩은 메인플레인과 달리 노골적으로 "날개" 역할을 하는 부품이며, 플랩 형태에 따라 다운포스 생성량과 프론트 윙 주변 공기 흐름의 진행 방향이 결정된다.

프론트 윙 좌우 양쪽 끝에는 **"프론트 윙 엔드플레이트(front wing endplate)"**가 배치된다. 프론트 윙 엔드플레이트는 이름 그대로 프론트 윙의 "끝(end)"에 배치된 "평판(plate)" 형태의 구조물이다. 프론트 윙 엔드플레이트는 타이어 바깥쪽으로 향하는 아웃워시를 만드는 것을 포함해 레이스카 주변 공기 흐름에 보기보다 큰 영향력을 발휘하는 부품이다.

---

[1] 띄어쓰기로 구분해 "메인 플레인(main plane)"이라는 표현을 사용하기도 한다.

일반적인 프론트 윙에는 위에서는 볼 수 없고, 아래쪽에서만 확인할 수 있는 파츠도 존재한다.

│ 밑에서 바라본 프론트 윙의 형태

위 그림에서 초록색 D로 표시한 "프론트 윙 아래의 수직 펜스(vertical fences under front wing)"는 프론트 윙 아래쪽을 지나는 공기 흐름을 조절하기 위한 부품이다. 차체 아래쪽으로 흐르는 공기 흐름이 레이스카의 종합적인 공기역학 성능에 막대한 영향을 주기 때문에, 프론트 윙 아래에 배치되는 수직 펜스 디자인 역시 F1 레이스카 디자인 과정에서 제법 중요하게 여겨졌다. 2022시즌 규정에서는 프론트 윙 구조가 단순화되면서 이런 수직 펜스도 사라졌다.

2022시즌 규정 변경과 함께 프론트 윙의 전반적인 형태는 이전 프론트 윙과 비교해 확연하게 다른 모습으로 변했다. 규정 변경 이전의 프론트 윙 구성은 다음 그림과 같았다.

│ 2016시즌의 일반적인 프론트 윙 형태

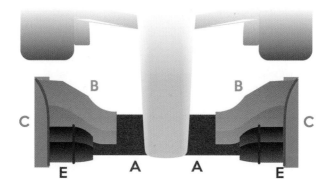

2022시즌 규정 변경 이전의 프론트 윙 역시 메인플레인(A)을 기준으로 다수의 플랩(B)과 양쪽 끝부분에 엔드플레이트(C)가 연결되는 것까지 구성은 비슷하다. 그러나, 2021시즌까지의 프론트 윙에는 메인플레인에 직접 연결된 B의 프론트 윙 **"로워 플랩(lower flap)"**과 구분되는 프론트 윙 **"어퍼 플랩(upper flap)"**(E : **"캐스케이드(cascade)"**라고도 불렸다.)이 배치됐고, 로워 플랩과 어퍼 플랩 위에 다수의 수직 구조물이나 터닝 베인이 배치되는 등 구성 부품의 수가 많고 구조 역시 훨씬 복잡했다.

프론트 윙의 가장 중요한 역할 중 하나는 다운포스를 만드는 것이다.

프론트 윙과 노즈가 배치된 레이스카의 맨 앞부분은 자동차가 앞으로 움직일 때 공기 흐름과 가장 먼저 접촉한다. 가장 먼저 공기 흐름과 만나는 부분이기 때문에, 모든 공기역학적 효과도 차의 맨 앞부분에서 가장 먼저 발생한다. 리어 윙보다 폭이 더 넓은 프론트 윙의 각도를 높게 세우면 리어 윙보다 더 큰 전면 참조 영역을 갖게 되고, 이론상 더 많은 양의 다운포스를 만들 수 있다.

리어 윙과 비교했을 때 프론트 윙은 크기도 크고, 배치되는 위치 덕분에 공기역학적 효과를 기대하기 좋다. 리어 윙이 어느 정도 높은 위치에 배치되는 것과 달리, 프론트 윙은 상대적으로 노면과 가까운 위치에 배치된다. 다운포스가 작용하며 차체와 함께 프론트 윙이 노면에 가까워질수록 그라운드 이펙트의 영향력은 더 커진다. 2022시즌 규정 변경 이후 차를 앞으로 심하게 기울이는 이른바 "하이 레이크" 셋업이 거의 사라졌기 때문에 이전과 같은 수준의 효과를 기대할 수 없게 되었지만, 프론트 윙이 리어 윙보다 좀 더 유리한 위치에 배치되는 것만은 분명하다.

그러나, 실전에서 프론트 윙이 리어 윙을 압도하는 다운포스를 만들도록 셋업하는 경우는 드물다. 프론트 윙이 너무 많은 다운포스를 만들어낸다면 여러 가지 문제가 발생할 수 있기 때문이다.

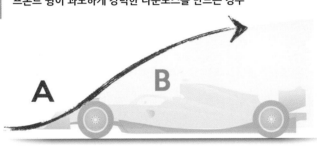

프론트 윙이 과도하게 강력한 다운포스를 만드는 경우

위 그림처럼 프론트 윙의 플랩을 바짝 세운다면 A와 같은 강력한 업워시가 발생하게 된다. 프론트 윙의 높은 받음각만큼 많은 다운포스를 만들면 프론트 그립을 확보하는 데 도움이 되지만, 그대가로 여러 가지 좋지 않은 공기역학적 효과를 감수해야 한다.

위 그림에서 A로 표시한 업워시 아래쪽, B로 표시한 영역에는 상대적으로 낮은 압력의 공간이 만들어진다. 공기 압력이 낮은 B의 영역은 제4장에서 다뤘던 레이스카 뒤쪽에 슬립스트림이 발생하는 상황과 비슷한데, 낮은 압력과 난류의 영향으로 공기역학적으로 나쁜 영향에 노출된다. 낮은 기압과 낮은 에너지의 공기 흐름은 일반적으로 레이스카의 공기역학적 성능을 떨어뜨리는 요소이기 때문이다.

뒤쪽에 낮은 압력의 공간을 만들고 공기역학적으로 나쁜 영향을 주는 공기 흐름을 유도하지 않더라도, 프론트 윙에서 과도하게 많은 다운포스를 만드는 것은 좋지 않다. 프론트 윙이 너무 많은 다운포스를 만들면 그만큼 프론트 그립이 증가하는데, 프론트 그립이 과하면 리어 그립과 밸런스가 무너질 수 있다. 과도한 프론트 윙 각도가 오버스티어에 취약한 상황을 불러올 수 있다고도 얘기할 수 있다. 리어 그립과의 밸런스가 무너져 오버스티어 등 조종성 문제가 발생한다면, 프론트 그립이 강한 것이 아무런 도움이 되지 않는다는 의미다.

프론트 윙에게 기대하는 또 하나의 중요한 역할은 프론트 윙 뒤쪽으로 흐르는 공기 흐름이 원하는 만큼의 에너지를 품고 원하는 방향으로 흘러가도록 하는 것이다. 그런데, 다양하고 강력한 공기역학적 효과가 발생하는 만큼 프론트 윙 주변에 다양한 변화가 나타날 수 있어 이 문제는 생각보다 복잡하다.

정면에서 본 프론트 윙 주변에서 공기의 흐름

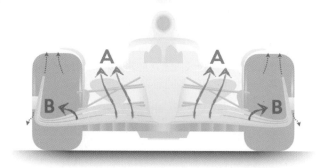

Y250 보텍스가 큰 문제였던 2021시즌까지와 다르게 2022시즌 스펙 기준에서는, 프론트 윙 가운데 쪽의 공기 흐름은 비교적 간단한 편이다. 위 그림 A처럼 프론트 윙 가운데 쪽 A의 공기 흐름은 플랩 각도에 따라 업워시를 만들고, 프론트 서스펜션을 넘어 사이드포드 위쪽을 향해 흐른다. 단순한 공기의 흐름인 것은 아니지만, 급격하고 복잡한 변화가 있다고 보기도 어렵다.

그러나, 엔드플레이트 쪽의 공기 흐름은 다양하고 복잡한 변화를 겪는다. 과거처럼 강력한 아웃워시를 만드는 구조를 쉽게 만들기 어려워졌지만, 2022시즌 이후의 엔드플레이트 역시 이전까지와 마찬가지로 타이어 주변으로 향하는 공기 흐름과 관련이 많다. 프론트 타이어 좌우로 공기를 흘려보내, 어쩔 수 없이 발생할 수밖에 없는 타이어 웨이크를 일정한 방향으로 유도하거나 조절하는 것 역시 프론트 윙의 역할이다. 이를 위해 엔드플레이트는 물론 프론트 윙 플랩의 바깥쪽 디자인 역시 정교하게 이뤄져야 한다. 기술 발전과 규정 변경에 따라 디자인은 계속 바뀌고 있지만, B와 같은 아웃워시를 만드는 것은 언제나 프론트 윙 디자인의 핵심 과제 중 하나로 남아 있다.

측면도와 평면도를 통해 프론트 윙을 지난 공기 흐름의 진행 경로를 살펴보면, 프론트 윙의 공기 흐름 조절이 레이스카 전체의 공기역학적 성능에 주는 영향을 파악하는 데 큰 도움이 될 수 있다.

측면도 기준 프론트 윙을 지난 공기 흐름의 예상도

평면도 기준 프론트 윙을 지난 공기 흐름의 예상도

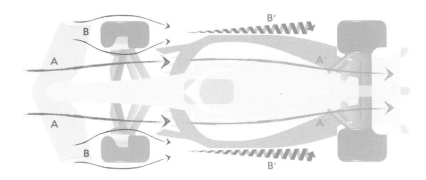

측면도와 평면도를 기준으로 봤을 때도 프론트 윙의 가운데 쪽에서 이동하는 A의 공기 흐름은 비교적 큰 변화 없이 부드럽게 진행하는 것을 알 수 있다. 두 그림 속 A처럼 프론트 서스펜션을 넘어 사이드포드 쪽을 향한 공기의 흐름은, 디자인 의도대로 움직인다면 A′으로 표시한 공기 흐름처럼 사이드포드를 따라 리어 윙 아래의 빔 윙과 디퓨저 쪽을 향해 흐른다.

그러나, 프론트 윙 양쪽 끝 엔드플레이트 쪽에서는 평면도의 B 처럼 타이어 주위를 흐르는 복잡한 공기 흐름이 발생한다. 프론트 타이어 양쪽으로 나뉘어 흐르는 공기 흐름도 중요하게 여겨졌지만, 2022시즌 규정 변경 전까지 꾸준히 F1 레이스카의 공기역학에서 뜨거운 감자로 주목받았던 것은 B′으로 표시한 부분이었다. 2021시즌까지 큰 영향력을 발휘했던 Y250 보텍스 역시 B′ 쪽으로 향하는 공기 흐름을 원하는 방향으로 유도한다는 목표가 있었고, 2022시즌 규정 변경으로 Y250 보텍스 생성이 불가능해진 직후에도 2022 프리-시즌 테스트부터 B′ 부분에 보텍스의 벽을 만들기 위한 노력이 계속 목격됐다.

B′으로 표시한 공기 흐름이 강한 에너지를 머금은 보텍스 형태로 플로어 바로 옆에서 뒤쪽으로 흐르면, 플로어 좌우 바깥쪽에서 낮은 에너지를 머금고 움직이는 공기 흐름을 차단할 수 있다. 큰 틀에서 보면 앞서 다뤘던 이그조스트 실링 이펙트와 비슷한 개념의 차단 효과라고도 할 수 있다.

B′ 위치의 보텍스가 바깥쪽 낮은 에너지의 공기 흐름을 차단한다면, 플로어의 공기역학적 성능은 큰 폭으로 향상될 수 있다. 플로어와 디퓨저까지 성능이 향상된다면 결국 레이스카의 전체적인 공기역학적 성능이 나아지는 것이기 때문에, F1 디자이너와 엔지니어들은 위 그림과 같은 공기 흐름을 유도하기 위해 노력할 수밖에 없었다.

지금까지 설명한 것처럼 프론트 윙은 다양한 역할을 담당하며 레이스카의 전체적인 공기역학적 성능에 큰 영향을 미치는 중요한 공기역학 부품이다. 그 영향력이 크기 때문에 매 시즌 신차 개발 과정과 시즌 진행 중 각 그랑프리에서 업데이트를 계속하는 동안, 각 F1 팀은 프론트 윙의 디자인과 연구 개발에 큰 공을 들인다. 또한, 프론트 윙의 기능은 대부분 레이스카의 다른 부분과 연관되어 있기 때문에, 프론트 윙 디자인 역시 다른 파츠의 디자인과 연계되어 진행되어야만 한다. 이 때문에 프론트 윙의 사소해 보이는 변화라도, 모두 디자이너와 엔지니어가 고민을 거듭하고 오랜 시간을 투자해 얻어낸 결과물이라고 생각해야 한다.

F1 레이스카의 프론트 윙은 속도가 빨라질 때 형태가 변형될 수 있다는 점도 중요하다.

F1 공식 중계의 노즈 캠[2] 화면 등을 통해 주행 중의 프론트 윙을 눈여겨보면, 속도가 일정 수준 이상 빨라졌을 때 프론트 윙이 변형되는 것을 확인할 수 있다.

> ## 속도가 빨라질 때 프론트 윙 양쪽 끝의 변형

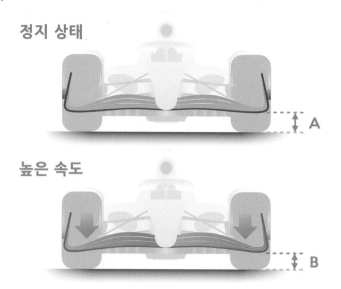

속도가 빨라지면 프론트 윙의 양쪽 끝부분이 아래로 내려가고, 전체적인 윙의 형태는 위쪽으로 볼록한 형태를 갖게 된다. 속도 증가에 따라 프론트 윙에 가해지는 다운포스는 강해지지만, 프론트 윙과 노즈는 가운데 부분에서만 연결되어 있기 때문에 이런 변형은 자연스러운 현상이라고 볼 수 있다. 다만 프론트 윙이 물렁물렁하거나 수직 방향의 변형에 취약한 부품이라는 의미는 아니며, 일반적인 상황에서 어지간한 수준의 다운포스로는 변형이 관찰되지 않았을 뿐이다.

속도에 따라 프론트 윙 양쪽 끝부분이 아래로 내려가 노면에 가까워지면, 프론트 윙 아래쪽 공간의 형태 역시 바뀐다. 가운데 부분은 별 차이가 없지만, 노면에 근접한 엔드플레이트 쪽은 공간이 점점 좁아진다. 만약 프론트 윙이 노면에 가깝게 배치된 경우라면, 속도가 빨라질 때 강한 그라운드 이펙트가 발생하며 공기역학적 효과가 급증할 수도 있다. 특히, 2022시즌 규정 변경 이전까지 여러 팀이 선호했던 하이 레이크 셋업에서는 이런 변형을 통해 많은 이득을 얻을 수 있었다.

FIA는 **"휘어지는 프론트 윙(flexible front wing)"**이라 비판받는 과도한 변형을 문제로 판단했고, 레이스카 검차 과정에서 프론트 윙 양쪽 끝에 일정한 힘을 가하는 테스트의 기준은 점차 강화됐다. 강한 다운포스가 짓누르지 않을 때 F1 레이스카의 프론트 윙은 매우 튼튼한 구조물로 형태를 잘 유지할 수 있었고, 이런 테스트를 버티지 못하는 프론트 윙은 거의 나타나지 않았다.

---

[2] nose cam : 노즈 옆에 설치되는 온보드 카메라

프론트 윙을 옆에서 바라보면, 속도가 빨라질 때 플랩의 변형을 쉽게 목격할 수 있다.

> 속도가 빨라질 때 프론트 윙 플랩의 변형

정지 상태

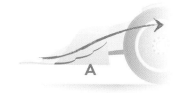

높은 속도

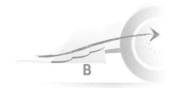

정지 상태에서 일정한 받음각으로 세팅된 프론트 윙 플랩들은, 속도가 일정 수준에 도달하기 전까지 그 형태를 어느 정도 유지한다. 이때 프론트 윙 위쪽으로 접근한 공기의 흐름은 위 그림 A처럼 플랩들을 따라 업워시를 형성하며 방향을 바꿔 흐르게 된다.

그러나, 속도가 빨라지면 메인플레인에 연결된 플랩들이 조금씩 뒤로 눕기 시작하고, 그림 B처럼 받음각이 훨씬 낮은 윙을 통과하는 것처럼 진행 방향의 변화 폭이 작아진 공기 흐름이 형성된다. 위 그림에서 A와 비교했을 때, 높은 속도의 B에서는 업워시가 확연하게 약해진 것을 알 수 있다.

속도가 빨라질 때 플랩들이 뒤로 눕는다면, 프론트 윙이 만드는 다운포스의 양이 줄어드는 동시에 드래그 발생량도 줄어든다. 느린 코너와 직진 가속 구간이 이어지면, 이런 변형이 공기역학적으로 큰 도움을 줄 수도 있다. 어느 정도 다운포스의 도움을 받아 코너를 통과한 뒤, 직진 가속 구간에 접어들어 방해될 수 있는 드래그가 줄어들면, 코너는 코너대로 직진 가속 구간은 직진 가속 구간대로 각 구간에서 모두 이득을 얻는 셈이다. 물론, 이런 효과를 제대로 이용하고 예상치 못한 부작용을 막으려면, 설계 단계에서 정교한 디자인과 상황에 맞는 적절한 셋업이 필요하다.

속도 상승에 따른 프론트 윙 플랩의 변형은 중계 화면에서 쉽게 확인할 수 있다. 속도가 빨라지는 타이밍에 맞춰 노즈 캠 영상의 플랩 사이 공간을 주목하면, 느린 속도에서 플랩과 플랩 사이 넓었던 공간이, 속도가 빨라짐에 따라 조금씩 좁혀지는 것을 확인할 수 있다. 마치 아래로 눌려 겹치듯 변형됐던 플랩들은, 다시 속도가 느려지면 꽃이 피는 것처럼 조금씩 펼쳐지면서 원래 형태를 되찾는다. 최근의 F1 프론트 윙은 대부분 이런 변화를 예상해 미리 계산된 형태로 디자인되고, 레이스카의 나머지 부분 역시 속도에 따라 프론트 윙을 지나는 공기 흐름의 진행 방향이 바뀌는 것을 염두에 두고 그 공기역학적 차이를 고려해 디자인이 진행된다.

노즈
Nose

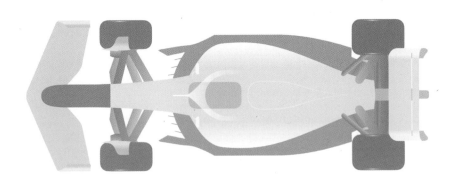

"노즈(nose)"는 F1 레이스카 본체에서 맨 앞부분을 가리킨다. 그 형태가 마치 사람이나 동물의 "코(nose)"처럼 돌출되어 있어 "노즈"라는 표현을 사용하고, 옥수수 끝부분처럼 둥글고 뾰족한 형태라는 의미를 담아 노즈 대신 "노즈 콘(nose cone)"이라 불리는 경우도 많다.

F1 레이스카의 노즈는 프론트 윙과 함께 차량이 앞으로 움직일 때 공기 흐름을 가장 먼저 만나는 부분이다. 그러나, "날개" 형태로 만들어져 비교적 공기역학적으로 효율적인 프론트 윙과 달리, 차체 몸통의 앞부분을 구성하며 어쩔 수 없이 뭉툭한 형태를 갖게 된 노즈는 공기역학적 효율이 나쁜 태생적 한계가 있다. 특히, 노즈의 맨 앞 끝부분, "노즈 팁(nose tip)"은 공기 흐름과 만날 때 강한 압력을 받으면서 많은 양의 드래그를 만들 수도 있다.

노즈의 다운포스 생성량은 프론트 윙보다 훨씬 적지만, 반대로 드래그는 제법 많이 발생하는 편이다. 따라서 노즈의 공기역학적 역할은 다운포스 생성보다 공기 흐름을 조금이라도 유리한 방향으로 이끄는 것에 집중하는 경우가 많다. 특히, 단순한 곡면 등 비교적 깔끔한 형태를 갖는 노즈 위쪽보다, 공기역학적으로 중요한 역할을 하며 종종 복잡한 부품이 배치되는 노즈 아래쪽 공기 흐름이 많은 관심을 받는다.

F1 레이스카의 노즈 레이아웃은 노즈 아래쪽 공기 흐름의 중요성이 강조되면서 점차 로우 노즈에서 하이 노즈로 진화했다. 그러나, 2010년대 초반부터 이어진 몇 차례 규정 변경에 따라 노즈의 높이는 점점 낮아졌고, 2022시즌 규정 변경에 이르러서는 로우 노즈 레이아웃이 강제됐다.

1990년대 이후 F1 레이스카 노즈 레이아웃의 변화

1990 로우 노즈

2010 하이 노즈

2013 하이 노즈

2022 로우 노즈

2000년대에서 2010년대 초반까지 하이 노즈 레이아웃이 유행하면서, 노즈 아래쪽 공간을 충분히 활용하기 위해 복잡한 형태의 터닝 베인이 배치되는 경우가 많아졌다.

"터닝 베인(turning vane)"은 "공기 흐름의 방향을 바꾸는 공기역학 부품"을 가리키는 용어 중하나다. 터닝 베인은 다른 공기역학 부품과 마찬가지로 규정을 벗어나지만 않는다면 디자이너와엔지니어가 원하는 어디든 배치할 수 있다. 터닝 베인은 노즈 아래쪽에 배치되는 경우가 많지만,노즈 아래 배치된 것만 터닝 베인이라 부르는 것은 아니라는 의미다. 물론 2021시즌까지 F1에서 터닝 베인이라는 표현이 가장 많이 사용된 것은 노즈 아래쪽에 배치된 경우였고, 공기역학적영향력도 큰 부분이기 때문에 노즈 아래쪽 터닝 베인이 주목받는 것은 어쩔 수 없었다.

노즈 아래쪽 터닝 베인 배치의 예

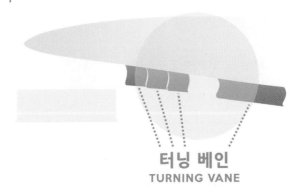

터닝 베인
TURNING VANE

2010년대 중반 로우 노즈를 향한 여러 차례 규정 변경과 함께 노즈 아래쪽 공간은 점점 좁아졌다. 차체 가운데 부분에서 플로어 쪽으로 향하는 공기 흐름의 제어가 점점 더 중요하게 여겨졌고,이와 함께 노즈 아래 터닝 베인의 형태는 더 복잡해졌다. 팀마다 자신의 레이스카에 다양한 형태의 터닝 베인을 만들어 배치하는 개발 경쟁이 이어졌고, 엔지니어들 역시 터닝 베인 디자인에 큰노력을 기울였다.

2021시즌까지 노즈 아래쪽 터닝 베인은 Y250 보텍스를 강화하거나 도움을 주는 매우 중요한공기역학 부품이었다. 그런데, 2022시즌 규정 변경으로 Y250 보텍스를 만들지 못하게 된 것과함께, 이전처럼 노즈 아래에 크고 복잡한 형태의 터닝 베인을 배치하는 것 역시 구조적으로 불가능해졌다. 그러나, 플로어 펜스 역시 넓은 의미에서 터닝 베인으로 볼 수 있기 때문에, F1에서 터닝 베인이 완전히 사라졌다고 보기는 어렵다. 플로어 펜스 역시 결과적으로 레이스카 가운데 부분 아래쪽에서 흐르는 공기 흐름을 플로어 바깥쪽으로 유도하도록 설계된다는 점에서, 배치된 위치만 다를 뿐 큰 틀에서 수행하는 역할은 과거의 터닝 베인과 비슷하다고 생각할 수도 있다.

계속 노즈의 높이가 낮아지고 노즈 아래에 커다란 터닝 베인의 배치가 어려워지면서, 노즈 자체의 공기역학적 중요도는 이전보다 조금 줄어들었다. 2012시즌 등장했던 스텝트 노즈나 2014시즌 핑거 노즈 등이 유행하던 시절에는 팀마다 노즈 디자인이 확연하게 달랐지만, 시간이 지나면서 점차 노즈의 형태가 비슷해지며 팀 간의 차별성도 줄어들었다. 형태가 비슷해졌다는 것은 그만큼 노즈 디자인을 통해 확연히 다른 공기역학적 효과를 기대하기 어려워졌다는 뜻이기도 하다.

현대적인 F1 레이스카의 노즈는 프론트 윙과 일체형으로 만들어진다. 이 때문에 종종 두 파츠가 한 덩어리로 기능한다는 의미를 담아 **"프론트 윙 어셈블리(front wing assembly)"** 또는 **"노즈 어셈블리(nose assembly)"**라는 명칭이 사용되기도 한다. 2022시즌 변경된 규정 기준으로 F1 레이스카에 장착되는 프론트 윙 어셈블리의 무게는 대략 10kg 전후이며, 필요할 경우 핏스탑 중 한 명의 미캐닉이 들고 옮길 수 있는 수준으로 비교적 가벼운 편이다.

노즈와 프론트 윙이 하나의 부품을 구성한다는 의미를 담은 이름뿐 아니라, 공기역학적 기능 역시 노즈와 프론트 윙을 분리해서 생각하기 힘들다. 2010년대 초반의 하이 노즈는 노즈와 프론트 윙이 비교적 멀리 떨어져 있어 어느 정도 구분된 공기역학적 기능을 수행한다고도 볼 수 있었지만, 2022시즌 규정 기준의 노즈는 프론트 윙과 직접 연결되어 한 덩어리로 기능한다.

F1 레이스카의 노즈는 공기 흐름을 뒤쪽으로 잘 흘려보내는 것을 제외하면 단독으로 눈에 띄는 공기역학적 효과를 발휘하기 힘든 부품이다. 그러나, 2010년대 이후 한동안 유행했던 **"s-덕트(s-duct)"**의 사례는 독자적으로 의미 있는 효과를 만들어내는 시스템이었다.

s-덕트는 노즈 아래쪽과 위쪽을 알파벳 "S"자 형태로 연결하는 통로(duct)를 의미한다. F1 레이스카의 노즈 아래쪽이나 옆쪽, 또는 앞쪽에 흡입구를 만들고, 노즈 위쪽에 공기의 흐름이 빠져나가는 출구를 만들면 s-덕트를 구성할 수 있다. 디자인에 따라 조금씩 다르긴 하만, s-덕트를 통과한 높은 압력의 공기가 빠져나갈 때 약간의 다운포스 생성을 기대할 수 있다.

s-덕트 안쪽과 주변 공기 흐름의 예

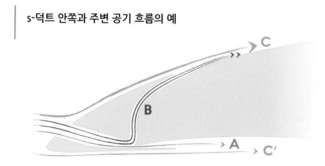

2010년대 F1 무대에서는 레이스카에 따라 다양한 s-덕트 디자인이 등장했는데, 일부 팀에서는 위 그림과 같은 구조의 s-덕트 레이아웃을 사용하기도 했다.

위 그림과 같은 구조의 s-덕트라면, 앞쪽 흡입구로 들어간 공기 흐름은 A 또는 B의 서로 다른 출구를 향해 움직이게 된다. A 쪽으로 빠져나오는 공기 흐름은 상대적으로 압력이 낮지만, B의 s-덕트에서는 압력이 높아진다. 이렇게 형성된 A와 B 사이의 압력 차이 덕분에 다운포스를 만들수 있다. B의 s-덕트를 통과한 공기 흐름은 출구에서 노즈 위쪽을 타고 흐르던 비교적 높은 압력의 업워시 C와 합류해 차체 위쪽으로 흐르고, 아래쪽 A 출구 빠져나온 공기 흐름은 상대적으로 낮은 압력의 C′ 흐름과 합류해 차량 뒤쪽으로 흐르며 s-덕트 주변 공기 흐름이 완성된다.

2022시즌 규정 변경으로 이와 같은 s-덕트 레이아웃은 더 이상 구성할 수 없게 되었다. 그러나, 만약 누군가가 루프홀을 발견한다면 노즈의 공기역학적 성능을 높일 수 있기 때문에, 언제든 비슷한 효과를 노린 새로운 아이디어가 등장할 가능성을 배제할 수는 없다.

사이드포드

Sidepod

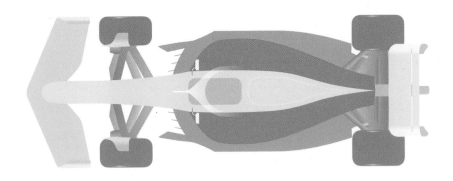

"사이드포드(sidepod)"는 그 안에 라디에이터와 인터쿨러, 각종 배선/부품들을 담고 있는 레이스카 양쪽 "옆부분(side)"의 "깍지(pod)" 형태 구조물을 가리킨다. 최근 F1 레이스카의 사이드포드는 그 안에 담긴 냉각 관련 부품의 역할도 중요하지만, 리어 엔드로 이어지는 공기 흐름이 사이드포드의 형태에 큰 영향을 받기 때문에 공기역학적으로도 매우 중요한 부분으로 여겨진다.

일반적인 사이드포드 위쪽 공기 흐름을 간단하게 정리하면 다음 그림과 같다.

| 사이드포드 위쪽 공기 흐름의 예

많은 F1 레이스카의 사이드포드 주변에서는 위 그림 A와 같은 다운워시가 공기 흐름의 주류가 된다. 프론트 서스펜션 위쪽을 넘어 뒤쪽으로 흐르던 공기 흐름은, 사이드포드 윗면을 따라 방향을 바꾸며 아래쪽을 향한다. 디자인에 따라 차이가 있지만, 엔진 룸에 가까운 안쪽에서는 A′과 A′′처럼 사이드포드의 좌우 양쪽 끝부분보다 더 완만한 곡선을 그리며 움직이는 경우가 많다.

사이드포드 양쪽 끝부분에서는 B처럼 더 아래쪽으로 공기가 흐를 수도 있는데, 이때 공기 흐름은 바디워크의 형태에 따라 방향을 바꾸며 움직일 수도 있다. 때로는 B′처럼 엔진 룸 위에서 진행 방향 변화가 적은 공기 흐름이 만들어질 수 있는데, 2022시즌 맥라렌과 애스턴마틴[3] 등이 엔진 룸 위쪽을 높게 만들어 B′과 같은 공기 흐름을 유도하는 디자인을 선보이기도 했다.

한편, 사이드포드 아래쪽 공기 흐름은 사이드포드 위쪽과는 조금 다른 양상을 보인다.

| 사이드포드 아래쪽 공기 흐름의 예

---

[3] 애스턴마틴은 2022시즌 초반 대규모 업데이트를 통해 B′과 같은 공기 흐름을 유도하는 레이아웃의 디자인을 포기했다.

사이드포드 아래쪽 공기 흐름의 주류는 A처럼 큰 방향 변화 없이 무난하게 플로어 쪽으로 흐르고, 레이스카 뒷부분에서는 플로어 윗면을 따라 이동한다. 일반적으로 사이드포드 아래쪽 공간이 그다지 넉넉하지는 않기 때문에, 1990년대까지 이런 흐름으로 기대할 수 있는 공기역학적 효과는 크지 않았다. 그러나, 2000년대 들어 점차 사이드포드 아래쪽을 깊게 파내는 **"언더컷(undercut)"**이 유행하면서, 사이드포드 아래쪽 공기 흐름의 공기역학적 영향력도 커졌다.

사이드포드 아래쪽의 다양해진 공기 흐름 중에는 뒤로 가면서 점차 가운데 쪽으로 경로가 이동하는 경우도 있고, 타이어와 디퓨저 사이로 이동하는 흐름도 존재한다. 때로는 의도적으로 공기 흐름이 레이스카 좌우 바깥쪽으로 흘러나가도록 유도하기도 한다. 2022시즌 규정 변경 이후로는 디퓨저 쪽 높이가 플로어보다 높아졌기 때문에, B처럼 디퓨저 위쪽으로 공기 흐름을 몰아주려는 시도도 있었다.

플로어 옆으로 공기의 흐름을 흘려보낼 필요가 있는 경우에는 B'과 같은 공기 흐름을 유도하기도 한다. 2010년대 이후 레이스카 뒷부분에서 플로어 옆이나 타이어 주위의 공기 흐름을 제어하는 노하우가 많이 쌓였기 때문에, 2020년대 사이드포드 아래, 플로어 위쪽의 공기 흐름 역시 더 복잡하지만 정교하게 조절할 수 있었다. 물론, 실전에서는 입체적인 리어 엔드의 공기 흐름을 원하는 대로 제어하지 못해 공기역학적으로 실패한 디자인도 종종 등장했다.

그런데, 사이드포드는 공기역학적으로 제법 큰 문제를 안고 있다. 바로 상당량의 공기 흐름이 **"다운워시를 형성"**하며 사이드포드 윗면을 따라 뒤쪽으로 이동한다는 점이다. 단편적으로 다운워시는 양력이 발생했다는 것을 의미하고, 바꿔 말하면 다운워시가 생기는 구간에서는 다운포스 생성량이 줄어든 것이라고 볼 수 있다. 잘 생각해 보면 측면도에서 사이드포드의 형태는 "뒤집지 않은" 비행기의 날개와 비슷한 형상이고, 비행기의 날개와 비슷한 형태라면 양력 발생 가능성이 높을 수밖에 없다.

F1 레이스카를 구성하는 각 부분의 개별적인 다운포스 생성량을 분석하면, 사이드포드의 다운포스 생성량은 음의 값을 갖는다. 물론 모든 부품이 다른 부품과 상호 작용하기 때문에 무조건 사이드포드가 공기역학적으로 나쁜 효과만 가져온다는 의미는 아니지만, 주변 공기 흐름을 제대로 제어하지 못해 긍정적 효과를 얻지 못한다면 사이드포드는 공기역학적으로 애물단지가 될 수 있다.

F1 레이스카의 냉각 시스템 대부분이 사이드포드 안에 들어있다는 점 역시 공기역학적 효과와 연관 지어 생각해야 하는 부분이다. 배치되는 위치, 크기, 형태는 다르지만, 대부분 F1 레이스카의 사이드포드 주변에는 위쪽이나 옆쪽에 열 배출구가 배치된다. 주행 중 사이드포드 내부의 냉각수 라디에이터, 오일 쿨러, 배터리 쿨러, CE 쿨러, 인터쿨러[4]를 지나며 냉각 기능에 사용되는 동안 한껏 데워진 공기가 이 열 배출구를 통해 빠져나온다.

데워진 공기를 얼마나 잘 배출하는가에 따라 레이스카의 냉각 성능이 결정되고, 바디워크의 형태도 냉각 기능에 간접적으로 영향을 줄 수 있기 때문에 사이드포드 디자인은 냉각 성능과 직결된다. F1 그랑프리가 진행되는 시간대에 기온이 매우 높은 경우, 열 배출을 돕기 위해 레이스카의 사이드포드에 상어 아가미처럼 열 배출구가 다수 배치되곤 한다. 반대로 냉각 문제에서 비교적 자유로운 이벤트에서는 상대적으로 열 배출구를 적게 배치하거나, 배출구 일부를 막아 냉각보다 공기역학적 효과에 집중한 F1 레이스카를 자주 만나볼 수 있다.

---

[4] 보통 터보 시스템의 컴프레서에서 압축 가열된 공기를 식히기 위한 인터쿨러가 사이드포드 한쪽을 차지하고, 나머지 냉각 장치들이 다른 한쪽에 배치되도록 구성한다.

지금까지 설명한 사이드포드 주위의 공기 흐름을 평면도로 정리하면 다음과 같다.

위에서 본 사이드포드 주변 공기 흐름의 예

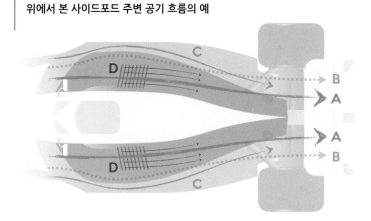

사이드포드 위쪽으로 지나는 공기 흐름은 평면도로 봤을 때 위 그림 A처럼 비교적 단순하지만, 사이드포드 아래쪽에서는 방향 변화가 많은 공기의 흐름이 확인된다. B의 공기 흐름은 사이드포드 아래쪽에 깊게 파인 공간의 옆면을 따라 이동하고, 리어 엔드에서는 사이드포드의 코크 바틀 형태를 따라 흐르며 안쪽으로 말려드는 듯한 움직임을 보인다.

사이드포드 옆면에서는 위 그림 C처럼 좀 더 바깥쪽을 돌아오는 공기 흐름이 만들어질 수 있는데, 공기 흐름이 코크 바틀 형태를 따라 움직일 때 언더컷 수준에 따라 B보다 더 안쪽으로 움직이는 상황도 생길 수 있다. 리어 엔드에서 위 그림 B와 C의 공기 흐름을 포함한 여러 공기 흐름과 다양한 공기역학적 요소들을 어떻게 제어하는가에 따라서 플로어와 디퓨저, 빔 윙과 리어 윙 등의 공기역학적 성능이 크게 달라질 수 있다.

한편, 위 그림 D 위치에 열 배출구가 배치된다면, 사이드포드에서 빠져나온 뜨거운 공기가 A의 공기 흐름과 합류해 레이스카 뒤쪽으로 흐르게 된다. 열 배출구는 사이드포드 아래쪽의 옆면이나 엔진 커버의 맨 위 샤크 핀 등 다양한 위치에 배치될 수 있으며, 이런 열 배출구의 배치에 따라 사이드포드 주위 공기 흐름도 달라진다. 또한, 사이드포드 좌우에 배치되는 냉각 시스템이 서로 다르기 때문에, 상황에 따라서 좌우가 서로 다른 비대칭 디자인이 채택되기도 한다.

2000년대에 접어든 이후 F1 레이스카의 공기역학적 성능에서 사이드포드가 차지하는 비중은 꾸준히 증가했다. 물론 냉각 문제는 레이스에서의 리타이어로 직결될 수도 있기 때문에 이전에도 가볍게 다뤄졌던 것은 아니었지만, 2014시즌 파워 유닛 개념 도입과 함께 모든 F1 레이스카에 터보차저가 장착되면서 과열과 냉각 문제는 더 심각한 이슈로 여겨지기 시작했다.

그러나, 사이드포드 주변의 공기 흐름을 원하는 대로 유도하는 것을 우선시하는 공기역학 부문 엔지니어와 공기역학자의 목소리가 커지는 가운데, 사이드포드는 어느 정도 정해진 형태를 쉽게 벗어나기 어려워졌다. 이 때문에 정해진 크기와 형태의 사이드포드로 냉각 시스템이 원활히 작동할 수 있도록 패키지를 구성해야 하는 파워트레인 부문 엔지니어들이 난해한 문제의 해결에 대한 책임을 떠안게 되는 경우가 많아졌다.

그런데, 사이드포드 쪽 공기 흐름, 특히 사이드포드 위쪽을 지나는 공기의 흐름에는 해결해야 할 또 다른 문제가 있다. 사이드포드가 뒤쪽으로 다운워시를 형성하는 "볼록한 구조"이기 때문에, 다운워시가 사이드포드 윗면을 따라 흐르지 않고 공기의 흐름이 분리될 수 있다는 문제다.

사이드포드 윗면에서 공기 흐름의 분리 문제를 생각하면 가장 먼저 떠올릴 수 있는 것 중 하나는 보텍스 제너레이터를 배치하는 것이다. 옆에서 본 사이드포드의 형상이 비행기 날개와 비슷하다는 점을 생각하면 쉽게 떠올릴 수 있는 방법이다. 비행기 날개 윗면의 앞부분에 배치되어 공기 흐름의 분리를 막는 보텍스 제너레이터는 2010년대 초반 코안다 배기구가 유행하던 시기 다수의 엔지니어가 주목했던 방법이기도 했다.

사이드포드 윗면의 보텍스 제너레이터와 리어 뷰 미러

위 그림처럼 A 위치에 보텍스 제너레이터를 배치하면, 보텍스를 만들어 사이드포드 윗면에서 다운워시를 형성하며 이동하는 공기 흐름을 강화할 수 있다. 이를 통해 사이드포드 위쪽 볼록한 면에서 공기 흐름의 분리가 억제되고, 자연스럽게 레이스카의 공기역학적 성능이 개선된다. 사이드포드의 공기역학적 디자인과 보텍스 제너레이터 배치가 의도한 대로의 역할을 한다면, 리어 엔드 쪽으로 충분한 에너지를 가진 공기 흐름을 보낼 수 있기 때문이다.

한편, 위 그림 B로 표시한 위치에 배치되는 리어 뷰 미러 역시 보텍스 제너레이터와 별도로 사이드포드 위쪽 공기 흐름을 제어하는 데 도움을 줄 수 있다.

종종 사이드 미러(side mirror)라고도 불리는 "리어 뷰 미러(rear view mirror)"는 뒤에서 접근하는 다른 차량의 위치를 파악하기 위해 콕핏 좌우에 배치하는 거울이다. 리어 뷰 미러의 가장 중요한 목적은 앞으로 주행하는 동안 파악하기 힘든 차량 뒤쪽 상황을 파악하는 것이다. 그러나, 리어 뷰 미러의 시야각 안에 자기 차의 리어 타이어도 들어오기 때문에, 리어 타이어 상태를 확인하는 것 역시 리어 뷰 미러의 역할 중 하나로 보는 경우도 있다.

주된 사용 목적으로만 본다면 리어 뷰 미러는 공기역학과 관련 없는 부품이다. 그러나, 조금이라도 공기역학적 효과를 얻을 수 있다면 어떤 일이든 마다하지 않는 F1 엔지니어들에게 부품의 주된 목적은 그리 중요하지 않다. 항상 콕핏 좌우 옆쪽에 배치되어 드래그에 취약한 리어 뷰 미러는 일단 드래그 발생을 최소한으로 줄일 수 있도록 디자인되어야 한다. 그런데, 배치된 위치로 봤을 때 리어 뷰 미러 바로 아래에 사이드포드가 위치하고, 마침 보텍스 제너레이터가 배치되는 등 공기 흐름의 강도와 방향 변화가 일어나는 곳과 거리가 그리 멀지 않다는 점에 착안해 단순히 드래그 발생을 줄이는 것 이상의 공기역학적 디자인도 생각할 수 있다.

리어 뷰 미러 주변, 또는 미러의 구조 안쪽을 통과하는 공기 흐름을 잘 유도한다면 사이드포드 위쪽에 약간의 다운워시를 추가할 수도 있다. 만약 리어 뷰 미러를 지난 공기의 흐름이 아래쪽으로 방향을 바꿔 사이드포드를 향하면, 사이드포드 바로 위에서 뒤쪽으로 흐르는 공기의 흐름을 아래로 더 눌러주는 효과가 발생할 수 있다. 리어 뷰 미러가 다운워시 형태의 공기 흐름을 잘 만든다면 사이드포드 윗면에서 공기 흐름의 분리가 억제되고, 차체 표면을 타고 흐르는 다운워시의 주류가 더 깔끔해질 수 있다. 이처럼 리어 뷰 미러가 마치 "날개"와 같은 역할을 한다는 점에 주목해 일부에서는 "윙 미러(wing mirror)"라는 표현을 사용하기도 한다.

사이드포드 주변의 공기 흐름을 제어하기 위해 끊임없이 다양한 시도들이 이뤄지고 있는 만큼, 근본적으로 문제를 해결하려는 아이디어도 종종 등장한다. 일단, 사이드포드 자체의 크기를 줄일 수 있다면, 바깥쪽으로 멀리 돌아오는 공기 흐름의 방향을 바꾸는 난해한 과정에 대한 부담이 줄어들 수 있다. 다운워시를 잘 유도해 원하는 공기역학적 효과를 얻는 것도 좋지만, 가능하다면 다운워시가 아예 필요 없는 상황을 만드는 것이 더 좋다고 생각할 수 있다. 이 때문에 F1 레이스카 디자인 초기 단계부터 사이드포드의 크기를 줄이는 것이 디자인 핵심 과제 중 하나가 된다.

2022시즌 메르세데스는 많은 이들이 **"제로 사이드포드(zero sidepod)"**라고 부르는 신선한 아이디어를 신차 W13에 적용했다. 두 번째 프리-시즌 테스트부터 등장한 W13은 얼핏 보면 사이드포드가 아예 존재하지 않는 것처럼 보일 정도로 좌우로 돌출되지 않는 사이드포드 디자인을 선보였다. 물론 W13의 사이드포드는 윗부분이 섀시에 바짝 붙어 있고, 아랫부분은 어느 정도 돌출된 사선형으로 완벽한 "제로" 사이드포드는 아니었다. 어쨌든 사이드포드 위쪽에 공기의 흐름이 자유롭게 이동할 수 있는 넓은 공간이 만들어졌기 때문에, 평범한 사이드포드에서 생기는 공기역학적 고민 중 여러 가지를 신경 쓸 필요가 없어졌다.

아쉽게도 메르세데스 W13은 포포싱 문제와 바타밍 문제 등 2022시즌 많은 F1 팀을 괴롭혔던 이슈에 발목이 잡혔고, 다른 문제점도 노출되며 디펜딩 챔피언으로서 기대했던 것만큼의 성적을 거두지 못했다. 이듬해까지 성적 부진이 이어지자 메르세데스는 결국 2023시즌 초반 제로 사이드포드 컨셉을 포기했다. 그러나, 제로 사이드포드 아이디어는 많은 F1 엔지니어가 사이드포드 크기를 줄이고 리어 엔드로 향하는 공기 흐름을 개선하기 위해 수단 방법을 가리지 않는다는 사실을 잘 보여준 사례였다. 이런 사례에서 볼 수 있는 것처럼 사이드포드는 그 개념 자체가 사라지지 않는 한 F1 레이스카의 공기역학에서 큰 고민거리이자 도전 과제로 남을 가능성이 높다.

리어 윙
Rear wing

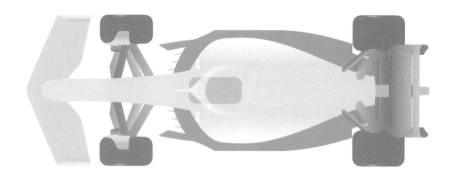

"리어 윙(rear wing)"은 레이스카 "뒤쪽(rear)"에 배치된 "날개(wing)"를 가리킨다. 리어 윙은 프론트 윙과 짝을 이루는 부품이라고 볼 수 있지만, 프론트 윙과 달리 리어 윙에게 기대하는 공기역학적 효과는 **다운포스 생성**에 집중되어 있다. 1968년 F1 무대에 처음 등장한 리어 윙은 최초로 F1 레이스카에 적용된 "본격적인 공기역학 부품"이었으며, 2023년 현재까지도 공기역학적으로 가장 중요한 부품 중 하나로 여겨지고 있다.

2022시즌 규정을 기준으로 F1 레이스카의 리어 윙은 메인플레인, 플랩, 엔드플레이트의 세 부분으로 구성된다.

2022시즌 규정 변경 이후 리어 윙의 구성

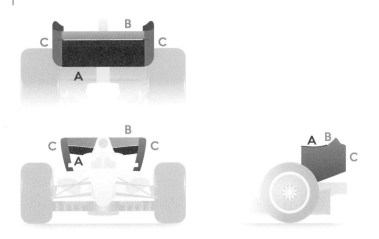

위 그림 빨간색 A로 표시한 "**리어 윙 메인플레인(rear wing mainplane)**"은 리어 윙 구성의 출발점이다. 리어 윙 메인플레인은 리어 윙에서 가장 큰 부피를 차지하며, 바로 뒤쪽에 배치되는 플랩과 함께 다운포스를 만드는 역할을 수행한다. 메인플레인은 플랩과 달리 상대적으로 작은 받음각으로 세팅하는 것이 기본이지만, 레이스카 특성이나 써킷의 특성에 맞춘 업데이트를 준비할 때 단순한 평면 대신 복잡한 굴곡을 가진 곡면 형태로 디자인되는 경우도 적지 않다.

위 그림에서 주황색 B는 "**리어 윙 플랩(rear wing flap)**"이다. 2022시즌 기준 리어 윙 플랩은 프론트 윙 플랩과 다르게 한 덩어리로 만들어지며, 기본적으로 받음각을 크게 세팅해 강력한 업워시와 함께 다운포스를 만드는 부품이다. 2011시즌 이후 리어 윙 플랩의 가운데 바로 앞에 DRS를 작동시키는 장치인 "DRS 액츄에이터(DRS actuator)"가 배치되어, 드라이버의 조작에 따라 플랩 앞쪽을 들어 올려 드래그를 눈에 띄게 감소시킬 수 있는 시스템이 구성되었다.

리어 윙 양쪽 끝부분에는 "**리어 윙 엔드플레이트(rear wing endplate)**"가 배치된다. 프론트 윙보다 크기가 훨씬 큰 리어 윙 엔드플레이트는 메인플레인과 플랩의 다운포스 생성을 보조하는 역할을 수행한다. 리어 윙 엔드플레이트는 한동안 수직으로 세워진 단순한 평판 형태로 만들어졌지만, 2022시즌 규정 변경 이후 메인플레인 및 플랩과 부드럽게 이어지는 형태가 되었다.

1960년대 말의 초창기 리어 윙은 단순한 직사각형 날개에 불과했다. 이후 발전을 거듭하며 형태가 상당히 복잡해지기는 했지만, 2010년대 말까지도 리어 윙의 디자인은 위에서 봤을 때 각진 직사각형 형태라는 틀을 크게 벗어나지 않았다.

2021시즌까지의 일반적인 리어 윙 형태

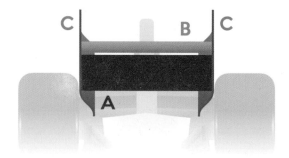

2021시즌까지 프론트 윙의 구성 역시, 메인플레인(A)을 기준으로 뒤쪽에 플랩(B)이 배치되고, 양쪽 끝에는 엔드플레이트(C)가 연결되는 구조였다. 구성만 본다면 2022시즌 이후의 리어 윙과 크게 다르지 않은 셈이다. 다만, 메인플레인/플랩과 엔드플레이트가 서로 수직을 이루고, 각 부품에 어느 정도 굴곡이 더해질 수는 있지만 큰 틀에서 평면 형태로 디자인된다는 점은 2022시즌 규정 변경 이후의 그것과 분명한 차이가 있다.

2021시즌까지 일반적인 리어 윙을 옆에서 본 모습

2021시즌까지 리어 윙의 메인플레인(A) 위쪽, 플랩(B) 앞쪽은 좌우 양쪽 끝부분이 엔드플레이트(C)에 의해 차단되는 구조를 갖추고 있었다. 메인플레인 위에서 D 공간을 지나는 공기 흐름과 엔드플레이트 바깥쪽 공기 흐름이 구분됐고, D 공간의 공기 흐름이 정체되면 드래그가 줄고 다운포스 생성량은 늘어났다. 엔드플레이트에서 만들어진 윙 팁 보텍스도 리어 윙 뒤쪽 공기 흐름을 원하는 쪽으로 유도하거나 구분하는 역할을 하면서 공기역학적 성능을 높였다.

2022시즌 규정 변경은 D 공간과 좌우 바깥쪽 공간을 구분하는 엔드플레이트의 역할을 크게 제한했다. 메인플레인과 엔드플레이트가 부드러운 곡면으로 연결되면서, 더 이상 리어 윙을 지나는 공기 흐름과 엔드플레이트 바깥쪽 공기 흐름이 확실하게 구분되지 않게 되었다. 리어 윙 위쪽과 엔드플레이트 바깥쪽 공기 흐름이 확실히 분리되지 않는다면, 드래그 증가와 함께 다운포스 생성량이 감소해 결과적으로 공기역학적 효율이 떨어질 것으로 예상되었다.

그런데, 2022시즌 중반 애스턴마틴은 재미있는 아이디어가 담긴 리어 윙 디자인을 실전 투입해 눈길을 끌었다.

2021시즌과 2022시즌 리어 윙과 2022시즌 애스턴마틴의 아이디어

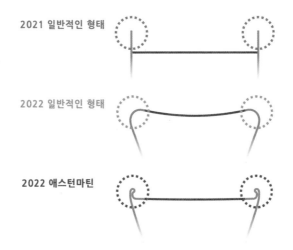

애스턴마틴은 리어 윙 메인플레인과 엔드플레이트가 자연스럽게 연결되도록 "곡률 변화를 제한"한 2022시즌 규정을 창의적으로 해석해, 위 그림과 같은 독특한 형태를 만들었다. 애스턴마틴은 규정을 벗어나지 않는 범위 안에서 2021시즌과 비슷한 형태를 만들어냈고, 리어 윙 메인플레인 위쪽 공간과 엔드플레이트 바깥쪽 공기 흐름을 어느 정도 분리할 수 있었다.

아쉽게도 애스턴마틴 레이스카의 2022시즌 초반 성능은 매우 좋지 않았고, 시즌 중반 계속된 업데이트로 성능이 향상된 뒤에도 상위권에 근접할 수 있는 경쟁력을 보여주지는 못했다. 그러나, 시즌 중후반 다운포스 생성량의 비중이 큰 경기에서는 문제의 리어 윙을 투입했고, 기대 이상의 성과를 거두면서 자신들의 아이디어가 틀리지 않았음을 입증하기도 했다.

2022시즌 규정 변경의 취지와 방향성을 정면으로 거스른 애스턴마틴의 아이디어가 나올 수 있게 했던 항목은 2023시즌을 앞두고 수정되었다. 결국 F1에서 퇴출당하기는 했지만, 2022시즌 애스턴마틴의 아이디어는 리어 윙의 공기역학적 효율을 높이는 데 엔드플레이트의 역할이 얼마나 중요한지 알려주는 좋은 예가 되었다. 이후로 애스턴마틴만큼 혁신적인 신기술이 바로 등장하지는 않았지만, 엔지니어들은 엔드플레이트를 포함한 리어 윙 디자인에 큰 공을 들이고 다양한 아이디어로 공기역학적 성능을 끌어올리기 위해 꾸준히 노력하고 있다.

플로어 / 디퓨저
Floor / diffuser

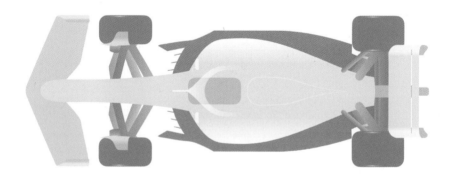

플로어와 디퓨저는 F1 레이스카의 공기역학적 성능을 결정짓는 가장 중요한 부품들이다. "플로어(floor)"는 "바닥"을 의미하는 영어단어를 그대로 사용하며, F1 레이스카 차체의 기반을 구성하는 부품을 가리킨다. 현대적인 F1 레이스카는 넓은 평판 형태의 플로어를 기준으로 그 위에 다른 부품을 배치하는 방식으로 차량을 구성한다. "디퓨저(diffuser)" 역시 "퍼뜨리는 것" 또는 "확산시키는 것"을 뜻하는 영어단어를 그대로 사용한다. 디퓨저는 레이스카의 맨 뒤 아랫부분에 배치되며, 레이스카 아래를 통과하는 공기 흐름을 마지막으로 제어하는 부품이다.

1980년대 초반 그라운드 이펙트가 금지된 뒤, 모든 F1 레이스카의 플로어는 기본적으로 "평면 플로어"라는 큰 틀 아래 제작된다. 그러나, 디퓨저의 존재와 스텝트 플로어의 계단처럼 층진 구조 때문에, 현재 F1 레이스카의 플로어는 단순한 평면 구조라고는 볼 수 없다. 구조가 복잡해진 만큼 엔지니어들의 연구 개발을 통해 플로어 디자인에 제법 큰 차이가 생기고, 서로 다른 디자인에 따라 성능 차이 역시 크게 벌어진다. 특히, 2022시즌 규정 변경과 함께 그라운드 이펙트가 부활한 뒤, 새로운 공기역학 부품들이 추가된 플로어의 형태는 전에 없이 복잡한 형태를 갖게 됐다.

2022시즌 규정 변경에 따라 더욱 복잡해진 플로어의 구조는 대략 다음 그림과 같다.

2022시즌 기준 일반적인 플로어 구조

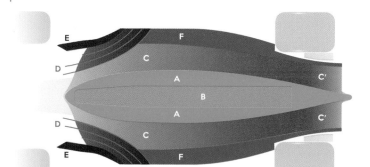

위 그림에서 B로 표시한 "플랭크(plank)"를 제외한 F1 레이스카의 모든 부품은 **"레퍼런스 플레인(reference plane)"**이라는 가상의 기준면보다 높은 위치에 존재해야 한다. 플로어 역시 레퍼런스 플레인 바로 위에 배치된다. 플로어의 실질적인 "바닥"이랄 수 있는 A 부분은 2022시즌 규정 변경 이후, 평면도로 본 배의 모양과 비슷한 형태로 만들어진다. 플랭크는 유일하게 레퍼런스 플레인 아래 배치되는 부품이며, 플로어가 지면에 너무 근접하지 못하도록 한다.

C는 2022시즌 규정 변경으로 부활한 **"벤츄리 터널(venturi tunnel)"**이다. 1980년대처럼 완벽한 벤츄리 터널은 아니지만, 여전히 공기역학적 효과만큼은 충분히 강력하다. 기술 규정에는 명시적으로 디퓨저라는 표현이 등장하지 않고, "플로어의 뒷부분" 항목을 따로 정의한다. 이는 공기 흐름이 확산하는 C′ 부분이 플로어와 자연스럽게 이어져 디퓨저로 기능하기 때문인데, 플로어와 디퓨저 두 부품을 상황에 따라 기능적으로 연결된 하나의 부품으로 볼 수 있다는 의미다.

위 그림 속 D, E, F는 2022시즌 규정에 새로 등장한 공기역학 관련 부품들이다.

D와 E는 제9장에서 잠시 언급했던 "플로어 펜스(floor fences)"로, 2022시즌 규정을 기준으로 좌우 최대 네 개씩 배치할 수 있다. 플로어 펜스는 플로어 아래로 진입한 공기 흐름을 벤츄리 터널로 향하는 공기 흐름과 좌우 바깥쪽으로 빠져나갈 흐름으로 구분하고, 원하는 방향으로 흘러가도록 유도하는 역할을 맡는다. 플로어 펜스 중 가장 바깥쪽에 배치되는 보라색으로 표시한 E의 덩치 큰 플로어 펜스는 과거 바지보드의 역할 일부를 이어받았다고 볼 수 있고, 플로어 아래쪽 공기 흐름과 플로어 바깥쪽의 공기 흐름을 어느 정도 구분하는 역할을 수행한다.

F는 **"플로어 엣지(floor edge)"**라 불리는데, 이름 그대로 플로어 좌우 끝부분에 배치되는 부품이다. 2022시즌 규정 변경 이후 벤츄리 터널을 구성할 때 터널 바깥쪽 벽이 필요한데, F의 플로어 엣지가 이런 차단벽 역할을 한다. 그러나, 이런 플로어 엣지는 완벽한 벤츄리 터널의 차단벽 역할을 하기엔 무리가 있고, 1980년대 초반까지 사용됐던 사이드 스커트와도 전혀 다르다.

이처럼 구조가 복잡해진 2022시즌 이후의 플로어와 비교하면, 2021시즌까지의 일반적인 플로어는 비교적 단순한 구조를 갖고 있었다. 상대적으로 구조가 단순한 만큼 플로어의 기능과 작동 방식을 설명할 때 2021시즌까지의 단순한 플로어를 먼저 파악하는 것이 도움이 될 수 있다.

2021시즌 기준 일반적인 플로어 구조

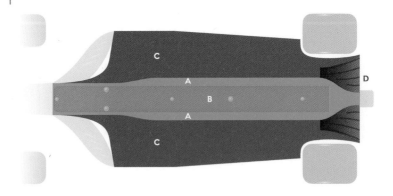

2021시즌까지의 규정의 플로어는 A와 C 두 개의 평면이 층을 이루는 **"스텝트 플로어(stepped floor)"**였다. 플로어에서 A의 아랫면이 레퍼런스 플레인에 맞춰지고, C는 한층 높은 스텝 플레인의 높이에 맞추기 때문에 레퍼런스 플레인보다 조금 높은 위치에 놓인다. B의 플랭크는 레퍼런스 플레인 바로 아래에 위치하는데, 앞서 언급했던 것처럼 플랭크에 결합한 "스키드 블럭(skid block)"과 타이어를 제외한 모든 부품은 레퍼런스 플레인보다 아래에 배치되지 않는다.

2021시즌 기준의 플로어에서는 D의 디퓨저가 플로어와 분명히 구분된다. 플로어에서 자연스럽게 이어지긴 하지만, C의 스텝트 플로어에서 완전한 평면 구조를 따라 흐르던 공기 흐름이 디퓨저에 도달한 이후에 수직 방향으로 확산하게 된다는 점에서 2022시즌 규정 변경 이후와 다르다고 볼 수 있다. 플로어 아래에서는 공기 흐름의 변화가 크지 않지만, 디퓨저에선 상대적으로 공기 흐름의 변화가 커진다. 이 때문에 F1 레이스카의 공기역학적 성능을 좌우하는 부품으로 디퓨저가 오랫동안 많은 관심을 받았다.

2021시즌까지의 레이스카를 뒤에서 바라본다면, 레퍼런스 플레인과 스텝 플로어가 층을 이루는 스텝트 플로어 구조를 쉽게 확인할 수 있다.

2022시즌 규정 변경 이전의 레퍼런스 플레인과 스텝 플레인

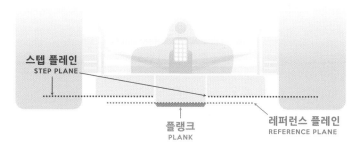

스텝 플레인
STEP PLANE

플랭크
PLANK

레퍼런스 플레인
REFERENCE PLANE

위 그림처럼 플로어의 가운데 부분은 기준면이 되는 "레퍼런스 플레인(reference plane)" 위에 배치되며, 그 바로 아래에 플랭크가 부착된다. 좌우 공간의 플로어는 좀 더 높은 위치의 **스텝 플레인(step plane)**"에 맞춰졌는데, 2010년대 F1 레이스카의 스텝 플레인은 규정에 따라 레퍼런스 플레인보다 50mm 높은 곳에 배치되었다.

그런데, 2010년대 스텝트 플로어 구조는 플로어 아래 가운데 부분 공간이 좁고, 좌우 옆 공간은 넓기 때문에 그라운드 이펙트를 끌어내는 데 불리한 조건이었다. 특히, 이론상 스텝 플레인 높이에서 지면과 평행을 이루는 플로어의 좌우 옆 공간이 열려있기 때문에, 플로어 아래쪽에 낮은 압력이 유지되며 공기 흐름이 뒤쪽으로만 흐르도록 만들기 어렵다는 제약도 있었다. 플로어 좌우의 열린 공간은 분명히 차량 바깥쪽의 공기 흐름과 영향을 주고받을 수 있고, 플로어와 디퓨저를 시작으로 레이스카 전체의 공기역학적 성능을 떨어뜨릴 수 있는 중요한 문제였다.

속도가 빨라질 때 플로어 끝부분 변화(앞에서 보았을 때)

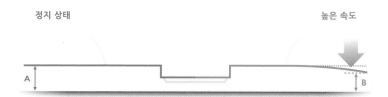

정지 상태

높은 속도

A

B

F1 레이스카의 속도가 빨라졌을 때 플로어의 변형을 이용하면, 이런 문제를 상쇄하면서 약간의 공기역학적 이득도 기대할 수 있다. 위 그림 왼쪽처럼 차량이 서 있거나 느리게 움직일 때는 A의 높이가 일정하게 유지되지만, 속도가 빨라지면 오른쪽 B처럼 다운포스에 의해 아래로 눌린 플로어 바깥쪽 부분이 노면에 가까워진다. 이렇게 되면 플로어 아래를 지나는 공기 흐름이 어느 정도 외부와 격리되면서, 결과적으로 플로어와 디퓨저의 공기역학적 효율을 끌어올릴 수 있다.

플로어 역시 프론트 윙과 마찬가지로 압력이 가해졌을 때 휘어짐을 측정하는 **"디플렉션 테스트(deflection test)"**를 통과해야 한다. 디플렉션 테스트를 통과한 플로어라면, 압력이 그다지 강하지 않을 때 규정이 정한 매우 적은 폭으로만 휘어진다는 뜻이다. 그런데, 프론트 윙과 달리 플로어는 전면 참조 영역이 0에 가깝고, 기본적으로 공기역학적 압력을 크게 받지 않는 형태를 띠고 있다. 속도가 빨라진다고 하더라도 특별하게 설계한 경우가 아니라면 플로어는 그다지 많이 휘어지지 않고, 눈에 띄게 큰 공기역학적 효과를 기대하기도 어렵다.

플로어의 원하는 부분을 충분히 휘어지게 하려면, 먼저 플로어 주변 공기 흐름을 원하는 대로 유도할 수 있어야 한다. 2010년대 이후 많은 레이스카의 플로어 좌우 끝부분에 홈과 슬릿이 대거 추가되고 형태가 복잡해졌는데, 리어 엔드의 공기 흐름을 원하는 대로 이끄는 효과와 함께 어느 정도 플로어가 휘어지는 데 도움을 줄 것을 기대하는 면도 없지 않았다. 물론 플로어의 모든 부분이 휘어져야만 유리하다고는 볼 수 없고, 플로어 앞부분에서라면 공기 흐름이 좌우 바깥쪽으로 빠져나가면서 압력이 낮아지도록 유도하는 경우도 많았다.

2022시즌 규정 변경 이후 플로어 디자인의 대세는 앞쪽에서 좌우 바깥쪽으로 공기 흐름을 밀어내고, 뒤쪽에서는 디퓨저 쪽으로 깔끔한 흐름을 유도하려는 의도가 어느 정도 반영되었다.

2022시즌 기준 일반적인 플로어에 나타나는 주요 공기 흐름

가운데 부분에서는 플로어 아래 만들어진 통로를 따라 디퓨저까지 이어지는 A의 흐름이 주류가 된다. 이 공기 흐름은 2022시즌 기준으로 벤츄리 터널처럼 높이 변화가 반영된 플로어와 디퓨저의 구조를 따라 흐른다. 이렇게 벤츄리 터널을 통과하는 공기 흐름은 그라운드 이펙트를 발생시킬 수 있고, 결과적으로 많은 양의 다운포스 생성을 기대할 수 있다. 그러나, 플로어 펜스 쪽으로 향한 공기 흐름의 주류는 B처럼 차량 좌우 바깥쪽으로 빠져나간다. 옆으로 빠져나간 공기 흐름은 플로어를 벗어난 직후, 약한 업워시를 형성하면서 약간의 다운포스를 만들기도 한다.

그런데, 플로어 펜스 쪽 공기 흐름 중 일부는 C처럼 그대로 레이스카 뒤쪽을 향할 수도 있다. 플로어 펜스는 1980년대와 같은 사이드 스커트가 아니기 때문에 아래쪽에 어느 정도 공간이 존재하고, 다른 경로를 따라 움직이다가 기존 경로를 이탈한 공기 흐름의 일부가 C의 흐름에 합류해 움직일 가능성도 있다. 비슷한 경로로 플로어에 접근해 각각 B와 C의 다른 경로로 흐르는 공기의 흐름을 어떻게 조절하는가에 따라 플로어의 공기역학적 성능이 큰 차이를 보일 수 있다.

레이스카 앞부분에서도 공기역학 성능에 큰 영향을 주는 민감한 공기 흐름이 다양하게 나타나지만, F1 레이스카의 공기역학에서 가장 중요하게 여겨지는 것은 플로어 뒤쪽, 디퓨저 주변의 공기 흐름이다. 플로어의 공기역학적 효과는 디퓨저에서 완성되기 때문에, 공기 흐름이 마지막으로 빠져나가는 출구를 얼마나 잘 만들었는가에 따라 레이스카의 공기역학적 성능이 좌우된다고 해도 과언이 아니다. 그러나 레이스카 뒤쪽에는 동력축과 연결된 커다란 리어 휠이 있고, 뒷바퀴에서 만드는 복잡한 공기 흐름은 플로어와 디퓨저의 공기역학적 성능을 크게 제한시킬 수 있다.

이 때문에 사이드포드 옆을 지나는 공기 흐름을 특정 방향으로 유도하거나 억제하는 것이 중요하고, 많은 엔지니어가 코안다 배기구의 이그조스트 실링 이펙트처럼 특별한 아이디어를 내기 위해 노력했다. 반대로 FIA는 디퓨저와 레이스카 리어 엔드에 크고 작은 제약을 추가해, 공기역학적 성능을 일정 수준 이하로 통제하려 했다. 2009시즌 규정 변경 이후 더블 덱 디퓨저 논란 역시, 리어 엔드 디자인을 놓고 F1 엔지니어들과 FIA가 대립하는 가운데 벌어진 사건 중 하나였다.

그런데, 2022시즌 규정 변경은 리어 엔드의 구조를 매우 단순하게 만드는 내용도 담고 있었다. 이전과 비교해 크기가 훨씬 커졌지만, 디퓨저 형태만큼은 눈에 띄게 단순해졌다. 2021시즌까지 디퓨저 안쪽에 배치되던 터닝 베인이나 펜스 등이 모두 제거되었고, 디퓨저의 커다란 출구에는 허전해 보일 정도로 큰 공간이 생겼다. 바깥쪽에서 쉽게 관찰할 수 있는 출구의 형태로만 본다면, 더 이상 디퓨저 디자인 경쟁은 필요가 없어진 것처럼 느껴질 수도 있었다.

2021시즌과 2022시즌 디퓨저 비교

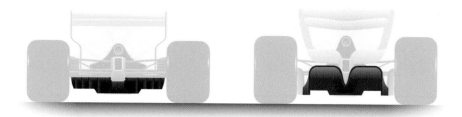

2021 · 2022

그러나, 실제로는 2022시즌에도 여전히 디퓨저는 공기역학적으로 중요한 요소였다. 바깥쪽에서 잘 보이지 않는 안쪽의 플로어/디퓨저 디자인은 더 복잡해졌고, 2022시즌 포포싱 이슈가 불거졌을 때도 플로어/디퓨저 디자인이 논란의 중심에 있었다. 배의 형태를 띤 플로어 가운데 부분을 포함해 팀마다 플로어 디자인이 서로 달랐고, 플로어/디퓨저의 가장 낮은 지점인 **"디퓨저 쓰롯(diffuser throat)"** 주변 구성에 따라 포포싱 정도와 레이스카의 반응에 큰 차이가 나타났다.

2022시즌 포포싱 이슈가 심각한 문제로 떠오른 뒤 FIA는 플로어의 휘어짐 문제에 대한 대응을 강화했고, 2023시즌 플로어/디퓨저 규격 변경으로 문제를 해결하려 했다. 2023시즌 플로어 엣지의 높이는 2022시즌보다 15mm 높아졌고, 디퓨저 쓰롯 역시 10cm 더 높아져 공기 흐름의 정체를 완화했다. 이렇게 플로어 엣지가 높아지며 포포싱이 억제되자, 2023시즌 F1 팀들은 라이드 하이트를 더 낮춰 공기역학적 성능을 이전 수준 이상으로 끌어올리기 위해 노력했다.

기타 작은 공기역학 부품들

Other minor aerodynamic parts

F1 레이스카에는 눈에 띄는 커다란 공기역학 부품들 외에도 상대적으로 작은 다양한 공기역학 부품들이 배치된다.

앞서 살펴본 프론트 윙과 리어 윙, 사이드포드와 플로어/디퓨저처럼 공기역학적 영향력이 큰 대형 부품들을 포함해 F1 레이스카는 다양한 부품으로 구성된다. 이런 다양한 부품 중에는 공기역학과 무관한 부품도 많지만, 제법 큰 공기역학적 효과를 기대할만한 부품도 여럿 존재한다.

> **F1 레이스카의 공기역학에서 허리 역할을 했던 바지보드**

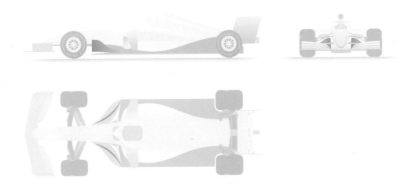

2022시즌 규정 변경과 함께 역사 속으로 사라진 **"바지보드(bargeboard)"** 는 오랫동안 F1 레이스카에 공기역학적으로 큰 영향력을 행사했다. 바지보드는 1993 남아프리카공화국 그랑프리에서 맥라렌 MP4/6를 통해 처음 등장한 이후, 30년 가까운 긴 시간 동안 F1 레이스카의 공기역학에서 허리 역할을 담당하는 가장 중요한 핵심 부품 중 하나로 여겨졌다. 이런 바지보드의 주요 역할은 프론트 휠 주변에서 발생한 웨이크와 프론트 서스펜션을 지나며 발생한 난류를 차량 바깥쪽으로 밀어내고, 레이스카의 좌우 양쪽에 원하는 형태의 공기 흐름을 유도하는 것이었다.

2009시즌 규정 변경 이후 Y250 보텍스가 막강한 영향력을 발휘하는 데 핵심 역할을 한 것 역시 바지보드였다. Y250 보텍스로 대표되는 바지보드의 활약 덕분에 플로어와 디퓨저 등 리어 엔드에서 공기역학적으로 핵심적인 역할을 수행하는 다른 부품들을 향하는 공기의 흐름이 원하는 대로 유도될 수 있었고, 결과적으로 바지보드는 F1 레이스카의 전체적인 공기역학적 성능을 끌어올리는 데 결정적인 역할을 했다.

바지보드가 2022시즌 규정 변경과 함께 사라졌다면, 2022시즌 규정 변경을 통해 다시 도입된 공기역학 부품도 있었다. 2013시즌까지 매우 중요한 공기역학 부품으로 여겨지다가 2014시즌 규정 변경과 함께 금지됐던 **"빔 윙(beam wing)"**은 2022시즌 새로운 규정과 함께 부활했다.

2022시즌 규정 변경으로 부활한 빔 윙

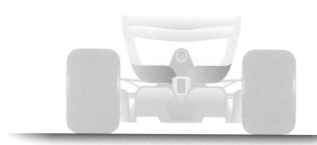

빔 윙은 "들보(beam)" 역할을 하는 "날개(wing)"를 가리키는데, 엄밀히 말하면 날개보다 들보의 역할을 우선으로 생각해 도입된 구조물이다. 전통적인 빔 윙의 목적은 좌우 엔드플레이트를 아래쪽에서 지지하면서 리어 윙의 전체적인 구조를 강화하는 것이었는데, 이런 빔 윙의 핵심 목적은 2014시즌 규정 변경 이전의 빔 윙 구조에서 좀 더 분명하게 확인할 수 있다.

2014시즌 규정 변경 이전의 빔 윙

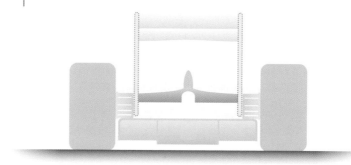

위 그림처럼 빔 윙은 파란 점선으로 표시한 좌우 엔드플레이트를 연결하면서, 위쪽 리어 윙 메인 플레인/플랩과 함께 구조를 튼튼하게 지지하는 역할을 했다. 그러나, 공기역학 엔지니어들은 빔 윙의 구조를 튼튼하게 만드는 데서 멈추지 않고, 추가로 공기역학적인 역할까지 기대했다.

리어 엔드의 공기 흐름이 레이스카의 공기역학적 성능을 좌우한다는 점을 떠올린다면 빔 윙의 역할은 중요할 수밖에 없다. 빔 윙은 디퓨저 바로 위쪽 공기 흐름을 업워시로 만드는 동시에, 디퓨저 아래로 빠져나오는 공기 흐름을 원활하게 유도하는 역할을 했다. 마치 복엽기의 2중 날개처럼 빔 윙은 디퓨저, 리어 윙과 함께 공기역학적 성능을 증폭시키는 또 하나의 윙으로도 작용했다.

이처럼 레이스카 리어 엔드에서 공기역학적 역할이 제법 컸기 때문에, 2014시즌 규정 변경 이후 빔 윙의 금지는 레이스카가 느려진 원인 중 하나가 되었다. 반대로 2022시즌 규정 변경으로 부활한 빔 윙은, 이전보다 커진 디퓨저의 성능을 더욱 강력하게 만들어주며 주목받았다. 2022시즌 규정 변경이 의도한 방향이 그라운드 이펙트를 통해 플로어와 디퓨저의 공기역학적 성능을 극대화하는 것이었기 때문에, 디퓨저의 효과가 커질 수 있도록 빔 윙을 부활시켰다고도 볼 수 있다.

부품의 원래 목적을 벗어나 공기역학적으로 큰 역할을 한 것은 빔 윙만이 아니었다. 2010년대 이후 F1 레이스카의 브레이크 덕트는 브레이크 냉각이라는 원래 목적을 수행하는 동시에 공기역학적으로도 매우 중요한 파츠로 부상했다. "브레이크 덕트(brake duct)"는 매우 높은 온도에서 작동하며 항상 과열과 화재의 위험이 있는 브레이크를 냉각시키기 위해 공기 흐름이 지나는 통로 역할을 하는 부품이다. 그런데, "공기 흐름이 지나는 통로"라는 표현에서 쉽게 짐작할 수 있는 것처럼 브레이크 덕트는 처음부터 공기역학적으로 활용할 여지가 존재했다.

프론트 브레이크 덕트를 통과하는 공기 흐름의 디자인

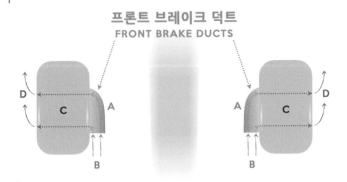

2010년대부터 널리 유행했던 아이디어 중 하나는 위 그림의 A로 표시한 프론트 브레이크 덕트를 이용해 휠 바깥쪽으로 빠져나가는 아웃워시를 만드는 방법이었다.

B 방향으로 진입한 공기는 브레이크에서 열 교환을 마친 뒤 C처럼 휠 안쪽을 통과하고, D 방향으로 빠져나가면서 레이스카 바깥쪽 공기 흐름과 만난다. 이런 구조가 만든 공기 흐름은 프론트 윙 엔드플레이트의 아웃워시 등과 어울려, 레이스카 주위의 공기 흐름을 제어하는 데 큰 도움을 주며 레이스카의 전체적인 공기역학 성능을 끌어올렸다. 그러나, 이런 프론트 브레이크 덕트의 공기역학적 활용은 뒤따르는 레이스카에 좋지 않은 영향을 주는 원인 중 하나로 비판받았고, 결국 2022시즌 규정 변경을 통해 타이어 바깥쪽으로 공기 흐름을 내보내는 방식은 금지됐다.

프론트 브레이크 덕트는 원래 목적대로 프론트 브레이크의 온도를 조절하는 역할을 수행하면서, 공기역학적 효과 외에 다른 목적으로도 사용되었다. 브레이크에서 뜨겁게 달궈진 공기의 흐름이 위 그림 C처럼 휠 안쪽을 통과하는 동안 프론트 타이어가 달궈지기 때문에, 브레이크 덕트의 기능에 따라 타이어 온도 조절에도 어느 정도 도움을 줄 수 있었다. 프론트 타이어의 온도 조절이 프론트 그립 향상과 함께 타이어 관리에도 영향을 주기 때문에, 많은 팀에서 이런 효과를 활용하기 위해 브레이크 덕트의 연구 개발에 공을 들였다.

리어 브레이크 덕트는 프론트 브레이크 덕트와 조금 다른 방식으로 공기역학적 역할을 수행했다.

2022시즌 규정 변경 이전의 리어 브레이크 덕트

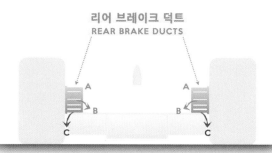

리어 브레이크 덕트
REAR BRAKE DUCTS

위 그림 A로 표시한 리어 브레이크 덕트의 뒤쪽에는 작은 핀과 디플렉터 등이 배치되어 리어 엔드 쪽 공기 흐름을 제어하는 데 도움을 주었다. 하지만, B처럼 디퓨저 위쪽으로 더 강한 에너지를 품은 공기 흐름을 흘려보내는 것만으로는 긍정적인 공기역학적 효과를 얻기 어려웠다. 그 때문에 많은 엔지니어가 C처럼 공기 흐름이 디퓨저와 리어 휠 사이를 향하게 만들어 공기역학적 효율을 높이거나, 위쪽으로 향하는 업워시를 형성하며 직접 다운포스를 만드는 방법을 선호했다.

리어 브레이크 덕트 베인

리어 브레이크 덕트 베인
REAR BRAKE DUCT VANES

2022시즌 규정 변경 이후에는 위 그림과 같은 "리어 브레이크 덕트 베인(rear brake duct vanes)"이라는 수직 방향의 날개가 배치되기 시작했다. 리어 브레이크 덕트 베인은 일종의 스커트 역할을 해 수직 방향으로 디퓨저의 효율을 높일 수 있지만, 레이스카 뒤쪽에서 바깥쪽으로 향해 다른 차에 악영향을 끼치는 공기의 흐름은 억제할 수 있도록 한 부품이다. 리어 브레이크 덕트 베인은 "리어 드럼 디플렉터(rear drum deflector)"의 일부이기도 하다.

리어 브레이크 덕트 "베인"처럼, F1 레이스카에 부착되는 작은 공기역학 부품에는 핀, 디플렉터, 터닝 베인 등 다양한 이름이 사용된다. 그런데, 이들은 특별하고 복잡한 의미가 담긴 기술 용어라기보다, 의미를 쉽게 설명하기 위해 사용한 일반 명사라고 보는 것이 적절하다.

F1 공기역학에서 자주 등장하는 **"터닝 베인(turning vane)"**은 공기 흐름의 방향을 "바꾸는(turning)" 공기역학 부품으로, "바람개비나 선풍기 날개(vane)"의 형태를 띠는 부품이다. 터닝 베인이라는 표현은 주로 수직으로 서 있는 구조물을 가리킬 때만 사용하는데, "수평 방향"으로 배치된 구조물이 공기 흐름의 방향을 바꾼다면 날개 또는 윙이라고 볼 수 있기 때문이다.

간단한 구조물이 공기 흐름의 방향을 크게 바꾸지 않고 부드럽게 방향만 조절할 때, 물고기의 "지느러미"를 뜻하는 **"핀(fin)"**이라는 표현을 사용하기도 한다. 공기 흐름의 방향을 약간 조절하거나, 핀 양쪽을 통과하는 흐름을 정리해 다른 부분에서 공기역학적 효율을 높일 수 있도록 도와주는 것이 "지느러미"의 역할이라고 할 수 있다.

2010년대 엔진 커버 위쪽에 커다란 "샤크 핀(shark fin)"을 배치하는 것이 유행하기도 했는데, 특히 f-덕트가 등장한 이후 엔진 커버 위에서 리어 윙까지 이어지는 큰 샤크 핀을 배치하는 것이 한동안 레이스카 디자인의 표준이 되기도 했다. f-덕트 금지 이후에는 리어 윙까지 물리적 연결이 불가능해졌지만, 규정에 맞게 작아진 "상어 등지느러미" 형태의 핀은 여전히 배치될 수 있다.

핀과 달리 공기 흐름의 방향을 확실히 바꾸는 작은 공기역학 부품은 **"디플렉터(deflector)"**라 부른다. 앞바퀴의 안쪽에는 "프론트 드럼 디플렉터(front drum deflector)", 뒷바퀴 안쪽에는 "리어 드럼 디플렉터(rear drum deflector)"가 배치되어 주변 공기 흐름에 영향을 준다. 규정을 통해 디플렉터라는 공식 명칭이 생기기 전까지 비슷한 공기역학 부품은 팀에 따라 "플릭(flick)", "윙렛(winglet)", "브레이크 덕트 윙(brake duct wing)" 등 다양한 이름으로 불리기도 했다.

한편, 2022시즌 규정 변경 이후 프론트 휠 위쪽에는 눈썹 모양의 "프론트 휠 아치(front wheel arch)"가 추가되기 시작했다. 규정에 따라 모두 동일한 디자인으로 만들어야 하는 프론트 휠 아치는, 프론트 휠에서 발생한 강력한 웨이크가 리어 윙 쪽으로 향하지 않게 하기 위한 공기역학 부품이다. 리어 윙을 포함한 리어 엔드 주변 공기 흐름이 공기역학적으로 중요한 만큼 프론트 휠 아치의 역할도 중요해질 수 있는데, 오픈-휠 레이스를 지향하는 F1에서 직접 휠을 감싸는 공기역학 부품을 허용한 2022시즌의 규정 변경은 이례적인 시도였다고도 볼 수 있다.

2022시즌 규정 변경 이후 프론트 휠 위쪽에 배치되는 프론트 휠 아치

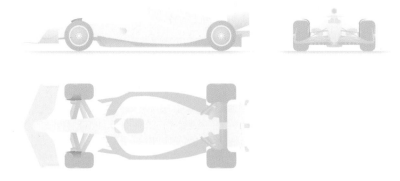

F1 레이스카에 배치되는 작은 공기역학 부품 중 마지막으로 살펴볼 것은 앞서 잠시 언급됐던 "리어 뷰 미러(rear view mirror)"다.

미러는 많은 드래그 발생이 불가피한 형태를 갖고 있지만, 충분한 다운포스 생성은 기대하기는 힘들다. 이 때문에 공기역학적 연구 개발을 거친 리어 뷰 미러와 그렇지 않은 경우의 성능 차이는 상당히 크다. 앞서 사이드포드를 설명하면서 언급했던 것처럼 리어 뷰 미러는 사이드포드 위쪽 공기 흐름에 영향을 주는 공기역학 부품으로도 사용될 수 있다. 단순히 자체적인 드래그 발생을 억제하고 공기역학적 효율을 높이는 것뿐 아니라, 주변 부품과 레이스카의 전체적인 공기역학적 성능에 영향을 준다는 점에서 리어 뷰 미러의 공기역학적 중요도는 생각보다 클 수 있다.

가장 먼저 생각할 수 있는 리어 뷰 미러의 공기역학적 활용은 아래쪽으로 차체와 연결하는 지지 구조나 좌우로 연장하는 구조물을 만들어, 마치 작은 공기역학 부품이 추가 배치된 것과 같은 효과를 얻는 것이다. 미러 케이스의 구조를 연장해 작은 날개 형태를 만드는 것부터, 2018시즌 페라리가 시도했다가 바로 FIA에 의해 금지됐던 미러 위쪽에 별도의 작은 날개를 구성하는 방법 등 리어 뷰 미러와 관련한 다양한 아이디어가 이미 등장했던 사례가 있다. 2022시즌 메르세데스가 시도했던 것처럼 리어 뷰 미러 아래 사이드포드와의 사이에 작은 핀이나 보텍스 제너레이터를 다수 배치하는 방법도 심심치 않게 등장한다.

2020년대에도 리어 뷰 미러 케이스는 공기역학적으로 계속 주목받았다.

공기역학적 디자인이 담긴 리어 뷰 미러의 예

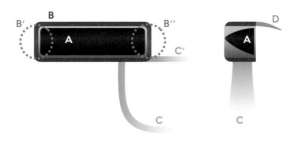

2022시즌 규정 변경 이후 몇몇 F1 팀이 위 그림처럼 리어 뷰 미러 케이스 안쪽으로 공기 흐름을 유도하는 디자인을 선택했다. 이런 디자인은 케이스 크기를 과하게 크게 만들지 않으면서, 미러 본체에 해당하는 A를 드래그 발생량이 적은 형태로 만들 수 있었다. 케이스의 B 부분은 미러를 완전히 감싸고 있지만, 디자인에 따라 B′이나 B′′ 쪽을 열린 구조로 만들 수도 있다. C의 지지 구조는 물론 C′의 추가 지지 구조는 작은 날개 또는 핀의 역할을 할 수 있고, D처럼 케이스의 한쪽 부분을 확장해 날개처럼 만들어 직접 다운워시를 만드는 것도 생각할 수 있다.

2023시즌에는 리어 뷰 미러의 폭이 150mm에서 200mm로 50mm 더 넓어졌다. 더 큰 미러는 공기역학적 영향력이 더 커졌다는 것을 의미했다. 자연스럽게 드래그를 줄이려는 노력과 함께 확대된 공간을 활용하는 다양한 공기역학 부문의 연구 개발이 이어졌다. 앞서 다뤘던 다른 작은 부품들과 마찬가지로 리어 뷰 미러 역시 규정이 허용하는 범위 안에서 유리한 공기역학적 효과를 더 많이 얻기 위한 디자인과 개발 경쟁의 무대로 계속 주목받을 가능성이 높다.

XI.
공기역학 셋업
AERODYNAMIC SETUP

F1 레이스카의 셋업은 간단하지 않다.

일단 조절해야 하는 셋업 대상의 종류가 많고, 각 대상의 셋업 과정 역시 간단하지 않다. 한 부분의 셋업 조절이 다른 부분의 셋업에 영향을 주기 때문에, 각각의 셋업이 완전하게 독립적이지 않다는 것도 전체적인 셋업 과정을 복잡하게 만드는 요소다. 레이스카가 달릴 써킷의 특성은 물론 주행 시점의 날씨까지 다양한 변수가 셋업에 영향을 주고, 레이스카 고유의 특성에 따라서도 셋업은 크게 달라질 수 있다.

마찬가지로 레이스카 셋업의 일부인 공기역학 셋업 역시 간단하지 않다.

전공자나 관련 업무를 수행하는 관계자가 아닌 일반인 기준이라면, 단편적으로 하이 다운포스 셋업과 로우 드래그 셋업 두 가지만 생각해도 크게 무리가 없다. 프론트 윙과 리어 윙의 플랩을 세워 다운포스와 드래그 발생량 증가를 유도하거나, 플랩을 눕혀 다운포스와 드래그 발생량을 줄이는 것은 공기역학 셋업의 두 가지 큰 틀이라는 설명으로 충분할 수도 있다. 그러나, 실전에서 F1 레이스카의 공기역학 셋업은 다양한 요소를 고려하면서 밸런스를 맞춰야 한다. 또한, 각 셋업 요소의 작은 수치 변동에 따라 레이스카 특성과 발휘하는 성능이 민감하게 변하기 때문에, 공기역학 셋업의 정답을 찾는 길은 매우 험난하다.

셋업이 제대로 이뤄지지 않고 밸런스가 무너졌을 때, 드라이버가 팀 라디오를 통해 "차를 몰 수 없다."는 불만 가득한 피드백을 남기는 경우를 볼 수 있다. 실제로 잘못된 셋업은 드라이버가 차를 제대로 몰 수 없게 만들고, 레이스카의 성능을 제대로 발휘할 수 없게 만들어 결국 저조한 성적으로 이어진다. 셋업이 제대로 이뤄지지 않았을 때 드라이빙이 불안해지고 사고 위험도 높아진다는 점도 무시할 수 없다.

이 때문에 셋업을 통해 레이스카의 밸런스를 잡고, 조종성이 우수한 차량을 드라이버에게 제공하는 것은 모든 F1 팀의 가장 중요한 목표 중 하나다. 양질의 셋업을 통해 조종성이 좋은 레이스카를 트랙에 내보낸 후에야, 드라이버와 레이스카가 발휘할 수 있는 최고의 퍼포먼스를 기대할 수 있다. 개별적으로 아무리 뛰어난 성능을 발휘할 수 있는 부품을 모아 배치했다고 하더라도, 셋업을 제대로 잡지 못한다면 각 부품의 장점은 의미가 없어진다.

전공자나 전문가가 아니라면 짧은 시간 동안 F1 레이스카의 셋업을 모두 파악하는 것은 어렵지만, 각 셋업의 의미와 효과를 큰 틀에서 이해하는 정도라면 일반인도 어느 정도 도전해볼 만하다. 특히, 이 책을 통해 F1 공기역학의 역사와 중요한 기본 개념들을 어느 정도 정리했다면, 공기역학 부문의 셋업은 생각보다 어렵지 않게 큰 틀을 파악할 수 있다. 그리고, 이렇게 간단하게 정리하는 공기역학 셋업의 큰 틀을 이해한다면, F1 레이스카와 그랑프리 실전을 보고 즐기는 데 큰 도움이 될 것이다.

이번 챕터에서는 먼저 공기역학 셋업에 영향을 주는 요소 몇 가지를 정리하고, 공기역학 셋업을 설명할 때 필요한 몇 가지 이론적인 개념들을 설명한다. 그 과정에서 각 공기역학 부품의 셋업이나 각 셋업의 특징을 간단하게 정리하고, 공기역학 부품은 아니지만 공기역학적 효과를 생각해야 하는 F1 레이스카의 셋업 요소까지 다룬다. 이렇게 정리한 내용들을 독자가 어느 정도 이해한 뒤, F1 그랑프리를 보고 즐길 때 더 많은 것이 보이고 더 재밌게 느껴지도록 하는 것이 이번 챕터의 가장 큰 목표다.

F1 레이스카의 공기역학 셋업에 영향을 주는 요소들
factors affecting aerodynamic setup of Formula One car

써킷의 특성, 날씨와 차량 고유의 특성 등 다양한 요소가 F1 레이스카의 공기역학 셋업에 영향을 준다.

F1 레이스카의 공기역학 셋업에 영향을 주는 요소들은 크게 다섯 가지 정도를 생각할 수 있다. 트랙 레이아웃과 노면 특징 등 써킷 특성, 기온과 트랙 온도, 바람 등 날씨의 요소, 외형과 무게 배분 등 레이스카 고유 특성, 엔진 출력과 연료 소모량, 그리고 드라이버 성향 등이다.

써킷 특성(circuit characteristics)

써킷 특성은 F1 레이스카의 공기역학 셋업에 영향을 주는 가장 기본적인 요소다. 긴 직진 가속 구간이나 고속 코너가 얼마나 배치되어 있는가, 트랙 구조가 어떤 형태인가에 따라 공기역학 셋업은 크게 달라진다. 긴 직진 가속 구간이 많다면 많은 다운포스를 만들 수 있는 셋업보다 드래그를 줄일 수 있는 셋업이 선호된다. 반대로, 가속 구간이 적고 중고속 코너가 많은 써킷이라면 드래그를 어느 정도 감수하더라도 많은 다운포스를 만들 수 있는 셋업을 택하게 된다.

F1 그랑프리가 꾸준히 개최된 무대 중 긴 직진 가속 구간이 가장 많은 곳은 몬짜 써킷[1]이다.

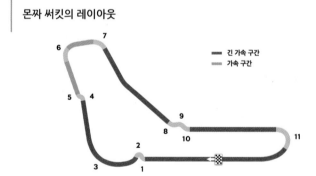

몬짜 써킷의 레이아웃

몬짜에는 위 그림처럼 모두 네 개의 긴 가속 구간이 있으며, 빨간색 구간에서는 300 km/h 이상의 최대 속도를 기록할 수 있다. 주황색으로 표시한 짧은 가속 구간까지 가속 구간이 대부분이며 풀-쓰로틀 구간이 75%에 달하기 때문에, 드래그 감소를 노린 로우 드래그 셋업이 적합하다.

---

[1] Autodromo Nazionale di Monza : 이탈리아 북부 몬짜에 위치한 써킷. 매우 빠른 평균 공략 속도와 최고 속도 덕분에 "속도의 전당(temple of speed)"로 불리기도 한다.

그러나, 긴 가속 구간이 중요한 써킷이라도 꼭 극단적인 로우 드래그 셋업을 택하는 것은 아니다.

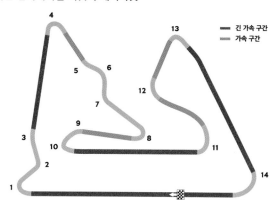

바레인 인터내셔널 써킷의 레이아웃

바레인 인터내셔널 써킷[2]은 위 그림 속 네 개의 빨간색 긴 직선 구간을 중심으로 구성됐기 때문에, 얼핏 생각하면 몬짜처럼 극단적인 로우 드래그 셋업이 적당해 보일 수 있다. 그러나, 사키르에서는 극단적 로우 드래그 셋업보다 어느 정도 타협한 공기역학 셋업을 택하는 경우가 많다.

일단 다수의 중고속 코너를 무시할 수 없는 것이 사키르에서 극단적인 로우 드래그 셋업을 선택하기 어렵게 하는 요소 중 하나다. 게다가 요철이 심한 1번 코너와 심한 휠-락이 자주 일어나는 10번 코너를 포함해 브레이킹이 중요한 코너도 많아 로우 드래그 셋업이 적합하지 않다. 많은 다운포스를 만들 수 있다면 높은 트랙션을 확보할 수 있고, 타이어 부담이 큰 써킷에서 타이어 관리에도 도움이 될 수 있다. 이런 이유로 바레인 인터내셔널 써킷에서는 극단적 로우 드래그 셋업보다는 로우 드래그와 하이 다운포스의 적절한 중간 지점에서 셋업을 잡는 것이 보통이다.

바르셀로나-카탈루냐 써킷[3]과 같은 "하이 다운포스 써킷"에서도 써킷 특성이 공기역학 셋업에 큰 영향을 준다.

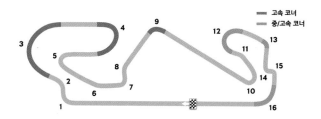

2022시즌 기준 바르셀로나-카탈루냐 써킷의 레이아웃

---

[2] Bahrain International Circuit : 카타르의 사키르에 위치한 써킷.

[3] Circuit de Barcelona-Catalunya : 스페인 카탈루냐의 바르셀로나 근교에 위치한 써킷.

F1 그랑프리가 꾸준히 개최되는 써킷 중 하이 다운포스 써킷으로 분류되는 곳은 바르셀로나, 실버스톤, 스파-프랑코샹, 스즈카 등이다. 이들 중 테스트 써킷으로 애용하는 바르셀로나-카탈루냐 써킷은 공기역학적 성능에 많은 영향을 받는 써킷으로 유명하다.

바르셀로나의 3번 코너는 강력한 다운포스의 도움이 필요한 곳으로 유명하다. 앞선 다이어그램에서 분홍색으로 표시한 중고속 코너들이 모두 공략 속도에 큰 영향을 주기 때문에, 가능한 한 많은 다운포스를 만들 수 있는 셋업이 요구된다. 또한, 바르셀로나에는 조금 느린 코너 중에도 공기역학적 성능에 제법 많은 영향을 받는 코너가 많다. 물론, 매우 긴 핏 스트레이트를 포함해 무시할 수 없는 긴 가속 구간들도 있어 극단적인 셋업을 택하는 것은 부담스럽지만, 바르셀로나-카탈루냐 써킷에서는 어느 정도 높은 수준의 하이 다운포스 셋업을 선택하는 경우가 많은 편이다.

실버스톤 써킷의 레이아웃

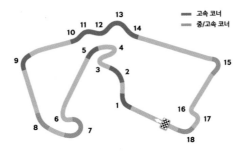

F1을 대표하는 고속 써킷 중 하나인 실버스톤 써킷[4]은 바르셀로나와 조금 다른 접근이 필요한 써킷이다. 일단 실버스톤에는 초고속 코너가 즐비하고, 중속 코너로 분류되는 곳 중에도 써킷 공략 과정에서 매우 중요하게 여겨지는 코너들이 많다. 고속 코너의 숫자 역시 바르셀로나보다 훨씬 많기 때문에, 이런 점들을 모두 고려하면 다운포스가 더 절실한 쪽은 실버스톤이라고 할 수 있다.

그러나, 실버스톤에서 무작정 다운포스를 추구하기는 어렵다. 고속 코너의 속도가 매우 빠른 것은 물론, 상황에 따라 300km/h가 넘는 매우 빠른 속도를 내는 가속 구간도 많기 때문이다. 드래그에 대한 부담이 매우 큰 실버스톤의 특징은 쉽게 하이 다운포스 셋업을 선택할 수 없게 만든다. 이 때문에 실버스톤과 같은 써킷에서는 공기역학적 효율이 매우 중요하게 여겨진다.

같은 양의 드래그가 발생한다면 더 많은 다운포스를 얻을 수 있도록 설계된 레이스카가 필요하고, 최고 속도 및 가속력과 코너 공략 사이에서 적절한 조화를 이루는 최적의 셋업이 요구된다. 공기역학적 효율 때문에 코너 공략에서 큰 손해를 감수하거나, 가속력, 최대 속도가 부족해진다면 실버스톤에서 좋은 성적을 기대하기 어렵다. 공기역학적 성능이 상대적으로 떨어지는 팀이 실버스톤에서 펼쳐지는 F1 영국 그랑프리에서 유난히 좋지 않은 모습을 보여주고, 실버스톤에서 상위권 팀과 하위권 팀의 격차가 크게 벌어지는 것도 같은 이유다.

가장 극단적인 하이 다운포스 셋업은 고속 코너가 즐비한 실버스톤 등과는 전혀 다른 특징을 가진 시가지 써킷에서 찾을 수 있다.

---

4 Silverstone Circuit : 영국 중부 실버스톤에 위치한 써킷. 최초의 F1 챔피언십 그랑프리가 개최된 써킷이다.

F1 그랑프리가 펼쳐지는 써킷 중 가장 극단적인 하이 드래그 / 하이 다운포스 셋업을 택하는 곳은 가장 특별한 시가지 써킷 중 하나로 손꼽히는 모나코 써킷[5]이다.

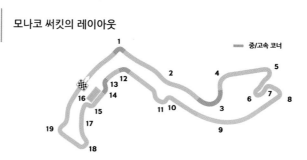

모나코 써킷의 레이아웃

3.3km의 모나코 써킷에는 19개의 제법 많은 코너가 있지만, 중/고속 코너가 많은 하이 다운포스 써킷들과 달리 문제가 될만한 고속 코너가 없고 중속 코너의 비중도 적은 편이다. 많은 다운포스를 만드는 것이 공략 속도에 직접 영향을 주는 코너가 적다는 의미다. 코너 공략 속도 때문에 극단적인 하이 다운포스 셋업을 택할 필요는 없다는 의미이기도 하다.

모나코 써킷에서 F1 그랑프리가 펼쳐지는 무대 중 가장 극단적인 하이 다운포스 써킷이 효과적인 이유는 크게 세 가지로 생각해볼 수 있다.

일단 모나코에서는 정교한 브레이킹이 매우 중요한데, 극단적인 하이 다운포스 셋업은 브레이킹에 큰 도움이 된다. 브레이킹 과정의 그립 레벨을 높여주는 것도 도움이 되지만, 많은 드래그 발생이 오히려 공기역학적인 효과로 감속 효과가 생기는 "에어 브레이크(air brake)" 역할을 하면서 제동력을 높여줄 수 있다.

극단적인 하이 다운포스 셋업은 시가지 써킷으로 일반 도로를 사용하기 때문에 "요철이 심하고 노면 상태가 좋지 않은 문제"에 대응하는 데도 도움을 준다. 빠르지 않은 속도에서 공기역학적 효과가 상대적으로 적긴 하지만, 조금의 공기역학적 그립이라도 더해진다면 부족한 그립 레벨을 채워주면서 안정적인 시가지 써킷 공략으로 이어질 수 있다.

마지막으로 모나코의 평균 공략 속도가 매우 낮다는 점도 극단적인 하이 다운포스 셋업을 가능하게 하는 중요한 요소다. 모나코는 F1 그랑프리가 개최되는 써킷 중 평균 속도가 가장 느리고, 최고 속도 역시 가장 느리다. 이렇게 속도가 느리기 때문에 드래그 발생량도 매우 적고, F1 팀 입장에서는 드래그 부담 없이 하이 다운포스 셋업을 선택할 수 있다.

지금까지 살펴본 것처럼 직진 가속 구간과 고속 코너의 배치 등 트랙 레이아웃, 그립 레벨과 요철 등 노면 특성 등 써킷의 특징은 F1 레이스카의 공기역학 셋업 선택의 중요한 기준 중 하나로 작용한다. 그러나, 위에 설명한 것들 외에도 공기역학 셋업 선택에 변화를 가져올 수 있는 요소는 다양하다. 이 때문에 각 팀의 엔지니어들은 써킷이 정해졌다고 해서 쉽게 정답을 찾을 수 없고, 상황에 따라 최적의 셋업을 찾기 위해 끊임없는 노력을 계속해야 한다.

---

[5] Circuit de Monaco : 모나코의 시내 도로를 이용하는 시가지 써킷. F1 그랑프리가 개최되는 써킷 중 평균 공략 속도와 최고 속도가 가장 낮은 써킷이며, 한 랩의 길이가 가장 짧고 레이스 거리 역시 가장 짧은 써킷이다.

기상 상태(weather conditions)

날씨 등 기상 상태 역시 공기역학 셋업에 많은 영향을 준다.

온도는 F1 레이스카의 성능에 직접 영향을 준다. 트랙 온도가 노면과 접촉하는 타이어에 직접 영향을 준다면, 레이스카의 공기역학적 성능에 큰 영향력을 발휘하는 것은 기온이다. 앞서 3장과 4장에서 다뤘던 것처럼 드래그와 다운포스 등 공기역학의 핵심 개념들은 모두 공기의 밀도와 비례한다. 그런데, 기온에 비례해 공기의 밀도가 변하기 때문에 드래그와 다운포스의 발생량 역시 기온과 직접 연관되어 있다.

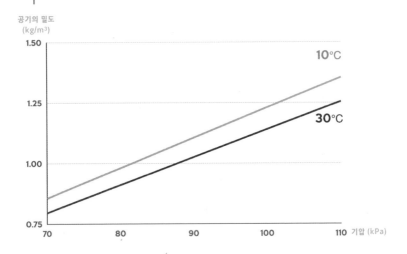

10℃와 30℃의 기온에서 기압과 공기의 밀도의 상관 관계

위 그래프에서 확인할 수 있는 것처럼 온도가 높아지면 공기의 밀도가 낮아지고, 반대로 온도가 낮아질 때 공기의 밀도가 높아진다. 바꿔 말하면 **온도가 높을 때 공기역학적 효과가 줄어들고, 온도가 낮을 때 공기역학적 효과가 더 강력해진다**는 의미다.

같은 70kPa의 기압이라도, 기온이 30℃일 때보다 10℃일 때 공기의 밀도가 0.06kg/m³ 더 높다. 100kPa의 기압일 때도, 30℃와 10℃에서 공기의 밀도 차이는 0.09kg/m³로 여전히 8% 정도의 공기 밀도 차이가 확인된다. 상황에 따라 정확한 값은 차이가 달라지지만, 기온이 30℃일 때와 10℃일 때 대략 8% 전후의 공기역학적 효과의 차이가 생긴다고 생각해도 무리가 없다.

이런 이유로 2010년대까지 F1 그랑프리가 개최되었던 말레이시아의 세팡 인터내셔널 써킷[6]에서는 제법 높은 다운포스를 노리는 셋업이 자주 목격됐다. 지정학적 특성으로 늘 온도가 높았던 세팡에서는 상대적으로 공기의 밀도가 낮았기 때문이다. 말레이시아 그랑프리가 개최되던 시절 날씨가 좋지 않았던 것 역시 비교적 높은 다운포스 셋업을 선호하게 하는 이유 중 하나였다.

---

6 Sepang International Circuit : 말레이시아 세팡에 위치한 써킷.

기온뿐 아니라 트랙 온도 역시 공기역학 셋업에 영향을 준다. 일단 트랙 온도는 타이어에 직접 영향을 준다. 그런데, 타이어가 트랙 온도에 영향을 받으면 레이스카의 밸런스가 변하기 때문에, 그에 걸맞게 공기역학 셋업도 조정할 필요가 있다. 온도에 따른 타이어의 미세한 변형까지 많은 요소가 레이스카 주변 공기 흐름에 영향을 줄 수 있으므로, 모든 데이터를 수집한 뒤 트랙 온도까지 고려한 적절한 셋업을 찾아내야 한다.

온도 외에 날씨가 공기역학 셋업에 영향을 주는 다른 중요한 요소 중 하나는 습도다.

"습도(humidity)"는 공기 중에 섞여 있는 수증기의 양 또는 비율을 가리키며, 보통 **습도가 높아지면 공기의 밀도가 낮아지고, 습도가 낮아지면 공기의 밀도가 높아진다.** 습도가 높으면 공기역학적 효과가 약해지기 때문에, 우선 높은 다운포스 셋업으로 대응하는 것을 생각할 수 있다. 반대로 습도가 낮다면 드래그 증가 등을 고려해 공기역학적 효율을 높일 수 있는 셋업이 필요하다.

그러나, 단순히 습도가 높아 공기역학적 효율이 낮아진다고 해서 극단적인 하이 다운포스 셋업을 선택하는 것은 정답이 아닐 수 있다. 높은 습도는 단위 시간당 엔진에 공급되는 산소의 양이 줄어든다는 의미이기 때문에, 엔진 출력이 떨어지는 상황도 고려해야 한다. 2014시즌 이전 자연흡기 엔진을 사용하던 시기에는, 습도가 매우 높고 비가 내리는 등 날씨가 좋지 않을 때 F1 레이스카의 출력 저하가 목격되기도 했다. 파워트레인의 힘이 뒷받침되지 않는다면 하이 다운포스 셋업이 오히려 전체적인 성능을 크게 떨어뜨릴 수도 있다는 의미다.

물론, 반대의 경우도 생각할 수 있다. 비가 내리고 온도가 낮을 때 엔진 쿨링 등에 유리한 조건이 만들어져 무리 없이 출력을 높일 수 있는 경우도 있다. 결국, 다른 셋업과 마찬가지로 공기역학 셋업 조정 역시 다른 여러 요소를 종합적으로 검토한 뒤 상황에 맞게 적절하게 선택해야 한다.

앞서 기온과의 관계를 설명할 때 언급했던 것처럼 기압 역시 공기역학 셋업에 영향을 준다.

기압은 공기 밀도와 비례한다. 기압이 높으면 공기 밀도 역시 높아지고, 반대로 기압이 낮으면 공기의 밀도 역시 낮아진다. **기압이 높으면 다양한 공기역학적 성능이 더 큰 영향력을 발휘하게 되지만, 기압이 낮으면 전반적으로 공기역학적 효과가 줄어들 수 있다는 의미다.**

F1 멕시코시티 그랑프리는 해발고도 2,200m가 넘는 고지대에 위치한 에르마노스 로드리게스 써킷[7]에서 펼쳐진다. 지역과 상황에 따라 구체적인 상태가 달라질 수 있지만, 일반적으로 해발고도 2,200m에서의 기압은 0m에서 기압의 76% 수준에 불과하다.

기압이 매우 낮은 경우 공기역학적 효과가 줄어들기 때문에, 멕시코시티 그랑프리에서는 F1 팀들이 상당한 수준의 하이 다운포스 셋업을 선택한다. 이런 하이 다운포스 셋업으로 트랙에 나선 레이스카들조차 그립 부족으로 고전하는 모습까지 종종 목격할 수 있다. 몬짜 이상의 최고 속도가 기록되는 긴 스트레이트를 포함해 직진 가속 구간이 제법 많지만, 드래그 걱정 없이 에르마노스 로드리게스 써킷에서 하이 다운포스 셋업을 선택하는 것은 기압이 공기역학적 성능에 주는 큰 영향력을 보여주는 좋은 예 중 하나다.

---

[7] Autódromo Hermanos Rodríguez : 멕시코의 멕시코시티에 위치한 써킷.

차량 특성(car characteristics)

디자인 단계부터 의도했던 차량 특성 또는 실전에 투입해 확인한 특성을 포함해, 각 레이스카가 가지고 있는 고유한 특성도 공기역학 셋업에 많은 영향을 준다.

각 레이스카가 가지고 있는 고유의 특성에는 장단점이 모두 포함된다. 공기역학 셋업을 포함한 모든 셋업은 장점을 강화하거나 단점을 메꾸는 방향으로 이뤄지는 경우가 많고, 셋업 때문에 장점이 희미해지고 단점이 두드러지는 상황은 피해야 한다. 공기역학 셋업이 적용되기 전에 어떤 장점을 증폭시키면서 어떤 단점을 보완할지 분명한 의사 결정이 이뤄져야 하고, 프랙티스 시간을 활용해 실제로 트랙을 달리면서 제대로 효과를 발휘할 수 있도록 셋업을 조정할 필요가 있다.

차량 특성과 어울리지 않는 공기역학 셋업은 큰 문제로 이어질 수 있다. 드래그가 심한 고유 특성을 가진 차로 하이 다운포스 셋업을 선택한다면, 가속력과 최고 속도에 더 큰 한계가 생기는 것은 물론 느려진 속력 때문에 하이 다운포스 셋업이 무색하게 다운포스 생성량이 감소하는 결과로 이어질 수 있다. 반대로 전반적인 그립 확보가 어려운 차로 로우 드래그 셋업을 선택한다면, 레이스카가 매우 불안정해지거나 조종성이 떨어지는 최악의 결과를 얻을 수도 있다. 때로는 극단적인 셋업이 정답일 수 있지만, 보통 차량 특성과 어울리지 않는 셋업은 좋지 않은 결과로 이어질 가능성이 높다.

차량 특성이 공기역학 셋업에 영향을 주는 근본적인 이유 중 하나는, F1 레이스카를 디자인할 때 구상 단계부터 대략적인 셋업의 틀을 가정하고 설계를 시작하기 때문이다.

예를 들어 2010년대의 레드불 레이스카는 상당히 큰 레이크가 셋업 특징 중 하나였는데, 레이크가 작은 상태를 가정하고 설계한 뒤 셋업 과정에서 레이크가 커진 것이 아니라 설계 단계부터 큰 레이크를 염두에 두고 있었다. 레이크 변화에 따라 공기역학적 성능과 특성이 크게 달라지기 때문에, 플로어가 지면과 거의 평행한 수준의 셋업을 상정해 차를 만든 뒤 셋업 과정에서 레이크를 키운다면 공기역학적으로 원치 않은 결과를 얻게 될 가능성이 높았다. 그러나, 레드불은 애초에 큰 레이크를 가정하고 차를 설계했기 때문에 늘 앞으로 크게 기울어진 셋업을 선택해 공기역학적으로 뛰어난 성능을 발휘할 수 있었다.

같은 시기 경쟁자였던 메르세데스는 전혀 다른 방향에서 접근했다. 메르세데스 레이스카는 레드불과 대조적으로 작은 레이크를 특징으로 삼고 있었고, 셋업에 많은 변화를 줄 때도 레이크를 키우는 경우가 거의 없었다. 로우 레이크를 포함해 설계 단계부터 레이스카에 담긴 디자인 철학과 그에 따른 차량 특성을 충실히 따르는 셋업을 유지하면서, 메르세데스는 8시즌 연속 컨스트럭터 챔피언 타이틀을 획득하는 동안 안정적인 퍼포먼스를 뽐낼 수 있었다.

차량 특성과 공기역학 셋업의 관계는 차량 밸런스 면에서도 중요하다.

공기역학적 그립이 큰 힘을 발휘하기 힘든 **저속 코너에서는 기계적 그립의 영향력이 크고, 반대로 고속 코너에서는 공기역학적 그립의 비중이 높아진다.** 공기역학 셋업을 잘 조정한다면 각 코너에서의 장점을 살리고 속도와 관계없이 밸런스가 잘 잡힌 완벽한 셋업에 근접할 수 있다. 반대로 공기역학 셋업에 실패한다면 밸런스가 무너져, 저속 코너는 저속 코너대로 고속 코너는 고속 코너대로 문제가 느껴질 수 있다. 이런 이유로 기계적 그립 등 차량 특성을 확실히 파악한 뒤 공기역학 셋업을 조절해야만 한다.

엔진 출력과 연료 소모량(engine power and fuel consumption)

엔진 출력은 공기역학 셋업에 직접적인 영향을 준다. 2014시즌 규정 변경 이후 엔진의 상위 개념으로 자리 잡은 파워 유닛의 출력이 공기역학 셋업에 큰 영향을 준다고 얘기할 수 있다.

공기역학적 성능은 결국 드래그를 최소화하면서 얼마나 강력한 다운포스를 만드는지를 나타내는 지표다. 아무리 공기역학적 효율이 높다고 해도 드래그 발생을 완전히 배제할 수는 없다. 그런데, 이런 공기역학적 성능은 일정 수준 이상 속도가 빨라졌을 때만 충분한 효과를 기대할 수 있다. 속도가 느리면 공기역학적 효과는 크게 줄어들고, 속도가 빨라질 때 공기역학적 효과가 기하급수적으로 커진다. 결국 공기역학적 효율이나 공기역학적 성능이 의미를 가지려면, 먼저 드래그를 이겨내면서 원하는 속도까지 레이스카를 가속할 수 있는 엔진과 파워 유닛의 출력이 뒷받침되어야 한다.

기본적인 공기역학적 성능이 완전히 같더라도, 엔진 출력이 부족하면 로우 드래그 셋업이 현명한 선택이 될 수 있다. 반대로 충분한 엔진 출력이 확보되었다면 좀 더 많은 다운포스 생성을 기대할 수 있는 하이 다운포스 셋업 쪽으로 방향을 전환할 수 있다. 2020년대 F1 레이스카가 공기역학적으로 강력한 능력을 뽐낼 수 있게 된 배경에는 1,000마력 전후의 강력한 최대 출력을 뿜어내는 고성능 파워트레인이 있었다. 1960년대 F1 레이스카 엔진의 최대 출력 수준이었다면 같은 공기역학적 특성을 가진 레이스카라도 충분한 공기역학적 성능을 발휘할 수 없었을 것이다.

F1 그랑프리의 레이스에서는 연료 소모량도 문제가 될 수 있다. 드래그를 이겨내고 출력을 높이는 데 너무 많은 연료가 소모된다면, 305km가 넘는 레이스 거리를 모두 소화하지 못할 수도 있다. 반대로 연료를 아끼기 위해 출력을 낮춰야 한다면, 공기역학적 성능을 일부 포기해야 한다. 만약 연비가 좋은 파워 유닛을 보유하고 있다면, 상대적으로 안정적인 출력 확보가 가능하기 때문에 레이스 내내 최대한의 공기역학적 성능을 발휘할 수 있을 것이다.

드라이버의 성향(driver preferences)

레이스카를 조종하는 드라이버의 성향 역시 공기역학 셋업에 큰 영향을 준다.

주행 기록과 데이터를 통해 어느 정도 파악할 수 있는 드라이빙 성향과 각 드라이버가 선호하는 스타일 역시 공기역학 셋업에 반영해야 한다. 많은 경우 더 안정적인 차량을 원하는 드라이버라면 하이 다운포스 셋업이 적합할 수 있다. 반면, 불안정한 움직임은 참을 수 있지만 가속력이 약하고 굼뜬 움직임을 참지 못하는 드라이버라면 로우 드래그 셋업을 선호할 수 있다.

프론트와 리어의 공기역학적 밸런스 역시 드라이빙 스타일의 영향을 받는다. 프론트 그립에 민감한 드라이버라면 프론트 엔드의 공기역학적 효과가 강력한 방향을 선호하는 경우가 많다. 반대로 리어 그립을 중요하게 여기는 드라이버는 강력한 리어 엔드의 공기역학적 성능을 요구할 수 있다. 같은 차량에 탑승하는 팀메이트라고 하더라도, 두 드라이버의 드라이빙 스타일이 다르다면 공기역학 셋업 역시 서로 다르게 적절한 방향으로 조절해야 한다.

로우 드래그 셋업과 하이 다운포스 셋업
low drag setup and high downforce setup

공기역학 셋업은 크게 로우 드래그 셋업과 하이 다운포스 셋업의 두 가지 유형으로 나눠 생각할 수 있다.

F1 팀 실무자라면 공기역학 셋업 유형을 단순하게 두 가지로 분류하는 이분법을 사용할 이유가 많지 않다. 그러나, 그런 F1 팀의 엔지니어나 관계자도 언론과 대중 앞에서는 구체적인 수치와 정교한 데이터를 내미는 대신, 쉽게 설명할 수 있는 직관적 개념들을 사용하는 경우가 많다. 이런 이유로 전공자가 아닌 일반인을 대상으로 한 레이스카의 공기역학 관련 기사나 문서, 자료 등에서 로우 드래그 셋업과 하이 다운포스 셋업이 공기역학 셋업의 두 가지 유형으로 다뤄지곤 한다.

"로우 드래그 셋업(low drag setup)"은 문자 그대로 **드래그 최소화를 목표로 하는 셋업** 방식을 가리킨다. 로우 드래그 셋업은 드래그 발생량이 적은 것은 물론 다운포스 생성량도 적기 때문에, 대신 **"로우 다운포스 셋업(low downforce setup)"**이라고 부르는 경우도 많다.

로우 드래그 셋업을 쉽게 떠올릴 수 있는 상황은 드래그 부담이 큰 몬짜 써킷에서 펼쳐지는 이탈리아 그랑프리 같은 경우지만, 다른 써킷에서도 상황에 따라 로우 드래그 셋업을 선택할 수 있다. 우선 차량 특성상 너무 심한 드래그 발생이 문제가 되고, 공기역학적 성능을 제대로 발휘할 수 있는 속도까지 가속이 어렵다면 어쩔 수 없이 드래그 발생량을 줄이는 셋업을 선택할 수 있다. 때로는 이미 다운포스 생성량이 충분한 레이스카에서 로우 드래그 셋업을 선택해, 가속력과 다운포스 모두 충분히 확보해 한 번에 두 마리 토끼를 잡으려 할 수도 있다.

로우 드래그 셋업은 기본적으로 프론트 윙과 리어 윙의 받음각을 낮게 조절하는 셋업이다. 프론트 윙의 경우 로우 드래그 셋업을 택했더라도 뒤쪽으로 흐르는 공기 흐름을 고려해 적절한 받음각을 결정해야 한다. 반면, 리어 윙의 경우에는 받음각 조절과 윙의 형태를 통해 로우 드래그 셋업이라는 것을 쉽게 알아볼 수 있다. 몬짜 써킷에서 대부분 레이스카의 리어 윙은 앞에서 봤을 때 스폰서 로고가 거의 보이지 않을 정도로 받음각을 낮게 설정하곤 한다.

로우 드래그 셋업에서 프론트 윙 / 리어 윙의 받음각 조절

리어 윙
로우 드래그 셋업

프론트 윙
로우 드래그 셋업

"하이 다운포스 셋업(high downforce setup)"은 가능한 한 많은 양의 다운포스 생성을 목표로 하는 셋업 방식을 가리킨다.

앞서 써킷 특성에서 언급했던 것처럼 모나코 써킷 등에서는 하이 다운포스 셋업이 필수적이다. 강력한 다운포스의 힘이 도움이 되는 상황이나, 모나코처럼 안정적인 주행 성능과 제동력이 필요할 경우 하이 다운포스 셋업이 선택된다. 경쟁자들에 비해 월등한 파워트레인의 힘을 보유하고 있다면, 강한 추진력을 믿고 더 많은 다운포스를 얻을 수 있는 셋업을 선택할 수 있다.

하이 다운포스 셋업은 프론트 윙과 리어 윙의 받음각을 높게 조절하는 것이 기본이지만, 프론트 윙의 받음각 설정은 전체적인 공기 흐름을 고려해 신중하게 조절해야 한다. 리어 윙은 받음각을 원하는 만큼 확실하게 조절하거나 특별한 형태의 하이 다운포스 윙을 준비하는 경우가 많다. F1 레이스카의 리어 윙은 모나코에서 플랩 각도를 다른 어떤 써킷보다 높게 세우기 때문에, 앞에서 봤을 때 리어 윙의 스폰서 로고가 가장 잘 보이는 곳은 단연 모나코 써킷이라고 할 수 있다.

하이 다운포스 셋업에서 프론트 윙 / 리어 윙의 받음각 조절

리어 윙
하이 다운포스 셋업

프론트 윙
하이 다운포스 셋업

큰 틀에서 로우 드래그 셋업과 하이 다운포스 셋업의 두 가지 유형으로 분리해 설명했지만, 다른 공기역학 셋업 유형도 충분히 생각할 수 있다. 단순하게 수치상 두 극단의 중간 지점 어딘가에 위치하는 셋업도 있겠지만, 필요에 따라 마치 로우 드래그 셋업과 하이 다운포스 셋업을 섞어놓은 것처럼 프론트 윙과 리어 윙의 받음각에 차이가 큰 셋업을 선택하는 경우도 있다.

프론트 윙의 받음각을 높이고 리어 윙의 받음각은 낮춘 경우

리어 윙
로우 드래그 셋업

프론트 윙
하이 다운포스 셋업

만약 프론트 윙의 받음각을 높이고 리어 윙 받음각은 상대적으로 낮게 유지한다면, 사실상 프론트는 하이 다운포스 셋업, 리어는 로우 드래그 셋업이 될 수 있다. 이 경우 프론트 그립이 높아진다는 장점이 있지만, 리어 그립이 부실해져 오버스티어 성향의 조종 특성이 나타날 수 있다. 밸런스를 잘 잡는다면 도움이 될 수도 있지만, 밸런스가 무너져 조종성이 나빠질 가능성도 있기 때문에 이런 셋업을 선택할 때는 어느 정도 신중할 필요가 있다.

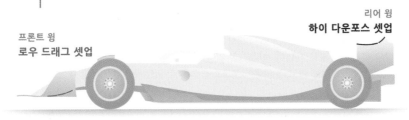

리어 윙의 받음각을 높이고 프론트 윙의 받음각은 낮춘 경우

프론트 윙
로우 드래그 셋업

리어 윙
하이 다운포스 셋업

반대로 리어 윙 받음각을 높이면서 프론트 윙의 받음각은 상대적으로 낮게 조절한다면, 프론트 윙은 로우 드래그 셋업, 리어 윙은 하이 다운포스 셋업이 될 수 있다. 이 경우 리어 그립을 충분히 확보할 수 있지만, 프론트 그립이 부족해지면서 언더스티어 성향의 조종 특성이 나타날 수 있다. 또한, 밸런스를 제대로 잡지 못한다면 프론트 그립 부족에 따라 언더스티어가 심해지는 것은 물론, 밸런스 붕괴의 후폭풍으로 그나마 상황이 좋았던 리어의 안정성까지 무너질 가능성도 있다.

지금까지 설명한 프론트 윙과 리어 윙의 셋업 조합을 간단하게 정리하면 다음과 같다.

프론트 - 로우 드래그 + 리어 - 로우 드래그

▷ 최고 속도 : **높음**　　　▷ 드라이빙 안정성 : **낮음**

▷ 스티어링 성향 : **중립**

프론트 - 하이 다운포스 + 리어 - 로우 드래그

▷ 최고 속도 : **중간**　　　▷ 드라이빙 안정성 : **중간 또는 낮음**

▷ 스티어링 성향 : **오버스티어**

프론트 - 로우 드래그 + 리어 - 하이 다운포스

▷ 최고 속도 : **중간**　　　▷ 드라이빙 안정성 : **중간 또는 낮음**

▷ 스티어링 성향 : **언더스티어**

프론트 - 하이 다운포스 + 리어 - 하이 다운포스

▷ 최고 속도 : **낮음**　　　▷ 드라이빙 안정성 : **높음**

▷ 스티어링 성향 : **중립**

압력 중심
center of pressure

압력 중심은 레이스카에 가해지는 공기역학적 압력을 종합한 중심점이다.

레이스카의 기계적 움직임을 다룰 때, 전체적인 무게 배분을 계산한 뒤 하나의 중심점을 기준으로 얘기하는 경우가 많다. 이렇게 차량 전체의 무게 배분을 종합 계산해 찾아낸 중심점은 **"무게 중심(center of gravity)"**이라 부른다. 약자를 이용해 **"CoG"**로 표기하는 무게 중심은 레이스카의 물리적 움직임을 분석하거나 설명할 때 요긴하게 사용된다.

공기역학 부문에서는 무게 중심과 비슷한 접근을 통해 압력 중심이라는 개념이 사용된다. **"압력 중심(center of pressure)"**은 **레이스카에 가해지는 공기역학적 압력을 종합 계산한 뒤 찾아낸 중심점**을 가리키며, 약자로 **"CoP"**라는 표현을 사용한다.

F1 레이스카의 무게 중심과 압력 중심

특별한 경우를 제외하면 압력 중심과 무게 중심의 위치는 서로 다르다. 무게 중심의 위치를 통해 레이스카의 질량이 어느 쪽으로 치우쳐 있는지 어느 정도 파악할 수 있는 것처럼, 압력 중심 위치를 통해 공기역학적 힘이 어느 쪽에 더 강하게 작용하는지 확인할 수 있다. 질량 배분과 공기역학적 힘이 차량 곳곳에 미치는 영향에 따라 움직임이 달라지는 만큼, 무게 중심과 압력 중심은 레이스카의 운동 성능이나 특징을 설명할 때 도움이 되는 직관적인 지표로 사용할 수 있다.

무게 중심과 마찬가지로 압력 중심 역시 요 민감도와 밀접하게 관련되어 있다. **"요(yaw)"**는 물체를 위에서 봤을 때 회전하는 움직임을 가리키며, **"요 민감도(yaw sensitivity)"**는 요가 얼마나 민감하게 변할 수 있는지 나타내는 지표다. 만약 압력 중심이 앞쪽이나 뒤쪽에 몰려 있다면, 상황에 따라 요 민감도가 높아지면서 레이스카의 움직임이 불안해질 수 있다. 반대로 압력 중심이 레이스카 중앙에 가깝다면 균형 잡힌 공기역학적 힘 덕분에 차량이 안정적으로 움직일 수 있다. 요 민감도가 높으면 좌우에서 옆바람이 불 때, 레이스카가 더 민감하게 반응하며 쉽게 차량 밸런스가 무너질 수 있다. 반대로 요 민감도를 낮출 수 있다면 바람의 방향 변화에 영향을 적게 받게 되고, 안정적으로 꾸준한 퍼포먼스를 발휘할 수 있다.

라이드 하이트
ride height

라이드 하이트는 차량과 지면 사이의 거리다.

타이어는 지면과 직접 접촉하지만, 차체는 지면으로부터 어느 정도 떨어져 있는 것이 보통이다. 이렇게 떨어져 있는 **차량의 아랫부분과 지면 사이 거리**를 "라이드 하이트(ride height)"라 부른다. 라이드 하이트는 무게 중심 등 물리적 특성과 밀접한 관련이 있으며, 일반적으로 라이드 하이트를 낮추면 무게 중심이 낮아지면서 롤이 감소해 전체적인 성능 향상을 기대할 수 있다.

라이드 하이트 조절은 레이스카의 공기역학적 성능에도 직접 영향을 준다. 큰 틀에서 레이스카의 라이드 하이트 조절은 아래 그림처럼 네 가지 유형으로 생각할 수 있는데, 각 셋업 유형에 따라 공기역학적 특성 역시 달라진다.

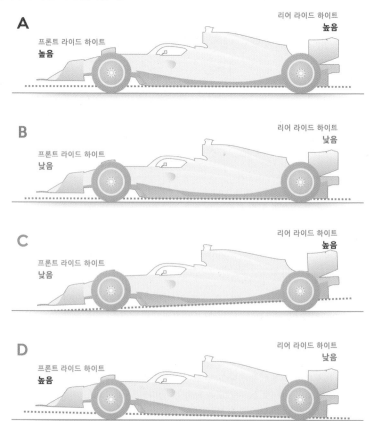

A
프론트 라이드 하이트
높음
리어 라이드 하이트
높음

B
프론트 라이드 하이트
낮음
리어 라이드 하이트
낮음

C
프론트 라이드 하이트
낮음
리어 라이드 하이트
높음

D
프론트 라이드 하이트
높음
리어 라이드 하이트
낮음

앞서 언급했던 것처럼 라이드 하이트를 낮추면 무게 중심이 낮아지면서 다양한 운동 특성에서 이득을 얻을 수 있다. 공기역학적 관점에서도 일반적으로 라이드 하이트가 낮은 셋업이 유리하다. 보통 그림 A처럼 라이드 하이트가 높은 셋업보다 그림 B처럼 라이드 하이트가 낮은 셋업의 공기역학적 효율이 높다. 이 때문에 주행 중에 문제가 생기지 않는 선에서 가능한 낮은 라이드 하이트로 셋업이 최대한의 공기역학적 성능을 끌어내 안정적인 움직임을 만들 수 있다.

그러나, 상황에 따라 단순하게 라이드 하이트를 낮추는 것만이 정답이 아닐 수도 있다. 써킷 특성이나 노면 상황을 고려해서, 혹은 포포싱, 바터밍 등 낮은 라이드 하이트와 관련된 문제를 피하기 위해 일정 수준 이상 라이드 하이트를 높이는 경우도 있다. 또한, 차량의 운동 특성이나 공기역학적 특징 때문에 레이스카가 앞쪽이나 뒤쪽으로 기울어지듯 셋업을 조절해야 할 때도 있다.

차량이 앞이나 뒤로 기울어진 것을 **"레이크(rake)"**라 부르며, 기울어진 각도를 얘기할 때는 "레이크 앵글(rake angle)"이라는 개념이 사용된다. 그림 C처럼 앞쪽으로 차량이 기울어져 있을 때는 "포지티브 레이크 앵글(positive rake angle)", 그림 D처럼 뒤쪽으로 기울어졌을 때는 "네거티브 레이크 앵글(negative rake angle)"이라고 얘기한다.

2010년대 중반의 F1 레이스카 다수는 그림 C와 같은 포지티브 레이크 앵글 셋업을 전제로 차량을 디자인했고, 레드불의 경우 극단적으로 큰 포지티브 레이크 앵글이 특징으로 여겨지기도 했다. 2022시즌 그라운드 이펙트를 전면에 내세운 규정 변경 직후에는 많은 레이스카가 약간의 네거티브 레이크 앵글을 보여주면서 전년도와 전혀 다른 모습을 보여줬지만, 2023시즌에는 다시 레이크가 중립에 가까워지면서 점차 그림 B와 비슷한 셋업이 주류를 이루기도 했다.

시기에 따라 레이크 앵글 셋업의 경향이 크게 달라진 것은 최적의 공기역학적 효율을 낼 수 있는 셋업이 차량에 따라 서로 달랐기 때문이다. 앞서 짧게 다뤘던 것처럼 포지티브 레이크 앵글을 크게 하는 셋업이 유행하던 2010년대 중반에도 메르세데스는 상대적으로 낮은 레이크 앵글의 디자인 철학을 유지했다. 2017시즌 기준으로 레드불의 레이크 앵글은 1.6° 전후, 페라리의 레이크 앵글은 1.5° 전후였던 반면, 메르세데스의 레이크 앵글은 0.9° 전후[8]로 확실하게 각도가 작았다. 서로 경쟁하던 최상위권 팀이었던 레드불, 페라리, 메르세데스 사이에도 디자인 철학과 기대하는 공기역학적 효과가 서로 달랐고, 이런 차이가 서로 다른 공기역학 셋업에 어느 정도 반영됐다고 볼 수 있다.

프론트 윙이 지면에 근접하게 만드는 하이 레이크 스타일은 프론트 윙 아래에서 약간의 그라운드 이펙트를 기대할 수 있었다. 또한, 그라운드 이펙트 등 강력한 공기역학적 효과는 프론트 윙 양쪽 끝부분을 지면에 가깝게 끌어당겨 프론트 엔드의 다운포스 생성량을 극대화할 수 있었다.

반대로 레이크 각도를 낮춰 리어 엔드가 지면에 가까워지면, 플로어 좌우 양쪽 끝부분이 지면에 근접해 공기역학적 효과를 극대화할 수 있다. 메르세데스가 강점을 보였던 것도 이런 로우 레이크 디자인의 장점이 어느 정도 영향을 준 것이었는데, 2020시즌 레이싱포인트가 메르세데스와 매우 닮은 레이스카를 선보이면서 메르세데스 레이스카의 디자인에 담긴 장점 역시 어느 정도 재현할 수 있었다. 이 때문에 2021시즌 규정 변경 이후 로우 레이크 디자인 레이스카의 공기역학적 성능이 큰 타격을 받았을 때, 메르세데스는 물론 레이싱포인트의 후신인 애스턴마틴의 공기역학적 성능 역시 크게 하락하며 레이스카의 경쟁력이 급락하기도 했다.

---

[8] F1 공식 홈페이지 2018년 9월 11일 기사 "TECH TUESDAY : Why rake rules in Mercedes, Ferrari and Red Bull's design philosophies" 본문 기준.

XII.
윈드 터널과 CFD
WIND TUNNEL AND CFD

공기역학을 빼놓고는 현대적인 F1 레이스카의 개발 과정을 설명할 수 없다. 물론 F1 초창기에도 레이스카를 개발할 때 공기역학을 고려하지 않았던 것은 아니지만, 21세기의 F1 레이스카 개발 과정에서 공기역학의 비중이 월등히 커진 것도 분명하다. 이렇게 현대적인 F1 레이스카 개발 과정에서 핵심적인 공기역학 관련 프로세스로 손꼽는 대표적인 두 가지는 윈드 터널과 CFD다.

윈드 터널은 윙과 다운포스가 F1을 지배하기 훨씬 전부터 F1 레이스카 개발 과정과 인연을 맺고 있었다. 고속 주행 중 드래그 감소와 주행 안정성 확보는 1950년대에도 매우 중요한 문제였고, 1963년 브라밤은 가장 먼저 직접 윈드 터널을 보유한 F1 팀이 되었다. 그러나, 1970년대까지도 F1 팀의 윈드 터널 활용은 핵심 개발 과정으로 여겨졌다고 보기 어려웠고, 다른 팀보다 기술적으로 앞서기 위해 최신 기술을 확보하기 위한 노력의 일환이었다고 보는 것이 적절하다.

1968시즌부터 F1 레이스카에 윙이 장착되기 시작한 뒤 다운포스는 빠르게 F1의 핵심 요소로 부상했고, 이와 함께 윈드 터널에 대한 관심도 점점 증폭됐다. 빠르게 진행된 윙의 보급 이후 1980년대를 거쳐 1990년대에 접어드는 동안에도 F1 레이스카 개발 과정에서 윈드 터널이 차지하는 비중은 점점 커졌다. 2000년대 이후로 윈드 터널은 F1 레이스카의 개발 과정에서 매우 큰 비중을 차지하게 되었고, 윈드 터널을 얼마나 잘 활용했는가에 따라 레이스카의 종합적인 공기역학적 성능과 한 시즌 동안 팀의 성적이 좌우되는 상황이 자주 벌어졌다.

2000년대에 접어든 이후, F1 레이스카의 개발 과정에서 윈드 터널 못지않게 중요하게 여겨지기 시작한 공기역학 요소는 CFD다. 1980년대 컴퓨터 관련 기술의 급성장과 함께 싹트기 시작한 CFD는 다른 어떤 분야보다 빠르게 발전을 거듭했고, 현대적인 F1 레이스카의 개발 과정에서 CFD는 결코 빼놓을 수 없는 핵심 요소가 되었다. CFD를 직접 다루는 엔지니어는 물론, F1 그랑프리 현장에서 실전 데이터를 수집해 팩토리에 전달하고 작업을 연결해주는 퍼포먼스 엔지니어의 역할 역시 CFD의 발전과 함께 점점 더 중요하게 여겨지고 있다.

윈드 터널과 CFD는 레이스카의 공기역학 성능 개선에 핵심적인 역할을 하지만, F1 팀에게는 꼭 필요하면서도 상당히 부담스러운 존재로 여겨지기도 한다. 윈드 터널은 기본적으로 막대한 건설 비가 필요하고, 운영 비용도 만만치 않게 높아 F1 팀에게 경제적으로 큰 부담을 주는 시설이다. CFD 역시 고성능 슈퍼컴퓨터가 필요하기 때문에 설비 확충과 운영에 상당한 비용이 든다.

결국 21세기 들어 윈드 터널과 CFD를 활용해 개발을 반복하는 동안 F1 팀의 재정 압박이 커졌고, 이런 압박을 견디지 못한 팀은 경쟁력 있는 레이스카를 만들지 못하게 되는 악순환에 빠졌다. 경쟁력을 갖추려면 많은 돈이 필요했기 때문에 강팀들의 운영 비용은 끝없이 증가했고, 중소형 팀은 성능 격차가 벌어지는 것을 가만히 지켜보거나 심한 경우 팀 운영을 포기해야 하는 상황에 놓이기도 했다. 비용 증가가 F1의 구조적 문제 중 가장 큰 문제라는 지적의 목소리가 점점 커지면서, 결국 개발 과정에서 윈드 터널과 CFD의 활용은 FIA의 강한 통제를 받게 됐다.

이처럼 윈드 터널과 CFD는 F1 레이스카의 공기역학에서 좋은 쪽으로든 나쁜 쪽으로든 중요한 역할을 했다. 그러나, 윈드 터널과 CFD의 구체적인 사양과 운영 방법 등 기술적인 세부 사항은 일반인들에게 다른 세계의 이야기처럼 들릴 수 있는 복잡하고 쉽게 설명하기 힘든 내용들이다. 그렇기 때문에 이 책에서는 윈드 터널과 CFD의 기본 개념을 간단히 정리하고 소개하는 수준까지만 설명할 계획이다. 전문가가 아닌 일반 독자의 눈높이로 F1 레이스카 개발 과정에서 윈드 터널과 CFD가 어떤 과정을 통해 영향을 주는지 틀을 잡게 하는 것이 이번 챕터의 목표 중 하나다.

윈드 터널
Wind tunnel

윈드 터널은 인공적인 바람으로 물체 주위의 공기 흐름을 측정하기 위한 시설이다.

"윈드 터널(wind tunnel)"은 인위적으로 만든 "공기의 흐름(wind)"을 "큰 튜브 형태 구조물(tunnel)" 속으로 통과시켜, 실험 대상으로 준비한 물체가 공기의 흐름과 만났을 때 일어나는 반응과 공기역학적 효과를 시뮬레이션하는 시설물을 가리킨다.

윈드 터널이 탄생하기 전 날개의 공기역학적 효과를 확인하기 위한 장치로는 보통 회전하는 긴 막대를 이용했다. 이후 윈드 터널의 개념이 등장하면서 날개와 하늘을 나는 비행체에 대한 소중한 데이터를 누적하기 시작했는데, 최초의 비행기를 만든 라이트 형제 역시 나름의 원시적인 윈드 터널을 만들어 실험을 진행했다. 초창기 단순하게 만들어졌던 윈드 터널은 20세기 들어 항공기 기술의 빠른 발전과 폭발적인 보급이 이뤄진 뒤 현재와 같은 형태로 진화했다.

독일 출신 엔지니어 부니발트 캄이 자동차를 위한 풀-스케일 윈드 터널을 처음 만든 이후, 자동차 개발 부문에서도 윈드 터널 활용과 공기역학적 요소를 고려한 개발 과정이 널리 보급되기 시작했다. 특히, F1처럼 고속 주행을 염두에 두어야 하는 모터스포츠 분야에서는 레이스카 개발 과정에서 윈드 터널을 활용하는 방법이 더 빠르게 보급됐다. 일부에서는 직접 윈드 터널을 만들어 사용하기도 했지만, 초창기 F1 팀 다수는 항공기 윈드 터널을 빌려 테스트하는 경우가 많았다.

항공기를 위한 윈드 터널은 크게 두 가지 방식으로 나눠 생각할 수 있는데, 먼저 전공자가 아닌 일반인도 비교적 직관적으로 쉽게 이해할 수 있는 기본적인 형태의 **"오픈 윈드 터널(open wind tunnel)"** 개념은 대략 다음 그림처럼 나타낼 수 있다.

오픈 윈드 터널의 구조 개념

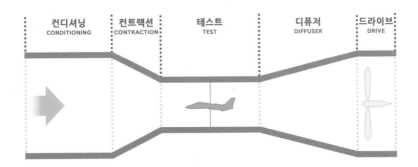

오픈 윈드 터널의 구조는 크게 컨디셔닝, 컨트랙션, 테스트, 디퓨저, 드라이브의 다섯 개 구간으로 구분할 수 있다.

컨디셔닝 구간(conditioning section)

윈드 터널 속 공기 흐름이 가장 먼저 만나는 것은 컨디셔닝 구간이다. 컨디셔닝은 공기의 흐름을 조절하고 안정화(air conditioning[1] and settling)하는 과정을 가리킨다. 공기 흐름의 조절과 안정화를 위해 스크린이나 벌집 형태 등 다양한 형태의 구조물이 사용된다.

컨트랙션 구간(contraction section)

컨트랙션 구간은 공기 흐름을 더 작은 단면적으로 좁히는 역할을 한다. 컨디셔닝 구간에 비해 단면적이 좁아지면 테스트 구간으로 진입하는 공기 흐름의 속도가 빨라지기 때문에, 컨트랙션 구간은 윈드 터널 전체의 효율을 높이고 실험 결과를 정교하게 만드는 매우 중요한 구간이다.

테스트 구간(test section)

테스트 구간에서는 준비한 모델과 공기 흐름이 만난다. 윈드 터널을 운용하는 이유는 원하는 테스트 대상과 공기 흐름이 만났을 때의 반응과 결과를 관측하고 확인하는 것이다. 이 때문에 테스트 구간이야말로 윈드 터널에서 가장 핵심적인 역할을 하는 구간이라고 볼 수 있다. 테스트 구간에는 테스트 대상 모델과 데이터 수집을 위한 각종 센서가 배치되고, 터널 주변에는 테스트 상황을 모니터링하고 수집된 정보를 확인할 수 있는 관찰실 등의 시설이 들어선다.

디퓨저 구간(diffuser section)

디퓨저 구간에는 이름 그대로 디퓨저가 배치된다. F1 레이스카에서 플로어를 통과한 공기 흐름이 확산해 공기역학 성능을 끌어올리게 되는 위치의 부품이 디퓨저인 것처럼, 윈드 터널의 디퓨저 역시 공기 흐름이 확산하면서 테스트 구간의 공기 흐름을 가속하고 효율을 높인다. 컨트랙션 / 테스트 / 디퓨저 구간의 형태를 종합하면 하나의 벤츄리 터널 구조가 갖춰지는 셈이기도 하다.

드라이브 구간(drive section)

드라이브 구간에는 팬을 돌려 공기 흐름을 만드는 "드라이브 시스템(drive system)"이 배치된다. 드라이브 시스템의 팬이 회전하면 터널 속 공기를 빨아들여 테스트 구간으로 빠른 공기의 흐름을 흘려보낸다. 드라이브 구간은 윈드 터널에 직접 동력을 제공하는 구간이라고 할 수 있다.

그러나, 이런 대략적인 구조 개념이 모든 윈드 터널에 동일하게 적용되는 것은 아니며, 테스트 목적과 설계 방향에 따라 다른 구조를 가진 윈드 터널도 만들어질 수 있다.

---

[1] 한국에서 흔히 "에어컨"이라고 표기하는 "에어 컨디셔너(air conditioner)"의 주 기능인 "에어 컨디셔닝"과 같은 단어다.

하나의 직선 구조로 이뤄진 오픈 윈드 터널과 달리, 순환 구조의 클로즈드 윈드 터널 방식도 널리 사용된다. **"클로즈드 윈드 터널(closed wind tunnel)"**은 공기의 흐름이 방향을 바꾸면서 반복적으로 터널을 순환하도록 만든 윈드 터널이다. 클로즈드 윈드 터널은 제법 많은 장점을 가지고 있지만, 상대적으로 터널 크기가 더 크고 구조 역시 훨씬 복잡하다는 단점이 있다.

클로즈드 윈드 터널의 개념은 대략 다음 그림과 같이 설명할 수 있다.

| 클로즈드 윈드 터널의 구조 개념

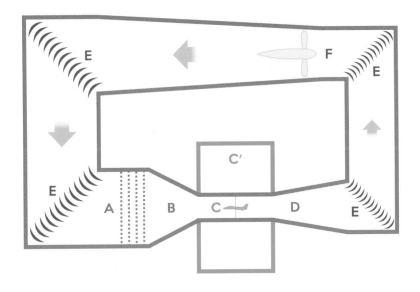

클로즈드 윈드 터널의 작동 방식은 오픈 윈드 터널의 작동 방식과 크게 다르지 않다.

"드라이브" 구간(F)에서 만들어진 공기 흐름은 스크린이 배치된 "컨디셔닝" 구간(A)에서 어느 정도의 정리 과정을 거친다. "컨트랙션" 구간(B)에서 단면적이 줄어든 공기 흐름은 "테스트" 구간(C)에서 모델과 만난다. 모든 윈드 터널에는 공기 흐름과 모델의 접촉에 따른 반응을 모니터링하는 "관찰실(observation room)"(C′)이 테스트 구간과 인접한 위치에 배치된다. "디퓨저"(D)를 지난 공기 흐름은 다시 드라이브 모터가 팬을 돌리는 "드라이브" 구간(F)으로 돌아온다. 이렇게 클로즈드 윈드 터널은 오픈 윈드 터널을 순환 반복하는 듯한 구조로 만들어진다.

오픈 윈드 터널과 구분되는 클로즈드 윈드 터널의 큰 특징 중 하나는 "터닝 베인"(E)이 배치된다는 점이다. 같은 이름을 가진 레이스카의 공기역학 부품과 마찬가지로, 윈드 터널에서 터닝 베인의 역할은 공기 흐름의 방향을 바꾸는 것이다. 직선 형태가 아닌 순환 구조의 터널이라면 공기 흐름은 반드시 방향을 바꾸게 되고, 위 그림처럼 사각형 구조의 윈드 터널이라면 최소 네 차례 방향을 바꿔야 한다. 위 그림에서도 사각형의 네 모서리마다 터닝 베인이 배치된 것을 확인할 수 있다.

지금까지 설명한 오픈 윈드 터널과 클로즈드 윈드 터널의 두 가지 구조는 모두 "저속 윈드 터널(low-speed wind tunnel)"에 해당한다. 저속 윈드 터널은 문자 그대로 속도가 느린 상황을 테스트하기 위한 윈드 터널인데, 여기서 저속은 대략 음속의 0.4배 정도인 480km/h 이하의 속도인 경우를 말한다.

저속 윈드 터널보다 높은 속도에서 작동하는 윈드 터널로는 음속의 0.4배 이상, 0.75배 이하 정도의 속도에서 테스트를 위해 만들어진 "높은 아음속 윈드 터널(high subsonic wind tunnel)"과 음속의 0.75배 이상, 1.2배 이하의 속도에서 작동하는 것을 기준으로 만든 "천음속[2] 윈드 터널(transonic wind tunnel)" 등을 생각할 수 있다.

이들보다 더 빠른 윈드 터널로는 음속의 1.2배부터 5배까지 속도를 테스트하는 "초음속 윈드 터널(supersonic wind tunnel)"과 음속의 5배부터 15배 속도까지 매우 빠른 속도에서의 테스트를 위해 만든 "극초음속 윈드 터널(hypersonic wind tunnel)" 등이 있다.

그런데, 2020년대 초반을 기준으로 F1 레이스카의 최고 속도가 480km/h를 넘는 상황은 생각하기 어렵다. 이 때문에 극초음속이나 초음속은 물론 천음속과 높은 아음속 윈드 터널 역시 F1과 어울리지 않고, **F1 레이스카의 개발 과정에서 사용되는 윈드 터널은 모두 저속 윈드 터널**뿐이다.

한편, 윈드 터널은 테스트할 모델에 따라 서로 다른 구조를 가진 다양한 형태가 존재한다. 가장 먼저 떠올릴 수 있는 것은 항공기를 위한 윈드 터널이다. 공기역학과 직접 연관된 항공기 개발 과정은 윈드 터널 테스트에 많은 부분을 의존한다. 비교적 느린 속도부터 설계상 최고 속도까지 다양한 실험이 필요하므로, 항공기 개발 과정에서 여러 종류의 윈드 터널을 사용하는 경우도 많다.

종종 항공기와 함께 다뤄지는 우주선을 테스트 모델로 상정한 윈드 터널도 있다. 우주선 발사 직후 상황이라면 저속부터 초음속까지 항공기를 위한 윈드 터널로도 어느 정도 테스트할 수 있지만, 음속의 5배 이상 초고속 상황을 실험하려면 반드시 극초음속 윈드 터널이 필요하다. 이 때문에 우주선에 대한 다양한 연구 개발을 진행하는 것으로 유명한 NASA 산하의 여러 실험 기관은 극초음속 윈드 터널을 보유하고 각종 테스트에 사용하고 있다.

건축 분야에서도 윈드 터널은 요긴하게 사용된다. 단순한 건물 주변 공기 흐름과의 상호 작용은 물론, 강한 바람, 돌풍이나 태풍 등 급격한 기상 변화 등이 건물에 미치는 영향을 확인하기 위해 윈드 터널이 사용될 수 있다. 특히, 단일 건물로 한정한 윈드 터널 테스트뿐 아니라, 주변 건물이나 지형지물까지 포함해 축소/재현한 모델을 만들어 다양한 요소로부터 영향을 받는 공기 흐름을 확인하는 것 역시 건축물의 설계 과정에서 중요한 역할을 한다.

자동차 모델은 항공기 모델과 달리 지면과의 상호 작용, 회전하는 바퀴 등 고려해야 할 요소들이 추가된다. 항공기를 위한 저속 윈드 터널도 존재하긴 하지만, 자동차에만 적용되는 주변 환경의 영향과 회전하는 바퀴 등의 변수 때문에 항공기용 윈드 터널과 구분되는 자동차 전용 윈드 터널이 필요하다. 특히, 공기 흐름의 속도가 매우 빠른 상황까지 고려해야 하는 F1 레이스카의 개발 과정에 사용하려고 한다면, F1 레이스카에 미치는 공기역학적 영향력이 커지는 만큼 개발 과정에서 더 정교한 윈드 터널 활용이 필수적이다.

---

[2] 한국어로 자주 사용되지 않는 단어이지만, "음속을 넘어가는 속도"라는 의미를 담고 있다. 음속보다 조금 느린 영역부터 음속보다 조금 빠른 영역의 속도를 가리키며, 보통 음속의 0.8배부터 음속의 1.2배 사이 속도를 천음속으로 본다.

F1 윈드 터널

Formula One wind tunnel

F1 윈드 터널에는 일반적인 윈드 터널의 구성 요소 외에 몇 가지 특징적 요소들이 포함된다.

F1 레이스카를 위한 윈드 터널은 구조나 운용 방법 등에서 항공기를 위한 일반적인 윈드 터널과 크게 다르지 않다. 일반 윈드 터널의 구성 요소는 F1 윈드 터널에도 대부분 그대로 포함되는데, 도로와 접촉하며 달리는 것을 기본으로 하는 레이스카의 특성을 파악하기 위한 몇 가지 특징적 요소가 포함된다. F1 윈드 터널에 추가되는 특징적인 요소들은 대략 다음과 같다.

지지 구조(support structure)
F1 윈드 터널에는 테스트 중 레이스카 모델을 지지해주는 구조물이 필요하다. 테스트를 진행하는 동안 천장에서 차량 모델까지 수직으로 연결된 수직 지지 구조물이 모델을 지탱하는데, 아래 그림처럼 기본적인 수직 지지 구조물 A는 물론 상황에 따라 A′과 같은 지지 구조물이 추가되기도 한다. 사람에 따라서는 이 지지 구조가 마치 사람이 팔로 무언가를 잡고 있는 모습과 비슷하다는 의미를 담아 "암(arm)" 또는 "롱 암(long arm)" 등의 표현을 사용하기도 한다.

옆에서 본 F1 윈드 터널 테스트 구간

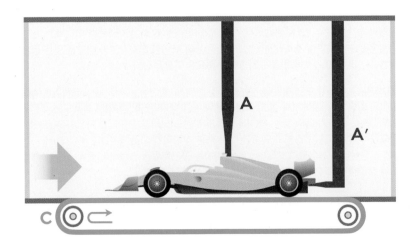

상황에 따라 필요하다면 수평 지지 구조가 배치되기도 한다. 아래 그림과 같은 F1 윈드 터널 테스트 구간의 정면도에서 확인할 수 있는 것처럼, B의 지지 구조물이 휠과 좌우 양쪽에서 연결되어 자세를 유지하는 역할을 할 수도 있다.

| 앞에서 본 F1 윈드 터널 테스트 구간

컨베이어 벨트(conveyor belt)

F1 윈드 터널 테스트 구간의 구조를 표현한 정면도에서, 초록색 C로 표시한 것은 윈드 터널의 작동과 함께 움직이는 "컨베이어 벨트"로 "롤링 로드(rolling road)"라고도 부른다.

실전에서 주행하는 레이스카와 달리 윈드 터널의 모델은 앞으로 움직이지 않기 때문에, 특별한 시스템을 준비해 작동시키지 않는다면 바퀴도 회전하지 않는다. 그런데, F1 레이스카의 공기역학에서 회전하는 바퀴의 영향력이 매우 크기 때문에, 윈드 터널에서 공기 흐름의 속도에 맞춰 바퀴가 회전하지 않는다면 실제 상황에 근접한 데이터를 얻을 수 없다. 이 때문에 F1 윈드 터널에는 바람의 속도에 맞춰 속도가 조절되는 고속 컨베이어 벨트가 배치되고, 원하는 속도로 차량 모델이 달리는 것과 같은 상황을 연출해 테스트 결과를 실제 상황에 근접시킬 수 있다.

또한, 컨베이어 벨트는 시뮬레이션 주행 속도에 준하는 빠른 속도로 움직이기 때문에, **경계층의 형성과 드래그 발생 등 불필요한 공기역학적 부작용을 억제**하는 중요한 역할도 수행한다.

F1 레이스카의 윈드 터널은 지지 구조와 컨베이어 벨트를 이용해 실제 차량에서 나타나는 롤(roll)과 피치(pitch), 요(yaw) 등의 움직임을 재현한다. 주행 중에 발생할 수 있는 다양한 상황을 고려해 가능한 한 실제 상황과 비슷한 환경을 만들어 더 의미 있는 테스트 결과를 유도하는 것이 우수한 F1 윈드 터널의 조건이라고 할 수 있다.

공기 흐름의 측정
Measuring airflow

F1 레이스카 주위의 공기 흐름을 측정하기 위해 다양한 방법이 사용된다.

트랙 위를 달리는 F1 레이스카 주변, 또는 윈드 터널 속의 테스트 모델 주위에서 공기 흐름을 정확하고 정교하게 측정하려 할 때 상황에 따라 다양한 방법이 사용된다.

피토 튜브(pitot tube)
F1 팀에서 공기 흐름을 측정하려고 할 때 가장 쉽게 떠올릴 수 있는 방법은 피토 튜브다. 장치를 고안한 앙리 피토[3]의 이름을 딴 피토 튜브는 유체의 속도를 측정하는 장치이며, 종종 "피토 프로브(pitot probe)"라고도 불린다. F1 레이스카에는 보통 차량 앞부분 차체 윗면에 'ㄱ'자 형태의 피토 튜브가 배치되어 주행 중 속도를 측정하는 데 사용된다.

"키엘 프로브(kiel probe)"는 피토 튜브의 일종이지만, "요(yaw)" 운동 등 방향 변화에 취약한 피토 튜브의 단점을 메꾸는 센서로 좀 더 안정적인 측정값을 제공한다. 공식 테스팅이나 그랑프리의 프랙티스 세션 초반(주로 P1)에 자주 등장하는 **"에어로 레이크(aero rake)"**는 다수의 키엘 프로브를 격자 형태 등으로 다수 배치한 측정 도구로, 차량 주변 원하는 위치의 넓은 구역에서 공기의 흐름을 종합적으로 측정하기 위해 사용된다.

레이스카 주변 공기 흐름을 측정하려는 위치에 따라 에어로 레이크의 배치가 달라질 수 있는데, 상황에 따라 프론트 휠 뒤쪽이나 리어 휠 앞쪽, 레이스카 맨 뒤 등 다양한 위치에 에어로 레이크가 배치된다. 아래 그림처럼 에어로 레이크를 차량 맨 뒤에 배치했다면, 플로어와 디퓨저를 포함해 F1 레이스카 리어 엔드의 공기 흐름을 파악하려는 의도가 담겼다고 추측할 수 있다.

> 레이스카 뒤쪽에 배치된 에어로 레이크의 예

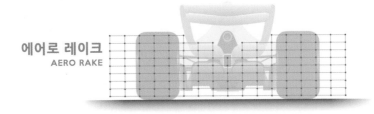

에어로 레이크
AERO RAKE

---

[3] Henri Pitot (1695 ~ 1771) : 프랑스 출신의 엔지니어. 다양한 치수 사업으로 명성을 얻었고, 피토 튜브를 고안했다.

플로-비즈(flo-vis[4])

F1 레이스카 차체 겉면의 공기 흐름은 플로-비즈를 통해 확인할 수 있다. 플로-비즈는 "플로우 비주얼라이제이션 페인트(flow visualization paint)"의 줄임말로, 공기의 흐름(flow)을 눈에 보이도록(visualization) 하는 페인트다. 플로-비즈는 오래전부터 윈드 터널 테스트에 사용되었고, 2000년대 이후로는 프랙티스 세션 등을 통해 F1 팬들에게도 널리 알려지기 시작했다.

플로-비즈를 바르고 트랙에 나가 주행을 마친 차량에 남겨진 페인트를 확인하면 차체 겉면의 공기 흐름을 어느 정도 파악할 수 있다. 플로-비즈는 보통 눈에 잘 보여 맨눈으로도 대략적인 흐름을 파악할 수 있지만, 사진을 찍어 정교하게 분석하는 경우가 많다. 때로는 눈에 보이지 않는 투명 페인트와 가시광선 바깥쪽 파장을 촬영할 수 있는 사진기를 동원하는 경우도 있다.

연기(smoke)

윈드 터널 내에서는 공기의 흐름을 파악하기 위해 종종 연기를 사용한다. 맨눈으로는 보이지 않는 평범한 공기가 채워진 공간에 눈에 보이는 연기를 소량 흘려보내면, 공기 흐름을 눈으로 확인하거나 사진과 동영상 촬영 등을 통해 자료를 남길 수 있다. 그런데, 보통 윈드 터널의 컨디셔닝 구간에서 공기 흐름을 순류로 정리하고 상태를 유지하기 위해 노력하는데, 다른 기체의 흐름이 더해지면 아무리 조심하더라도 일정 수준 이상의 난류 발생을 막기 어렵다는 단점이 존재한다.

PIV(Particle Image Velocimetry)

특정 기체가 윈드 터널 내부에 일정하게 분포하도록 조절한다면, 연기 등 다른 기체를 추가할 때 난류가 발생하는 문제를 어느 정도 억제할 수 있다. PIV는 윈드 터널을 눈에 보이는 기체로 가득 채운 뒤, 레이저를 비추면서 빠르게 두 장의 사진을 찍어 그 결과를 컴퓨터로 해석하는 방법이다.

LDA(Laser Doppler Anemometry)

LDA는 공기 흐름에 직접 영향을 주지 않는 측정 방법이다. 한쪽에서 레이저를 둘로 분광시켜 서로 다른 각도로 비춘 뒤, 반대쪽에서 갈라진 레이저를 다시 한 점으로 모아 측정 결과를 얻는다. 공기 흐름을 지나며 간섭받은 레이저는 "도플러 효과(Doppler effect)"에 의해 주파수가 바뀌고, 이를 계산하면 특정 지점에서 공기 흐름의 속도를 알아낼 수 있다. LDA는 흐름의 "속도(velocity)"를 측정하기 때문에 "LDV(Laser Doppler Velocimetry)"라고 불리기도 한다.

다이어프램(Diaphragm)

테스트 모델 표면의 원하는 위치에 구멍을 뚫고, 얇은 막 형태의 압력계(Diaphragm)를 설치해 공기 흐름이 특정 지점에 주는 압력을 직접 측정할 수 있다. 실제 트랙에서는 사용하기 힘든 방법이지만, 윈드 터널에서는 다이어프램을 적극적으로 활용하는 경우가 많다.

---

[4] 사람에 따라 영문 표기를 "flo-viz"로 사용하는 경우도 있다.

CFD

Computational Fluid Dynamics

CFD는 컴퓨터를 활용해 공기를 포함한 유체의 흐름을 계산하거나 시뮬레이션하고, 이를 통해 다양한 현상을 해석하거나 문제를 해결하는 유체역학의 한 분야다.

CFD는 21세기 F1에서 가장 중요한 분야 중 하나다. 21세기 F1 공기역학에서 윈드 터널과 어깨를 나란히 하는 중요한 과정이며, 기술 발전과 함께 점점 더 큰 영향력을 발휘하고 있는 것이 CFD다. CFD와 관련해 기억해둘 만한 내용 몇 가지를 키워드와 함께 간단하게 정리하면 다음과 같다.

CFD(Computational Fluid Dynamics)

CFD는 컴퓨터를 활용(Computational)하는 유체역학(Fluid Dynamics)이다. 국내에서는 "전산 유체역학"이라는 표현도 종종 사용된다. 수행하는 역할이 가상의 공간에서 윈드 터널을 재현하는 것과 비슷하기 때문에, 간혹 CFD를 일컬어 "가상 윈드 터널 시뮬레이션(Virtual Wind Tunnel Simulation)"이라 부르기도 한다.

유체역학에서는 매우 복잡한 계산을 반복하면서 규모가 큰 시뮬레이션을 수행하기 때문에 컴퓨터의 성능이 중요하게 여겨질 수밖에 없고, 이 때문에 CFD 과정에는 슈퍼컴퓨터 등 고성능 컴퓨터를 동원하는 것이 보통이다. 컴퓨터가 널리 보급되기 전인 1970년대만 해도 CFD라는 개념조차 널리 알려지지 않았고 슈퍼컴퓨터를 구입해 운용하는 F1 팀도 없었지만, 컴퓨터가 널리 보급되기 시작한 1990년대부터 F1 팀들이 본격적으로 CFD를 활용하기 시작했다.

1990년대 초반 F1의 CFD는 일부 부품의 성능을 최적화하기 위한 제한적 2D 시뮬레이션이 전부였지만, 컴퓨터의 발달과 CFD의 발전이 계속되면서 점차 정교한 시뮬레이션이 이뤄졌다. 1990년대 후반에는 CFD 관련 기술이 폭발적으로 성장해 레이스카 개발 과정에서 필수적인 요소로 성장했고, 2000년대 이후 F1 레이스카의 연구 개발은 CFD를 빼고 이야기할 수 없게 되었다.

버진 VR-01(Virgin VR-01)

2010시즌 F1 신생팀 중 하나였던 버진 레이싱(Virgin Racing)의 첫 레이스카 VR-01은 **윈드 터널 없이 CFD만으로 개발된 F1 최초의 레이스카**였다. 새로운 시도와 도전을 서슴지 않으며 "F1은 더 효율적이어야 한다."고 주장하던 리처드 브랜슨[5]이 팀을 창립했고, CFD에 정통한 닉 워스[6]가 테크니컬 디렉터를 맡았다는 점 등이 이런 과감하고 혁신적인 시도를 가능하게 한 요소였다.

---

[5] Richard Branson (1950 ~) : 영국 출신의 사업가. 버진 그룹의 창립자. 다양한 사업 분야에 진출해 종종 참신한 시도로 주목받았으며, 2009시즌 종료 직후 마노 그랑프리를 인수해 F1 팀 버진 레이싱을 설립했다.

[6] Nick Wirth (1966 ~) : 영국 출신의 엔지니어. 마치에서 F1 커리어를 시작했고, 심텍, 베네통, 버진 등에서 활동했으며, 심텍 그랑프리에서는 창립자이자 소유주, 테크니컬 디렉터 역할을 한 번에 소화하기도 했다.

이런 신선한 개발 철학은 2011시즌의 후속작 MVR-02까지 이어졌지만, 윈드 터널을 배제하고 CFD만으로 도전한 두 번째 시즌에도 극심한 성적 부진이 계속되었다. 두 시즌 내내 버진의 성적은 최하위권을 맴돌았고, 2010년 출범했던 세 신생팀 중에서도 경쟁력이 없었다.

그 사이 버진 레이싱의 소유권이 마루시아로 넘어갔고, 2011시즌 중반 팀 수뇌부는 윈드 터널 테스트를 병행하도록 개발 노선을 변경했다. 버진 레이싱의 참신했지만 실패한 시도는 CFD가 윈드 터널을 완전히 대체할 수 없다는 것을 알려줬고, F1 레이스카 개발 과정에서 윈드 터널 테스트와 CFD 시뮬레이션의 두 요소를 병행하는 것이 바람직함을 알려준 좋은 사례로 남았다.

메시(mesh)
공기 흐름을 정교하게 시뮬레이션하는 가장 정직한 방법은 공기를 구성하는 분자 단위 입자 각각의 움직임과 상호 작용을 모두 직접 계산하는 것이다. 그러나, 이런 방식은 너무 많은 상호 작용을 전부 계산해야 하므로 현실성이 없다. 이 때문에 CFD 시뮬레이션에서는 분자 단위의 입자 대신 다면체 형태의 기준 단위를 사용하는데, 이를 "메시(mesh)"라 부른다. 메시는 정사면체나 정육면체, 기타 다면체 중 상황에 따른 장단점을 고려해 적절한 형태를 선택하는 것이 보통이다.

메시의 크기는 CFD 시뮬레이션의 질과 직결되어 있다. 메시를 작게 정하면 더 정교한 결과를 기대할 수 있지만, 너무 큰 메시를 사용한다면 오차 범위가 커지게 된다. 그러나, 메시를 너무 작게 정의할 경우 컴퓨터의 계산 부담이 커지는 동시에 시간과 비용이 증가한다는 단점이 있기 때문에, 적당한 크기의 메시를 활용해야만 효율적으로 CFD 시뮬레이션을 운용할 수 있다. 이 때문에 CFD 엔지니어는 상황에 맞는 적절한 선에서 타협하며 메시의 크기를 결정하는 데 공을 들인다.

윈드 터널과 CFD(wind tunnel and CFD)
윈드 터널은 그 건설 과정부터 대규모 투자가 필요하고, 운용하는 데도 큰 비용이 든다. 이 때문에 CFD가 상대적으로 경제적이면서 윈드 터널의 완벽한 대체제가 될 수만 있다면, 궁극적으로 윈드 터널을 CFD로 대체하는 것이 자연스러운 흐름일 수 있다. 이런 생각은 예산이 부족했던 버진 레이싱이 윈드 터널을 배제하고 CFD만으로 VR-01을 만들었던 의도와도 일맥상통한다.

그러나, 실제로는 CFD 역시 정교한 계산을 위해 초고가의 슈퍼컴퓨터를 요구한다. 구입과 설치는 물론 운용 과정에도 만만치 않게 큰 비용이 든다. 특히, 레이스카 개발 과정에서 윈드 터널 테스트와 CFD 시뮬레이션은 서로 부족한 점을 보완하는 공생 관계에 있어 두 프로세스를 모두 소화해야 하므로, 윈드 터널과 CFD가 모두 필요한 F1 팀의 경제적 부담은 더 커질 수 있다. 이런 이유로 F1 팀의 재정 악화 문제를 완화하기 위한 FIA의 노력 중에는 윈드 터널 테스트와 함께 CFD 시뮬레이션을 함께 제한하는 방법이 추진되었다.

같은 비용을 사용하더라도, 윈드 터널과 CFD를 어떻게 운용하는가에 따라 그 결과는 크게 달라질 수 있다. 모든 F1 팀의 윈드 터널과 CFD 운용 담당자들은 테스트와 시뮬레이션을 문제없이 잘 진행하는 것은 물론, 트랙에서 확인한 실전 데이터와 피드백 과정을 반복하는 동안 데이터의 오차를 최소한으로 줄이면서 직면한 문제들을 빠르게 해결하는 능력이 요구된다. 기기 운용과 테스트 결과 해석을 담당하는 엔지니어들, 트랙 쪽의 드라이버와 퍼포먼스 엔지니어까지 각 개인의 능력은 물론 커뮤니케이션 및 협업 체계의 완성도에 따라 최종적인 레이스카의 성능은 달라질 수 있다.

공기역학 테스트의 제한
Aerodynamic Testing Restrictions

F1 팀들은 규정에 따라 다양한 방식으로 공기역학 테스트의 제약을 받는다.

앞서 살펴본 것처럼 윈드 터널 테스트와 CFD 시뮬레이션 등 핵심적인 공기역학 테스트는 매우 큰 비용을 필요로 하며 F1 팀들을 재정적으로 압박하는 주범들이다. 2000년대 중반 이후 F1 팀의 재정 문제 개선을 위한 여러 방안이 등장했고, 부담이 큰 공기역학 테스트에 대한 제한 역시 강화되기 시작했다. 2000년대 중반까지 자유롭게 진행하던 실제 레이스카를 동원한 트랙 테스트는 기본적으로 금지되었고, 윈드 터널 테스트와 CFD 시뮬레이션에도 엄격한 규제가 시작됐다.

2023시즌 기준 F1 운영 규정의 부록에는 윈드 터널 테스트와 CFD 시뮬레이션을 제한하는 내용의 **"ATR(Aerodynamic Testing Restrictions : 공기역학 테스트의 제한)"**이라는 항목이 존재한다. ATR은 크게 네 부분으로 나눠지는데, 일반 제한 사항, 윈드 터널 테스트 제한, CFD 시뮬레이션 제한, 테스트 한도/보고/조사/심사 등이다.

일반 제한 사항 중 먼저 주목할만한 부분은 **"ATP(Aerodynamic Testing Period : 공기역학 테스트 주기)"**다. 2023 F1 운영 규정에 따르면, F1 팀들의 공기역학 테스트는 1년을 6개 주기[7]로 구분한 뒤 각 기간에 제한 사항을 적용하게 되어 있다. 이 때문에 짧은 기간 동안 집중적으로 1년 분량의 테스트를 몰아 진행하면서 극적인 성능 향상을 기대하는 상황은 구조적으로 불가능해졌다. 이 때문에 각 ATP 동안 개발 일정을 배분하는 개발 전략의 중요성은 더 높아졌다.

일정한 규제 속에서의 윈드 터널 테스트는 **"RWTT(Restricted Wind Tunnel Testing)"**라는 기준에 따라 정의된다. 2023시즌 기준 RWTT의 주요 제한 사항은 다음과 같다.

- 1회 운용 카운트 : 윈드 터널 내부 바람의 속도가 5m/s를 넘은 경우

- 운용 시간(wind on time) : 윈드 터널 내 바람의 속도가 15m/s 이상인 시간

- 바람의 **최대 속도 : 50m/s**

- 테스트 모델 **크기** : 실제 차량의 **60%**

F1 윈드 터널 테스트에는 실제보다 작은 60% 크기 모델이 사용되므로, F1 타이어 독점 공급자 피렐리는 60% 크기에 특성과 성능은 동일한 테스트 전용 타이어를 제작한다. 물론 모든 조건을 60%로 맞추더라도 실제 100% 크기에서의 상황이 그대로 재현되는 것은 아니므로 오차는 더 커질 수 있다. 그러나, 실제 크기의 차량보다 단면적이 36%(0.6 × 0.6) 수준, 부피는 21.6%(0.6 × 0.6 × 0.6) 수준으로 작아지므로, 더 작은 크기의 윈드 터널을 더 저렴하게 운용할 수 있어 경제적 부담만큼은 크게 줄어든다.

---

[7] 2, 3, 5주기는 8주, 여름 휴가가 포함된 4주기는 10주, 1주기는 연초부터 9주, 마지막 6주기는 5주기 다음 연말까지로 구분한다.

윈드 터널 테스트의 속도 제한도 중요한 문제다. 50m/s의 속도 제한은 차가 180km/h로 달리는 상황까지만 테스트할 수 있다는 의미다. 이는 300km/h의 속도를 넘나드는 F1 레이스카의 고속 주행 상황은 윈드 터널에서 테스트할 수 없다는 뜻이기도 하다. 2022시즌 포포싱이 심각한 문제로 부각됐을 때, 많은 사람이 "왜 윈드 터널 테스트로 예측하고 대비하지 못했는가?" 궁금해 했던 질문의 답 중 하나가 바로 이 속도 제한에 있다.

그런데, 스케일을 작게 만들면 "스케일링 이펙트(scaling effect)"가 발생한다. 크기를 줄인 만큼 모든 변수도 변하는데, F1의 저속 윈드 터널에서는 "레이놀즈 수"를 정확하게 맞춰야만 경계층의 발생 등 공기역학적 효과를 제대로 확인할 수 있다. 문제는 스케일이 작을 때 공기의 속도를 더 빠르게 조정해야만 레이놀즈 수를 맞출 수 있고, 결과적으로 F1 규정의 한계가 50m/s라고 하더라도, 실제로는 스케일링 이펙트를 고려했을 때 더 낮은 속도를 시뮬레이션한 셈이 된다.

윈드 터널 테스트를 제한하는 RWTT가 있다면, CFD 분야에는 "RCFD 시뮬레이션(Restricted Computational Fluid Dynamics simulations)" 규정이 있다. RCFD 시뮬레이션 조항은 CFD 시뮬레이션과 관련된 각종 기술적 정의와 준수해야 할 규칙들을 정리하고 있으며, 다음과 같은 공식으로 CFD 시뮬레이션의 시간당 작업량을 규정한다.

$$AUh = (NCU \times NSS \times CCF) \div 3600$$

위 식에서 AUh는 CFD 해석 프로그램 실행에 "할당된 단위 시간 총합(total number of Unit hours Allocated to CFD solver run)", NCU는 CFD 해석 프로그램 실행에 쓰이는 "프로세서의 코어 수(Number of processing Unit Cores used for solver run)"를 의미한다. NSS는 해석 실행 중 "시뮬레이션 된 초 단위 시간(Number of Solver wall clock Seconds)", CCF는 기가 헤르츠 단위의 CFD 해석 프로그램 실행 중 "프로세서의 최고 클럭 주파수(peak processing unit Clock Frequency in GigaHertz)"를 각각 가리킨다.

위와 같은 공식과 사용된 기술 용어의 정확한 의미는 전공자나 F1 관계자가 아니라면 모두 암기할 필요는 없다. 그나마 기억해둘 것은 CFD 시뮬레이션 제한이 사실상 "계산량" 단위로 이뤄진다는 점이다. 실제 소요 시간이나 투입 인력으로 CFD를 제한하면 고가의 고성능 장비를 가진 쪽이 유리해지므로, 계산량을 직접 통제해 장비 성능 차이의 영향을 줄이려는 의도가 담겼다. 실전에서는 AUh 대신, 백만(Mega) 단위의 MAUh가 CFD 규제 단위로 사용되는 경우가 많다.

ATR의 마지막 부분에서 정리한 2023시즌 기준 공기역학 테스트의 한도는 다음과 같다.

[윈드 터널 테스트 한도]
- 윈드 터널 운용 횟수 / 운용 시간 / 점유 시간 : 320회 / 80시간 / 400시간

[CFD 시뮬레이션 한도]
- RCFD 해석에 사용된 신규 3D 모델의 수 / 계산량 : 2000개 / 6MAUh

그런데, 공기역학 테스트 한도는 모든 팀에게 동일하게 적용되지 않고, 대신 각 팀의 과거 성적에 따라 차등 적용된다. 다른 공기역학 테스트 관련 규제는 분명히 모든 F1 팀의 비용 절감을 위한 것이었지만, 성적에 따른 테스트 한도 차등 적용은 조금 의미가 다르다. 이런 차등 적용은 공기역학 테스트 결과가 레이스카 성능에 직결되는 만큼, 강팀과 약팀 사이 퍼포먼스 격차가 줄어들지 않거나 오히려 더 벌어지는 상황을 막기 위한 "경쟁력 평준화를 위한 방안"이라고 볼 수 있다.

2023시즌 운영 규정은 윈드 터널 테스트와 CFD 시뮬레이션을 포함해 모든 테스트 한도 수치에 각 팀의 반기 성적[8]에 따라 정해진 계수 C를 곱하도록 규정하고 있다. 규정에 따라 2022시즌부터 2025시즌까지 적용되는 컨스트럭터 챔피언십 순위에 따른 계수 C는 다음 표와 같다.

2022시즌부터 2025시즌까지 순위에 따른 계수 C

컨스트럭터 챔피언십 순위	계수 C(%)
1 위	70
2 위	75
3 위	80
4 위	85
5 위	90
6 위	95
7 위	100
8 위	105
9 위	110
10 위 이하 + 신생팀	115

챔피언십 성적과 연동된 공기역학 테스트 차등 적용이 처음 도입된 2021시즌, 1위 팀의 계수 C는 90%를 시작으로 순위마다 2.5%씩 증가하는 방식으로 정해졌다. 2020시즌 성적 최하위였던 윌리엄스는 C의 값이 112.5%로 챔피언 팀인 메르세데스보다 25% 더 많은 공기역학 테스트 기회를 얻었다. 이와 같은 계수 C의 격차는 2022시즌부터 위 표와 같이 확대 적용됐다.

---

[8] 상반기(6월 30일 이전에 시작된 ATP)에는 지난 시즌의 컨스트럭터 챔피언십 최종 순위, 하반기에는 6월 30일 기준 컨스트럭터 챔피언십 순위.

2022시즌부터 2025시즌까지 적용되는 규정에 따르면, 상반기 동안 지난 시즌 챔피언 팀의 윈드 터널 운용 시간은 ATP당 80시간의 70%에 해당하는 56시간(80 × 0.7)이 된다. 반면, 지난 시즌 최하위 팀이라면 ATP당 92시간(80 × 1.15)의 윈드 터널 운용이 가능해, 10위 팀이 1위 팀보다 64%가량 더 많은(1.64배) 윈드 터널 운용이 가능해진다. 같은 비율이 윈드 터널 테스트와 CFD 시뮬레이션에 모두 동일하게 적용되기 때문에, 결과적으로 최하위 팀이 윈드 터널과 CFD를 활용할 기회가 상대적으로 더 늘어나는 셈이다.

2023시즌에는 2022시즌 챔피언 레드불이 10%의 테스트 시간 감소 페널티까지 받으면서 계수 C가 70%가 아닌 63%(70% × 0.9)가 되었다. 그 결과 디펜딩 챔피언 레드불과 전년도 10위였던 윌리엄스의 공기역학 테스트 시간 차이는 무려 1.83배까지 벌어졌다.

물론 이런 규제에도 불구하고 단기적으로는 큰 영향이 느껴지지 않을 수 있지만, 계속 최상위권 성적을 내는 팀은 계속 최하위권에 머문 팀에 비해 크게 불리한 여건에 놓이는 것만은 분명했다. 만년 하위 팀이 장기적으로 공기역학적으로 우수한 성능의 차를 개발할 수 있는 최소한의 여건을 마련해주었기 때문에, 최소한 상위권과 하위권 팀 레이스카의 성능 격차가 더 크게 벌어지는 것을 억제하는 효과만큼은 기대할 수 있는 시스템인 셈이다.

지금까지 살펴본 것처럼 윈드 터널과 CFD는 현대 F1 공기역학의 핵심 요소로 굳게 자리를 잡았고, F1 팀의 운영은 물론 챔피언십의 규정 변경 방향을 결정하는 데까지 전방위적으로 큰 영향력을 발휘하고 있다. F1 레이스카의 공기역학적 성능과 직결된 중요한 요소인 만큼, 전문가나 전공자가 아닌 일반인들도 이 책에서 정리한 수준에서 윈드 터널과 CFD의 큰 틀과 핵심 개념들을 기억한다면 F1 챔피언십과 레이스카 개발 경쟁을 조금이나마 더 깊게 이해하는 데 도움을 얻을 수 있을 것이다.

윈드 터널과 CFD는 21세기 들어 더 빠르게 발전을 거듭하며 F1 챔피언십 경쟁 구도에 대한 영향력을 점차 확대했고, 늘어나는 여러 제약과 한계를 극복하며 성장을 계속했다. 특히, 규정을 통해 추가되는 여러 가지 제약에 맞서 가능한 한 효율적으로 윈드 터널 테스트와 CFD 시뮬레이션을 진행하고, 트랙에서는 드라이버의 피드백을 엔지니어가 취합해 전달하며 모든 과정을 서로 연결하려는 노력이 지금도 계속되고 있다.

각 F1 팀에게 주어진 시간적, 재정적 한계가 분명한 만큼, 윈드 터널과 CFD를 담당하는 엔지니어와 트랙의 퍼포먼스 엔지니어 등 인적 자원에 대한 투자 역시 점차 늘어나는 추세다. F1 팀의 공기역학자와 공기역학 관련 엔지니어는 수적으로나 질적으로나 비중이 더 커지고 있고, 일부 핵심 인력을 확보하기 위한 물밑 경쟁 또한 계속되고 있다.

유능한 공기역학자와 엔지니어들의 활약이 계속되는 가운데, 성장을 계속해왔던 윈드 터널 테스트와 CFD 시뮬레이션은 앞으로 더 정교하고 더 효율적인 형태로 발전할 가능성이 높다. 또한, F1 레이스카의 공기역학 역시 윈드 터널과 CFD와 함께 계속 성장을 계속할 것이다. 이런 예상대로라면 앞으로도 오랫동안 F1 공기역학을 제대로 이해하려는 모든 이들에게 윈드 터널과 CFD는 빼놓을 수 없는 중요한 분야로 남을 것이다.

XIII.

F1 엔지니어와 공기역학자
F1 ENGINEERS AND AERODYNAMICISTS

사전적 정의에 따르면 "엔지니어(engineer)"는 "주어진 여건 아래에서 과학적 원리를 활용해 기계 장치, 시스템 또는 구조물 등을 분석, 설계하거나 제작하는 사람"을 가리킨다. F1에서 엔지니어는 "F1 기술 규정과 운영 규정이 제한한 범위 안에서 최고의 성능을 발휘할 수 있도록 레이스카를 디자인해 제작하고, 데이터 수집 및 분석을 통해 개발 및 업데이트 방향을 설정하거나 성능 향상을 위해 노력하는 기술 인력"을 가리킨다.

1960년대까지만 해도 F1 팀에서 엔지니어의 역할은 명확하게 정해져 있다고 보기 어려웠다. 엔지니어가 수행하는 작업 영역의 경계가 모호했고, 엔진을 설계한 엔지니어가 섀시 디자인까지 책임지는 경우도 많았다. F1 팀 내에 엔지니어의 수 자체가 적었기 때문에, 한 명의 엔지니어가 광범위한 영역에서 다양한 임무를 맡는 것 역시 어쩔 수 없었다. 소수의 엔지니어에게 의존해야 하는 상황에서 책임지는 임무의 영역을 분명히 나누는 것은 사치에 가까웠다.

그러나, 현대적인 F1 팀에서는 매우 많은 엔지니어가 활동하고 있으며, 엔지니어의 역량이 레이스카의 성능과 팀 성적에 막대한 영향을 미치고 있다. 어떤 F1 팀이든 레이스카의 설계와 제작 과정 상당 부분을 엔지니어에게 의존하므로, 엔지니어의 활약 없이 좋은 성적을 거두는 F1 팀은 상상하기 힘들다. 엔지니어의 역량이 곧 팀의 역량이라고 해도 큰 무리가 없는 상황이 되었다.

F1에서 공기역학의 비중이 꾸준히 확대되고 있기 때문에, F1 팀에 속한 엔지니어들 역시 공기역학과 인연이 깊어질 수밖에 없다. 많은 F1 엔지니어가 공기역학 지식과 노하우를 늘리기 위해 노력하고 있고, 처음부터 공기역학을 전공한 엔지니어들이 F1 팀에 합류하는 경우도 많다. 이렇게 공기역학에 특화된 인력을 일반적인 엔지니어와 구분해 공기역학자라고 부르기도 한다.

"공기역학자"는 "공기역학을 전공했거나 공기역학에 특화됐거나 공기역학 관련 업무에 숙련된 인력"을 가리킨다. 현대적인 F1 팀에서는 공기역학자의 비중이 확대되는 추세고, 팀 구성에서 공기역학자를 중심으로 기술 부서를 구성하는 경우도 많다. 큰 틀에서 공기역학자 역시 엔지니어로 볼 수 있지만, 다른 엔지니어와 공기역학자를 엄격하게 분리해서 생각하는 사람도 제법 많다.

F1 팀의 엔지니어와 공기역학자는 다양한 부서에서 주어진 서로 다른 임무를 수행한다. 각 F1 팀은 임무의 범위와 종류에 따라 엔지니어와 공기역학자들에게 여러 직책을 맡기고, 나름의 방식으로 기술 조직을 구성한다. 여러 팀의 기술 조직을 비교하면 팀의 문화와 전통, 업무 수행 방식 등에 따라 전혀 다른 조직이 구성된 것을 확인할 수 있다. 부서와 직책명이 다른 것은 물론, 각 부서 구성원의 업무 분담도 달라질 수 있다. 같은 팀이라도 시간이 지나면서 조직 구조를 바꾸고 직책을 새로 만들거나 없애는 개편이 이뤄지기도 한다. 이 책에서 예를 들어 설명하는 조직 구성 방식이나 직책의 명칭이 절대적인 것은 아니라는 의미다.

엔지니어와 공기역학자의 구체적 업무 영역과 내용은 업무 관련자나 전공자가 아니라면 상세하게 파악할 필요는 없다. 그러나, 엔지니어와 공기역학자의 직책 구분과 간략한 업무 내용 정도까지 정리하는 것만으로도, F1을 더 재미있게 즐기려는 모든 일반 팬들이 F1 팀의 조직과 레이스카 개발 및 업데이트 과정, F1 챔피언십의 큰 흐름까지 이해하는 데 도움이 될 것이다.

지금부터 다룰 F1 팀의 엔지니어와 공기역학자에 대한 이야기는 "공기역학과 관련된 엔지니어 및 공기역학자는 현대적인 F1 팀에서 핵심적인 역할을 수행하는 인력들이고, 이들이 팀 역량에서 차지하는 비중은 날로 커지고 있다."라는 한 문장으로 정리할 수 있다.

F1 팀 기술 조직 구성의 예

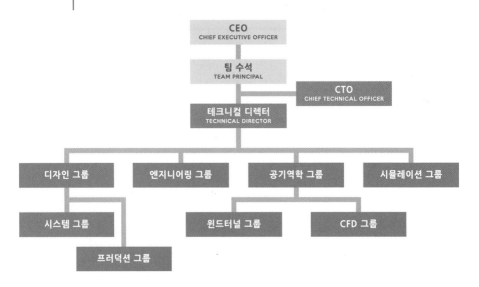

현대적인 F1 팀의 조직도 혹은 기술 조직의 통일된 규격은 존재하지 않는다. 각 F1 팀은 업무 영역에 따라 "부서(department)"나 "그룹(group)" 등 나름의 방식과 명칭으로 세부 조직을 구성한다. 그런데, 이와 같은 조직의 이름과 구체적 업무 분담은 팀에 따라 서로 다를 수 있고, 많은 팀에서 정확한 조직 구성 내용은 대외비로 규정하고 있다. 위 그림은 예를 들기 위해 개리 앤더슨[1]이 F1 팀의 구성에 대한 설명을 위해 사용했던 조직도를 일부 수정한 것인데, 실제 F1 팀 중에 위 그림과 정확히 일치하는 부서 또는 작업 그룹의 이름과 조직 구성을 사용하는 경우는 없다.

위 그림에 예로 든 조직도를 기준으로 F1 팀의 기술 부문 주요 부서 또는 작업 그룹의 구성과 역할 등을 간단히 설명하면 다음과 같다.

디자인 그룹(design group)
디자인 그룹은 F1 레이스카를 설계하는 부서다. 디자인 그룹에 속한 디자이너는 레이스카 개발 초기 컨셉 설정에서 시작해 구체적인 설계 작업을 책임지며, 레이스카가 완성된 이후에는 해당 레이스카 개발이 종료되기 전까지 각종 업데이트 파츠를 디자인한다. 디자인 그룹에는 연구 개발(R&D : Research & Development), 시스템 디자인, 제작(manufacturing) 또는 생산(production)을 담당하는 소그룹이 편성될 수 있다.

---

[1] Gary Anderson (1951 ~) : 영국 출신의 엔지니어 / 레이스카 디자이너. 미캐닉으로 커리어를 시작해 티렐에서 F1과 인연을 맺은 뒤 맥라렌, 엔사인 등에서 미캐닉으로, 조단 / 스튜어트 / 재규어 등에서 10여 년간 레이스카 디자이너로 활약했으며, 은퇴 이후 해설가와 칼럼니스트 등으로 활동하고 있다.

엔지니어링 그룹(engineering group)

엔지니어링 그룹은 차량 퍼포먼스와 관련된 퍼포먼스 엔지니어링 업무, 기계 계통과 전기 계통의 엔지니어링 업무, 그랑프리 기간 트랙에서의 활동과 관련된 엔지니어링 업무 등을 수행하는 부서다. 엔지니어링 그룹이라는 포괄적인 큰 틀로 묶었지만 전문 분야에 따라 수행하는 업무가 다양하기 때문에, 엔지니어링 그룹 아래에 다수의 소그룹이 구성되는 것이 보통이다.

공기역학 그룹(aerodynamic group)

공기역학 그룹은 공기역학자들을 중심으로 조직을 구성하고, 다양한 방면으로 공기역학과 밀접하게 연관된 업무를 수행한다. 공기역학 그룹 내에 윈드터널과 관련된 업무를 담당하는 윈드 터널 그룹과 CFD를 책임지는 CFD 그룹 등 하부 조직을 둘 수 있으며, 공기역학자들이 활약하는 다른 세부 조직을 구성하는 경우도 생각할 수 있다.

시뮬레이션 그룹(simulation group)

현대적인 F1 팀에서는 시뮬레이션 그룹의 역할이 과거에 비해 훨씬 중요해졌다. 시뮬레이터의 하드웨어와 소프트웨어를 관리하고 운영하는 것은 물론, 시뮬레이션 드라이버의 테스트 프로그램 스케줄을 조절과 시뮬레이션 결과 피드백, 소통과 후속 연구 개발에 대한 연결까지 다양한 임무가 시뮬레이션 그룹에 주어진다.

앞서 예로 들었던 F1 팀 조직 구성에서 공기역학과 직접 연관된 부서는 공기역학 그룹뿐이다. 특별한 다른 사정이 없다면 공기역학자가 가장 많이 배치되는 것 역시 공기역학 그룹이다. 그러나, 다른 업무를 중점적으로 다루는 부서라도 21세기의 F1 팀이라면 공기역학과 완전히 관련이 없는 곳이라고 보기 어렵다. 실제로 공기역학 그룹이나 비슷한 이름을 가진 부서가 아닌 경우에 공기역학자가 배치되는 경우가 많고, 공기역학자로 분류되지 않는 엔지니어 중에도 어느 정도 이상 공기역학과 관련된 업무를 수행하는 사람이 많다.

현대적인 F1 레이스카를 설계하는 과정에서 공기역학을 배제하기 어렵기 때문에, 디자인 그룹에는 많은 공기역학자와 공기역학 관련 지식이 충분한 엔지니어들이 배치된다. 엔지니어링 그룹의 퍼포먼스 엔지니어와 기계 부문을 담당하는 엔지니어 역시 어느 정도 공기역학과 관련된 경험이 필요하다. 시뮬레이터로 확인해야 하는 성능 중 적지 않은 부분이 공기역학적 성능이라는 점에서, 시뮬레이션 그룹 역시 공기역학과 깊게 연관되어 있다. 팀 수뇌부에서 기술 부문을 대표하는 테크니컬 디렉터나 CTO에게도 역시 공기역학에 대한 충분한 지식과 경험이 요구된다.

이처럼 F1 팀 기술 부문의 모든 인력은 어느 정도 공기역학과 연관되어 있다고 얘기할 수 있다. 부서에 상관없이 대부분 기술 인력의 업무가 공기역학과 관련이 깊어졌다는 사실을 통해서도, F1에서 날이 갈수록 공기역학의 비중이 커지는 추세를 확인할 수 있다. 지금부터 살펴볼 F1 팀의 엔지니어와 공기역학자의 직책과 분류 및 맡은 역할에 대한 설명을 모두 파악한다면, F1의 기술 부문에 공기역학이 얼마나 깊이 뿌리를 내리고 있는지 다시 한번 확인할 수 있을 것이다.

테크니컬 디렉터
Technical Director

"테크니컬 디렉터(Technical Director)"는 한 팀의 기술 부문 전체를 이끌고 감독하는 "기술 부문 책임자"를 가리킨다.

테크니컬 디렉터는 책임자인 동시에 관리자 또는 리더로서 기술 부문 전체를 이끌기 때문에 간혹 "기술 감독"이라고 부르기도 하고, 종종 영문 표기의 약자를 따서 **"TD"**로 표기하기도 한다. F1 공식 홈페이지에는 각 팀의 소개 항목에 감독 격인 "팀 프린시플(Team Principal)"은 "팀 수석(Team Chief)"으로, 기술 부문 책임자는 **"기술 수석(Technical Chief)"**으로 표기하고 있다.

그런데, 기술 부문을 총괄 감독하는 테크니컬 디렉터의 입지는 소속 팀이나 상황에 따라 제법 많이 달라질 수 있다. 팀마다 테크니컬 디렉터를 바라보는 관점이 다르고, 다음 단락에서 살펴볼 CTO나 각 팀 고유의 특별한 직책들 사이에 주어진 책임과 맡겨진 임무가 서로 달라질 수 있다.

2023시즌 초반을 기준으로 F1 팀 기술 부문 수뇌부 구성을 살펴보면 레드불과 메르세데스, 알핀과 애스턴마틴 등 네 팀은 테크니컬 디렉터 외에 별도의 CTO가 활약하고 있지만, 나머지 여섯 팀에는 CTO라는 직책 없이 테크니컬 디렉터만 임명된다. 페라리와 맥라렌의 경우에는 나름의 방식으로 임무를 나눠 복수의 테크니컬 디렉터가 함께 활동하도록 조직을 운영하고 있다.

팀 구성에 따라 정도의 차이는 있지만, 큰 틀에서 테크니컬 디렉터는 F1 팀의 기술 부문 전체를 관리 감독하고 책임지는 역할을 맡는다. 초창기 F1 팀에는 전체 팀원 수도 적었고, 엔지니어링 인력은 한 명의 디자이너와 몇 명의 어시스턴트가 전부였기 때문에 테크니컬 디렉터와 같은 관리 직책은 전혀 필요하지 않았다.

그러나, 시간이 지나면서 F1 팀에서 엔지니어링 인력의 수가 점점 늘어났고, 현대적인 F1 팀에는 수십, 수백 명의 엔지니어링 인력이 역할을 나눠 다양한 조직에서 각자의 임무를 수행하게 되었다. 이렇게 늘어난 인력과 함께 커진 조직과 분화된 역할 때문에, 이들을 관리하고 통합해 엔지니어링 부문 전체를 이끌고 책임지는 테크니컬 디렉터의 역할이 더 중요해졌다고 볼 수 있다.

복수의 테크니컬 디렉터급 엔지니어를 임명하는 페라리와 맥라렌의 조직은 일반적인 테크니컬 디렉터의 임무와 역할을 이해하는 데 도움이 될 수 있다. 2023시즌 초반 기준 맥라렌은 두 명의 테크니컬 디렉터를 임명했는데, 각각 "엔지니어링과 디자인(Engineering and Design)" 담당과 "공기역학(Aerodynamics)" 담당 테크니컬 디렉터로 불린다. 테크니컬 디렉터의 임무 중 엔지니어링/디자인과 함께 공기역학 부문의 관리/감독이 중요한 한 축이 된다는 것을 알 수 있다.

페라리의 경우, "섀시 부문 수석(Head of Chassis Area)"과 "파워유닛 부문 수석(Head of Power Unit Area)" 두 명이 분류상 테크니컬 디렉터에 해당한다. 맥라렌과 페라리의 역할 분담을 통해 F1 팀에서 테크니컬 디렉터는 팀의 엔지니어링 부문을 관리하고 디자인 작업을 감독하는 한편, 공기역학을 포함하는 레이스카의 섀시 관련 문제와 동력 계통을 아우르는 파워 유닛 개발 및 운용 업무를 총괄하는 역할까지 맡는다고 설명할 수 있다.

2023년 3월 말 기준 각 F1 팀의 테크니컬 디렉터와 그 배경을 정리하면 다음과 같다. 아래 정리한 요약 내용을 통해 현재 F1 팀이 어떤 분야에 중점을 두고 있는지 어느 정도 짐작할 수 있다.

레드불 - 피에르 바시(Pierre Waché)
- 유체역학 전공 ▷ 퍼포먼스 엔지니어 / 퍼포먼스 디렉터

페라리(섀시 부문 수석) - 엔리코 카르딜레(Enrico Cardile)
- 항공공학 전공 ▷ 에어로 개발 대렉터 / 공기역학 수석

페라리(파워유닛 부문 수석) - 엔리코 구알티에리(Enrico Gualtieri)
- 기계공학 전공 ▷ 엔진 유체 역학 엔지니어 / 엔진 디자인 및 개발 수석

메르세데스 - 마이크 엘리엇[2](Mike Elliott)
- 항공공학 전공 ▷ 공기역학자 / 수석 공기역학자

알핀 - 맷 하먼[3](Matt Harman)
- 기계공학 전공 ▷ PU/트랜스미션 디자이너 / 엔지니어링 디렉터

맥라렌(공기역학) - 피터 프로드로무[4](Peter Prodromou)
- 항공공학 전공 ▷ 공기역학자 / 수석 공기역학자 / 공기역학 부문 CTO

맥라렌(엔지니어링과 디자인) - 닐 홀디(Neil Houldey)
- 자동차공학 전공 ▷ 차량 디자인 엔지니어 / 엔진 디자인 및 개발 수석

알파로메오 - 쟝 몽슈(Jan Monchaux)
- 공기역학 전공 ▷ 공기역학자 / 수석 공기역학자

애스턴마틴 - 댄 팔로우스(Dan Fallows)
- 항공우주공학 전공 ▷ 공기역학자 / 수석 공기역학자 / 수석 엔지니어

하스 - 시모네 레스타(Simone Resta)
- 기계공학 전공 ▷ 차량 디자이너 / 연구 개발 엔지니어 / 디자인 디렉터

알파타우리 - 죠디 에긴턴(Jody Egginton)
- 산업디자인 전공 ▷ 차량 디자인 엔지니어 / 퍼포먼스 엔지니어

윌리암스 - 공석

---

[2] 2023년 4월 21일, 테크니컬 디렉터 마이크 엘리엇과 CTO 제임스 엘리슨이 서로 자리를 바꾸는 인사 조정이 이뤄졌다.

[3] 2023년 3월말 기준 F1 공식 홈페이지에는 맷 하먼 대신 CTO인 팻 프라이가 기술 부문 책임자로 표시되어 있다.

[4] 2023년 3월 맥라렌은 기존 테크니컬 디렉터 제임스 키를 해임하고 2인 테크니컬 디렉터 체제로 조직을 개편했다.

CTO
Chief Technical Officer

"CTO"는 "**최고 기술 책임자(Chief Technical Officer)**"를 약자로 짧게 줄여 부르는 표현이다.

최고 책임자를 나타내는 CEO, CFO, CMO 등의 다른 직책과 마찬가지로, CTO는 기술 부문 최고 책임자이면서 팀의 수뇌부 혹은 임원을 의미한다. 앞서 언급했던 것처럼 팀에 따라, 혹은 주어진 상황에 따라 CTO와 테크니컬 디렉터의 역할과 임무, 책임 범위 등이 달라질 수 있지만, CTO의 경우 "회사"의 책임자라는 뉘앙스가 더 강한 직책으로 볼 수 있다.

종종 테크니컬 디렉터는 현장 일선에서 활약하는 엔지니어, CTO는 본부에서 지휘 감독에 집중하며 2선으로 물러나 있는 관리자 역할이라고 생각하는 사람도 있다. 그러나, CTO라고 해서 반드시 실무를 담당하지 않는다고는 볼 수 없으며, CTO 직책의 엔지니어 다수가 최고 책임자 역할까지 함께 수행하며 현역 엔지니어로 활약하기도 한다.

CTO는 각 F1 팀의 엔지니어링 부문을 대표하는 상징적인 존재이기도 하다. 2010년대 이후 F1 챔피언 타이틀을 양분한 레드불과 메르세데스의 경우, 2023년 3월 기준으로 각각 **아드리안 뉴이**와 **제임스 앨리슨**[5]이 CTO로서 엔지니어링 팀을 이끌고 있다. 공교롭게도 뉴이와 앨리슨 두 명 모두 항공우주공학과 공기역학 부문의 전문가로 F1 엔지니어링 부문의 최정점에 서 있다.

2023년 3월 기준 아드리아 뉴이, 제임스 앨리슨에 더해 알핀의 **팻 프라이**[6]까지 세 명의 CTO는 현역 엔지니어로 활약 중이지만, 애스턴마틴의 **앤드류 그린**[7]의 경우 CTO 임명과 함께 2선으로 물러났다. 네 명의 엔지니어가 CTO라는 같은 이름의 직책을 갖고 있지만, 레드불, 메르세데스, 알핀과 달리 애스턴마틴만 CTO를 일선에서 실무를 담당하지 않는 역할로 보고 있는 셈이다. F1 팀의 이런 사례를 통해 CTO의 역할이 상황에 따라 어느 정도 유동적이라는 것도 확인할 수 있다.

FIA는 2010시즌부터 "스탭 등록 시스템(staff registration system)"을 운용하면서 F1 팀의 핵심 인력을 등록하도록 하고 있는데, 2023시즌 기준으로 스탭 등록 시스템에는 팀당 6명의 핵심 인력이 등록된다. 각 F1 팀은 팀 수석(Team Principal), 스포팅 디렉터(Sporting Director), 팀 매니저(Team Manager)를 한 명씩 등록해야 하고, 엔지니어링 인력으로는 한 명의 테크니컬 디렉터와 두 명의 레이스 엔지니어(Race Engineer) 등록을 의무화하고 있다. 그런데, FIA의 스탭 등록 시스템에는 CTO 항목이 존재하지 않으며, 각 팀의 내부 직책이나 명칭과 관계없이 실무 엔지니어링 최고 책임자는 "테크니컬 디렉터" 자격으로 시스템에 등록된다.

---

[5] James Allison (1968 ~) : 영국 출신의 엔지니어. 베네통 / 르노 / 로터스 F1 팀과 페라리에서 공기역학자 / 엔지니어로 활약했고, 2017시즌부터 메르세데스로 이적해 2021시즌 CTO가 되었다.

[6] Pat Fry (1964 ~) : 영국 출신의 엔지니어. 베네통, 맥라렌, 페라리 등에서 엔지니어로 활약했고, 2020시즌 르노 / 알핀으로 이적해 2022시즌부터 알핀 F1 팀의 CTO 역할을 맡았다.

[7] Andrew Green (1965 ~) : 영국 출신의 엔지니어. 베네통, 조단에서 F1 커리어를 시작해, BAR, 레드불의 엔지니어로 활약했으며, 2020시즌부터 포스인디아 / 레이싱포인트 / 애스턴마틴에서 테크니컬 디렉터로 엔지니어링 팀을 이끌었다.

레이스 엔지니어
Race Engineer

"레이스 엔지니어(Race Engineer)"는 한 대의 레이스카를 책임지는 엔지니어다.

좁은 의미의 레이스 엔지니어는 각 F1 팀에서 한 대의 레이스카와 그 차에 탑승하는 한 명의 드라이버를 책임지고 이끄는 대표 엔지니어를 가리킨다. 그러나 많은 경우 레이스 엔지니어는 자신이 책임지는 레이스카의 성능을 끌어올리는 것에서 출발해, 그랑프리에서 최고의 성적을 얻을 때까지 관련된 모든 과제를 해결하는 관리자이자 엔지니어로서 임무를 수행한다.

레이스 엔지니어의 임무는 각 그랑프리에서 일정이 시작되기 전 레이스카의 "최초 셋업(initial setup)" 확정 과정을 지휘하고 사전 준비 작업을 통솔하는 것에서 출발한다. 그랑프리 주말에는 트랙 안팎에서 발생하는 다양한 상황에 대응해 드라이버, 미캐닉과 소통하며 필요에 따라 적절한 지시를 내리고 작업을 지휘한다. 각 이벤트가 끝나면 디브리프를 주관한 뒤 사후 대응을 관리하고, 장기적으로는 레이스카 개발과 업데이트까지 관여하는 등 폭넓은 임무를 책임지고 수행한다.

이 때문에 레이스 엔지니어는 기술 부문 문제에 대한 충분한 지식과 경험을 갖고 있어야 하고, 현대적인 F1 레이스카에서 가장 중요한 문제 중 하나인 공기역학 부문에 대한 이해 역시 깊어야 한다. 드라이버의 피드백과 셋업 문제의 상당 부분이 공기역학적 문제와 연관되어 있고, 시즌 중 레이스카 업데이트의 다수가 공기역학 성능과 관련된 것들이기 때문이다. 꼭 공기역학을 전공했거나 해당 업무 전담자 출신 엔지니어가 레이스 엔지니어를 담당하는 것은 아니지만, 적절한 의사결정을 이끌 수 있는 수준의 공기역학 지식과 경험만큼은 필요하다는 의미다.

F1 팀마다 두 대의 레이스카를 운용하기 때문에 레이스카마다 한 명씩 두 명의 레이스 엔지니어가 임명되는 것이 보통이지만, 팀 사정에 따라 세 명 이상이 레이스 엔지니어 업무를 분담하기도 한다. 한 대의 레이스카에 두 명 이상의 레이스 엔지니어가 배치되는 경우도 있고, 각 레이스카를 전담하는 레이스 엔지니어와 함께 이들을 총괄 관리하는 수석 레이스 엔지니어 등의 상위 엔지니어가 따로 임명되기도 한다.

레이스 엔지니어는 많은 시간 동안 드라이버와 함께 움직이고, 끊임없이 드라이버와 커뮤니케이션을 유지한다. 어떤 면에서는 레이스 엔지니어가 지휘관처럼 드라이버를 지휘하고, 때로는 드라이버의 서포터가 되어 트랙에서 홀로 달리는 드라이버의 모든 뒷바라지를 책임진다. 드라이버와 항상 밀접하게 연결되어 있어야 하는 레이스 엔지니어는 자주 사진과 영상으로 미디어에 노출되는 편이고, 중계방송을 통해 팀라디오 내용이 전해질 때도 목소리를 가장 많이 들을 수 있는 것 역시 레이스 엔지니어다.

이 때문에 F1의 기술적 설명이나 개념, 엔지니어의 임무 등에 전혀 관심이 없는 일반 팬들도 레이스 엔지니어의 존재만큼은 어느 정도 알고 있는 경우가 많다. 일반 팬 중 제법 많은 사람이 레이스 엔지니어를 비교적 친근하게 느끼는 편이기도 하고, 일부 인기 있는 레이스 엔지니어는 얼굴과 이름까지 기억한 팬들로부터 그랑프리 현장에서 사인이나 사진 촬영을 요청받기도 한다. 어떤 면에서 레이스 엔지니어는 엔지니어 중 대중적 인지도가 가장 높은 포지션이라고 할 수 있다.

2023년 3월 말 기준 10개 팀에서 20대의 F1 레이스카를 각각 담당하는 스무 명의 레이스 엔지니어 목록은 다음 표에 정리한 것과 같다.

팀	카 넘버	드라이버	레이스 엔지니어
레드불	1	막스 베르스타펜	쟝피에로 람비아즈 Gianpiero Lambiase
	11	세르히오 페레스	휴 버드 Hugh Bird
페라리	16	샤를 르클레	자비에르 마르코스 파드로스 Xavier Marcos Padros
	55	카를로스 사인스	리카르도 아다미 Riccardo Adami
메르세데스	63	죠지 러셀	마커스 더들리 Marcus Dudley
	44	루이스 해밀턴	피트 보닝턴 Pete Bonnington
알핀	31	에스테반 오콘	조쉬 페켓 Josh Peckett
	10	피에르 가슬리	카렐 루스 Karel Loos
맥라렌	81	오스카 피아스트리	톰 스탈라드 Tom Stallard
	4	랜도 노리스	윌리엄 조셉 William Joseph
알파로메오	77	발테리 보타스	알렉스 찬 Alex Chan
	24	저우관유	요른 배커 Jorn Becker
애스턴마틴	18	랜스 스트롤	벤 미셸 Ben Michell
	14	페르난도 알론소	크리스 크로닌 Chris Cronin
하스	20	케빈 마그누센	마크 슬레이드 Mark Slade
	27	니코 휼켄버그	게리 개넌 Gary Gannon
알파타우리	21	닉 드브리스	피에르 햄린 Pierre Hamelin
	22	츠노다유키	마티아 스피니 Mattia Spini
윌리암스	23	알렉산더 알본	제임스 어윈 James Urwin
	2	로건 사전트	게이탄 제고 Gaëtan Jégo

디자이너
Designer

엔지니어링 부문에서 "**디자이너(Car Designer)**"는 F1 레이스카 전체 또는 레이스카를 구성하는 부품을 설계하는 엔지니어를 가리킨다.

F1 팀에서 누가 레이스카를 설계하는지에 대한 문제는 가장 민감하고 중요한 이슈 중 하나다. 1950년대만 해도 팀을 이끄는 수석 엔지니어가 레이스카 디자이너와 동일시되는 것이 보통이었다. 그러나, 시간이 흘러 F1 팀에 소속된 엔지니어와 "디자인" 작업에 투입되는 인력의 수가 점점 늘어나면서 상황이 달라졌다. 현대적인 F1 팀에서는 디자인 그룹이 차량 컨셉 작업부터 레이스카 전체 또는 레이스카를 구성하는 각 부품의 설계까지 임무를 나눠 수행하는 것이 보통이다.

디자인 그룹을 이끄는 엔지니어에게는 조직에 따라 "리드 디자이너(lead designer)", "치프 디자이너(chief designer)", "수석 디자이너(principal designer)" 등 다양한 호칭 또는 직책명이 주어진다. 디자인 그룹의 엔지니어 중 경력과 노하우를 충분히 갖춘 인력은 (다른 엔지니어링 조직과 마찬가지로) 직책명에 선임을 가리키는 "시니어(senior)"를 붙여 구분하기도 한다.

그러나, 현대적인 F1 팀에서 "레이스카를 디자인한 것은 누구인가?"라는 문제는 생각보다 복잡하다. 간단하게 "디자이너" 혹은 "리드 디자이너"라는 타이틀을 가진 엔지니어가 레이스카를 디자인했다고 인정되는 경우도 많지만, 디자이너라는 직책을 갖지 않은 사람에게 공을 돌리는 경우도 적지 않다. 때로는 테크니컬 디렉터가 레이스카 디자인의 총책임자로 여겨지기도 하고, 어떨 때는 CTO가 컨셉을 잡을 때부터 레이스카 디자인을 주도적으로 이끌었다고 평가받기도 한다.

F1 역사상 가장 성공적인 레이스카로 평가받는 맥라렌 MP4/4는 누가 레이스카 디자이너인지에 대한 논란이 가장 뜨거웠던 레이스카 중 하나다. 맥라렌 MP4/4가 활약한 1988시즌 테크니컬 디렉터 역할을 맡았던 고든 머레이는 자신이 MP4/4의 디자인을 주도했다고 주장했고, 당시 팀 보스 론 데니스도 고든 머레이가 디자인을 이끌었다는 주장을 지지하기도 했다.

그러나, 시간이 얼마 지나지 않아 MP4/4 개발 당시 맥라렌의 "치프 디자이너"였던 스티브 니콜스가 다른 주장을 제기했다. 니콜스는 자신이 MP4/4의 디자인을 주도했다는 주장과 함께 몇 가지 증거 자료를 제시했고, 레이스카 디자인 과정에서 고든 머레이의 역할은 생각만큼 크지 않았다는 설명으로 많은 F1 팬들을 설득하기도 했다. 이런 논란이 발생하는 이유 역시 현대적인 F1 레이스카의 디자인 과정이 간단하지 않고, 디자인 과정에서 많은 엔지니어와 공기역학자의 협력과 협업이 필요하기 때문이다.

F1 출범 직후인 1950년대만 해도 레이스카의 개발 관련 기록 중 디자이너 항목은 간단하게 한 명의 디자이너 이름만 기록된 경우가 대부분이었다. 그러나, 시간이 흐르면서 레이스카 디자인 과정이 복잡해지는 것과 함께, 디자이너 리스트에 이름을 올리는 사람의 수 역시 점점 늘어났다. 레이스카 디자이너 리스트에 직접 "디자이너"라는 이름의 직책을 가진 인력이 포함되는 것은 여전하지만, 테크니컬 디렉터나 CTO와 같은 관리자 유형의 엔지니어까지 디자이너 리스트에 이름을 올리는 경우가 점점 많아졌다. 공기역학의 비중이 커진 1990년대 이후 디자이너 리스트에는 "공기역학자"나 "수석 공기역학자" 등이 포함되는 경우도 많아졌다.

엔지니어링 디렉터
Engineering Director

"엔지니어링 디렉터(Engineering Director)"는 기본적으로 엔지니어링 그룹을 이끄는 엔지니어를 가리킨다. 그러나, 많은 경우 엔지니어링 디렉터의 업무는 엔지니어링 그룹이나 기술 부서에 한정되지 않고, 다른 다양한 영역으로 확장되곤 한다. 때로는 엔지니어와 기술 부문 업무를 총괄한다는 점에 주목해 "최고 엔지니어링 책임자(CEO[8] : Chief Engineering Officer)"라는 직책이 엔지니어링 디렉터와 별도로 존재하기도 한다. 일부에서는 CEO와 엔지니어링 디렉터의 개념을 혼용하기도 한다.

엔지니어링 디렉터의 업무는 기본적으로 엔지니어링 그룹을 이끄는 것이지만, 때로는 다른 기술 부문의 업무 영역에 관여하기도 한다. 레이스카 디자인과 차량 전체 또는 차를 구성하는 각종 부품의 제작 과정을 감독하는 업무를 엔지니어링 디렉터에게 맡기는 조직도 있고, 테스트와 시뮬레이션을 엔지니어링 디렉터가 책임지는 경우도 있다. 조직 구성과 임무 할당에 따라 다르긴 하지만, 다수의 퍼포먼스 엔지니어와 함께 레이스카의 성능 향상에 대한 여러 가지 프로젝트를 이끌기도 한다. 엔지니어링 디렉터라는 직책의 명칭부터 포괄적인 개념이기도 하고, 그들의 임무 역시 소속 팀과 주어진 상황에 따라 달라질 수 있다.

이처럼 포괄적인 기술 책임자의 성격을 갖고 있기 때문에, 일부 조직에서는 엔지니어링 디렉터와 테크니컬 디렉터의 업무 영역 구분이 모호해지기도 한다. CTO까지 별도로 존재하는 조직이라면 업무 영역을 명확히 구분하는 것이 더 어려울 수 있고, 이들의 임무를 엄격하게 구분하는 것보다 이들이 어떻게 협업할지 고민하는 것이 더 중요해질 수도 있다. 이런 관점에서 엔지니어링 디렉터는 CTO나 테크니컬 디렉터 등이 포함된 "기술 부문 관리 조직"의 일원이라고 해석할 수도 있다.

엔지니어링 디렉터는 기본적으로 그랑프리 기간 트랙에서 벌어지는 상황과 관련된 모든 기술 부문 업무를 관리/감독하고, 팩토리에서는 퍼포먼스 엔지니어와 다른 기술 부문 인력들과 함께 차량 성능 향상과 관련된 엔지니어링 업무를 총괄한다. 트랙 엔지니어와 팩토리 엔지니어 사이에서 연결 고리 역할을 수행하면서, 서로 다른 임무를 맡은 엔지니어들이 조화를 이뤄 업무가 효율적으로 진행되도록 이끄는 것 역시 엔지니어링 디렉터에게 주어진 임무가 될 수 있다.

이처럼 공기역학 부문을 포함한 여러 엔지니어 사이에서 종횡무진 활동하면서 책임자로서 중요한 결정에도 관여하기 때문에, 현대적인 F1 팀의 엔지니어링 디렉터 역시 충분한 공기역학 부문의 업무 경험과 노하우가 필요하다. 기계공학 계열을 전공한 엔지니어링 디렉터도 많지만, 종종 공기역학 관련 전공이나 업무 배경을 가진 엔지니어링 디렉터가 임명되기도 한다. 이런 부분에서도 F1 팀에서 공기역학이 점점 더 중요하게 여겨지는 경향을 확인할 수 있다.

그러나, 조직 구성 특성에 따라 일부 F1 팀에서는 별도의 엔지니어링 디렉터 직책을 두지 않고, 위에 서술한 엔지니어링 디렉터 임무를 다른 엔지니어에게 나눠 맡기기도 한다.

---

[8] 최고 경영자(Chief Executive Officer)를 가리키는 CEO와 약자는 동일하지만 별개의 직책을 가리키는 다른 개념이다.

퍼포먼스 엔지니어
Performance Engineer

"퍼포먼스 엔지니어(Performance Engineer)"는 F1 팀에서 레이스카의 성능을 최대한 끌어올리고 최적화하는 역할을 담당하는 엔지니어다.

앞서 살펴본 테크니컬 디렉터와 CTO는 F1 팀에서 상대적으로 특정 역할에 한정되지 않는 종합적이고 전체적인 임무를 맡는 직책이다. 레이스 엔지니어 역시 한 대의 차량을 책임지면서 특정한 한 분야에 매몰되지 않고, 필요에 따라 다양한 역할을 수행해야만 한다. 이처럼 광범위한 임무를 맡고 있기 때문에, 테크니컬 디렉터, CTO, 레이스 엔지니어의 경우에는 어느 정도 공기역학과 관련되어 있는지 구체적으로 얘기하기는 쉽지 않다.

반면, 퍼포먼스 엔지니어는 레이스카의 퍼포먼스 향상이라는 주제로 업무 분야를 좁힐 수 있는 한정된 임무를 맡는다. 물론 "레이스카의 퍼포먼스 향상" 역시 제법 많은 다른 업무 분야와 관련되어 있고, 성능 향상을 위해 수행해야 하는 작업의 종류도 다양하기 때문에 그 임무 범위가 마냥 좁기만 한 것은 아니다. 다만 전반적인 임무를 맡거나 관리직 역할을 하는 테크니컬 디렉터나 CTO, 레이스 엔지니어 등과 비교했을 때, 상대적으로 퍼포먼스 엔지니어의 임무 범위에 한계가 있다는 점은 분명하다.

퍼포먼스 엔지니어는 그랑프리 주말이나 테스트 주행 세션 중 트랙에 머물면서 누적한 데이터를 수집, 분석한다. 또한, 퍼포먼스 엔지니어는 팀 본부에서 레이스카 연구 개발 작업에 전념하는 다른 엔지니어들과 연결고리 역할을 맡기도 한다. 공기역학적 성능을 포함해 레이스카의 성능 향상에 집중하는 것은 물론, 각종 신뢰도 문제나 다양하게 발생하는 이슈를 해결하는 것 역시 퍼포먼스 엔지니어가 담당하는 임무에 속한다.

현대적인 F1 팀에서는 퍼포먼스 엔지니어의 업무 비중이 커졌기 때문에, 각 팀이 제법 많은 수의 퍼포먼스 엔지니어를 확보하려고 노력한다. 이들 중 시니어급 퍼포먼스 엔지니어는 때때로 테크니컬 디렉터나 CTO를 보좌하면서 비교적 관리자에 가까운 역할을 맡기도 한다. 다수의 실무 퍼포먼스 엔지니어는 드라이버나 미캐닉, 다른 엔지니어들과 밀접하게 작업을 수행하고, 각종 데이터 분석부터 레이스카의 성능 개선 포인트를 찾는 일까지 다양한 임무를 수행한다.

퍼포먼스 엔지니어는 주어진 세부 임무에 따라 차이가 있을 수는 있지만, 동역학과 공기역학, 기계공학이나 엔진 관련 기술에 대한 충분한 지식이나 깊은 이해가 필요하다. 맡은 역할에 따라서는 높은 수준의 데이터 처리와 데이터 해석 및 분석 기술과 노하우가 필요할 수도 있다. 이렇게 나열한 것들 외에도 레이스카의 퍼포먼스 향상에 도움을 주는 지식이나 노하우가 있다면 퍼포먼스 엔지니어로서 임무를 수행하는 데 도움을 줄 수 있다.

지금까지 설명한 것과 같은 이유로 퍼포먼스 엔지니어 중에는 대학이나 대학원에서 기계공학, 자동차공학, 항공공학 또는 항공우주공학 계열 학과를 전공하고, 자동차 기술개발 관련 업체 또는 모터스포츠 분야에서 일하며 기술을 숙련시킨 뒤 F1 팀에 합류한 배경을 가진 경우가 제법 많은 편이다.

공기역학자
Aerodynamicist

"공기역학자(Aerodynamicist)"는 공기역학을 전공했거나 공기역학 관련 지식과 노하우를 충분히 보유한 엔지니어, 또는 공기역학 관련 업무에 숙련된 엔지니어를 가리킨다.

공기역학자는 대학이나 대학원 등에서 항공공학 또는 항공우주공학 계열을 전공하고, 공기역학과 관련된 충분한 지식을 쌓은 뒤 F1 팀에 합류한 경우가 많다. 그러나, 반드시 공기역학과 직접적으로 관련된 학문을 전공한 사람만 공기역학자가 되는 것은 아니다. 때로는 기계공학 계열 전공자가 공기역학자가 되기도 하고, 간혹 공기역학과 거리가 먼 전공과 배경을 가진 사람이 공기역학 관련 업무를 수행하면서 노하우를 축적한 뒤 공기역학자가 되는 경우도 있다.

공기역학자의 주된 임무는 다운포스 생성량 증가와 드래그 발생량 감소, 차량 주변 공기흐름의 제어 등을 아우르는 "레이스카의 공기역학적 성능 향상"이다. 이를 위해 공기역학자는 CAD[9]를 활용해 3D 모델을 만들어 시뮬레이션하는 소프트웨어 중심의 과정은 물론, 실제 레이스카를 축소한 모형을 만들어 윈드 터널에서 테스트하는 등의 다양한 작업도 수행한다. 이 과정에서 공기역학 그룹으로 분류된 공기역학자라면 디자인 그룹이나 엔지니어링 그룹, 시뮬레이션 그룹 등 다른 그룹의 엔지니어들과 원활하게 커뮤니케이션하는 역량이 필요하다.

공기역학자는 연구/개발 성격이 짙은 임무를 수행하기도 한다. 단기적으로 눈에 보이는 성적 향상을 위해 레이스카와 그 구성 부품을 개발/제작하는 것뿐 아니라, 장기적인 연구를 통해 새로운 개념의 디자인이나 시스템을 개발/적용하는 것 역시 공기역학자의 역할에 포함될 수 있다. 이런 역할을 수행하는 공기역학자라면 관련 분야에 대한 다양한 지식과 기술 부문 업무 능력이 필요하고, 창의적인 아이디어를 낸 뒤 이를 검증하는 학자로서의 역량도 중요하게 작용할 수도 있다.

현대적인 F1 팀에서 공기역학자는 다양한 소조직이나 팀에 배치되어 활약한다. 기술 부문 조직 중 공기역학자나 공기역학자 출신의 엔지니어가 전혀 배치되지 않는 부서는 많지 않다. 공기역학의 중요성이 점점 커지면서 2000년대 이후 테크니컬 디렉터나 CTO의 직책을 맡으며 기술 부문 총책임자로 성장한 공기역학자들도 여럿 확인할 수 있다. 2023년 3월 말 기준으로 9개 팀에서 테크니컬 디렉터 역할을 맡은 11명의 엔지니어 중 절반이 넘는 6명이 넓은 의미에서 공기역학자로 분류되거나 공기역학자로서의 배경을 갖고 있다. 같은 시점을 기준으로 레드불과 메르세데스에서 CTO 역할을 수행 중인 애드리언 뉴이와 제임스 앨리슨 역시 공기역학자 출신이다.

이번 장에서 살펴본 엔지니어와 공기역학자의 직책과 역할에 대한 설명은 현대적인 F1 팀에서 공기역학의 비중이 확대되는 추세를 잘 보여준다. 규정이 급격하게 바뀌지 않고 2020년대 초반과 비슷한 기술 규정이 유지되는 한, 가까운 미래에 F1에서 공기역학자의 비중이 줄어들 가능성은 높지 않다. F1 공기역학의 발전과 더불어 CFD와 윈드 터널의 중요성이 커지고 있기 때문에, 앞으로도 F1에서 공기역학 엔지니어나 공기역학자들의 역할은 더 확대될 것이 분명하다.

---

[9] Computer Aided Design : 컴퓨터의 소트트웨어를 활용하는 설계 및 디자인

2023시즌 F1 팀별 수석 공기역학 엔지니어 리스트

레드불 - 엔리코 발보(Enrico Balbo)
- 항공공학/항공우주공학 전공 ▷ 공기역학자

페라리 - 디에고 톤디(Diego Tondi)
- 항공우주공학/공기역학 전공 ▷ CFD 엔지니어 / 공기역학자

메르세데스 - 재러드 머피(Jarrod Murphy)
- 항공공학 전공 ▷ CFD 엔지니어 / 공기역학자

알핀 - 더크 드비어(Dirk de Beer)
- 항공공학 전공 ▷ 공기역학자

맥라렌 - 피터 프로드로무[10](Peter Prodromou)
- 항공공학 전공 ▷ 공기역학자

알파로메오 - 알레산드로 치넬리(Alessandro Cinelli)
- 항공공학 전공 ▷ 공기역학자

애스턴마틴 - 이언 크레이그(Ian Greig)
- 기계공학/응용과학 전공 ▷ CFD 엔지니어 / 공기역학자

하스 - 아론 멜빈(Aaron Melvin)
- 기계공학/항공우주공학 전공 ▷ 공기역학자

알파타우리 - 디콘 밤포스(Dickon Balmforth)
- 기계공학 전공 ▷ CFD 엔지니어 / 공기역학자

윌리암스 - 아담 케년(Adam Kenyon)
- 공기역학/기계공학 전공 ▷ CFD 엔지니어 / 공기역학자

---

[10] 2023년 3월 이후 맥라렌의 공동 테크니컬 디렉터 2인 중 한 명

XIV.
찾아보기
INDEX

찾아보기 - 한글

123 / ABC

ㄱ / ㄴ

ㄷ

ㄹ

ㅁ

ㅂ

ㅅ

ㅇ

ㅋ

ㅌ

ㅍ

ㅎ

찾아보기 - 영문

B

C

D

E

F

G / H

J / K

L

M / N

O / P

R

S

T

U / V

W / Y

그랑프리 블랙북 시리즈